T0285779

NICK CAVE
LETRAS

K

NICK CAVE LETRAS

OBRA LÍRICA COMPLETA 1978-2019

NICK CAVE

Prefacio de Andrew O'Hagan
Prólogo de Will Self
Traducción de Miquel Izquierdo

LIBROS DEL KULTRUM

Publicado por:
LIBROS DEL KULTRUM
Sinónimo de Lucro, S.L.

Título original:
*Nick Cave: The Complete
Lyrics 1978-2019*

Publicado por Penguin Books,
Reino Unido, en 2020

© 2001, 2007, 2013,
2020 by Mute Song Ltd

© del prefacio 2020, Andrew O'Hagan

© del prólogo 2007, Will Self

© de la traducción 2017 del prólogo
y Nick Cave: Letras 1978-2013,
Miquel Izquierdo
© de la traducción 2020 del prefacio,
de «La vida secreta de la Canción de Amor»,
"Skeleton Tree", "From the Red Hand
Files", "The Sick Bag Song (songs)",
"Ghosteen", "Extra Ghosteen Lyrics",
Jules Vineyards

© de esta edición 2020, Sinónimo
de Lucro, S.L.

Derechos exclusivos de edición:
Sinónimo de Lucro, S.L.

ISBN: 978-84-121842-0-4
Depósito Legal: B 8493-2020

En la cubierta:
Portrait
Jerome De Perlinghi / Contour /
Getty Archives

Diseño de colección y cubierta:
pfp, disseny
Maquetación:
pfp, disseny
Impresión y encuadernación:
Gráficas 94

Primera edición: septiembre de 2020
Segunda edición: diciembre de 2022

Esta colección se compagina con las
tipografías ITC Caslon No. 224, diseñada por
William Caslon (1725) y Edward Benguiat
(1982), y Akzidenz Grotesk, diseñada por la
fundidora de tipos H. Berthold (1896).

ÍNDICE

PREFACIO

Al presumírsele a una canción de amor la facultad de ser fuente de encantamiento, tal vez quiérase, inadvertidamente, significar, bajo el velo de semejante embrujo, alguno de los presuntos atributos —cuando no varios de ellos— que a tal forma se le suponen y a continuación refiero:

a. Que su belleza tiene el poder de atemorizarnos.
b. Que la sangre altera —por cuanto alcanza uno a adivinar en sus versos—.
c. Que su empeño en no abandonarnos acrecienta su habilidad para hechizarnos.
d. Que muéstrase, para mayor gloria, atemporal.
e. Que su mera verbalización parece reparar la pérdida que consigna.
f. Que arrastra consigo una carga de dolor magnificada por quien la compone y canta.
g. Que siente su autor añoranza por lugares y parajes que jamás conoció.
h. Y, con no poca frecuencia, concita todos los anteriores y alguno más.

No escasean los apologetas de esta particular visión, alumbrados entre cuyas doctas huestes figuran expertos, gurús, poetas y cantautores —la exégesis de cuya obra trascendería el objeto de tan apresuradas e irrelevantes acotaciones—. Sea como fuere, para todo lector con acreditada adicción a la música que se precie, antójase de obligado cumplimiento rendir culto a una voz en particular; la de un escritor o cantautor cuya obra lírica otorgue una significación especial a todo cuanto guarda relación con esta forma de canción. En lo que a mí concierne, jamás hubo duda al respecto: Nick Cave se apropió del pedestal con todos los honores. No se me alcanza ningún otro letrista cuyos versos tengan la virtud de transportarte a lugares tan lejanos, ni recuerdo tampoco haber dado jamás con otro trovador que hurgue con semejante hondura en nuestras entrañas. Durante cuarenta años, su remembranza de lo sublime, la evocación de lo inalcanzable, el ardor, la locura, el azar y la fatalidad de lo imprevisible han hecho trizas todos los manidos clichés, habidos y por haber —en materia roquera—, cuando sobre *ars amatoria* versa el asunto. «Las aceras están llenas de los hijos solitarios del amor» cantaba en su más punkorra juventud. «Lamenta la acera que hayamos tenido que matarlos». Chúpense esa sus reverendísimas eminencias Cole Porter y Jacques Brel.

Escuchaba el otro día "Waiting for You" —de su último álbum *Ghosteen*—, cuando, de pronto, reparé en la constatación, me atrevería a afirmar que incontestable, de que Nick es, muy probablemente, el principal orfebre de la elegía roquera contemporánea. Echando mano de su feroz imaginario y sus no menos brillantes revelaciones, su obra siempre se antoja muy cercanamente humana, como el pálpito de un corazón audible. Nick entronca, y no oculta su deuda, con la tradición de William Blake y sus oscuros bosques, cual preclaro demiurgo de muy extrañas bestias. Espléndidamente dotado para la ficción, y dispuesto siempre a compartirnos los pormenores de sus vertiginosos descensos por las simas de sus vísceras, creo llegada, por fin, la hora de proclamar, sin el más leve atisbo de duda, que las letras de sus canciones —consagradas al martirio del amor, el culto a la memoria y a la búsqueda de lo eterno— son las mejores de su generación. Los grandes escritores no se limitan meramente a brindarte algo que contemplar, te enseñan a ver. Tampoco consiste únicamente la labor de un escritor en defender a ultranza lo que este cree, sino en dar vida a todo lo que apenas puede uno tolerar. Como dijera el poeta Robert Duncan: «la función de la poesía no es oponerse al mal, sino imaginarlo». Nick Cave es una de esas raras aves que pueden revolotear a través del éter que emana de sus versos. No es un coleccionista de esencias, sino una esencia en sí mismo. Sus letras se inscriben en una concepción de la épica que emana del blues y nos remite, sin remisión posible, al dolor del amor y la pérdida.

De muy joven, contaba apenas dieciséis años y vivía a unos cuarenta quilómetros de Glasgow, empecé a darme lentamente cuenta de que el Antiguo Testamento podía leerse perfectamente como una suerte de dietario impregnado de realismo cotidiano. Con todo, ello no era óbice para que, desde mi diminuto dormitorio, pudiera saludar a la raza y, al arrancar el programa de radio de John Peel a las 10 en punto de la noche, familiarizarme con los entresijos de una forma completamente desconocida de encantamiento. El 9 de abril de 1984, Peel nos regaló una inolvidable sesión con Nick Cave & The Bad Seeds, y lo escuché, bueno, digo escuché cuando en realidad debería confesar que, desde los primeros compases, sentí que habitaba las canciones y que estas regurgitaban en mí, con una precisión quirúrgica, antojándose intuitivamente inapelables. Lo cierto es que no puedo dejar de rememorar aquel primer impacto. Para un pimpollo tan poco ducho en los misterios del amor y que albergaba la esperanza de convertirse en novelista, aquellos textos eran ciertamente deslumbrantes. Nunca olvidaré cómo empezó a asomar la línea de bajo en el arranque del programa, arropada por el mortecino tañido que parecía provenir de un piano desvencijado; pero fue, sobre todo, el eco de sus palabras, «Saint Huck», de una plasticidad tan conmovedoramente precisa, aventando una tristeza angustiante, lo que más poderosamente llamó mi atención. La oscuridad que divisaba al otro lado de la ventana de mi habitación nunca se mostró tan tentadora y atractiva. ¿Era su voz la que elevaba el significado de lo cantado o acaso la letra la que estaba magnificando el poderío de su entrega? Diríase que ambas cosas, muy probablemente. Sabía que Iggy Pop, Lou Reed, Kurt Weill, The Pop Group, Leonard Cohen, Allen Ginsberg, Edith Piaf, Jim Morrison, el Captain Beefheart, Johnny Cash y los chicos de Wire sucumbirían al oscuro encanto de este lirismo mágico, a sus hallazgos espirituales, las historias plagadas de infortunios, tumultos y trifulcas; a esa nueva expresión literaria, esa suerte de delirio que arremete contra la soledad y ensombrece todas las variantes conocidas del ardor y el desconsuelo. La canción que cerraba la sesión fue "From Her to Eternity" y con ella pareció, de veras, derrumbarse nuestra humilde morada. «Mas sé que poseerla», profirió, «es, por tanto, no desearla». Mis amigos lo veneraban, y otro tanto me sucedía a mí. La prosodia de los salmos, la experiencia litúrgica convertida en ordinaria amenaza humana, refulge desde las entrañas de la imaginación del autor y anida en sus veinticuatro álbumes.

Una persona en busca del amor verdadero que atisba lo divino. Eso no suele señalar el final de un problema, sino más bien el arranque de uno de inconmensurable magnitud, cometido, por otra parte, tan aterrador como regocijante. Su conferencia, «La vida secreta de la Canción de Amor», que precede al propio cancionero en esta edición bilingüe, versa sobre la extraña forma de tristeza que se manifiesta en la composición de canciones de amor. «La escritura fue el salvoconducto para acceder a mi imaginación, a la inspiración y, en última instancia, a Dios». Como tal vez no alcancé a transmitir antes con meridiana claridad, Nick ansía verbalizar y acercarnos a lo inimaginable, y esa misión es la que aguarda al artista prendado de amor, porque el amor es no solo esa brizna de suerte que a veces nos sonríe y parece iluminar nuestras vidas, sino que, a menudo, tórnase en una insufrible catástrofe que nosotros mismos propiciamos. Cuando pienso en el primer encontronazo con la escritura de Nick Cave, recuerdo aquella experiencia como una suerte de inesperado salvoconducto para comportarme, por fin, como un adulto: su modo de dignificar la tristeza, de teñir la melancolía con los colores de la existencia, liberándonos; mas no del dolor, sino concediéndonos la libertad de sentirlo y seguir viviendo. A no cejar en nuestro empeño por persistir en lo que él dio en llamar «el clamor del amor», esa es nuestra gran oportunidad y nuestra maldición a un tiempo.

Nada es más profundo que la tinta negra. Solo cuando se sumerge uno en la lectura de las letras del cancionero —y aquí ofrécesenos todo: la lucha por la tórrida ascensión, sin solución de continuidad, rumbo a la iluminación— alcanza uno a poseer una visión cabal de la singladura de esta mente apasionada con corazón ardiente. Nick Cave ha albergado siempre el alma de un baladista irlandés: "Lucy", "Black Hair", la litúrgica repetición sin pausa de las palabras, la llamada a la comunión con el oyente, la invitación a compartir la pérdida. Piensa en "Nobody's Baby Now" —*She lives in my blood and skin*— y en el alma edificante de los despojados, experiencia en la que todos nos podemos reconocer, la lucha por doblegar al espíritu. En "Into My Arms", oración moderna, canción de cuna para todos los amantes perdidos, todos los niños, acaso todos ustedes. Un gran letrista surca nuevas cartografías del alma y explora sus afluentes para dar cobijo a todos nuestros sueños, y cual ángel andante, toma tu mano, dándote la sensación, la ilusión, aunque solo sea durante la efímera duración de una canción, de que no estás solo.

Próximo al ocaso de sus días, di con John Peel en Nueva Zelanda. Ambos fuimos distinguidos con el dudoso honor de ser investidos, por poco tiempo, como representantes de la cultura británica. Nada más lejos de nuestras intenciones que objetar algo al respecto, los hoteles eran agradables y teníamos mucho de que hablar. Camino de la isla Waiheke, hablamos sobre nuestros discos favoritos, y yo le pedí que nombrara la mejor canción de amor. «Hay demasiadas», repuso, e imaginé que se refería a demasiadas bandas, demasiados damnificados letraheridos con mal de amores, incontables genios desconsolados evocando pataletas tardoadolescentes, sobredosis de Elmore James, White Stripes para dar y vender, un puñado de los Ramones, Joy Division y The Smiths. «No», sentenció, «demasiadas de Nick Cave».

Andrew O'Hagan
Londres, 2020

PRÓLOGO

Hará cosa de unos treinta años tuve una disputa con el crítico musical Barney Hoskyns acerca de las cualidades propias —y las presuntas (y relativas) virtudes— de los letristas de rock. Según Barney (y espero no tergiversar sus palabras), en la simplicidad está la clave. La estructura de las canciones pop —la mayoría de las cuales derivan del bendito mestizaje entre la forma de la balada inglesa y el blues de ocho compases—, así como la importancia de la melodía y la duración más bien breve —que parece imponer la tradición folclórica—, hacen que del recurso a las rimas fáciles, el relato sucinto y la franqueza sentimental broten las mejores letras.

A partir de esas premisas canónicas, Barney defendía las composiciones de Smokey Robinson hasta el punto de afirmar que era éste, indudablemente, el mejor letrista pop de posguerra. Puede que para llevarle la contraria –o quizá porque así lo creía, tan difícil es saberlo a veces—, disentí apasionadamente de sus tesis, arguyendo que un letrista como Bob Dylan conseguía ser experimental y profundamente poético por igual, sin dejar de poder propinar, por ello, certeros ganchos roqueros en las tripas del oyente.

Por cuanto se me alcanza, la discusión acabó centrándose en un pareado del tema dylaniano «Vi-sions of Johanna»: «On the back of the fish truck that loads / While my conscience explodes» [En la trasera del camión que carga pescado / Mientras mi conciencia ya ha estallado]. Barney sostenía que se trataba de un ripio que no significaba nada en sí mismo y que, por tanto, debía contemplarse bien como un incontinente alarde de pirotecnia verbal, bien como puro relleno para marcar el tiempo al retomar el ritmo de la canción.

No me apetecía en demasía analizar la significación de aquel tropo ni, menos aún, empantanarme en la ciénaga psicobiográfica frecuentada por dylanólogos, dylanitas y dylanófilos, ni tampoco aspiraba a plantar pica en las áridas cumbres de esos académicos que se aferran a su cátedra sosteniendo, a capa y espada, que ciertos cantautores pueden considerarse tan «poetas» como sus homólogos sin acompañamiento musical. En lo que a mí respecta, este enfoque plantea inevitablemente la siguiente cuestión: si los letristas son poetas, ¿qué es, entonces, un poeta? ¿Acaso un hombre orquesta sin orquesta?

A lo largo de las dos últimas décadas, para mi satisfacción, me he topado con diversas interpretaciones plausibles del controvertido pasaje del camión del pescado. Sea como fuere, he acabado haciéndome una cierta idea de la naturaleza y propósito de las letras que me complace, en tanto que, de paso, me he ido explicando la defunción de la poesía como forma popular de arte. Actualmente, si nos da por imaginarnos a la musa de la poesía, se nos aparece cual cantante pop trasnochado sentado en el rincón de un café bohemio, llevándose la mano a la oreja y berreando cuatro mamarrachadas. Sea cual fuere la necesidad que sentimos por la síntesis armónica de sonido, sentido y ritmo que tradicionalmente aportaba el verso hablado, la hallamos ahora, en buena medida, en las letras cantadas.

Curiosamente, fue el mismo Hoskyns quien, un par de años antes, estuvo a punto de presentarme a una joven banda punk australiana a la que estaba promocionando. Yo estaba de pendoneo con un amigo común, extraviado en el berenjenal tóxico de aquellos tiempos retráctiles, cuando recibimos la invitación para dirigirnos a Clapham y encontrarnos con The Birthday Party. No lo conseguimos, ni tampoco dimos con nuestra papela de 10 libras.

Naturalmente, sabía de Nick Cave, sus interpretaciones incendiarias —prenderle fuego al catafalco gótico de la tumba del Papa y retorcerse al tiempo que ardía, ardía, ardía— constituían un rasgo definitorio de aquel atribulado periodo. Con todo, no entré en su música hasta más tarde. De hecho, le conocí personalmente mucho antes de sumergirme en su obra. Echando la vista atrás, hacia aquellos años de finales de los ochenta y primeros noventa, mi descubrimiento me parece asombrosamente tardío. Me viene a la cabeza la parodia de Woody Allen sobre las nefandas memorias de Albert Speer: «No sabía que Hitler fuera un nazi. La verdad es que, durante años, pensé que trabajaba en la compañía telefónica.»

Puede que yo no pensara que Nick Cave trabajaba para la compañía telefónica, pero desconocía hasta qué punto su vis creativa estaba tan impregnada de armonía como de semántica. Se trataba de un tipo afable, aunque adusto, al que veía con sus hijos en algunas barbacoas.

Entonces leí su novela *Y el asno vio al ángel*, y me vi expuesto, de lleno, al prodigioso parteaguas maniqueísta que desgarra la cosmovisión de Cave. Así mismo, me vi expuesto a su dimensión más personal y mitopoyética: un paisaje, tan presente en sus canciones como en su prosa, en el que el sexo es sinónimo de alboroto, donde los asesinatos tienen lugar al calor (del momento) y en que los pecados de los padres llaman siempre a la puerta. Para los que no estén familiarizados con las peculiaridades tanto físicas como culturales de la Australia profunda, escenario de muchas de las baladas de Cave, con su profusión de armas, navajas, caballos y novias, este puede antojarse como cortado por un patrón similar al de letristas tales como Johnny Cash, Bob Dylan y los intérpretes de blues y country a los que estos veneraban.

Pero no. La *mise en scène* de Cave resulta tan propia de su patrimonio australiano como lo son las espiras de sus yemas digitales, o el léxico de su idiolecto. Aquí, en la Victoria rural, la luz es más cruda, las patas de las moscas más pegajosas y la sangre tarda más en coagular. Una atmósfera de fábula impregna el mundo evocado por el cantante, y mientras nos sumimos en una de sus letras resulta fácil creer no solo en la plena simultaneidad temporal —los indígenas son asesinados a machetazos al tiempo que, en el estadio, la bola sale disparada de un patadón—, sino también que esta tierra en tonos sepia va de la mano con el antiguo Israel: los fariseos junto a la cuadrilla del bandolero Ned Kelly, con sus miembros sujetos por el pescuezo para asegurar el retrato del grupo.

Resultaría, por tanto, inapropiado colar alguna cita de entre las letras de este volumen; y, a tenor de lo afirmado arriba, también inútil brindar un análisis atento del texto. Baste decir que Cave, como artesano del verso, procura todos los encabalgamientos, elipsis y onomatopeyas que pudiera uno desear. Con todo, sospecho que la mayoría de los que vayan a comprar y leer este libro no lo harán por tales motivos; se trata más bien de un álbum de retratística lírica, en que todas las estampas revelan un aire de familia, aunque los fenotipos sean bien distintivos. El placer está en relacionar una con la otra, en establecer conexiones. Y, naturalmente, en escuchar las melodías en la memoria de nuestro oído.

Brevemente, sobre el erotismo y la atroz aflicción que comporta saber no solo que toda pasión se apaga, sino también que eres ya tierra quemada, sería un craso error tipificar a Cave como un letrista de desazón, sangre y vísceras. Cave se yergue como uno de los grandes escritores de amor de nuestra era. Cada una de sus canciones está perfumada de anhelo y apesta ya a putrefacción de pérdida inminente. Para Cave, la consumación es siempre exactamente eso.

No querría concluir sin apuntar la vena irónica —satírica incluso— que recorre las letras de Nick Cave. Una de mis favoritas, «God Is in the House», demuestra su capacidad para ironizar, reironizar y redoblar luego la ironía, engendrando un remolino vertiginoso que escurre las ideas preconcebidas por el desagüe del sarcasmo. Puede que ese toque ambivalente contradiga el apego de Cave a las verdades del Antiguo Testamento, pero no me parece

a mí que sea así, prefiero entenderlo como un todo: *Ecce homo*.

Al cabo, pues, diríase que la vieja riña acerca de los letristas estaba tan desprovista de sentido como el camión que descarga pescado, toda vez que, justo por aquel viejo entonces, en el corazón existencial de ciudades como Londres, Berlín, Nueva York y París, se paseaba un cantautor que constituía mucho más que la suma de estas partes: el doliente corazón de Smokey implantado en el pecho atribulado de Zimmerman.

WWS, Londres, 2007

West Country Girl

With a crooked smile and a heart-shaped face
Comes from the West Country where the birds
    sing bass
She's got a house-big heart where we all live
And plead and counsel and forgive
Her widow's peak, her lips I've kissed
Her glove of bones at her wrist
That I have held in my hand
Her Spanish fly and her monkey gland
Her Godly body and its fourteen stations
That I have embraced, her palpitations
Her unborn baby crying, 'Mummy'
Amongst the rubble of her body
Her lovely lidded eyes I've sipped
Her fingernails, all pink and chipped
Her accent which I'm told is 'broad'
That I have heard and has been poured
Into my human heart and filled me
With love, up to the brim, and killed me
And rebuilt me back anew
With something to look forward to
Well, who could ask much more than that?
A West Country girl with a big fat cat
That looks into her eyes of green
And meows, 'He loves you,' then meows again

Chica del oeste

Con su sonrisa torva y su faz de corazón
Viene del oeste donde los pájaros trinan
    graves
Su gran corazón a todos nos hospeda
Allí se implora, perdona y aconseja
Su despejada frente, los labios besados
Su muñeca enguantada de huesos
Que he sostenido en mi mano
Sus afrodisíacos y afeites
El cuerpo divino y su vía crucis
Que recorrí, sus palpitaciones
Su bebé nonato que llora «mami»
Entre los despojos de su cuerpo
Sus ojos-párpados adorables que sorbí
Sus uñas rosas rotas
Su acento «arrastrado» según dicen
Que yo escuché, que se vertió
En mi corazón y me rebosó
De amor, y me mató
Pero me rehízo
Con algo a lo que aspirar
¿Se puede pedir más?
Una chica del oeste con su gato gordo
Que mira sus ojos verdes
Y maúlla, «Te quiere», y maúlla otra vez

19

Esto que acaban de escuchar es una canción llamada "West Country Girl". Es una Canción de Amor.

Arrancó, en su más tierna inocencia, como un poema, escrito hará cosa de dos años en Australia, donde siempre brilla el sol. Lo escribí con el corazón abriéndose paso entre mis fauces, consignando, a modo de inventario, el inconmensurable repertorio de matices físicos que me atrajo de una persona en particular... *Chica del Oeste*. Me ayudó a esbozar mis propios criterios estéticos sobre la belleza, mi particular verdad sobre la belleza; pese a cuán oblicua, cruel y empobrecida pudiera antojarse. Una lista de cosas que amaba, y, en verdad, un desacomplejado ejercicio de adulación, urdido para conquistarla. Y, a decir verdad, funcionó y no funcionó. Pero la magia peculiar de la Canción de Amor, si alma tiene para tal propósito, es que perdura hasta donde el objeto de la canción no alcanza. Se adhiere a ti y te acompaña en el tiempo. Pero hace más que eso, porque, así como es tarea nuestra avanzar, desechar nuestro pasado, para cambiar y crecer —en resumen, para perdonarnos a nosotros mismos y al prójimo—, la Canción de Amor atesora en sus entrañas una inteligencia misteriosa que le es propia; y le permite reinventar el pasado y ponerlo a los pies del presente.

"West Country Girl" vino a mí con inocencia y a pleno sol, como un poema sobre una joven. Pero ha conseguido lo que toda canción de amor que se precie debe hacer para sobrevivir, ha reclamado su derecho a existir con identidad propia, su propia vida, su propia verdad. La he visto crecer y mutar con el tiempo. Se presenta ahora como una advertencia con moraleja, una receta con los ingredientes para una pócima de brujas, se lee como la autopsia de un forense, o un mensaje estampado en un letrero de caballete colgante a hombros de un tipo con los ojos desorbitados anunciando: «El fin del mundo está a vuestro alcance». Una voz ronca que en la oscuridad croa, «Cuidado... tengan cuidado... tengan cuidado».

De todos modos, me estoy adelantando. Me llamo Nick Cave y tengo algunas cosas que contarles.

People Ain't No Good

People just ain't no good
I think that's well understood
You can see it everywhere you look
People just ain't no good

We were married under cherry trees
Under blossom we made our vows
All the blossoms come sailing down
Through the streets and through the playgrounds

The sun would stream on the sheets
Awoken by the morning bird
We'd buy the Sunday newspapers
And never read a single word

People they ain't no good
People they ain't no good
People they ain't no good

Seasons came, seasons went
The winter stripped the blossoms bare
A different tree now lines the streets
Shaking its fists in the air

The winter slammed us like a fist
The windows rattling in the gales

To which she drew the curtains
Made out of her wedding veils

People they ain't no good
People they ain't no good
People they ain't no good

To our love send a dozen white lilies
To our love send a coffin of wood
To our love let all the pink-eyed pigeons coo
That people they just ain't no good
To our love send back all the letters
To our love a valentine of blood
To our love let all the jilted lovers cry
That people they just ain't no good

It ain't that in their hearts they're bad
They can comfort you, some even try
They nurse you when you're ill of health
They bury you when you go and die
It ain't that in their hearts they're bad
They'd stick by you if they could
But that's just bullshit, baby
People just ain't no good

People they ain't no good
People they ain't no good
People they ain't no good
People they ain't no good

La gente no mola

La gente no mola
Hay poco más que decir
Se ve donde quiera que mires
La gente no mola

Nos casamos bajo los cerezos
Bajo las flores nos prometimos
Y nos llovieron flores a mares
Por las calles y los parques

El sol se vertía en las sábanas
Despiertos por el pájaro de la mañana
Comprábamos los diarios del domingo
Sin leer una palabra

La gente no mola
La gente no mola
La gente no mola

Las estaciones van y vienen
El invierno desnudó las ramas
Y otros árboles bordean las calles
Sacudiendo sus puños al aire

El invierno nos sacudió como un puño
Y los vientos azotaron las ventanas
Ella corrió los visillos
Hechos de sus velos nupciales
La gente no mola
La gente no mola
La gente no mola

A nuestro amor manda doce lirios blancos
A nuestro amor manda un ataúd de madera

21

Que nuestro amor las palomas de ojo rosa
arrullen:
«La gente no mola»
A nuestro amor devuelve todas las cartas
A nuestro amor manda una ofrenda de sangre
Que nuestro amor lloren los amantes dolidos
Lloren la gente no mola

No es que sean malos con ganas
Hasta pueden consolarte, y lo intentan
Te atienden si tu salud se resiente
Te entierran si vas y te mueres
No es que sean malos adrede
Si pudieran te harían compañía
Pero, nena, todo eso son boludeces

La gente no mola
La gente no mola
La gente no mola
La gente no mola
La gente no mola

Di una versión anterior, sin tanta pompa, y con menos medios a mi alcance, de esta misma conferencia en la Academia de Poesía de Viena el año pasado. Fui invitado a desplazarme allí a fin de compartir a un grupo de estudiantes adultos los arcanos rudimentos que, presuntamente, asisten todo el que hace de la composición de canciones su oficio. No sin antes, así expresamente lo requirieron, dar una conferencia. El tema que elegí fue la Canción de Amor, y al hacerlo —es decir, al plantarme frente a una gran audiencia para impartir y compartir cuanto tuviera que revelarles—, me embargó un torbellino de sentimientos encontrados. El más intenso, acaso el más insistente de ellos, me atrevería a afir-

mar que fue terror en estado puro. Terror porque mi difunto padre era profesor de literatura inglesa en la escuela secundaria a la que asistí en Australia —ya saben, donde siempre brilla el sol—. Conservo muy nítidos recuerdos de cuando contaba unos doce años, sentado, como ustedes ahora, en clase o en una sala de conferencias, contemplando a mi padre, que estaría de pie, aquí arriba, tieso cual servidor, y pensando para mis adentros, sombría y miserablemente —porque, en honor a la verdad, era un chico con una existencia sombría y miserable—. "Realmente poco importa lo que sea que haga con mi vida mientras no termine como mi padre". Ahora, a los cuarenta y un años, diríase que lo que a buen seguro experimentó durante su cometido como docente no dista mucho de cuanto me dispongo a hacer. A los cuarenta y un años me he convertido en mi padre, y aquí me tienen, damas y caballeros, enseñando.

En retrospectiva, podría alegarse que, a lo largo de estos últimos veinte años, se ha mantenido cierta coherencia en mi discurso. En medio de la locura y el caos, parecería como si hubiera estado aporreando un solo tambor. Puedo constatar, sin ruborizarme, cómo mi vida artística se ha centrado en el afán por articular la crónica de una sensación de pérdida casi palpable que, para colmo, parecía reclamar mi propia vida. La inesperada muerte de mi padre iba a dejar un gran vacío en mi mundo cuando apenas contaba diecinueve años. Lo único que fui capaz de urdir para llenar este agujero, este vacío, fue ponerme a escribir. Mi padre me adiestró a tal efecto como si con ello pretendiera ya para prepararme para su marcha. La escritura fue el salvoconducto para acceder a mi imaginación, a la inspiración y, en última instancia, a Dios. Descubrí que a través del uso del lenguaje estaba dirigiéndome a un Dios de carne y hueso. El lenguaje se convirtió en el manto que arrojé sobre el hombre invisible, lo que le confirió forma y fondo. La transubstanciación de Dios a través de la Canción de Amor sigue siendo mi principal motivación como artista. Caí en la cuenta de que el lenguaje se había convertido en el mejor bálsamo para aliviar el trauma sufrido con la muerte de mi padre. El lenguaje se convirtió en ungüento para la añoranza.

La pérdida de mi padre dejó en mi vida un vacío, un espacio por el que mis palabras comenzaron a flotar y a compilar y encontrar su propósito. El gran W. H. Auden dijo: «la por muchos llamada experiencia traumática no es un accidente, sino la oportunidad que el niño ha estado aguardando pacientemente; de no haber sido ésta, habría encontrado otra para que su vida se convirtiera en un asunto serio». La muerte de mi padre fue, no cabe duda, la «experiencia traumática» de la que Auden nos habla, la que dejó el vacío que solo Dios podía llenar. Cuán hermosa es la noción de que nosotros mismos alumbramos nuestras propias catástrofes personales y que nuestras propias fuerzas creativas son, a su vez, de instrumental importancia para que así sea. Nuestros impulsos creativos permanecen en los flancos de nuestras vidas, prestos para tendernos una emboscada, dispuestos a asaltarnos y plantar pica en escena perforando nuestra conciencia —abriendo brechas a través de las cuales puede surgir la inspiración—. Cada uno de nosotros tiene la necesidad de crear, y la asimilación del dolor es, en sí misma, un acto creativo.

Aunque la Canción de Amor se manifiesta de muchas y muy variopintas formas —canciones de exaltación y alabanza, de rabia y desesperación, eróticas, de abandono y pérdida— en todas ellas se invoca al Creador, pues es en la embrujadora premi-

sa del anhelo donde la verdadera Canción de Amor habita. Es un aullido en el vacío que clama al cielo amor y consuelo, y pervive en los labios del niño que llora a su madre. Es la canción del amante que se desespera por su ser querido, el delirio del lunático suplicante invocando a su dios. Es el desgarrador lamento del que, encadenado a la tierra, anhela alzar el vuelo, el vuelo hacia la inspiración, la imaginación y la divinidad.

La Canción de Amor sería, por tanto, la materialización de nuestros vanos esfuerzos por convertirnos en seres divinos, para elevarnos por encima de lo terrenal y de lo banal. Creo que la Canción de Amor es, por definición —y por antonomasia—, la canción de la tristeza, el sonido verdadero de la pena.

Todos experimentamos en lo más hondo de nuestro ser lo que los portugueses felizmente dieron en denominar *saudade*, término que se traduce como una suerte de anhelo inexplicable, la innombrable y enigmática ansia que anida en el alma, y es este sentimiento el que vive en los reinos de la imaginación y la inspiración; y es, a su vez, el caldo de cultivo del que emerge la canción de la tristeza, la Canción de Amor. *Saudade* es el deseo de ser transportado de la oscuridad a la luz, de ser acariciado por lo que no es de este mundo. La Canción de Amor es la luz divina, desde lo más profundo de nuestras entrañas, estallando a través de nuestras heridas.

En su brillante conferencia titulada *Juego y teoría del duende*, Federico García Lorca se apresta a esbozar una plausible explicación sobre la extraña e inexplicable tristeza que anida en el corazón de ciertas obras de arte. «Todo lo que tiene sonidos oscuros tiene *duende*», para, acto seguido, añadir, «ese misterioso poder que todos sienten pero el filósofo no puede explicar». En la música rock contemporánea, inframundo en el que me gano el sustento, la música parece menos inclinada a cobijar en su alma, inquieta y temerosa, la tristeza de la que nos habla Lorca. Emoción, a menudo; ira, no pocas veces, pero la verdadera tristeza escasea. Bob Dylan siempre la padeció. Leonard Cohen se centra, específicamente, en su tratamiento. Persigue a Van Morrison como un perro rabioso y, aunque lo intenta, no puede sustraerse a su sombra. Tom Waits y Neil Young pueden, en ocasiones, invocarla. Mis amigos The Dirty lo cargan a granel pero, a modo de epitafio, podría aventurarse que el *duende* se antoja demasiado frágil para sobrevivir a la modernidad compulsiva de la industria discográfica. En la tecnocracia histérica de la música moderna, se obliga a la pena a hacinarse en la última fila del aula, donde toma asiento, meándose de terror en sus pantalones. La tristeza o *duende* necesita espacio para respirar. La melancolía detesta el apremio y flota en silencio. Siento pena por la tristeza, mientras saltamos por todas partes, negándole su voz y tratando de verbalizarla e impulsarla hacia otros confines. No es de extrañar que la tristeza no sonría a menudo. Tampoco es de extrañar que la tristeza siga tan triste.

Todas las Canciones de Amor tienen que tener *duende* porque la Canción de Amor nunca es, sencilla y llanamente, felicidad. Primero debe hacer suyo el potencial para expresar el dolor. Esas canciones que hablan de amor, sin tener entre sus versos un lamento o una sola lágrima, no son Canciones de Amor en absoluto, sino más bien Canciones de Odio disfrazadas de Canciones de Amor y no merecen, siquiera, nuestra más mínima atención. Estas canciones nos despojan de nuestra humanidad y de nuestro derecho, por Dios concedido, a estar —y a sentirnos— tristes, y las ondas están infestadas de ellas. La Canción de Amor debe resonar con los su-

surros de la tristeza y los ecos del dolor. El escritor que se niega a explorar las regiones más oscuras del corazón jamás podrá escribir convincentemente sobre el poder del encantamiento, la magia y la alegría del amor, pues al igual que no puede confiarse en el bien a menos que haya respirado el mismo aire que el mal —la metáfora del Unigénito crucificado entre dos criminales viene aquí a mi mente—, en la estructura de la Canción de Amor, en su melodía, en la letra, debe uno sentir que ha saboreado la capacidad de sufrimiento.

Sad Waters

Down the road I look and there runs Mary
Hair of gold and lips like cherries
We go down to the river where the willows weep
Take a naked root for a lovers' seat
That rose out of the bitten soil
But bound to the ground by creeping ivy coils
O Mary you have seduced my soul
Forever a hostage of your child's world

And then I ran my tin-cup heart along
The prison of her ribs
And with a toss of her curls
That little girl goes wading in
Rolling her dress up past her knee
Turning these waters into wine
Then she plaited all the willow vines

Mary in the shallows laughing
Over where the carp dart
Spooked by the new shadows that she cast
Across these sad waters and across my heart

Aguas apenadas

Miro por el camino y ahí va Mary
Cabellos de oro y labios de cereza
Bajamos al río donde los sauces lloran
Una raíz es nuestro sillón de amor
Que emergió de la tierra hollada
Aunque sepulta por yedra enroscada
Ay, Mary, me cautivaste el alma
Eterno rehén de tu mundo infantil

Y luego repaso mi corazón de latón
Por los barrotes de sus costillas
Y agitando sus rizos
La chiquilla vadea el río
Remangándose sobre la rodilla
Convirtiendo estas aguas en vino
Luego trenzando las fibrosas ramas

Mary en el bajío se ríe
Allí donde resbalan las carpas
Asustadas por su mera sombra
Que oscurece mi corazón y estas aguas

Cuando rondaba los veinte, empecé a leer la Biblia, y encontré en la brutal prosa del Antiguo Testamento, en la potencia de sus palabras y de sus imágenes, una fuente inagotable de inspiración; especialmente en la notable serie de Canciones de Amor —o poemas— conocidos como salmos. Di con los salmos que versan directamente sobre la relación entre el hombre y Dios, rebosantes todos de la clamorosa desesperación, el anhelo, la exaltación, la violencia erótica y la brutalidad que podía esperar y hacer mías. Los salmos están impregnados de *saudade*, repletos de *duende* y ungidos por la más cruenta violencia. En muchos sentidos, estas canciones se convertirían en el modelo de referencia para muchas de mis Canciones de Amor más sádicas. "Salmo 137", uno de mis favoritos, catapultado a las listas de éxitos por la banda Boney M, tal vez sea el ejemplo más ilustrativo de lo que trataba de explicarles.

Psalm 137

By the rivers of Babylon, there we sat down, yea,
We wept, when we remembered Zion
We hanged our harps upon the willows in the
    midst thereof
For there they that carried us away captive
    required
Of us a song; and they that wasted us required
    of us
Mirth saying, Sing us one of the songs of Zion.
How shall we sing the Lord's song in a strange
    land?
If I forget thee, O Jerusalem. Let my right hand
    Forget her cunning.
If I do not remember thee, let my tongue cleave to
The roof of my mouth: If I prefer not Jerusalem
    above my chief joy
Remember, O Lord, the children of Edom in the
Day of Jerusalem; who said Rase it, rase it, even to
The foundation thereof.
Daughter of Babylon, who art to be destroyed;
 Happy shall he be, that rewardeth thee as
    thou hast Served us.
 Happy shall he be, that taketh and dasheth
    thy little
Ones against the stones.

Salmo 137

*Junto a los ríos de Babilonia, allí nos
    sentábamos,*
Y aún llorábamos, acordándonos de Sion.
*Sobre los sauces en medio de ella colgamos
    nuestras arpas.*
*Y los que allí nos habían llevado cautivos nos
    pedían que cantásemos,*
*Y los que nos habían desolado nos pedían
    alegría, diciendo:*
Cantadnos algunos de los himnos de Sión
*¿Cómo cantaremos una canción de Jehová en
    tierra de extraños?*
*Si me olvidare de ti, oh Jerusalén, Mi diestra
    sea olvidada.*
*Mi lengua se pegue a mi paladar, Si de ti no
    me acordare;*
*Si no ensalzare a Jerusalem como preferente
    asunto de mi alegría.*
*Acuérdate, oh Jehová, de los hijos de Edom
    en el día de Jerusalem;*
*Quienes decían: Arrasadla, arrasadla hasta
    los cimientos.*
*Hija de Babilonia destruída, bienaventurado
    el que te diere el pago*
De lo que tú nos hiciste.
*Bienaventurado el que tomará y estrellará tus
    niños contra las piedras.*

(*Traducción de la Biblia Reina-Valera 1909/ Salmos/137*)

Aquí, el poeta se encuentra cautivo en «una tierra extraña» y obligado a cantar una canción de Sion. Él declara su amor a su patria y sueña con la venganza. El salmo es espantoso por cuanto se nos revela en tan cruentas ensoñaciones, mientras canta a su Dios por su liberación, y para que puedan ser felizmente lapidados los hijos de sus enemigos. Lo que encontré, una y otra vez, en la Biblia, especialmente en el Antiguo Testamento, es que los versos que emanan felicidad, éxtasis y amor pueden contener, a su vez, sentimientos aparentemente opuestos —odio, venganza, violencia extrema, etc.—. Sentimientos que no son mutuamente excluyentes. Esta idea ha dejado una impronta indeleble en la escritura de mis canciones.

La Canción de Amor debe ser llevada al reino de lo irracional, lo absurdo, lo distraído, lo melancólico, lo obsesivo y lo delirante, porque la Canción de Amor es el clamor del propio amor, y el amor es, por supuesto, una forma de locura. Tanto si se trata del amor a Dios o de amor erótico y romántico, estas son manifestaciones de nuestra pulsión por ser liberados de lo racional, para despedirnos de nuestros sentidos, por así decirlo. Las Canciones de Amor presentan innumerables variaciones y se escriben por muy diversas razones, como declaraciones de amor o cánticos que claman venganza; para alabar, herir o halagar. He escrito canciones por todas estas razones, pero en última instancia, la canción de amor existe para llenar, con lenguaje, el silencio que media entre nosotros y Dios, para disminuir la distancia entre lo temporal y lo divino.

Pero en el mundo de la música pop moderna, mundo que ostensiblemente trata sobre la Canción de Amor, la verdadera tristeza no es bienvenida. Por supuesto, hay excepciones, y ocasionalmente aparece una canción que se esconde detrás de su desechable ritmo plástico; una letra de amor de proporciones verdaderamente devastadoras. "Better the Devil You Know", hilvanada por los creadores de éxitos Stock,

Aitken & Waterman, y cantada por la sensacional cantante de pop australiana Kylie Minogue, es una clara muestra de ello. El camuflaje del terror del amor en una pieza de música pop inocente e inocua es una fórmula que me intriga. "Better the Devil You Know" contiene una de las canciones más populares de música pop con, acaso, una de las letras de amor más violentas y angustiantes del género.

Better the Devil You Know

Say you won't leave me no more
I'll take you back again
No more excuses, no, no
'Cause I've heard them all before
A hundred times or more
I'll forgive and forget
If you say you'll never go
'Cause it's true what they say
Better the devil you know

Our love wasn't perfect
I know, I think I know, the score
You say you love me, O boy
I can't ask for more
I'll come if you should call
I'll be here every day
Waiting for your love to show
'Cause it's true what they say
It's better the devil you know

I'll take you back
I'll take you back again

Mejor diablo conocido

Di que no me dejarás más
Te aceptaré de nuevo
No más excusas, no, no
Porque ya las he oído antes
Cien veces o más
Perdonaré y olvidaré
Si dices que nunca te irás
Porque es verdad lo que dicen
Mejor diablo conocido

Nuestro amor no era perfecto
Lo sé, creo que lo sé, el guion
Dices que me amas, oh chico
No puedo pedir más
Vendré si me llamas
Estaré aquí todos los días
Esperando a que aparezca tu amor
Porque es verdad lo que dicen
Mejor diablo conocido

Te aceptaré otra vez
Te aceptaré otra de vez de nuevo

Cuando Kylie Minogue pronuncia estas palabras, me embarga un halo de inocencia que emana de su voz y que hace que el terror que entraña esta escalofriante letra se me antoje aún más convincente. La fatalista convicción desplegada en esta canción —oscura, siniestra y triste—, a saber: que las relaciones amorosas son por naturaleza abusivas, y que esta suerte de abuso, sea físico o psicológico, es bienvenido y, hasta cierto punto, alentado, muestra cómo incluso las canciones de amor más aparentemente inofensivas tienen el privilegio de esconder verdades lapidarias sobre la condición humana. Cual Prometeo encadenado a su roca, pasto del águila que devora su hígado noche tras noche, Kylie se convierte en el cordero sacrificial del Amor, balando una invitación sincera al babeante y voraz lobo, para ofrecerse en sacrificio y ser devorada, una y otra vez; sobre el trasfondo de una textura rítmica propiciada por un pegajoso patrón tecno. «Te aceptaré de nuevo. Te aceptaré de nuevo otra vez». De hecho, aquí la Canción de Amor se convierte en un vehículo para ofrecer un desgarrador retrato de la humanidad, no muy distinto de los que abundan en los salmos del Antiguo Testamento. Ambos son mensajes lanzados al Creador cuyos ecos se pierden en el vacío abismal, en la angustia y el autoodio, con la vana esperanza de alcanzar la liberación.

Como les referí antes, mi vida artística se ha centrado en el deseo o, más concretamente, en el afán por articular la crónica de los diversos sentimientos de pérdida y los nunca saciados anhelos que han ululado a través de mis huesos y hervido también en mi sangre a lo largo de toda mi vida. En el decurso de ese trovadoresco tránsito habré escrito alrededor de 200 canciones, la mayor parte de las cuales diría que son Canciones de Amor. Canciones de Amor y, por lo tanto, según mi definición, canciones inspiradas en —y por— la tristeza. De esta considerable masa de material, un puñado de ellas destacan sobre el resto en lo relativo a todo lo que les he compartido acerca de lo que me llevó a escribirlas. "Sad Waters", "Black Hair", "I Let Love In", "Deanna", "From Her to Eternity", "Nobody's Baby Now", "Into My Arms", "Lime Tree Arbor", "Lucy", "Straight To You". Estoy orgulloso de estas canciones. Son mis sombrías y violentas criaturas de ojos oscuros. Tienen vida propia y apenas se relacionan con las otras canciones. La mayor parte de ellas proviene de complicadas gestaciones y de partos difíciles y dolorosos. La mayoría de ellas hunde sus raíces en la experiencia personal directa y fueron concebidas por un sinfín de muy variadas razones, pero estas Canciones de Amor son, en última instancia, lo mismo: destellos de vida proyectados al firmamento a discreción por un hombre ahogándose.

He aquí, damas y caballeros, un ejemplo más.

Love Letter

I hold this letter in my hand
A plea, a petition, a kind of prayer
I hope it does as I have planned
Losing her again is more than I can bear
I kiss the cold, white envelope
I press my lips against her name
Two hundred words. We live in hope
The sky hangs heavy with rain

Love Letter Love Letter
Go get her Go get her
Love Letter Love Letter
Go tell her Go tell her

A wicked wind whips up the hill
A handful of hopeful words
I love her and I always will
The sky is ready to burst
Said something I did not mean to say
Said something I did not mean to say
Said something I did not mean to say
It all came out the wrong way

Love Letter Love Letter
Go get her Go get her
Love Letter Love Letter
Go tell her Go tell her

Rain your kisses down upon me
Rain your kisses down in storms
And for all who'll come before me
In your slowly fading forms
I'm going out of my mind
Will leave me standing in
The rain with a letter and a prayer
Whispered on the wind

Come back to me
Come back to me
O baby please come back to me

Carta de amor

Sostengo esta carta en la mano
Una súplica, una petición, como un rezo
Ojalá cumpla con mis deseos
No podría soportar perderla una vez más
Beso el sobre frío y blanco
Presiono los labios sobre su nombre
Doscientas palabras. Vivimos de esperanza
Se cierne el cielo, cargado de lluvia

Carta de amor, Carta de Amor
Ve a por ella, ve a por ella
Carta de Amor Carta de Amor
Ve y cuéntale, ve y cuéntale

Un viento avieso azota la loma
Un puñado de palabras esperanzadas
La quiero y siempre la querré
El cielo está por estallar
Dije algo sin querer
Dije algo sin querer
Dije algo sin querer
Y salió todo del revés

Carta de Amor, Carta de Amor
Ve a por ella, ve a por ella
Carta de Amor, Carta de Amor
Ve y cuéntale, ve y cuéntale

Lluéveme besos encima
Lluéveme besos a cántaros
Y por todas las que vendrán ante mí
En tus formas evanescentes
Se me está yendo la cabeza
Me quedaré de pie, parado
En la lluvia con la carta y el rezo
Susurrado en el viento

Vuelve conmigo
Vuelve conmigo
Oh, nena, vuelve por favor

Las razones por las que me siento obligado a escribir Canciones de Amor pueden contarse por legiones. Algunas de estas devinieron más evidentes cuando me senté con un buen amigo a quien, a fin de preservar su anonimato, llamaré "G". "G" y yo nos confesamos mutuamente, el uno al otro, que ambos padecemos del trastorno psicológico conocido como erotografomanía. La erotografomanía se diagnostica cuando el sujeto en cuestión padece un deseo obsesivo por escribir cartas de amor. "G" me confesó que había escrito y enviado, en los últimos cinco años, más de 7.000 Cartas de Amor a su esposa. Mi amigo parecía exhausto y su vergüenza era casi palpable. Platicamos largo y tendido sobre el poder de la Carta de Amor y descubrí su gran semejanza, debo decir que sin que apenas me sorprendiera, con la Canción de Amor. Diríase que ambas sirven a un fin común: dar rienda suelta a las meditaciones sobre la persona amada. Ambas sirven para acortar la distancia entre el escritor y el destinatario. Ambas preservan una perdurabilidad y, por consiguiente, una fuente de poder que la palabra hablada no alcanza a poseer. Ambas son ejercicios eróticos en sí mismos. Ambas tienen el potencial de reinventar, a través de las palabras, como Pigmalión con su amante de piedra, al ser amado. Pero añadiría más, tienen ambas el insidioso poder de aprisionar a la persona amada, de atar sus manos con versos amorosos, de amordazarlas, cegarlas, pues las palabras devienen el parámetro definitorio para preservar la imagen del ser querido, presa de un régimen de esclavitud que impone el arrebato poético. «He tomado posesión de usted», la Carta de Amor y la Canción de Amor, susurran a un tiempo, «para siempre». Almas robadas que abandonamos a la deriva, como astronautas perdidos flotando por eternidad a través de las estratosferas de lo divino. Nunca confío en una mujer que escribe cartas, porque sé que no se puede confiar en mí. Las palabras perduran, la carne no. El poeta siempre jugará con ventaja. Yo soy un cazador de almas para Dios. Aquí vengo con mi red de mariposas tejida con palabras. Aquí doy caza a la crisálida. Aquí insuflo la vida en cuerpos y los arrojo revoloteando a las estrellas y al cuidado del Altísimo. Me gustaría, para concluir, mostrarles una canción que escribí para el álbum *The Boatman's Call*. Lleva por título "Far From Me", y quisiera compartirles algunas cosas al respecto.

Far From Me

For you, dear, I was born
For you I was raised up
For you I've lived and for you I will die
For you I am dying now
You were my mad little lover
In a world where everybody fucks everybody
    else over
You who are so
Far from me
So far from me
Way across some cold neurotic sea
Far from me

I would talk to you of all manner of things
With a smile you would reply
Then the sun would leave your pretty face
And you'd retreat from the front of your eyes
I keep hearing that you're doing your best
I hope your heart beats happy in your infant
    breast
You are so far from me
Far from me
Far from me

There is no knowledge but I know it
There's nothing to learn from that vacant voice
That sails to me across the line
From the ridiculous to the sublime
It's good to hear you're doing so well

But really, can't you find somebody else that
    you can ring and tell?
Did you ever care for me?
Were you ever there for me?
So far from me

You told me you'd stick by me
Through the thick and through the thin
Those were your very words
My fair-weather friend
You were my brave-hearted lover
At the first taste of trouble went running back
    to mother
So far from me
Far from me
Suspended in your bleak and fishless sea
Far from me
Far from me

Lejos de mí

Por ti, querida, yo nací
Por ti, me sobrepuse
Por ti viví y voy a morir por ti
Por ti ya estoy muriendo
Eras mi amante loquita
En un mundo donde todos joden al prójimo
Tú que estás
Tan lejos de mí
Tan lejos de mí
En la otra orilla de algún mar frío y neurótico
Lejos de mí

Contigo hablaba de todas las cosas
Respondías con una sonrisa

Luego el sol se retiraba de tu cara bonita
Y te escondías tras tu mirada
Oigo decir que las cosas van bien
Espero que palpite feliz tu pecho infantil
Estás tan lejos de mí
Lejos de mí
Lejos de mí

Sin saberlo yo ya sé
Nada se aprende de esa voz vacía
Que navega hasta mí por la línea
Que va de lo ridículo a lo sublime
Es bueno saber que todo va bien
Pero, ¿no tienes a nadie más a quien llamar
    y contarle?
¿De verdad te importe alguna vez?
¿Alguna vez te ocupaste de mí?
Tan lejos de mí

Dijiste que estarías junto a mí
A las duras y a las maduras
Esas fueron tus palabras exactas
Amiga en los tiempos propicios
Fuiste mi intrépida amante
Y cuando el viento cambió te volviste ya con
    tu madre
Tan lejos de mí
Lejos de mí
Suspendida en tu mar inhóspito, muerto
Lejos de mí
Lejos de mí

Cuatro meses me llevó escribir "Far From Me", que fue lo que duró la relación que describe. El primer verso lo escribí durante la primera semana del amorío y despliega, sin tapujos, el drama heroico que nace siempre con el nuevo amor, describiendo la intensidad de lo sentido, al tiempo que prefigurando el dolor que, en paralelo, acompaña a esta experiencia —«Por ti estoy muriendo ahora»—. Confronta a los dos héroes amantes con un mundo indiferente —«En un mundo donde todos joden al prójimo»— y trae a colación la noción de la distancia física recogida en el título. Verso primero, y sin novedad en el jardín. Pero lo cierto es que «Lejos de mí» tenía su propia agenda y no estaba dispuesta a permitir que nadie la dictara cuál era su propósito. La canción, como si aguardara el inevitable advenimiento de la «experiencia traumática», simplemente se negó a admitir que tal propósito había sido alcanzado hasta que tuvo lugar la catástrofe. Las canciones de esta naturaleza presentan ciertas complicaciones, y es preciso, por ello, mantener tu ingenio al acecho cuando te enfrentas a ellas. Con no poca frecuencia, observo que las canciones que escribo parecen saber más sobre lo que acontece en mi vida que un servidor. Tengo páginas y páginas con versos finales para esta canción, compuesta mientras la relación seguía navegando felizmente. Uno de dichos versos rezaba:

La camelia, la magnolia
Ten una flor tan hermosa
Y la campana de Santa María
Nos anuncia la hora

Palabras bonitas, inocentes, que difícilmente podían anunciar, siquiera advertir, que algún día todo podía desplomarse y resolverse con tan trágico desenlace. Mientras escribía el último verso de "Far From Me" quedó bien claro que mi vida estaba siendo dictada, en gran medida, por la naturaleza destructiva de la propia canción, cuya fatídica singladura vital había sido decidida ya por ésta, y sobre la cual no tenía control alguno. De hecho, mi propia contribución no era más que una aportación tardía, extemporánea; me había convertido un actor de reparto cuya astucia se antojaba ya, a estas alturas, del todo irrelevante, con una visión manipuladora, saboteadora y maliciosa de cómo tenía que ser el mundo.

Las Canciones de Amor que se unen a la experiencia real, tamizadas por la poética de acontecimientos vividos, desprenden una belleza singular. Se mantienen vivas de la misma manera que los recuerdos y, precisamente por ello, crecen y sufren cambios y evolucionan. Si la canción es demasiado débil para soportar esos cambios, si no le asisten la fuerza y la voluntad de sobrevivirse a sí misma, lamentablemente, no lo conseguirá. Volverás a casa un día y la hallarás exangüe y hecha trizas en el fondo de su jaula. Su alma habrá sido reclamada y todo lo que quedará de ella no será más que un montón de palabras inútiles. Una Canción de Amor como "Far From Me" requería una personalidad que trascendía la que originalmente le conferí, y otorgósele, a tal efecto, un poder a fin de que pudiera influir en mis propios sentimientos, e incluso en mis pensamientos sobre lo allí narrado. Las canciones que yo he escrito sobre relaciones pasadas se han convertido en relaciones en sí mismas, mutando heroicamente con el tiempo y tornando en materia mitopoyética los acontecimientos ordinarios de mi vida; extirpándolos del plano temporal y catapultándolos rumbo a las estrellas. Conforme la relación con la canción se derrumba, gimiendo de agotamiento, ésta se libera del yugo del compositor y alza, por fin, el vuelo para asaltar los cielos. Así se vive el más bello y anhelado momento que le haya sido dado a uno presenciar en este oficio.

Veinte años de composición llevo ya a cuestas, y el vacío no deja de multiplicarse por doquier; presa aún de una inexplicable tristeza, del duende, la *saudade*, el descontento divino, todo ello persiste inasequible al paso del tiempo, y puede que así sea hasta que me sea dado plantarme ante el Altísimo. Pero cuando Moisés quiso ver el rostro de Dios, se le respondió que tal vez no pudiera soportarlo, que ningún hombre podía ver el rostro de Dios y sobrevivir a la experiencia. Debo decir que esa contingencia no me quita el sueño. Me complace tanta tristeza, pues, al fin y al cabo, lo que queda de esta incesante búsqueda, las propias canciones, mi malvada camada de niños de ojos tristes, se reúnen y, a su manera, me protegen, me consuelan y me mantienen con vida. Son los compañeros del alma que la conducen hasta las puertas del exilio, que sacian el irreprimible anhelo por lo que no es de este mundo. La imaginación pide un mundo alternativo y a través de la escritura de la Canción de Amor uno toma asiento y comparte mantel con la pérdida y el anhelo, la locura y la melancolía, el éxtasis, la magia y la alegría, sin distinción que valga y con el respeto y la gratitud debidos a todos los comensales.

«La vida secreta de la canción de amor» se presentó, a modo de conferencia, en el South Bank Centre, Londres, en 1999.

NOTA SOBRE LOS ÁLBUMES

Al principio de la sección dedicada a cada álbum aparece una lista de canciones. Allí donde ésta se presenta dividida en dos partes, la segunda incluye canciones escritas en el mismo periodo que el propio álbum pero que se emplearon como caras B de los singles o bien en otros proyectos.

Nick Cave and The Bad Seeds compilaron en 2005 una selección llamada *B-sides and Rarities*. Para este álbum no hay, sin embargo, una sección aparte. Las letras de esas canciones aparecen aquí según el periodo en que fueron escritas.

PRAYERS ON FIRE
(1981)

ZOO-MUSIC GIRL/
CRY/
NICK THE STRIPPER/
FIGURE OF FUN/
KING INK/
A DEAD SONG/
YARD/
JUST YOU AND ME/

RELEASE THE BATS/
MR CLARINET/
HAPPY BIRTHDAY/
THE FRIEND CATCHER/
KATHY'S KISSES

CHICA DE MÚSICA DE ZOO/
LLANTO/
NICK EL STRIPPER/
HAZMERREÍR/
REY TINTA/
UNA CANCIÓN MUERTA/
PATIO/
TÚ Y YO SOLOS/

SUELTA LOS MURCIÉLAGOS/
SR. CLARINETE/
FELIZ CUMPLEAÑOS/
A POR EL AMIGO/
LOS BESOS DE KATHY

ZOO-MUSIC GIRL

Zoo-Music Girl Zoo-Music Girl
Our life together is a hollow tooth
Spit out the shells, spit out the shells
You know exactly what I'm talking about
Don't drag the orchestra into this thing
Rattle those sticks, rattle those sticks
The sound is beautiful, it's perfect!
The sound of her young legs in stockings
The rhythm of her walk, it's beautiful
Just let it twist, let it break
Let it buckle, let it bend
I want the noise of my Zoo-Music Girl
Zoo-Music Girl, Zoo-Music Girl
My body is a monster driven insane
My Heart is a fish toasted by flames
I kiss the hem of her skirt
We spend our lives in a box full of dirt
I murder her dress till it hurts
I murder her dress and she loves it
If there is one thing I desire in the world
Is to make love to my Zoo-Music Girl
Zoo-Music Girl Zoo-Music Girl
The sound is beautiful! It's perfect!
I call out her name in the night
Zoo-Music Girl! Zoo-Music Girl!
I call her by her family name
Zoo-Music Girl! Zoo-Music Girl!
Oh! God! Please let me die beneath her fists
Zoo-Music Girl! Zoo-Music Girl!
Zoo-Music Girl! Zoo-Music Girl!

CHICA DE MÚSICA DE ZOO

Chica de música de zoo, chica de música de zoo
Nuestra vida en común es un diente cariado
Escupe las cáscaras, escúpelas
Sabes muy bien de qué hablo
No metas a la orquestra en esto
Dale a las baquetas, dale bien
¡Qué hermoso el sonido, es perfecto!
El sonido de las medias en sus piernas lozanas
El ritmo de su zancada, es hermoso
Que se retuerza, que se rompa
Que se doble, que se curve
Quiero el ruido de mi chica de música de zoo
Chica de música de zoo, chica de música de zoo
Mi cuerpo es un monstruo demente
Mi corazón un pescado quemado por las llamas
Beso el dobladillo de su falda
Pasamos la vida en una caja llena de tierra
Asesino su vestido hasta que duele
Asesino su vestido y le encanta
Si hay algo que en este mundo deseo
Es hacerle el amor a mi chica de música de zoo
Chica de música de zoo, chica de música de zoo
¡Qué hermoso el sonido, es perfecto!
Grito su nombre en la noche
¡Chica de música de zoo! ¡Chica de música de zoo!
Grito su apellido
¡Chica de música de zoo! ¡Chica de música de zoo!
*¡Oh, Dios! Por favor, déjame morir bajo sus
    puños*
¡Chica de música de zoo! ¡Chica de música de zoo!
¡Chica de música de zoo! ¡Chica de música de zoo!

CRY

When you walk outa here
When you walk out
I gotta fill up that space
Or fill up that no-space
I'll fill it up with tears
I'll fill it up with tears
I'll fill it up with tears
I'll fill it up with tears
Cry Cry Cry Cry
Where no fish can swim
Where no fish can swim
Where no-fish can swim
Where no-fish can
Cry Cry Cry

When you slam that door
When that door slams
I gotta fill up that space
And I'll pack my suitcase
I'll fill it up with clothes
Or fill it up with no-clothes
And I'll pack it up with tears

I'll pack it up with tears
Cry Cry Cry Cry
Where no fish can swim
Where no fish can swim
Where no-fish can swim
Cry Cry Cry

When you say goodbye
When you say goodbye
I'll dig myself a hole
And fill up that space

LLANTO

Cuando sales de aquí
Cuando sales
Tengo que llenar ese espacio
O llenar el no-espacio
Y lo lleno de lágrimas
Y lo lleno de lágrimas
Y lo lleno de lágrimas
Y lo lleno de lágrimas
Lloro Lloro Lloro Lloro
Donde no pueden nadar los peces
Donde no pueden nadar los peces
Donde no pueden nadar los peces
Donde los peces no pueden
Llorar Llorar Llorar

Cuando pegas un portazo
Cuando esa puerta golpea
Tengo que llenar ese espacio
Y hago la maleta
La lleno de ropa
O la lleno de no-ropa
Y la envuelvo de lágrimas

La envuelvo de lágrimas
Lloro Lloro Lloro Lloro
Donde no pueden nadar los peces
Donde no pueden nadar los peces
Donde no pueden nadar los peces
Lloro Lloro Lloro

Cuando dices adiós
Cuando dices adiós
Me abro un agujero
Y lleno ese espacio

I'll fill it up with flesh
And I'll fill it up with no-flesh
I'll fill it up with tears
I'll fill it up with tears

Fish Swim Cry Fish Crryyy

———————

NICK THE STRIPPER

Nick the Stripper
Hideous to the eye
Hideous to the eye
He's a fat little insect
A fat little insect
And OOOOOOOOOH! here we go again

Nick the Stripper
Dances on all fours
Dances on all fours
He's in his birthday suit
He's in his birthday suit
and OOOOOOOOOH! here we go again

Nick the Stripper
Hideous to the eye
Hideous to the eye
He's a fat little insect
A fucked little insect
and OOOOOOOOOH! here we go again
Insect Insect Insect Insect

Lo lleno de carne
Y lo lleno de no-carne
Lo lleno de lágrimas
Lo lleno de lágrimas

Pez, nada. Llora, pez. Lloraaa

———————

NICK EL STRIPPER

Nick el Stripper
Repulsivo a la vista
Repulsivo a la vista
Es un bicho gordito
Un bicho gordito
Y ¡OOOOOOOOOH! Ya estamos de nuevo

Nick el Stripper
Baila a cuatro patas
Baila a cuatro patas
En su traje de cumpleaños
En su traje de cumpleaños
Y ¡OOOOOOOOOH! Ya estamos de nuevo

Nick el Stripper
Repulsivo a la vista
Repulsivo a la vista
Es un bicho gordito
Un bichito jodido
Y ¡OOOOOOOOOH! Ya estamos de nuevo
Bicho. Bicho. Bicho. Bicho

FIGURE OF FUN

I am a figure of fun
Dead-pan and moribund
All the things I do are better left undone
I am a figure of fun

And I bake in the sun
I have no luck in Love
I have no luck in anything
I am a figure of fun

And I'm impressed by everyone
But I impress no one
It's irritating
I am a figure of fun

I am a figure of fun
I have money
But money isn't everything to a figure of
Fun fun fun fun fun fun

KING INK

King Ink strolls into town
He sniffs around

King Ink kicks off his stink-boot
Sand and soot and dust and dirt and
He's much bigger than you think
King Ink
King Ink, wake up, get up
Wake up, up, up, up, up, up
A bug crawls up the wall
King Ink feels like a bug

HAZMERREÍR

Soy un hazmerreír
Impávido y moribundo
Todo lo que hago mejor sería no hacerlo
Soy un hazmerreír

Y me tuesto al sol
Sin suerte en el amor
Sin suerte en la vida
Soy un hazmerreír

Y la gente siempre me impresiona
Pero yo no impresiono a nadie
Es fastidioso
Soy un hazmerreír

Soy un hazmerreír
Aunque tengo dinero
El dinero no lo es todo para un hazme
Reír reír reír reír reír

REY TINTA

El Rey Tinta entra en la ciudad
Y olfatea

El Rey Tinta sacude su bota apestosa
Arena y hollín y polvo y tierra y
El rey es mucho más grande de lo que crees
El Rey Tinta
Rey Tinta, despierta, levanta
Despierta, venga, va, venga, va, venga, va
Un escarabajo se arrastra por la pared
El Rey Tinta se siente un escarabajo

And he hates his rotten shell
Cha-cha-cha-cha-cha-cha-cha-cha
King Ink, get up, go forth
Wake up – what's in that room?
Wake up – what's in that house?
Express thyself, say something loudly
AAAAAAH! What's in that room?
Sand and soot and dust and dirt
King Ink feels like a bug
Swimming in a soup-bowl
Oh! Yeah! Oh! Yeah! What a wonderful life
Fats Domino on the radio

A DEAD SONG
(WITH ANITA LANE)

(This is true)
Mister nothing said forever said
I can sing
Hit it! Make it a dead one
With words like
Blood, soldier, mother
OK OK
I want to sleep before the end
Which is impolite
Hit it! Make it a dead one
If nothing crops up
I'll give you a ring
You can sing the end
OK OK
Then I could get
All the little animals out of my room
Hit it! With a broom
OK OK
Put them in a big white sack

Y odia su caparazón asqueroso
Cha-cha-cha-cha-cha-cha-cha-cha
Rey Tinta, levanta, tira
Despierta: ¿qué hay en el cuarto?
Despierta: ¿qué hay en la casa?
Exprésate, dilo en voz alta
¡AAAAAAH! ¿Qué hay en el cuarto?
Arena y hollín y polvo y tierra
El Rey Tinta se siente un escarabajo
Nadando en un bol de sopa
¡Ey, sí! ¡Ey, sí! Qué vida fabulosa
Fats Domino suena en la radio

UNA CANCIÓN MUERTA
(CON ANITA LANE)

(Esto es verdad)
El don nadie dijo para siempre dijo
Puedo cantar
¡Dale! Y que salga muerta
Con palabras como
Sangre, soldado, madre
Vale Vale
Quiero dormir antes del final
Aunque sea descortés
¡Dale! Y que salga muerta
Si nada se tercia
Te regalo un anillo
Puedes cantar el final
Vale Vale
Luego podría sacar
A todos los animalitos de mi habitación
¡Dale! Con una escoba
Vale Vale
Meterlos en una saca blanca

No visitors came
Hit it! WITH WORDS LIKE…
Thou shalt not
The End

———

YARD

In our yard
How many chickens can we count
On our fingers and toes
On their toes
Sitting on father's hole
Sitting on his chest
Crushing rocks of dirt
The earth is soft in our
Yard Yard
Stones in my shoes
And feet
Dragging them through museums
Where
Under glass
Refrigerate
Freeze
Hands and feet
And knobbly knees
Yard Yard

———

JUST YOU AND ME

First: I tried to kill it with a hammer
Thought that I could lose the head
Sure! We've eaten off the silver
(When even food was against us)
And then I tried to kill it in the bed

Nadie apareció
¡Dale! CON PALABRAS COMO…
Los mandamientos
Fin

———

PATIO

En el patio
Cuántos pollos podemos contar
Con dedos de manos y pies
De sus pies
Sentados en el hueco del padre
Sentados en su pecho
Aplastando terrones
La tierra es blanda en nuestro
Patio Patio
Piedras en mis zapatos
Y pies
Que arrastro por los museos
Donde
Tras el cristal
Refrigeran
Congelan
Manos y pies
Y nudosas rodillas
Patio Patio

———

TÚ Y YO SOLOS

Primero: intenté matarlo con un martillo
Pensé que podía perder la cabeza
¡Claro! Hemos comido en la vajilla de plata
(Cuando hasta los alimentos nos plantaban cara)
Y luego traté de matarlo en la cama

Second: I gagged it with a pillow
But awoke the nuns inside my head
They pounded their Goddy-Goddy fists
(From the inside — so from the outside)
I got good: I stuck it. Dead
Thirdly: I put my lips upon it
And blew a frost across its flat
I wrote upon its outside-surface
'Tonite we're on the outside-surface'
Just you and me girl: you and me and the fat

RELEASE THE BATS

Whooah Bite! Whooah Bite!
Release the bats! Release the bats!
Don't tell me that it doesn't hurt
A hundred fluttering in your skirt
Don't tell me that it doesn't hurt

My baby is all right
She doesn't mind a bit of dirt
She says 'Horror vampire bat bite'
She says 'Horror vampire
How I wish those bats would bite'
Whoooah Bite! Bite!

Release the bats! Release the bats!
Pump them up and explode the things
Her legs are chafed by sticky wings
(Sticky sticky little things)

My baby is a cool machine
She moves to the pulse of her generator
Says damn that sex supreme
She says damn that horror bat

Segundo: intenté amordazarlo con una almohada
Pero despertó a las monjas en mi cabeza
Que aporreaban con sus puños divinos
(Desde dentro; o sea, desde fuera)
Fui mejorando: lo clavé. Muerto
Tercero: puse mis labios encima
Y velé su palma de escarcha
Escribí sobre la superficie exterior
«Esta noche estamos en la superficie exterior»
Tú y yo solos, nena: tú y yo y la grasa

SUELTA LOS MURCIÉLAGOS

¡Zaas, un mordisco! ¡Zaas, y otro!
¡Suelta los murciélagos! ¡Suelta los murciélagos!
No me digas que no duele
Los cientos que revolotean en tu falda
No me digas que no duele

Mi chica está bien
No le importa algo de mugre
Dice «Terror vampiro murciélago muerde»
Dice «Terror vampiro
Ojalá esos murciélagos mordieran»
¡Zaaas, un mordisco! ¡Y otro!

¡Suelta los murciélagos! ¡Suelta los murciélagos!
Hínchalos y que exploten
Las alas pegajosas frotan sus patas
(Qué bichitos pega-pegajosos)

Mi chica es un electrodoméstico
Se mueve al ritmo del generador
Dice a la mierda el sexo supremo
Y a la mierda el terror murciélago

Sex vampire, cool machine
Release the bats! Release the bats!

Baby is a cool machine
She moves to the pulse of a generator
She says damn that sex supreme
She says, she says damn that horror bat
Sex horror sex bat sex horror sex vampire
Sex bat horror vampire sex
Cool machine
Horror bat. Bite!
Cool machine. Bite!
Sex vampire. Bite!

MR CLARINET

I have a friend in you, oh Mr Clarinet
You make me laugh, and then cry like the song
    of the clarinet
Marry me, marry me alive O
I put on my coat of trumpets
Will she be there? Is my piccolo on straight?

Her white stockings and red dress that goes
swish, swish swish around her legs of lace

Marry me, marry me alive O

Could you tell her
Would you tell her for me, oh Mr Clarinet
That I love her love her, oh love her
I love her but I cannot wait

Vampiro sexual, electrodoméstico
¡Suelta los murciélagos! ¡Suelta los murciélagos!

La chica es un electrodoméstico
Se mueve al ritmo del generador
Dice a la mierda el sexo supremo
Dice, dice a la mierda el terror murciélago
Sexo terror sexo murciélago sexo terror sexo
    vampiro
Sexo murciélago terror vampiro sexo
Electrodoméstico
Terror murciélago. ¡Mordisco!
Electrodoméstico. ¡Mordisco!
Vampiro sexual. ¡Mordisco!

SR. CLARINETE

Eres un amigo, Sr. Clarinete
Me haces reír y luego llorar como la canción
    del clarinete
Despósame, despósame vivo Oh
Me pongo el abrigo de trompetas
¿Estará ella allí? ¿Se ve recto mi flautín?

Sus medias blancas y el vestido rojo que cruje y
revolotea, ssssh, en torno a sus piernas de encaje

Despósame, despósame vivo Oh

Le podrás decir
Le dirías de mi parte, oh, Sr. Clarinete
Que la quiero, la quiero, oh, la quiero
La quiero pero no puedo esperar

Marry me, marry me alive O
I love her, love her, love her
Love her love her love her love her

———————

HAPPY BIRTHDAY

It's a very happy day
We had lots of fun fun fun
And it's ice-cream and jelly
and a punch in the belly
How much can you throw over the walls?

And see how his face glows
It's a bike! What a surprise
It's a big bike. What a big surprise
It's a red bike. What a red surprise
Oh, what a surprise

But the best thing there
But the best thing there
Was the wonderful dog chair
Was the beautiful dog chair
That could count right up to ten
It could count right up to ten
It went woof, woof, woof, woof, woof
woof, woof, woof, woof, woof

And it's another happy day
He was born eleven years ago
And this year it's long trousers
and a very smart tie
Just think in five years he'll be shaving

And see how his face glows
It's a bike. What a surprise!

Despósame, despósame vivo Oh
La quiero, la quiero, la quiero
La quiero, la quiero, la quiero, la quiero

———————

FELIZ CUMPLEAÑOS

Es un día muy feliz
Disfrutamos tanto tanto tanto
Hay helado y mermelada
Y una torta en la papada
¿Cuánto puedes arrojar sobre las paredes?

Y mira cómo le brilla la cara
¡Una bici! Qué sorpresa
Una gran bici. Qué gran sorpresa
Es una bici roja. Qué sorpresa roja
Oh, qué sorpresa

Pero lo mejor de todo fue
Pero lo mejor de todo fue
El fabuloso sillón del perro
Qué hermoso sillón de perro
Que podía contar hasta diez
Podía contar hasta diez
Soltaba guau guau guau guau guau
Guau guau guau guau guau

Y se repite la efeméride
Nació hace once años ya
Para la ocasión son pantalones
Y una elegante corbata
Y pensar que en cinco años ya se afeitará

Y mira cómo le brilla la cara
Es una bici. ¡Qué sorpresa!

It's a samurai sword	*Una espada de samurái*
What a metal surprise	*Qué sorpresa de metal*
He'll remember this day for the rest of his life	*Recordará este día para el resto de su vida*

But the best thing there	*Pero lo mejor de todo es*
But the best thing there	*Pero lo mejor de todo es*
Is that fabulous dog chair	*Aquel fabuloso sillón de perro*
The immaculate dog chair	*Un perfecto sillón de perro*
That could count right up to eleven	*Que podía contar hasta once*
It could count right up to eleven	*Podía contar hasta once*
It went woof, woof, woof, woof, woof, woof	*Soltaba guau guau guau guau guau guau*
woof, woof, woof, woof, woof, woof	*Guau guau guau guau guau guau*

But the best thing there	*Pero lo mejor de todo fue*
But the best thing there	*Pero lo mejor de todo fue*
Was my darling the dog chair	*Fue, amor mío, el sillón de perro*
But the rampaging dog chair	*Nada más que el desbocado sillón*
That could count right up to eleven	*Que podía contar hasta once*
It could count right up to eleven	*Podía contar hasta once*

| And it went round and round the house | *Y daba vueltas y vueltas por la casa* |

THE FRIEND CATCHER

I: cigarette fingers	*Yo: dedos de pitillo*
Puff and poke, puff and poke	*Fumar y hurgar, fumar y hurgar*
And the smoke it touches the ground	*Y el humo toca el suelo*

You: your lungs in your wrists	*Tú: tus pulmones en las muñecas*
They throb like trains	*Palpitan como trenes*
Choo choo choo choo	*Chucu-chucu-chú*
	Es una prisión sónica

It's a prison of sound	*Verás por mis barbas*
See by the hair of my chinny-chin-chin	*¡Hiaa, hiaa! ¡Hiaa, hiaa! ¡Hiaa, hiaa!*
Hee-haw! Hee-haw! Hee-haw!	

A POR EL AMIGO

I can't see for smoke
So I poke around

I poke around

_____

KATHY'S KISSES

Kathy's kisses, they fall out of
Her mouth on to the floor, collect dust
I sweep them under the door

Es que el humo no me deja
Por eso fisgoneo

Fisgoneo

_____

LOS BESOS DE KATHY

Los besos de Kathy se caen
De su boca al suelo, crían polvo
Los barro bajo la puerta

JUNKYARD
(1982)

BIG–JESUS–TRASH–CAN/
KISS ME BLACK/
6" GOLD BLADE/
KEWPIE DOLL/
JUNKYARD/
SHE'S HIT/
DEAD JOE/
HAMLET (POW, POW, POW)/

SOMETIMES PLEASURE
HEADS MUST BURN

CUBO DE BASURA DEL GRAN JESÚS/
BÉSAME EN NEGRO/
HOJA DORADA DE SEIS PULGADAS/
MUÑEQUITA/
DESGUACE/
LE HAN DADO/
JOE MUERTO/
HAMLET (BANG, BANG, BANG)/

A VECES LAS CABEZAS DEL
PLACER DEBEN ARDER

BIG–JESUS–TRASH–CAN

Big—Jesus soul-mates trash—can
fucking rotten business this
both feet in the Bad-Boot
stiff in the crypt, baby, like a rock
rock-rock-rock
Big—Jesus soul-mates trash—can
pumped me fulla trash at least it smelt like trash
wears a suit of Gold (got greasy hair)
but God gave me Sex appeal

well-well-well-well-rock
well-well-well-well-rock
well-well-well-well-rock
well-well-well-well-rock
he drives a trash—can
he drives a trash—can
he drives a trash—can
he drives a trash—can
he's comin' to my town rock-rock-rockr-
o-o-o-o-o-o-o-o-o-o-o-o-o-o-o-o-ck!

Big—Jesus–oil–King down in Texas
drives great holy tanks of Gold
Screams from heaven's Graveyard
American heads will roll in Texas
(roll like Daddies' Meat)
roll under those singing stars of Texas

well-well-well-well-rock
well-well-well-well-rock
well-well-well-well-rock
well-well-well-well-rock

CUBO DE BASURA DEL GRAN JESÚS

Cubo de basura de los hermanos del alma del
    Gran Jesús
Menuda puta mierda este percal
Ambos pies en la Bota-Equivocada
Tiesos en la cripta, nena, como una roca
Roca-roca-roca
Cubo de basura de los hermanos del alma del
    Gran Jesús
Me hincharon de basura, o al menos apestaba
Lleva un traje de Oro (y el pelo con brillantina)
Pero Dios me otorgó Sex-appeal

Bien-bien-bien-bien-rock
Bien-bien-bien-bien-rock
Bien-bien-bien-bien-rock
Bien-bien-bien-bien-rock
Conduce un cubo de basura
Conduce un cubo de basura
Conduce un cubo de basura
Conduce un cubo de basura
Y se va a venir al pueblo rock-rock-rock
¡R-o-o-o-o-o-o-o-o-o-o-o-o-o-o-o-ck!

Gran-Jesús-Rey-del-petróleo en Texas
Conduce sacrosantas cisternas de Oro
Grita desde el Cementerio del paraíso
Cabezas americanas rodarán en Texas
(Rodarán como la carne de papá)
Rodarán bajo las estrellas cantarinas de Texas

Bien-bien-bien-bien-rock
Bien-bien-bien-bien-rock
Bien-bien-bien-bien-rock
Bien-bien-bien-bien-rock

he drives a trash—can | Conduce un cubo de basura
he drives a trash—can | Conduce un cubo de basura
he drives a trash—can | Conduce un cubo de basura
he drives a trash—can | Conduce un cubo de basura
He's comin' to my town, He's comin' to my town | Y se va a venir al pueblo, se va a venir al pueblo
He's comin' to my town, He's comin' to my town | Se va a venir al pueblo, se va a venir al pueblo

———— | ————

KISS ME BLACK

BÉSAME EN NEGRO

Now they put the stink on us | *Resulta que nos han apestado*
Throw us to the succubus | *Nos arrojaron al súcubo*
Fed us to the incubus | *Y fuimos pasto del íncubo*
And brung in the Saprophagous | *Y se trajeron al Saprófago*
c'mon and kiss me black | *Vente y bésame en negro*
I need to feel your lips around me | *Necesito sentir tus labios en torno*
c'mon and kiss me black | *Vente y bésame en negro*
Black as the pit in which you found me | *Negro como la fosa donde me hallaste*

She's like a dog you have to kick her | *Ella es como una perra, hay que patearla*
Sleeps like a swastika | *Duerme como una esvástica*
And says 'everyone's a winner now | *Y dice «ahora salimos ganando todos*
cos everyone's a sinner now' | *Porque ya somos todos pecadores»*
come on and kiss me black | *Vente y bésame en negro*
come and sail your ships around me | *Vente y zárpame tus barcos en torno*
c'mon and kiss me black | *Vente y bésame en negro*
Black as the sea in which you drowned me | *Negro como la mar en que me ahogaste*

C'mon and kiss me black | *Vente y bésame en negro*
Run your rusty cutlass through me | *Repásame con tu oxidado alfanje*
C'mon and kiss me black | *Vente y bésame en negro*
Kiss me black and then undo me | *Bésame y después anúlame*

6" GOLD BLADE

I stuck a six-inch gold blade in the head of a girl
She lying through her teeth, him: on his back
Hands off this one, hands off! she cried
Grinning at me from hip to hip
Hands off, pretty baby, tough bone then so soft
    to slip
Oooh Yeah
I stuck a six-inch gold blade in the head of a girl
Shark's-fin slices sugar-bed slices that pretty
    red-head
I love you! now me! I love you!
Laughter, laughter
Oh baby, those skinny girls, they're so quick
    to murder
Oooh Yeah
Shake it baby, c'mon, shake, shake it baby
Shake
Shake
Shake
Shake

HOJA DORADA DE SEIS PULGADAS

Clavé una hoja dorada de seis pulgadas en la
    cabeza de una chica
Que mentía entre dientes, y él: yacía panza arriba
¡Quítale las manos de encima! ¡Fuera! gritó ella
Sonriéndome de cadera a cadera
Quita las manos, monada, hueso duro luego
    suave para deslizarse
Aaay Síí
Clavé una hoja dorada de seis pulgadas en la
    cabeza de una chica
Aleta de tiburón taja lecho de azúcar taja a la
    pelirroja tan mona
¡Te quiero! ¡ahora yo! ¡Te quiero!
Risotadas y más risas
Oh, nena, esas chicas delgadas son tan fáciles
    de asesinar
Aaay Síí
Dale, nena, venga, dale, muévete
Dale
Dale
Dale
Dale

KEWPIE DOLL

Well I love that kewpie doll
Well I love that kewpie doll
Well I love that kewpie doll
Yeah I bought her in a show
I dressed her up in a cheap red cotton dress
But everything was either fished–out or spat–out
Fished–out or spat–out
Well I love that kewpie doll

MUÑEQUITA

Cuánto quiero a la muñequita
Cuánto quiero a la muñequita
Cuánto quiero a la muñequita
Que la compré en una feria
La vestí con un vestidito rojo y barato de algodón
Pero eran todo cosas repescadas o tiradas
Repescadas o tiradas
Cuánto quiero a la muñequita

But I could not make it stick
Well I love that kewpie doll
But I could not make it stick
Only she could save my soul
She put her hands inside of me
Well I love that kewpie doll
Dressed her in a cheap-red-cotton-dress
Fished it out now spat it out now
Spat it out in front of me
Well I love that kewpie doll
But I could not make it stick
Doll doll doll doll doll doll doll doll
I held her in my cheap arms
She believed in me, she believed in me
Her soul and my arms
Well I love that kewpie doll
I told her phoney stories
Well I love that kewpie doll
She believed in me
Doll doll doll doll doll doll doll doll
Kewpie on a stick
I can see her coming even now
Kewpie on a stick
I can see her walking to me even now
Well I love that kewpie doll
I can see her walking to me even now
Well I love that kewpie doll
I can see her walking to me even now
Well I love that kewpie doll
But I could not make it stick.

Pero fue imposible que aguantara
Cuánto quiero a la muñequita
Pero fue imposible que aguantara
Aunque solo ella podía salvar mi alma
Puso sus manos dentro de mí
Cuánto quiero a la muñequita
La vestí con un vestidito rojo y barato de algodón
La repescaba y la tiraba
Tirada justo ante mí
Cuánto quiero a la muñequita
Pero fue imposible que aguantara
Muñeca muñeca muñeca muñeca muñeca
La sostuve en mis brazos baratos
Creía en mí, creía en mí
Su alma y mis brazos
Cuánto quiero a la muñequita
Le contaba camelos
Cuánto quiero a la muñequita
Ella que creía en mí
Muñeca muñeca muñeca muñeca muñeca
Muñequita en un palito
Aún hoy la veo venir
Muñequita en un palito
Aún hoy la veo caminando hacia mí
Cuánto quiero a la muñequita
Aún hoy la veo caminando hacia mí
Cuánto quiero a la muñequita
Aún hoy la veo caminando hacia mí
Cuánto quiero a la muñequita
Pero fue imposible que aguantara

JUNKYARD

I am the King. I am the King. I am the King

One dead marine through the hatch
Scratch and scrape this heavenly body
Every inch of winning skin
There's garbage in honey's sack again
Honey Honey Honey Honey Honey
Come on and kiss me
Honey Honey Honey Honey Honey
Honey-child's taking over this place

Two dead marines standing in a line
Drink to me! this heavenly body
Every inch a winning thing

Honey Honey Honey Honey Honey
Come on and kiss me
Honey Honey Honey Honey Honey
Honey-child's taking over this place

Hack hack hack hack this heavenly
Yack yack yack yack yack goes junk-face
Scratch scrape scratch this winning skin
There's garbage in Honey's sack again
There's garbage in Honey's sack again
There's garbage in Honey's sack again
Garbage in honey Garbage in honey
Junkyard King Junkyard King
King King King King King

DESGUACE

Yo soy el Rey. Yo soy el Rey. Yo soy el Rey

Un marine muerto en la escotilla
Rasca y araña este celestial cuerpo
Cada pulgada de su piel victoriosa
Hay basura de nuevo en el petate de dulzura
Corazón Corazón Corazón Corazón
Ven y bésame
Corazón Corazón Corazón Corazón
La dulce criatura se apodera del lugar

Dos marines muertos hacen cola
¡Brindad por mí! Este cuerpo celestial
Cada pulgada victoriosa

Corazón Corazón Corazón Corazón
Ven y bésame
Corazón Corazón Corazón Corazón
La dulce criatura se apodera del lugar

Taja taja taja taja este celestial
Su cara podrida suelta bla bla bla bla bla
Rasca araña rasca la piel victoriosa
Hay basura de nuevo en el petate de dulzura
Hay basura de nuevo en el petate de dulzura
Hay basura de nuevo en el petate de dulzura
Basura en mi dulzura Basura en mi dulzura
Rey del desguace Rey del desguace
Rey Rey Rey Rey Rey

SHE'S HIT

there is woman-pie in here
mr evangelist says she's hit
the best cook you ever had
you can't blame the good-woman now, dad
and you locked him up for twenty years
now there's action on the basement stairs
a monster half-man half-beast
hear the hatchet (grind grind)
pilgrim gets hacked daughter
and all we guys get are forty hack reporters
uptown one hundred skirts are bleeding
mr evangelist says
she's hit ev'ry little bit
she's hit ev'ry little bit
now if only we could all grow wings and fly
sweet hatchet swing low son
I'm feeling pretty lonesome
christen the bastard jack dad
the head-shrinker is a quack
'anyone who'd wear their hair like that'
the vinyl is so cool, the conversation's cruel
hold my heart romeo it's in a rodeo
hold my head daddy-o it just won't go
and all the girls across the world
and all the girls across the world
are hit ev'ry little bit

LE HAN DADO

hay aquí una mujer pastel
el sr. evangelista dice que le han dado
el mejor cocinero que jamás tuviste
papá, no puedes culpar a la buena mujer
y tú que le encerraste veinte años
ya hay movida en las escaleras del sótano
un monstruo mitad hombre mitad bestia
oye el hacha (pica pica)
el peregrino ya tiene trinchada a su hija
y nosotros a cuarenta plumíferos
cien faldas sangran en la zona alta
el sr. evangelista dice
le han dado pero bien
le han dado pero bien
ay, si nos crecieran alas y volar pudiéramos
niño, hacha guapa vuela baja
me siento bastante solo
papá, bautiza ya al bastardo
el loquero es un matasanos
«cualquiera que se peine así»
qué guapo este vinilo, la charla algo cruel
sostén mi corazón romeo está en un rodeo
tío sostén mi cabeza que no va
y a las chicas del mundo entero
y a las chicas del mundo entero
les han dado pero bien

DEAD JOE

oh-ho-ho-ho-ho-ho-ho-ho-ho-ho Dead Joe
oh-ho-ho-ho-ho-ho-ho-ho-ho-ho Dead Joe

welcome to the car smash
welcome to the car smash
welcome to the car smash
Dead Joe

Junk-Sculpture turning back to junk
Junk-Sculpture turning back to junk
Junk-Sculpture turning back to junk
Dead Joe
oh joe n-o-o-o-o! it's christmas time Joe
it's christmas time now for you
and all the little bells are hanging two-by-two
the holly and the nativity
oh speak to me Joe speak to me Joe speak
    to me oh
oh-oh-oh---oh--oh--oh--oh--oh--oh
De-e-e-e-e-e-e-e-e-e-e-e-e-ead Joe

oh-ho-ho-ho-ho-ho-ho-ho-ho-ho Dead Joe
oh-ho-ho-ho-ho-ho-ho-ho-ho-ho Dead Joe

welcome to the car smash
welcome to the car smash
welcome to the car smash
you can't tell the girls from the boys anymore
you can't tell the girls from the boys anymore
you can't tell the girls from the boys anymore
Oh-oh-oh-oh-oh-oh---oh--oh--oh---oh---oh---oh
De-e-e-e-e-e-e-e-e-e-e-e-e-ead Joe

JOE MUERTO

Oh-ho-ho-ho-ho-ho-ho-ho-ho-ho Estás muerto Joe
Oh-ho-ho-ho-ho-ho-ho-ho-ho-ho Estás muerto Joe

bienvenidos a qué hostia se ha pegao
bienvenidos a qué hostia se ha pegao
bienvenidos a qué hostia se ha pegao
Muerto Joe

Escultura de chatarra en chatarra se convierte
Escultura de chatarra en chatarra se convierte
Escultura de chatarra en chatarra se convierte
Muerto Joe
¡oh Joe n-o-o-o-o! ya es Navidad, Joe
para ti ya es Navidad
y las campanillas cuelgan como cerezas
el acebo y el belén
oh háblame Joe háblame Joe háblame oh
oh-oh-oh---oh--oh--oh—oh—oh—oh--oh
Mu-u-u-u-u-u-u-u-u-u-u-u-u-uerto Joe

Oh-ho-ho-ho-ho-ho-ho-ho-ho-ho Estás muerto Joe
Oh-ho-ho-ho-ho-ho-ho-ho-ho-ho Estás muerto Joe

bienvenidos a qué hostia se ha pegao
bienvenidos a qué hostia se ha pegao
bienvenidos a qué hostia se ha pegao
ya no se distinguen las chicas de los chicos
ya no se distinguen las chicas de los chicos
ya no se distinguen las chicas de los chicos
Oh-oh-oh-oh-oh-oh---oh---oh---oh---oh---oh
Mu-u-u-u-u-u-u-u-u-u-u-u-u-uerto Joe

HAMLET (POW, POW, POW)

Hamlet's fishin' in the grave
Hamlet's fishin' in the grave
thru the custard bones and stuff
he ain't got no friends in there
he ain't got no friends in there
I believe our man's in love
Hamlet got a gun now
he wears a crucifix
he wears a crucifix
pow pow pow pow/pow pow pow pow
Hamlet moves so beautiful
Hamlet moves so beautiful
walking thru the flowers
who are hiding 'round the corners
He's movin' down the street now
he likes the look of that cadillac
he likes the look of that cadillac
pow pow pow pow/pow pow pow pow
Is this love some kinda love
Is this love some kinda love
Now he's movin' down my street
and he's coming to my house
crawling up my stairs
Wherefore art thou baby-face
Where-for-art-thou
pow pow pow pow/pow pow pow pow
Is this love
Is this love
Pow!
He shoot it inside
He shoot it inside
Pow!
Don't let 'em steal your heart away
he went and stole my heart POW!!
hey hey hey POW!!

HAMLET (BANG, BANG, BANG)

Hamlet anda hurgando en la tumba
Hamlet anda hurgando en la tumba
Entre huesos tuétano y demás
Y no es que tenga amigos allí
No es que tenga amigos allí
Creo que el tío está enamorado
Hamlet empuña un arma
Lleva un crucifijo
Lleva un crucifijo
Bang bang bang / bang bang bang
Cuando Hamlet se mueve es tan hermoso
Cuando Hamlet se mueve es tan hermoso
Caminando entre las flores
Escondidas en los rincones
Ahora camina calle abajo
Le gusta como luce aquel cadillac
Le gusta como luce aquel cadillac
Bang bang bang / bang bang bang bang
Es esto amor en cierto modo
Es esto amor en cierto modo
Ya se mueve por mi calle abajo
Y se viene para casa
Repta por mis escaleras
Porqué eres tú cara de ángel
Porqué eres tú
Bang bang bang / bang bang bang
Es esto amor
Es esto amor
¡Bang!
La descarga dentro
La descarga dentro
¡Bang!
Que no te arrebaten el corazón
Y va y me robó el corazón ¡¡BANG!!
Ey ey ey ¡¡BANG!!

SOMETIMES PLEASURE HEADS MUST BURN

BU-U-U-U-U-U-RN! POP! POP!
BU-U-U-U-U-U-RN! POP! POP!
I reckon I'm a bit too close to this one
I reckon if I touch it might just burn
Flesh-heads like me just wax and melt
When my tongue touches titty's tongue in turn
Sometimes pleasure heads must
BU-U-U-U-U-U-RN! POP! POP!
BU-U-U-U-U-U-RN! POP! POP!
My brain tricked my hands to believe they
    were strong
In short, my hands became clubs to grind
I reckon I'm a bit too close to this one
Kiss me darling, kiss my eyes to blind
Kiss my clubs and witness what my knuckles find
BU-U-U-U-U-U-RN! POP! POP!
BU-U-U-U-U-U-RN! POP! POP!
I feel a little low, you know what I mean?
Buried neck-high in British snow
I reckon I'm a bit too close to this one
Shoot me darling, shoot me in the head and go
Ya! Ya! Teeth gone. Follow my trail back home
Ya! Ya! Teeth gone. Follow my trail back home
Ya! Ya! BU-U-U-U-U-U-RN! POP! POP!

A VECES LAS CABEZAS DEL PLACER DEBEN ARDER

¡A-A-A-A-A-R-R-D-E-E-E! ¡POP! ¡POP!
¡A-A-A-A-A-R-R-D-E-E-E! ¡POP! ¡POP!
Diría que estoy muy, muy cerca de esta
Que si la toco se pondrá a arder
Cabezas de carne como yo se hinchan y derriten
Cuando mi lengua toca a su vez la de la teta
A veces las cabezas del placer deben
¡A-A-A-A-A-R-R-D-E-E-E-R! ¡POP! ¡POP!
¡A-A-A-A-A-R-R-D-E-E-E-R! ¡POP! ¡POP!
Mi cerebro le hizo creer a mis manos que
    eran fuertes
Y las manos se volvieron porras de machacar
Diría que estoy muy, muy cerca de esta
Bésame, corazón, bésame los ojos, ciégame
Besa mis porras y presencia lo que encontraron
    mis nudillos
¡A-A-A-A-A-R-R-D-E-E-E! ¡POP! ¡POP!
¡A-A-A-A-A-R-R-D-E-E-E! ¡POP! ¡POP!
Me siento algo mustio, ¿sabes lo que digo?
Enterrado hasta el cuello en nieve inglesa
Diría que estoy muy, muy cerca de esta
Dispárame, amor, dame en la cabeza y vete
¡Ya! ¡Ya! Fuera dientes. Sigue mi rastro hasta casa
¡Ya! ¡Ya! Fuera dientes. Sigue mi rastro hasta casa
¡Ya! ¡Ya! ¡A-A-A-A-A-R-R-D-E-E-E! ¡POP! ¡POP!

THE BAD
SEED
(1983)

SONNY'S BURNING/
WILD WORLD/
FEARS OF GUN/
DEEP IN THE WOODS

ARDE SONNY/
MUNDO SALVAJE/
MIEDOS DE PISTOLA/
EN LO MÁS HONDO DEL BOSQUE

SONNY'S BURNING

Have you heard how Sonny's burning
Like some bright erotic star?
He lights up the proceedings
And raises the temperature
Flame on! Flame on!

Now I've seen to Sonny's Burning
Someday I think I'll cut him down
But it can get so cold in here
And he gives off such an evil heat
Flame on! Flame on!
Hail my incubatic incubator

Now pay witness to Sonny's Burning
Warming the damp and rotten seed
Warming the damp and rotten seed
That blooms into the demon flower
Now fire and flowers both consume me
Flame on! Flame on!

Evil heat is running through me
Flame on! Flame on!
Sonny's burning pits into me
Flame on! Flame on!
Sonny's burning holes into me
Don't interrupt! Don't interrupt!
Flame on! Flame on!

ARDE SONNY

¿Sabes ya que Sonny arde
Cual rutilante estrella erótica?
Ilumina los eventos
Y sube la temperatura
¡Quema! ¡Quema!

Ya atendí a la inmolación de Sonny
Quizá un día le liquide
Pero aquí puede hacer tanto frío
Y tan maléfico calor desprende
¡Quema! ¡Quema!
Viva mi incubante incubadora

Y ahora presencia la inmolación de Sonny
Calentando la pútrida semilla
Calentando la pútrida semilla
Que germina como flor demoníaca
Ya fuego y flores me consumen
¡Quema! ¡Quema!

Un calor maléfico me recorre
¡Quema! ¡Quema!
En mí quema Sonny ardiendo
¡Quema! ¡Quema!
Me perfora Sonny ardiendo
¡No lo pares! ¡No lo pares!
¡Quema! ¡Quema!

WILD WORLD

Hold me up baby for I may fall
Hold my dish-rag body tall
Our bodies melt together (we are one)
Post crucifixion baby, and all undone
It's a wild world
Church bells ring out the toll of our night
Forward and forever backward
Forever backward forever forward all right
Strophe and antistrophe
Strophe and antistrophe
(C'mon baby, hold me tight)
It's a wild world, a wild world
Up here in your arms tonight

Don't push me
Don't push me

It's a wild world

FEARS OF GUN

Gun wears his alcoholism well
Finger in Bottle and swingin' it still
From Bed to Sink and back again
Clock is crawlin' round the same
He's bustin' Clock (he hates its face)
Just sittin' and talkin' to Heart in ticks
Talkin' back to Clock in slow and studied kicks
The fears of Gun are the fears of everyone

Fingers down the throat of love
Fingers down the throat of love

MUNDO SALVAJE

Sostenme nena que me caigo
Sostén este espantajo entero
Nuestros cuerpos se funden (somos uno)
Postcrucifixión, guapa, y todo devastado
Qué mundo salvaje
Las campanas de la iglesia tañen por nuestra noche
Adelante y por siempre para atrás
Por siempre para atrás siempre adelante bien
Estrofa y antistrofa
Estrofa y antistrofa
(Venga, nena, sostenme bien)
Es un mundo salvaje, un mundo salvaje
Aquí en tus brazos esta noche

No me atosigues
No me atosigues

Qué mundo salvaje

MIEDOS DE PISTOLA

Pistola lleva su alcoholismo bastante bien
Dedo en la Botella y agitando
De la Cama a la Pila y de vuelta
Reloj también repta alrededor
Le arrea a Reloj (odia su cara)
Ahí está sentado hablando segundos al Corazón
Que responde a Reloj con patadas certeras
*   y pausadas*
Los miedos de Pistola son los de todo el mundo

Dedos metidos en la garganta del amor
Dedos metidos en la garganta del amor

Fingers down the throat of love
Love! Love!

Gun does the waltz around the room
Collecting Table and Chairs and Sofa and so on
    and so on
Gun wears his best blue suit, now let's take to
    the sky
'We'll go dancin' and eatin' it up
Get a bottle and push it on down'
And let's just beat it up
Transistor radio plays an overwhelmingly sad
    and lonely song
Saying 'Where she gone? Where she gone?'
The fears of Gun are the fears of everyone

Fingers down the throat of love
Fingers down the throat of love
Love! Love!

DEEP IN THE WOODS

The woods eats the woman and dumps her
    honey-body in the mud
Her dress floats down the well and it assumes
    the shape of the body of a little girl
Yeah I recognize that girl
She stumbled in some time last loneliness
But I could not stand to touch her now
My one and onlyness

Deep in the woods
Deep in the woods
Deep in the woods a funeral is swinging

Dedos metidos en la garganta del amor
¡Amor! ¡Amor!

Pistola se marca un vals por la habitación
Recogiendo Mesa y Sillas y Sofá y demás y tal
Pistola lleva su mejor traje azul, el cielo es
    nuestro destino
«Bailaremos y lo vamos a devorar
Pilla la botella y tríncala»
Y vamos a por ello
Suena en la radio una canción de infinita tristeza
    y soledad
Que dice «¿Adónde fue? ¿Adónde fue?»
Los miedos de Pistola son los de todo el mundo

Dedos metidos en la garganta del amor
Dedos metidos en la garganta del amor
¡Amor! ¡Amor!

EN LO MÁS HONDO DEL BOSQUE

El bosque devora a la mujer y arroja al fango
    su dulce cadáver
Su vestido flota en la poza y toma la forma de
    un cuerpo de niña
Sí, yo reconozco a esa niña
Nos cruzamos alguna vez en la última soledad
No soportaría tocarla ahora
Mi nena singular

En lo más hondo del bosque
En lo más hondo del bosque
En lo más hondo del bosque marcha al ritmo
    un funeral

Worms make their cruel design
Saying D-I-E into her skin
Saying DEAD into belly and DEATH into shoulder
Well last night she kissed me but then death
    was upon her

Deep in the woods
Deep in the woods
Deep in the woods a funeral is swinging

Now the killed waits for the killer
And the trees all nod their heads, they are agreed
This knife feels like a knife feels like a knife that
    feels like it's feed
Yeah I recognize that girl
I took her from rags right through to stitches
Oh baby, tonight we sleep in separate ditches

Deep in the woods
Deep in the woods
Deep in the woods a funeral is swinging

Love is for fools and all fools are lovers
It's raining on my house and none of the others
Love is for fools and God knows I'm still one
The sidewalks are full of love's lonely children
The sidewalk regrets that we had to kill them

Los gusanos trazan su dibujo cruel
Que dice M-U-E-R-E en la piel
MUERTA en la barriga y MUERTE en un hombro
Y anoche me besó pero ya la muerte la acechaba

En lo más hondo del bosque
En lo más hondo del bosque
En lo más hondo del bosque marcha un funeral

Ahora el muerto espera al asesino
Y los árboles asienten, conformes
El cuchillo es como un cuchillo es como cuchillo
    que es como cebo
Sí, yo reconozco a esa niña
Conmigo pasó del arroyo a la cuneta
Nena, esta noche dormimos en zanjas opuestas

En lo más hondo del bosque
En lo más hondo del bosque
En lo más hondo del bosque marcha un funeral

El amor es para memos y todos los memos
    son amantes
Llueve en mi casa pero en ninguna otra
El amor es para memos y sabe Dios que lo soy
Las aceras andan repletas de los niños perdidos
    del amor
La acera lamenta que hubiera que matarlos

BURNING THE ICE (THE DIE HAUT ALBUM, 1983)

TRUCK LOVE/
STOW-A-WAY/
DUMB EUROPE/
PLEASURE IS THE BOSS

AMOR CAMIONERO/
POLIZÓN/
NECIA EUROPA/
EL PLACER MANDA

TRUCK LOVE

Truck love! Right here!
Truck love! Right now!
Bewitched by pure power. That's truck love!
In the gully of your choice. Truck love!
Jam-up on a leaping tree. Head on! Head first!
And God came down and talked to me
And I damn nearly wept
Tears rolling down the dash! Tears rolling
    down the dash!
We can't stop the monster rolling
We can't stop the monster rolling
We can't stop the monster rolling
We can't stop the monster rolling
Rise to power! Rise to power!
Rise to power! Rise to power!
Your eyes stare bright like gold
Eye-spot interference all across the fucking road
Burn my eyes! Burn my eyes! Baby!
My hands keep shaking when I'm touching ya
My hands keep shaking when I'm touching ya
They keep shaking when I ain't
They keep shaking when I ain't

Truck love! Truck love!
Pit-stop lovers!
Right now and the now is right!
This highway is done bent on killing us
Testing every nerve that we possess between us
The face of Christ is leaping from the storm
The face of Christ is leaping from the storm
You tend to get religious on these runs
Rise to power! Rise to power!

AMOR CAMIONERO

¡Amor camionero! ¡Aquí mismo!
¡Amor camionero! ¡Ya mismo!
Hechizo por la potencia pura. ¡He ahí el amor
    camionero!
En el barranco de tu elección. ¡Amor camionero!
Atasco en un árbol pa' saltar. ¡Sin rodeos!
    ¡De cabeza!
Y bajó Dios y habló conmigo
Y hostia casi lloré
¡Lágrimas cayendo por el salpicadero! ¡Lágrimas
    cayendo por el salpicadero!
Imposible parar al monstruo rodante
Imposible parar al monstruo rodante
Imposible parar al monstruo rodante
Imposible parar al monstruo rodante
¡Toma el mando! ¡Toma el mando!
¡Toma el mando! ¡Toma el mando!
Tus ojos penetran con brillo de oro
Se divisa interferencia en toda la puta carretera
¡Quema mis ojos! ¡Quema mis ojos! ¡Nena!
Mis manos tiemblan cuando te toco
Mis manos tiemblan cuando te toco
Y tiemblan cuando no
Y tiemblan cuando no

¡Amor camionero! ¡Amor camionero!
¡Amantes de aparcamiento!
¡Ya mismo y ya está bien!
La autopista está hecha aposta para matarnos
Pone a prueba cada nervio compartido
El rostro de Cristo se sale de la tormenta
El rostro de Cristo se sale de la tormenta
Uno tiende a la religión en estos casos
¡Toma el mando! ¡Toma el mando!

Rise to power! Rise to power!
Divine power has gone crawled into this tank
Every metal muscle flexed and pumping at
    the crank
Pumping at my axis. Rendering me sexless
Mega-tons of muscle kicking dust across Texas
Truck love! Out on the city limits
Drive straight into the eye of the next town
    that we hit
Gun it once for the hillbillies
Just to make them shit

Fuck love! This truck love!
Fuck love! This truck love!
The dolls on the grille are caked in bloody
    bug guts
The dolls on the grille are caked in bloody
    bug guts
Truck love! Truck love!
Rise to power! Rise to power!
The dolls on the grille are caked in bloody
    bug guts
The dolls on the grille are caked in bloody
    bug guts
Truck love! Truck love!
There are things burning in the desert
Rise to power! Rise to power!
There are things burning in the desert
Rise to power! Rise to power!
There are things burning in the desert

¡Toma el mando! ¡Toma el mando!
El poder divino se ha colado en la cisterna
Cada músculo metálico flexionado y dándole
    a la manivela
Dándole a mi eje. Dejándome capado
Megatones de musculo la están armando en
    todo Texas
¡Amor camionero! Allá en las afueras
Conduce directo al ojo de la ciudad que
    cruzaremos
Pisa bien el pedal para los paletos
Pa' que se caguen

¡A la mierda el amor! ¡Este amor camionero!
¡A la mierda el amor! ¡Este amor camionero!
Las muñecas de la parrilla van cubiertas de
    vísceras sanguinolentas
Las muñecas de la parrilla van cubiertas de
    vísceras sanguinolentas
¡Amor camionero! ¡Amor camionero!
¡Sube al poder ¡Sube al poder!
Las muñecas de la parrilla van cubiertas de
    vísceras sanguinolentas
Las muñecas de la parrilla van cubiertas de
    vísceras sanguinolentas
¡Amor camionero! ¡Amor camionero!
Hay cosas ardiendo en el desierto
¡Toma el mando! ¡Toma el mando!
Hay cosas ardiendo en el desierto
¡Toma el mando! ¡Toma el mando!
Hay cosas ardiendo en el desierto

STOW-A-WAY

Hey hey I am the stow-a-way
Hey hey I am the stow-a-way

My girl turned as blue as an iceberg do
And me I'm totally shipwrecked over her
Baby baby don't blow away
Hey hey I am the stow-a-way
I am the stow-a-way

This is your captain talking to ya
This is your captain talking to ya
This is your captain talking to ya
This is your captain talking to ya

Heartache

Hey hey I am the stow-a-way
I am the stow-a-way

My baby turned as blue as an iceberg do
And I sank to the bottom of the sea
Hey baby don't blow away
Hey hey I am the stow-a-way
I am the stow-a-way

This is your doctor talking to ya
This is your doctor talking to ya
This is your doctor talking to ya
This is your doctor talking to ya

Heartache

POLIZÓN

Ey órale que soy el polizón
Ey órale que soy el polizón

Mi chica se volvió tan azul como un iceberg
Y yo soy un náufrago a su costa
Nena nena no te evapores
Ey órale soy el polizón
Yo soy el polizón

Les habla su capitán
Les habla su capitán
Les habla su capitán
Les habla su capitán

Aflicción

Ey órale que soy el polizón
Yo soy el polizón

Mi nena se volvió tan azul como un iceberg
Y yo me hundí en el fondo del mar
Oye nena no te evapores
Ey órale que soy el polizón
Yo soy el polizón

Les habla su médico
Les habla su médico
Les habla su médico
Les habla su médico

Aflicción

DUMB EUROPE

On this European night out on the brink
The café's and the bars still stink
The air is much too thick for seeing
But not thick enough for leaning
I leave in a catatonic crawl
And if I die tonight then throw me in
Some bleak teutonic hole
Six feet under with a snap-frozen soul
And really we could all just die of shame
And really we could all just die of shame
Dumb Europe, Dumb Europe, Dumb Europe

Oh the Utopian night on the brink
Mama's face staring up at me from the bottom
    of the sink
Witness my trail of destruction
Trying to leave this drinking place
My feet are magnetized for furniture
The floor's attracted to my face
And if I die tonight
Sell me as some prehistoric bone
A lump of junk-souvenir for Jap
To fob off on his friends back home
The money-dance…
I find it hard to cope with days like this.
Pass the bottle
Dumb Europe, Dumb Europe, Dumb Europe

On this European night out on the brink
The café's and the bars still stink
The air is much too thick for seeing
But not thick enough for leaning
I leave in a catatonic crawl
And if I die tonight then throw me in

NECIA EUROPA

Afuera en el borde en esta noche europea
Bares y cafés apestan todavía
Está muy denso el aire para ver
Aunque no lo bastante para reclinarse
Me largo reptando catatónico
Y si esta noche muero arrojadme
En una sórdida fosa teutónica
Dos metros bajo tierra con el alma congelada
Y la verdad es que podríamos morir todos
    avergonzados
Y la verdad es que podríamos morir todos
    avergonzados

Ah la noche utópica en el borde
El rostro de mamá mirándome desde el fondo
    del fregadero
Presencia mi senda devastadora
Al tratar de abandonar el garito
Mis pies se imantan al mobiliario
El suelo quiere pegarse a mi cara
Y si esta noche muero
Vendedme como un hueso prehistórico
Medio souvenir de mierda para japos
Para engatusar a los amigos en Japón
El baile del dinero…
Qué duro es lidiar con días así. Pásame la botella
Necia Europa, Necia Europa, Necia Europa

Afuera en el borde en esta noche europea
Bares y cafés apestan todavía
Está muy denso el aire para ver
Aunque no lo bastante para reclinarse
Me largo reptando catatónico
Y si esta noche muero arrojadme

Some bleak teutonic hole
Six feet under with a snap-frozen soul
And really we could all just die of shame
And really we could all just die of shame
Dumb Europe, Dumb Europe, Dumb Europe

En una sórdida fosa teutónica
Dos metros bajo tierra con el alma congelada
Y la verdad es que podríamos morir todos
*   avergonzados*
Y la verdad es que podríamos morir todos
*   avergonzados*
Necia Europa, Necia Europa, Necia Europa

PLEASURE IS THE BOSS

They're working us like dogs around here
'Cause pleasure is the boss
And I'm the happiest slave alive around here
'Cause pleasure is the boss
And nothing is safe that don't stand still
If it's OK with the boss
I'm gunna walk right up and take it yeah
If it's OK with the boss

Walk!

What's OK with the boss is OK with me
What's OK with the boss is OK with me

What's OK with the boss is OK with me
What's OK with the boss is OK with me

What's OK with the boss is OK with me
What's OK with the boss is OK with me

EL PLACER MANDA

Aquí nos matan a trabajar
Porque el placer manda
Y yo soy el esclavo más feliz de aquí
Porque el placer manda
Y lo que no se aguanta no es seguro
Si al jefe le parece bien
Voy a ir hasta allí y tomarlo para mí
Si al jefe le parece bien

¡Camina!

Lo que está bien para el jefe está bien para mí
Lo que está bien para el jefe está bien para mí

Lo que está bien para el jefe está bien para mí
Lo que está bien para el jefe está bien para mí

Lo que está bien para el jefe está bien para mí
Lo que está bien para el jefe está bien para mí

MUTINY!
(1983)

JENNIFER'S VEIL/
MUTINY IN HEAVEN/
SWAMPLAND/

VIXO

EL VELO DE JENNIFER/
MOTÍN EN EL CIELO/
LAS MARISMAS/

VIXO

JENNIFER'S VEIL

So you've come back for Jennifer
You know, she hides her face behind a veil
I'm warning you Frankie, leave on the next train
Your Jennifer she just ain't the same
Quit waving that thing about! Come back!
Come back and give me a chance to explain
Your baby will never cry again

So don't try to reach out
And don't let the ship's flag down
Point the figure-head at the storm
And drive her hard upon
Don't stop and don't stop
And don't let the veil drop
(Another ship ready to sail—the rigging is tight
Tight like Jennifer's veil)

She drew the curtain on her face
Ever since they came and burnt the old place down
Why is she searching through the ashes?
Why, only Jennifer knows that now
And the officer, without a word
Left all his junk and just moved out

So don't try to reach out
And don't let the ship's flag down
Point the figure-head at the glass
Smash! Smash! Into shards
Don't stop and don't touch!
And don't let the veil drop... behind Jennifer's veil
Oh God! Frankie! Is that really you!
Get back! Don't reach out!
Get back, and get that lantern out of my room!

EL VELO DE JENNIFER

Así que has vuelto a por Jennifer
Pues ahora cubre su cara bajo un velo
Te lo advierto, Frankie, vete en el próximo tren
Tu Jennifer ya no es la misma
¡Ya no agites más esa cosa! ¡Vuélvete!
Vete y déjame que te explique
Que tu nena ya no va a llorar más

Así que no trates de contactar
Ni dejes que el buque arríe la bandera
Encara el mascarón a la tormenta
Y toréala sin piedad
No te pares para nada
Ni dejes que el velo caiga
(Otro barco se dispone a zarpar; las jarcias tensas
Como el velo de Jennifer)

Corrió el telón sobre su cara
Desde que vinieron y prendieron fuego a la casa
¿Qué anda buscando entre cenizas?
Bueno, solo Jennifer lo sabe
Y el oficial, sin abrir boca
Dejó sus cosas y se fue

Así que no trates de contactar
Ni dejes que el buque arríe la bandera
Encara el mascarón al cristal
¡Estréllate! ¡En pedazos y añicos!
¡No pares ni toques!
Ni dejes que el velo caiga... bajo el velo de Jennifer
¡Oh, Dios! ¡Frankie! ¡Eres tú de verdad!
¡Vuélvete! ¡No te acerques!
¡Vete y saca ese farol de mi habitación!

Don't try to reach out
And don't let the ship's flag down
Down, down over her, like a shroud
And let her sail on the sea like a stone
Don't touch and don't touch
And don't let the veil drop
Another ship ready to dock… the rigging
    comes loose…
Loose like Jennifer's veil

MUTINY IN HEAVEN

Well ah jumpt! and fled this fucken heap on
    doctored wings
Mah flailin pinions, with splints and rags
    and crutches!
        (Damn things nearly hardly flap)
Canker upon canker upon one million tiny
    punctures
                            That look like…
Long thin red ribbons draped across the arms
    of a lil mortal girl
        (Like a ground-plan of Hell)
Curse these smartin strings! These fucken
    ruptures!
Enough! Enough is enough!
        (If this is Heaven ah'm bailin out)
If this is Heaven, ah'm bailin out!
Ah caint tolerate this ol tin-tub
So fulla trash and rats! Felt one crawl across
    mah soul
For a seckon there, ah thought ah wassa back
    down in the ghetto!
        (Rats in Paradise! Rats in Paradise!)
Ah'm bailin out! There's a mutiny in Heaven!

No trates de contactar
Ni dejes que el buque arríe la bandera
Vamos, encima de ella, como una mortaja
Y déjala como una piedra hacerse a la mar
No toques ni toques
Ni dejes que el velo caiga
Está por atracar otro barco… las jarcias
    sueltas…
Como el velo de Jennifer

MOTÍN EN EL PARAÍSO

¡Sí, salté! Y hui de este montón de mierda con
    alas trucadas
Mis alas vacilantes, ¡enyesado, astroso y con
    muletas!
        (Las muy jodidas apenas revolotean)
Llagas y más llagas y un millón de pinchazos
    diminutos
                            Que parecen…
Finas cintas rojas envolviendo los brazos de una
    mortal nenita
        (Como un plano del Infierno)
¡Malditas cuerdas irritantes! ¡Y estos putos
    reventones!
¡Basta! ¡Ya vale de una vez!
        (Si esto es el Paraíso yo me largo)
¡Si esto es el Paraíso, yo me largo!
No aguanto más esta bañera oxidada
¡Llena de basura y ratas! Sentí que una me
    trepaba por el alma
Por un segundo, pensé que estaba de vuelta en
    el gueto
        (¡Ratas en el Paraíso! ¡Ratas en el Paraíso!)
¡Me largo! ¡Hay motín en el Paraíso!

Ah wassa born…
And Lord shakin, even then was dumpt into
    some icy font
                    like some great stinky unclean!
From slum-church to slum-church, ah spilt
    mah heart
To some fat cunt behind a screen…
Evil poppin eye presst up to the opening
He'd slide shut the lil perforated hatch… at night
    mah body blusht
To the whistle of the birch
With a lil practice ah soon learnt to use it on
    mahself
Punishment?! Reward!! Punishment?! Reward!!
Well, ah tied on… percht on mah bed ah was….
                  sticken a needle in mah arm…
Ah tied off! Fucken wings burst out mah back
    (Like ah was cuttin teeth!!)
Ah took off!!!
    (Rats in Paradise! Rats in Paradise!)
There's a mutiny in Heaven!
Oh Lord, ah git down on mah knees
    (Ah git down on mah knees and start to pray)
Wrapt in mah mongrel wings, ah nearly freeze
In the howlin wind and drivin rain
    (All the trash blowin round 'n' round)
From slum-heaven into town
Ah take mah tiny pain and rollin back mah sleeve
    (Roll anna roll anna roll anna roll)
Ah yank the drip outa mah vein! UTOPIATE! Ah'm
    bailin out!
                        UTOPIATE!
If this is Heaven ah'm bailin out!
Mah threadbare soul teems with vermin and louse

Yo nací…
Con la ira de Dios, ya entonces me arrojaron a
    una pila gélida
¡como a un apestoso mugriento!
De una iglesia arrabalera a otra, abrí mi corazón
A algún gordo hijoputa tras la mampara…
Ojo avieso y desorbitado alerta en la celosía
Cerraba luego la rejilla… de noche mi cuerpo se
    ruborizaba
Al zumbido del flagelo
Con algo de práctica enseguida aprendí a
    aplicarme la vara
¿¡Castigo!? ¡¡Recompensa!! ¿¡Castigo!?
    ¡¡Recompensa!!
Nada, pues me até… apostado en la cama…
                Me clavé una aguja en el brazo…
¡Me desaté! ¡Unas putas alas me salieron en la
    espalda!
    (como si estuviera echando los dientes)
¡¡Y despegué!!
    (¡Ratas en el paraíso! ¡Ratas en el paraíso!)
¡Hay motín en el paraíso!
Oh, Señor, me puse de rodillas
    (me puse de rodillas y empecé a rezar)
Envuelto en mis alas espurias, casi me congelé
Bajo el aullido del viento y la lluvia cruel
    (toda la basura revoloteando)
Del paraíso arrabalero a la ciudad
Yo con mis molestias me subo las mangas
    (Remango y remango y remango y remango)
Y extraigo una gotita de la vena. ¡UTOPIÁCEO!
    Yo me largo
                  ¡UTOPIÁCEO!
¡Si esto es el paraíso yo me largo!
Mi alma andrajosa rebosa gusanos y piojos

Thought comes like a plague to the head… in
God's house!
Mutiny in Heaven!
    (Ars infectio forco Dio)
To the plank!
    (Rats in Paradise! Rats in Paradise!)
Ah'm bailin out!
    (Hail Hypuss Dermio Vita Rex!)
Hole inna ghetto! Hole inna ghetto!
    (Scabio Murem per Sanctum… Dio, Dio, Dio)

SWAMPLAND

Quixanne, ah'm in its grip
Quixanne, ah'm in its grip
Sinken in the mud
Patron-saint of the Bog
They cum with boots of blud
With pitchfawk and with club
Chantin out mah name
Got doggies strainin onna chain
Lucy, ah'll love ya till the end!
They hunt me like a dog
Down in Sw-a-a-a-amp Land!

So cum mah executioners! Cum bounty hunters!
Cum mah county killers—for ah cannot run no
    more
Ah cannot run no more
Ah cannot run no more
No I can't!
Lucy, ya won't see this face agin
When ya caught ya swing and burn…
Down in Sw-a-a-a-amp Land!
The trees are veiled in fog

Pensar irrumpe como una peste en la cabeza…
¡en la casa de Dios!
¡Motín en el paraíso!
    (Ars infectio forco Dio)
¡Al patíbulo!
    (¡Ratas en el paraíso! ¡Ratas en el Paraíso!)
¡Me largo!
    (¡Salve Hypuss Dermio Vita Rex!)
¡Un bujero en el gueto! ¡Bujero en el gueto!
    (Scabio Murem per Sanctum… Dio, Dio, Dio)

LAS MARISMAS

Quijana, estoy atrapado
Quijana, estoy atrapado
Hundido en el barro
Santo patrón del Pantano
Ya vienen con botas ensangrentadas
Con horcas y garrotes
Suena en sus cánticos mi nombre
Llevan perros tirando de correas
¡Lucy, te querré hasta el final!
Me dan caza como a un perro
¡En las Ma-a-a-a-rismas!

¡Venid pues ejecutores! ¡Venid cazarrecompensas!
Venid matones del condado: ya no puedo correr
    más
Ya no puedo correr más
Ya no puedo correr más
¡No, no puedo!
Lucy, no verás más esta cara
Te pillan te cuelgan y te queman…
¡En las Ma-a-a-a-rismas!
Los árboles velados de niebla

The trees are veiled in fog
Like so many jilted brides
Now they're all breakin down and cry
Cryin tears upon mah face
Cryin tears upon mah face
And they smell of gasoline
a-a-a-a-ah scr-e-e-e-a-am
Lucy, ya made a sinner out of me
Now ah'm burnin like a saint
Down in Sw-a-a-a-amp Land!

So cum mah executioners! Cum mah bounty
    huntahs!
Cum mah county killers—ya know ah cannot
    run no more
No ah cannot run no more

VIXO

Ah fed Vixo on every fear 'n' fret 'n' phobia
Til it nor ah could stand the strain no longer
Sucked a chicken-bone, tossed it in the corner
Raisin up like Lazarus, up, up from its cot
An making for the door, now…
Infant-prodigy creates a phantom-friend, yeah
Stickin' sack an ol' Jack-Jack into its itchin-ten
Oh! Don't ya linger! Ooh! Don't ya linger, now
Mah monster-piece… mah perfect-murder-machine
Don't ya linger, for ah can feel mah youth slipping
    outa me
Yeah, ah can feel mah youth slip outa me

Call it, Call it Vixo. Call it Vee
Ah all it, an it comes to me
Call it Vixo. Call it me

Los árboles velados de niebla
Como novias abandonadas
Ya quebrantadas y llorando
Derramando lágrimas en mi cara
Derramando lágrimas en mi cara
Y huelen a gasolina
a-a-a-a-ah gr-i-i-i-to-o
Lucy, me convertiste en pecador
Ahora ardo como un santo
¡En las Ma-a-a-a-rismas!

¡Venid pues ejecutores! ¡Venid cazarrecompensas!
Venid matones del condado: ya sabéis, no puedo
    correr más
No, ya no puedo correr más

VIXO

Yo cebé a Vixo con todos los temores, fobias y
    apuros
Hasta que ya no aguantaba más la presión
Apuró un hueso de pollo, lo arrojó al rincón
Se levantó como Lázaro, del catre, venga arriba
Y encaminándose a la puerta, esto…
El niño prodigio inventa un amigo imaginario, sí
El saco del viejo Jack Jack despunta bajo la tienda
    urticante
¡Oh! ¡No te demores! ¡Ooh! No te demores más
Mi cacharra bestial… mi gran máquina de matar
No te demores, porque siento que la juventud se me
    escurre
Sí, puedo sentir que la juventud se me escurre
Llámalo, llámalo Vixo. Llámalo Uve
Lo llamo, y viene a mí
Llámalo Vixo. Llámame

March headlong into the heart of fear
Ah will follow thee

What kept ya? Whaa? What kept ya? You get
    trouble? Sum'n go wrong?
Vixo grinning, climbs up into mah lil boy arms
What you get? Tell me, what ya gone 'n' brung me
    from the hollow?
Yeah! We're laughin'… but our laughter is shallow
Ain't it funny… my childhood name is Sorrow
Vixo sighs, 'n' lays its head upon mah pillow

Call it. Call it Vixo. Call it Vee
Call it, an it comes to me
Vee… ah… Hex… Oh-oh, come crawl with me
Into the dark heart of despair
Ah will not forsake thee

Listen… Instruction!
Ditch it, Pitch it. Now hitch it up along the ridge
Ya laughin b'neath the Sheriff's wheels
That go screamin cross Hooper Bridge
Skirt the out-skirts. Up mah back-stair. Ya sack
    all undone
Don't touch nothin! Water runnin in the tub
Get there! and scrub ev'ry one

When ya STRUCK ya struck a thousand crickets
    dumb
Hooper-Hollow iced over then, all hush, hush
In the cool midday sun
Hush! Ah say Hush! Hu-u-u-ush!
Sittin on the roof, laugh at mahself
As they rope off the woods
Watchin all the good-people
go beating the bush

Marcha de cabeza al corazón del terror
Yo te seguiré

¿Qué te retuvo? ¿Quéé? ¿Qué te retuvo? ¿Algo
    fue mal?
Vixo sonríe, trepa hasta mis brazos juveniles
¿Qué tienes? Dime, ¿qué me trajiste del valle?
¡Síí! Cómo nos reímos… pero es una risa vana
Sin alegría… mi niñez se llama Duelo
Vixo suspira, y posa la cabeza en mi almohada

Llámalo. Llámalo Vixo. Llámalo Uve
Llámalo, y viene a mí
Uve… i… equis… Ay-ay, ven a reptar conmigo
Al negro corazón del desespero
Yo no te abandono

Atento…¡Instrucción!
Deshazte de ello. Arrójalo y arrástralo por el cerro
Te estás riendo ante las ruedas del sheriff
Que chirrían por el puente Hooper
Evita las afueras. Arriba por las escaleras.
    El catre por hacer
¡No toques nada! La bañera va llenándose
¡Entra! Y te los pules a todos

Cuando tú LE DAS les dejas a todos atontados
La hondonada de Hooper se heló, todo se acalló
Bajo el frío sol meridiano
¡Chitón! ¡Digo que chitón! ¡Sile-e-e-enci-o!
Sentado en el tejado me río de mí
Mientras acordonan los bosques
Y miro a toda la buena gente
Que va a rastrear por el monte

FROM HER
TO ETERNITY
(1984)

CABIN FEVER!/
WELL OF MISERY/
FROM HER TO ETERNITY/
SAINT HUCK/
WINGS OFF FLIES/
A BOX FOR BLACK PAUL/

THE MOON IS IN THE GUTTER/
JUST A CLOSER WALK WITH THEE/
THE SIX STRINGS THAT DREW BLOOD/
OH I LOVE YOU MUCH TOO MUCH

SIN SALIDA/
POZO DE DESOLACIÓN/
DE ELLA A LA ETERNIDAD/
SAN HUCK/
MOSCAS DESMOCHADAS/
UNA CAJA PARA EL NEGRO PAUL/

LA LUNA EN LA CLOACA/
UN PASEO MÁS ÍNTIMO CONTIGO/
SEIS CUERDAS QUE DESANGRAN/
AY, TE QUIERO TANTO, TANTO

CABIN FEVER!

The Captain's fore-arm like buncht-up rope
With A-N-I-T-A wrigglin free outa skull 'n' dagger
And a portrait of Christ, nailed to an anchor
Etched into the upper...
Slams his fucken tin dish down
Our Captain takes time to crush
Some bloo-bottles glowin in his gruel
With a lump in his throat and lumpy mush
Thumbing a scrap-book stuck up with clag
And a morbid lump of love in his flags
Done is the kissing, now all that remains
Is to sail for ever upon the stain
Cabin Fever! O, O O Cabin Fever!
The Captain's free hand is a cleaver
With which he fashions his beard and rations
    his jerky
And carves his peg outa the finest mahogany!
Or was it ebony? Yeah, it was ebony!
He tallies up his loneliness notch by notch
For the sea offers nuthin to hold or touch
Notch by notch, winter by winter
Notch by notch, winter by winter
Now his leg is whittled right down to a splinter
O, O Cabin Fever! Cabin Fever!
O the rollin sea still rollin on!
She's everywhere! now that she's gone! Gone!
    Gone!
O Cabin Fever! O Cabin Fever!

Welcome to the table, his belove'd-unconscious
Raisin her nest of hair from her crooks
And strugglin to summon up one of her looks!
His arm now, like coiled s-s-s-snakes
Whips all the bottles that he's drunken

SIN SALIDA

El brazo del capitán como una soga enrollada
Con A-N-I-T-A que escapa de daga y calavera
Y una imagen de Cristo clavada a un ancla
Grabado en el ante...
Estrella el jodido plato de latón
Y se demora lo suyo el capitán
En aplastar unos moscones que lucen en sus
    gachas
Con un nudo en la garganta y grumosa la papilla
Hojeando un álbum de recortes pegajoso
Y una mórbida hinchazón de amor en las banderas
Basta de besuqueos, la única salida
Es navegar para siempre con esa mácula a cuestas
¡Atrapado! ¡Oh, oh, oh Sin salida!
La mano libre del capitán es un cuchillo de cocina
Con el que se arregla la barba y raciona la cecina
Y talla su pata palo de la mejor caoba
¿O era de ébano? ¡Sí, de ébano!
Muesca a muesca hace recuento de su soledad
Pues la mar no brinda más para agarrarse o tocar
Muesca a muesca, un invierno tras otro
Muesca a muesca, un invierno tras otro
Y de su pata queda poco más que una astilla
¡Oh, oh, atrapado! ¡Sin salida!
El mar bravo sigue bravío
¡Ella está en todas partes! ¡Cuando ya no está!
    ¡No está! ¡No está!
¡Oh, atrapado! ¡Sin salida!

Bienvenido a la mesa, su inconsciente amado
Que levanta su mata de pelo de sus garfios
Y se devana por evocar su aspecto
El brazo ya como s-s-s-sierpes enrolladas
Azota todas las botellas que bebió

Like crystal skittles about the cabin
Of a ship they'd been sailing five years sunken

WELL OF MISERY

Along crags and sunless cracks I go
Up rib of rock, down spine of stone
I dare not slumber where the night winds whistle
Lest her creeping soul clutch this heart of thistle

O the same God that abandoned her
Has in turn abandoned me
And softening the turf with my tears
I dug a well of misery

And in that well of misery
Hangs a bucket full of sorrow
Which swings slow and aching like a bell
Its toll is dead and hollow

Down that well lies the long-lost dress
Of my little floating girl
That muffles a tear that you let fall
All down the well of misery

Put your shoulder to the handle if you dare
And hoist that bucket hither
Crank and hoist and hoist and crank
'Til your muscles waste and wither

Como bolos de cristal de un camarote
En un barco hundido en el que navegaron cinco
años

POZO DE DESOLACIÓN

Voy por riscos y grietas umbrías
Me subo a una costilla rocosa y bajo por espinazo
pedregoso
No cedo al sueño ahí donde soplan los vientos
de la noche
Por temor a que su alma trepadora atenazara
este corazón de cardo

Ay, el mismo Dios que la abandonó
Me abandonó también a mí
Y reblandeciendo la tierra con mis lágrimas
Cavé un pozo de desolación

Y en ese pozo de desolación
Cuelga un cubo de aflicción
Que se bambolea y duele como una campana
Su tañido es hueco, toca a muerto

En lo hondo del pozo está el vestido perdido
De mi nenita flotante
Que amortigua una lágrima que derramas
Pozo abajo en su desolación

Arrima el hombro y prueba con la manivela
Sube el cubo para acá
Dale y súbelo y dale, súbelo
Hasta que tus músculos flaqueen

O the same God that abandoned her
Has in turn abandoned me
Deep in the Desert of Despair
I wait at the Well of Misery

FROM HER TO ETERNITY

Ah wanna tell ya bout a girl
You know, she lives in Room 29
Why that's the one right up top a mine
Ah start to cry, ah start to cry-y
O ah hear her walkin
Walkin barefoot cross the floor-boards
All through this lonesome night
And ah hear her crying too
Hot tears come splashin down
Leakin through the cracks
Down upon my face, ah catch em in my mouth!
Walk 'n' Cry, Walk 'n' Cry-y!!
From her to eternity
From her to eternity
From her to eternity
Ah read her diary on her sheets
Scrutinizin evry lil piece of dirt
Tore out a page 'n' stufft if inside my shirt
Fled outa the window
And shinning it down the vine
Outa her nightmare and back into mine
Mine! O mine!
From her to eternity
From her to eternity
From her to eternity
Cry! Cry! Cry!
She's wearin them bloo-stockens, ah bet!
And standin like this with my ear to the ceiling

Ay el mismo Dios que la abandonó
Me abandonó también a mí
En mitad del desierto del desespero
Espero en el pozo de desolación

DE ELLA A LA ETERNIDAD

Te quiero contar de una chavala
Ya sabes, vive en la habitación 29
Que es la habitación sobre la mía
Y empiezo a llorar, venga a llorar
Ay, la oigo caminar
Descalza por los tablones del piso
En esta noche solitaria
Y también la oigo llorar
Lágrimas cálidas que salpican
Y gotean por las grietas
Me alcanzan ¡y las cazo con la boca!
¡Camina y llora! ¡¡Camina y lloraa!!
De ella a la eternidad
De ella a la eternidad
De ella a la eternidad
Leo su diario entre sus sábanas
Examino hasta la última mota de mugre
Me meto bajo la camisa una hoja que arranqué
Salgo por la ventana
Y me bajo por la parra
Fuera de su pesadilla y de vuelta a la mía
¡Mía! ¡Oh, mía!
De ella a la eternidad
De ella a la eternidad
De ella a la eternidad
¡Llora! ¡Llora! ¡Llora!
¡Apuesto a que es una dama distinguida!
Y de esta guisa, con la oreja contra el techo

Listen ah know it must sound absurd
But ah can hear the most melancholy sound
Ah ever heard!
Walk 'n' Cry! Kneel 'n' Cry-y!
From her to eternity
From her to eternity

O tell me why? why? why?
Why the ceiling still shakes?
Why the furniture turns to serpents 'n' snakes?
This desire to possess her is a wound
And it's naggin at me like a shrew
But ah know that to possess her
Is therefore not to desire her
O, O, O then ya know, that lil girl would just
    have to go!
Go! Go-o-o! From her to eternity

SAINT HUCK

Born of the river
Born of its never-changing, ever-changing murky
    water
Old river-boat keeps rolling along
Through the great grey greasy city
Huck standing like a saint upon its deck
If ya wanna catch a saint
Then bait ya hook. Let's take a walk…

'O come to me! O come to me!' is what the dirty
    city
Say to Huck
He go woah-woah, woah woah!
Saint Huck! Huck!
Straight into the arms of the city go Huck

Oye ya sé que suena absurdo
Pero oigo el sonido más triste
¡Que escuché jamás!
¡Camina y llora! ¡Se arrodilla y llora!
De ella a la eternidad
De ella a la eternidad

Ay, dime ¿por qué? ¿por qué? ¿por qué?
¿Por qué tiembla el techo así?
¿Y los muebles son sierpes y culebras?
El deseo de poseerla es un resquemor
Que me escuece como un bicho
Pero sé que poseerla
Es no desearla más
¡Oh, oh, ya sabes pues, la chiquilla se tendría
    que esfumar!
¡Irse! ¡Marcha-a-a-ar! Desde ella a la eternidad

SAN HUCK

Nacido del río
Nacido de sus aguas turbias siempre iguales
    y cambiantes
La vieja barca sigue deslizándose
A través de la gran ciudad grasienta y gris
Huck de pie en cubierta como un santo
Si quieres pillar un santo
Ceba el anzuelo. Demos un paseo…

«¡Oh, ven a mí! ¡Oh, ven a mí!» es lo que la sucia
    ciudad
Le dice a Huck
Y él, ¡vaya vaya, vaya, vaya!
¡San Huck! ¡Huck!
Huck va directo en brazos de la ciudad

Down the beckonin streets of opportunity
Huck whistles his favourite river-song…
And a bad-bline-nigger at the piano
Puts a sinister-bloo-lilt to that sing-a-long
Huck senses something's wrong!!
Sirens wail in the city
And lil-Ulysses turn to putty
Ol man River's got a bone to pick!
Our boy's hardly got a bone to suck!
He goa woah-whoa, woah woah!
Saint Huck! Huck!

The moon, its huge cycloptic eye
Watches the city streets contract
Watchem twist and cripple and crack
Saint Huck goes on a dog's leg now
Saint Huck goes on a dog's leg now
Why, you know the story!
Ya wake up one morning and ya find you're a thug
Cracking ya knuckles in some dive
Ya fingers hot and itchin, blowin smoke rings
Ya bull-neck bristlin…
Still Huck he ventures on whistlin
And Death reckons Huckleberry's time is up
O woah woah woah woah!
Saint Huck! Huck!

Yonder go Huck, minus pocket-watch an' wallet
    gone
Skin shrink-wraps his skeleton
No wonder he git thinner, wot with his cold 'n'
    skinny dinners!
Saint Huck-a-Saint Elvis, Saint Huck-a-Saint Elvis
O you remember the song ya used to sing-a-long
Shifting the river-trade on that ol' steamer
Life is just a dream!

Por las calles-señuelo de oportunidad
Huck silba su gran canción fluvial…
Y un negro maltrecho y ciego al piano
Lo acompaña con nota siniestra
¡¡Huck siente que algo va mal!!
Las sirenas aúllan en la ciudad
Y el pequeño Ulises está hecho un flan
¡El viejo Misisipi tiene una cuenta pendiente!
¡Nuestro chico apenas nada que comer!
Y él, ¡vaya vaya, vaya vaya!
¡San Huck! ¡Huck!

La luna, su ojo ciclópeo inmenso
Observa las calles que se contraen
Las ve torcerse, paralizarse y agrietarse
San Huck se pone a zigzaguear
San Huck se pone a zigzaguear
¡Qué, ya sabes cómo va!
Una mañana te levantas y estás hecho un
    malandro
Que hace crujir los nudillos en un antro
Los dedos te queman, pican, exhalas anillos
    de humo
Tensionas el cuello de toro…
Pero Huck, silbando, se aventura
Y la Muerte estima que a Huckleberry le sonó
    la hora
¡Ah, ea ea ea ea!
¡San Huck! ¡Huck!

Para allá va Huck, ya sin reloj de bolsillo ni
    cartera
La piel al esqueleto se le pega
¡Qué va a ser con sus cenas magras, frías!
San Huck y San Elvis, San Huck y San Elvis
Recuerdas la canción que solías corear

But ya traded in the mighty ol' man River
For the dirty ol man Latrine!
The brothel shift
The hustle 'n' the bustle and the green-back's rustle
And all the sexy cash
And the randy cars
And the two dollar fucks
O, O O ya outa luck, outa luck
Woah-woah-woah-woah
Saint Huck! Huck!

These are the tracks of deception
They lead to the heart of despair
Huck whistles like he just don't care
That in the pocket of the jacket is a chamber
And a lead pellet sleeps in there
Wake up!
Huck whistles and he kneels and he lays down
    there
See ya Huck. Good luck!
A smoke ring hovers above his head
And the rats and the dogs and the men all come
And put a bullet through his eye
And the drip and the drip and the drip of the
    Mississippi crying
And Saint Huck hears his own Mississippi just
    rolling by him
He goes, he goes woah-woah-woah, woah-woah-woah!
Saint Huck! Saint Huck!
Saint Huck! Saint Huck!

Manipulando la carga del viejo vapor
¡La vida es un sueño!
Pero canjeaste el viejo Misisipi imponente
Por el puerco Sumidero humano
El trabajo en el burdel
Todo el ajetreo y el trajín del dinero
Todo ese pastón tan guapo
Y los coches lubricados
Y los polvos por dos pavos
Ooooh, tu suerte está echada, se acabó
Vaya-vaya-vaya-vaya
¡San Huck! ¡Huck!

Estos son los caminos del engaño
Que llevan al seno del desespero
Huck silba como qué más le da
Pues en el bolsillo de la chupa duerme
Una bala de plomo
¡Despierta!
Huck silba y se arrodilla y ahí queda
Nos vemos Huck. ¡Buena suerte!
Un halo de humo planea sobre su cabeza
Acuden las ratas y los perros y los hombres
En el ojo se disparó la bala
Y gotea, gotea y gotea el Misisipi, llora
Y san Huck oye su propio Misisipi fluyendo
    a su vera
Suelta ¡Vaya-vaya-vaya, vaya-vaya-vaya!
¡San Huck! ¡San Huck!
¡San Huck! ¡San Huck!

WINGS OFF FLIES

She loves me, she loves me not
She loves me, she loves me not

MOSCAS DESMOCHADAS

Me quiere, no me quiere
Me quiere, no me quiere

Well I've spent seven days and seven nights
Trying to get sunk in this brine
Don't turn on your water-works
'Cause I've got me a pair of water-wings, right?!
Insects suicide against the window
And my heart goes out to those little flies
There's a buzzing in my ear
But it's more of her blackmail, ham Shakespeare
    and lies
Wings off flies
She loves me, she loves me not
O, O O O oh she loves me not!

Lord, I've discovered the recipe of Heaven
You get solitude and mix with sanctuary
    and silence
Then bake it!
Listen, I plead guilty to misanthropy
So hang me! I'd appreciate it!
Witness her gate-crash my tiny hell
With some obscene tête-à-tête
If you want to talk to me about love and pain
Consult my ulcer, it'd be happy to co-operate
Wings off flies
She loves me, she loves me not
Hey Joe, another ought to do the job

Time to drown our little fire, you can keep
    the ashes
Now bye bye, bye bye, see you in a pig's eye!
I will be one, in need of no one
In this, my deepest dive…
Fill her up, Joe…
Hey! I am obliged! I am obliged!
Wings off flies
She loves me, she loves me not

Ya he pasado siete días y siete noches
Tratando de hundirme en el océano
No empieces a soltar lagrimones
Que me pillé unos manguitos, ¡¿vale?!
Los insectos se suicidan contra la ventana
Y mi corazón se apiada de esas mosquitas
Me zumban los oídos
Por su chantajes, sus dramones y mentiras
Moscas desmochadas
Me quiere, no me quiere
¡Ooooh, me quiere no me quiere!

Señor, descubrí la receta del paraíso
Vas y mezclas soledad, silencio y santuario
¡Y a hornear!
Oye, soy culpable de misantropía
¡Cuélgame, lo agradecería!
Mirad como irrumpe en mi pequeño infierno
Con un obsceno tête-à-tête
Si me quieres hablar de amor y dolor
Consulta con mi úlcera, estará encantada
    de colaborar
Moscas desmochadas
Me quiere, no me quiere
Oye Joe, otro se tendrá que ocupar

Es hora de apagar nuestro fuego, quédate
    las cenizas
O sea que adiós, adiós, ¡hasta más ver!
No voy a depender de nadie
Aquí, en el zulo más profundo…
Llénalo, Joe…
¡Ey! ¡Muy agradecido! ¡Muy agradecido!
Moscas desmochadas
Me quiere, no me quiere

A BOX FOR BLACK PAUL

Who'll build a box for Black Paul?
I'm enquiring on behalf of his soul
I'd be beholden to you all
For a little information, just some kind of
    indication
Just who will dig the hole

When you've done ransacking his room
Grabbing anything that shines
Throw the scraps down on the street
Like all his books and his notes
All his books and his notes and all the junk
    that he wrote
The whole fucking lot right up in smoke
Ain't there nothing sacred anymore?
Who will build a box for Black Paul?

And they're shooting off his guns
And they're shooting off their mouths
Saying 'Fuck with us… and die!'
(But see that rat of fear go scuttle in their skulls)
'Cover that eye!' 'Cover that frozen eye!'
Black puppet, in a heap up against the stoning-wall
Blood puppet go to sleep, Mama won't scold you
    anymore
Armies of ants wade up the little red streams
Heading for the mother-pool
O Lord it's cruel! O man it's hot!
And some of those ants they just clot to the spot
Who cast the first stone at Black Paul?

'Don't ask us,' say the critics and the hacks
The pen-pushers and the quacks
'We jes cum to git dah facks!!'

UNA CAJA PARA EL NEGRO PAUL

¿Y al negro Paul quién le hará la caja?
Lo pregunto a cuenta de su alma
Me sentiría en deuda con todos ustedes
Por algo de información, una cierta indicación
Como quién cavará el hoyo

Cuando terminen de saquear su cuarto
Y de sisar lo más vistoso
Arrojen las migas a la calle
Como sus libros y las notas
Libros, notas y papelajos que escribió
Toda esa mierda a la hoguera
¿Es que ya no hay nada sagrado?
¿Quién hará la caja para el negro Paul?

Y andan disparando sus rifles
Y disparando sus bocazas
Dicen, «¡Jódenos… y morirás!»
(Pero ya ves la rata del terror escurriéndose
    por sus cráneos)
«¡Tapad el ojo! ¡Ese ojo congelado!»
Marioneta negra, como un pelele contra el muro
    de las lapidaciones
Marioneta sangrienta échate a dormir, Mamá
    no te reñirá más
Ejércitos de hormigas vadean los arroyuelos rojos
De camino al charco grande
¡Oh, Dios, qué cruel! ¡Tío, qué calor!
Y algunas hormigas se incrustan en la herida
¿Quién tiró la primera piedra contra el negro Paul?

«A mí no me mires» dicen críticos y gacetilleros
Chupatintas y voceros
«¡¡Nos atenemos a los hechos!!»

'We jes cum to git dah facks!!'
Here is the hammer that built the scaffold
And built the box,
Here is the shovel that dug the hole
In this ground of rocks
And here is the pile of stones!
And for each one planted, God only knows
A blood-rose grown . . .

These are the true Demon-Flowers!
These are the true Demon-Flowers!
Stand back everyone! Blood-black every one!

Who'll build a box for Black Paul?
Who'll carry it up the hill?

'Not I,' said the widow, adjusting her veil
'Ah will not drive the nail
Or cart his puppet-body home
For ah done that one thousand times before
Yeah! ah done that one thousand times or more
And why should ah dress his wounds
When he has wounded my dress, nightly
Right across the floor?'

Who'll build a box for Black Paul?
And who'll carry it up the hill?
Who'll bury him in the black soil?

From the woods and the thickets
Come the ghosts of his victims
'We love you!'
'I love you!'
And 'This won't hurt a bit,
We'll go up, up, up, up, up into Death

«¡¡Nos atenemos los hechos!!»
He ahí el martillo que construyó el patíbulo
Y construyó la caja,
Aquí la pala que cavó el agujero
En este suelo rocoso
¡Y aquí el montón de piedras!
Y por cada una de ellas, Dios solo lo sabe
Una rosa sangre crece…

¡Son las auténticas flores demoníacas!
¡Son las auténticas flores demoníacas!
¡Atrás todos! ¡Sangre negra atrás!

¿Quién hará la caja para el negro Paul?
¿Quién la llevará colina arriba?

«Yo no», dijo la viuda, ajustándose el velo
«No voy a clavetear la caja
Ni a carretear su cuerpo exánime
Que ya lo he hecho mil veces antes
¡Sí! Lo hice mil veces o más
¿Y por qué debería vestir sus heridas
Cuando él hirió mis vestidos, cada noche
Sobre el piso?»

¿Quién construirá una caja para el negro Paul?
¿Y quién la va a carretear por la colina?
¿Quién lo sepultará en la tierra negra?

De entre bosques y matorrales
Surgen los fantasmas de sus víctimas
«¡Te queremos!»
«Yo te quiero»
Y «No te va a doler ni pizca
Iremos para arriba, arriba hasta la Muerte

Up, up, up, up. Inhale its breath!
Oh O, Death favours those that favour Death'

Here is the stone, and this is the inscription
    that it bears:
'Below Lies Black Paul, Under The Upper
But Above And Beyond The Surface-Flat-Fall
    There'

And all the angels come on down
And all the men and women crowd around
And all the widows weeping into their skirts
And all the little girls and the little boys
And all the scribes with pens poised
And all the hullaballoo, and all the noise
All the hallaballoo, all the noise
All the hallaballoo and all of the noise

Black Paul clears his throat of black blood
And sings in the voice of a lonely boy...

Well I have cried one thousand tears
I've cried a thousand tears, it's true
And the next stormy night you know
That I'm still crying them for you

Well I had a girl she was so sweet
Red dress, and long red hair hanging down
And heaven just ain't heaven
Without that little girl hanging around

Well you know I've been a bad man
And Lord knows I've done some good things too
But I confess, my soul will never rest
Until you, until you build
Until you build a box for my girl too

Arriba, arriba, arriba. ¡Aspira su hálito!
Oh, oh, la Muerte complace a sus acólitos»

Aquí está la lápida y así reza la inscripción
«Aquí yace el negro Paul, bajo la tapa
Aunque por encima y más allá de la superficie
    que le cayó encima

Y todos los ángeles bajan
Y todos los hombres y mujeres se juntan
Y todas las viudas lloran en sus faldas
Y todas las nenas y los nenes
Y los escribas con la pluma pronta
Y toda la algarabía y todo el ruido
Toda la algarabía, todo el ruido
Toda la algarabía y todo el ruido

El negro Paul se aclara de sangre negra la
    garganta
Y canta con la voz de un niño abandonado...

He llorado un millón de lágrimas
Un millón de lágrimas, te digo
Y la próxima noche de tormenta
Sabrás que las sigo llorando por ti

Yo salí con la chica más tierna
Vestido rojo, como la melena suelta
Y el paraíso ya no es tal
Sin esa nena por aquí

Ya saben, fui un mal tipo
Aunque sabe Dios que algo bueno haría
Y digo que mi alma no descansará
Hasta que me hagan también
Otra caja para mi nena

THE MOON IS IN THE GUTTER

The moon is in the gutter
And the stars wash down the sink
I am the king of the blues
I scrape the clay off my shoes
And wade down the gutter and the moon

The moon blinds my eye with opal cataracts
As I cut through the saw-mills and the stacks
Leaping over the gully where I would one day
    take Lucy
Then wash up my hands in the gully and the moon

The moon is in the gutter
All my plans are flushed down the drain
I wonder lonely as a cloud
Over memories at her mound
Then lie down in the bitter gutter moon

JUST A CLOSER WALK WITH THEE

Just a closer walk with thee
Come back, honey, to me
Then I'll be moving up close to thee
O let it be, O Lord, let it be

I go to the garden all alone
Deception lurking at every turn
If to have that rose I must hold the thorn
Then let it be, O Lord, let it be
Love's sweet garden overgrown
Gone is the rose and deep is the thorn
If I must walk these paths alone
Then let it be, please Lord, on up to thee

LA LUNA EN EL DESAGÜE

La luna está en el desagüe
Y las estrellas se cuelan por el fregadero
Yo soy el rey del blues
Rasco el barro de mis zapatos
Y vadeo luna y cloaca

La luna me ciega con cataratas opalinas
Mientras recorto por los aserraderos y las pilas
Saltando por la zanja donde un día llevaría a Lucy
Luego, en la zanja y la luna me lavaría las manos

La luna está en el desagüe
Mis planes se escurren por el sumidero
Ensimismado como una nube
Por los recuerdos ante el túmulo
Me tumbo en la amarga luna de desagüe

UN PASEO MÁS ÍNTIMO CONTIGO

Un paseo más íntimo contigo
Vuelve, cariño, vuelve a mí
Entonces me acercaré más a ti
Que así sea, Señor, que sí

Me voy al jardín yo solo
El engaño acecha a cada paso
Si por tener la rosa hay que aguantar la espina
Que así sea, Señor, que sí
La maleza invadió el dulce jardín del amor
Ya no hay rosa y se enquistó la espina
Si debo recorrer solo esta senda
Que así sea, Señor, que sí

THE SIX STRINGS THAT DREW BLOOD

Guitar thug blew into town
His eyes like wheels spinnin' round
And jerkin' off at every sound
Layin' all his crosses down
He got six strings
The six strings that drew blood
He got six strings
Six strings that drew blood

The bar is full of holy Joes
Holy holy ho-leerio
Round the neck of our consumptive rose
Is the root of all his sorrow
He got six strings
Six strings that drew blood

Holy holy ho-leerio
Holy holy ho-leerio
Holy holy ho-leerio
Six strings that drew blood

In the bathroom under cover
He turns on one tap to discover
That he's smashed his teeth out on the other
And he says to the mirror 'Hey don't fuck me brother
'cause I've got six strings'
Yeah six strings that drew blood
With the runt of reputation they call rat fame
Top E as a tourniquet
A low tune whistles across his grave
Forever the master and the slave
Of his six strings

SEIS CUERDAS QUE DESANGRAN

El matón de la guitarra irrumpió en la ciudad
Sus ojos dan vueltas sin parar
Y se sobresalta a cada ruido
Se desprende de su peso
El tipo lleva seis cuerdas
Las seis cuerdas que desangran
Seis cuerdas tiene el tipo
Seis cuerdas que desangran

El bar rebosa de santurrones
Santo-santo-santurriiinos
En torno al mástil de la rosa tísica
Arraiga todo su pesar
Lleva seis cuerdas
Seis cuerdas que desangran

Santo-santo-santurriiinos
Santo-santo-santurriiinos
Santo-santo-santurriiinos
Seis cuerdas que desangran

En el baño a escondidas
Abre un grifo para ver
Que se partió los dientes con el otro
Y dice al espejo «No jodas, hermano
Que yo llevo seis cuerdas»
Y las seis cuerdas desangran
Con la pírrica reputación del chivato
Y la cuerda 6 de torniquete
Sopla sobre su tumba una melodía suave
Amo y esclavo para siempre
De sus seis cuerdas

Holy holy ho-leerio
Holy holy ho-leerio
Holy holy ho-leerio
Six strings that drew blood

OH I LOVE YOU MUCH TOO MUCH

Oh I love you much too much
Slow-talking pain
comes on like a rolling grub
Smothers like a snail's foot
Would a tiny lady bug
Robs my yellow garden bright
Of its spring-time sunshine breath
Hairy stalk, pod, bud, seed, bead
Loving bee, gnome, elf, self: Death

Santo-santo-santurriiinos
Santo-santo-santurriiinos
Santo-santo-santurriiinos
Seis cuerdas que desangran

AY, TE QUIERO TANTO, TANTO

Ay, te quiero tanto, tanto
El dolor que habla calmo
Llega como gusano ondulado
Se envuelve como pie de caracol
En torno a una mariquita
Arrebata al jardín luminoso y vivo
Su hálito solar, primaveral
Tallo velloso, vaina, capullo, semilla, gota
Abeja amorosa, gnomo, duende, menda: Muerte

THE FIRST
BORN IS DEAD
(1985)

TUPELO/
SAY GOODBYE TO THE LITTLE
GIRL TREE/
TRAIN LONG-SUFFERING/
BLACK CROW KING/
KNOCKIN' ON JOE/
WANTED MAN/
BLIND LEMON JEFFERSON/

SCUM

TUPELO/
DESPÍDETE DE LA NENA-
ARBOLITO/
CONVOY DE SUFRIMIENTO/
EL REY DE LOS CUERVOS/
AUTOLESIÓN/
SE BUSCA/
BLIND LEMON JEFFERSON/

ESCORIA

TUPELO

Looka yonder!
Looka yonder!
Looka yonder!
A big black cloud come!
O comes to Tupelo. Comes to Tupelo

Yonder on the horizon
Stopped at the mighty river and
Sucked the damn thing dry
Tupelo-o-o, O Tupelo
In a valley hides a town called Tupelo

Distant thunder rumble
Rumble hungry like the Beast
The Beast it cometh, cometh down
Wo wo wo-o-o, Tupelo bound
Tupelo-o-o, yeah Tupelo
The Beast it cometh, Tupelo bound

Why the hen won't lay no egg
Cain't get that crock to crow
The nag is spooked and crazy
O God help Tupelo, O God help Tupelo!

Ya can say these streets are rivers
Ya can call these rivers streets
Ya can tell yaself ya dreaming buddy
But no sleep runs this deep
Women at their windows
Rain crashing on the pane
Writing in the frost Tupelo's shame
Tupelo's shame
O God help Tupelo! O God help Tupelo!

TUPELO

¡Mira a lo lejos!
¡Mira a lo lejos!
¡Mira a lo lejos!
¡Se acerca un nubarrón!
Se acerca a Tupelo. A Tupelo

Allá en el horizonte
Se paró sobre el gran río
Y desecó al muy jodido
Tupelo-o-o, Oh Tupelo
En un valle se esconde la ciudad de Tupelo

Zumba un trueno distante
Zumba hambriento como la Bestia
Llega la Bestia, se viene
Uo uo u-o-o-o, hacia Tupelo
Tupelo-o-o, sí, Tupelo
La Bestia se viene, a Tupelo

Y la gallina no pone
Ya no canta el gallo
El rocín va asustado y majara
Oh, Dios, ayuda a Tupelo; Oh, Dios, ayuda a Tupelo

Estas calles son como ríos
Y dirías que los ríos son calles
Puedes decirte que sueñas
Pero no hay sueño tan profundo
Mujeres asomadas a las ventanas
La lluvia azota los cristales
Grabando en la escarcha el oprobio de Tupelo
El oprobio de Tupelo
Oh, Dios, ayuda a Tupelo; Oh, Dios, ayuda a Tupelo

O go to sleep lil children
The sandman's on his way
O go to sleep lil children
The sandman's on his way
But the lil children know
They listen to the beating of their blood
They listen to the beating of their blood
The sandman's mud!
The sandman's mud!
And the black rain come down
Water water everywhere
Where no bird can fly no fish can swim
No fish can swim
Until the King is born!
Until the King is born!
In Tupelo! Tupelo-o-o!
Til the King is born in Tupelo!

In a clap-board shack with a roof of tin
Where the rain came down and leaked within
A young mother frozen on a concrete floor
With a bottle and a box and a cradle of straw
Tupelo-o-o! O Tupelo!
With a bundle and a box and a cradle of straw

Well Saturday gives what Sunday steals
And a child is born on his brother's heels
Come Sunday morn the first born's dead
In a shoe-box tied with a ribbon of red
Tupelo-o-o! Hey Tupelo!
In a shoe-box tied with a ribbon of red

O mama rock your lil one slow
O ma-ma rock your baby

Ay, id a acostaros, niños
El Sueño ya está en camino
Ay, id a acostaros, niños
El Sueño ya está en camino
Pero los niños ya saben
Escuchan el pálpito de su sangre
Escuchan el pálpito de su sangre
¡El sueño se tornó barro!
¡El sueño se tornó barro!
Y cae la lluvia negra
Agua y más agua por todas partes
Donde no pueden volar los pájaros ni los
     peces nadar
Ni los peces nadar
¡Hasta que nazca el Rey!
¡Hasta que nazca el Rey!
¡En Tupelo! ¡Tupelo-o-o!
¡Hasta que el rey nazca en Tupelo!

En una barraca de tablillas y techo de latón
Por donde goteaba la lluvia en el interior
Una joven madre helada en el suelo de cemento
Con una botella y una caja y una cuna de paja
¡Tupelo-o-o! ¡Oh, Tupelo!
Con un fardo y una caja y una cuna de paja

El sábado da lo que el domingo quita
Y nace un niño, su hermano después
A la mañana de domingo, el primogénito muere
En una caja de zapatos con un lazo rojo
¡Tupelo-o-o! ¡Ey, Tupelo!
En una caja de zapatos con un lazo rojo

Ah, mamá acuna al benjamín
Ah, mamá mece a tu bebé

O ma-ma rock your lil one slow
O God help Tupelo! O God help Tupelo!
Mama rock your lil one slow
The lil one will walk on Tupelo
Tupelo-o-o! Yeah Tupelo!
And carry the burden of Tupelo
Tupelo-o-o! O Tupelo!
Yeah! The King will walk on Tupelo
Tupelo-o-o! O Tupelo!
He carried the burden of Tupelo!
Tupelo-o-o! Hey Tupelo!
You will reap just what you sow

SAY GOODBYE TO THE LITTLE GIRL TREE

O say goodbye to the little girl tree
O you know that I must say goodbye
To the little girl tree
This wall I built around you
Is made out of stone lies
O little girl the truth would be
An axe in thee
O father look to your daughter
Brick of grief and stricken mortar
With this ring, this silver hoop of wire
I bind your maiden mainstem
Just to keep you as a child

O say goodbye to the little girl tree
O you know that I must say goodbye
To my little girl tree
How fast your candy bones
Reached out for me

Ah, mamá acuna al benjamín
¡Oh, Dios, ayuda a Tupelo! ¡Oh, Dios, ayuda
*   a Tupelo!*
Mamá acuna al benjamín
El pequeño que caminará por Tupelo
¡Tupelo-o-o! ¡Sí, Tupelo!
Y cargará con el lastre de Tupelo
¡Tupelo-o-o! ¡Oh, Tupelo!
¡Sí! ¡El Rey caminará por Tupelo!
¡Tupelo-o-o! ¡Oh, Tupelo!
Cargó con el lastre de Tupelo
¡Tupelo-o-o! ¡Ey, Tupelo!
Lo que siembras recogerás

DESPÍDETE DE LA NENA-ARBOLITO

Ay, despídete de la nena-arbolito
Ya sabes que debo despedirme
De la nena-arbolito
El muro que te construí en torno
Está hecho de pétreas mentiras
Ay, nenita la verdad sería
Una hacha clavada en ti
Oh, padre mira a tu hija
Ladrillo de pena y mortero afligido
Con este anillo, este arete plateado de alambre
Cierro tu sabia núbil
Para que sigas siendo niña

Ay, despídete de la nena-arbolito
Ya sabes que debo despedirme
De mi nena-arbolito
Cuán rápido tus huesos de caramelo
Se asomaban a mí

I must say goodbye to your brittle bones
Crying out for me
O you know that I must say goodbye
O goodbye
Even though you will betray me
The very minute that I leave

O say goodbye to the little girl tree
O Lord you know that I must say goodbye
To that little girl tree
I rise up her girl-child lumps and slipping knots
Into her laden boughs
And amongst her roping limbs
Like a swollen neck-vein branching
Into smaller lesser veins
That must all just sing and say goodbye
And let her blossom veils fly
Her velvet gown
Down down down
Down down down
Down down down—and goodbye

For you know that I must say goodbye
To a rhythm softly tortured
Of a motion back and forth
That's a rhythm sweetly tortured
O that's the rhythms of the orchard
And you know that I must say goodbye
To that little girl tree
O goodbye. Yes goodbye
For you know that I must die
Down down down
Down down down
Down down down and goodbye
For you know that I must die
Yes you know that I must die
O you know that I must die

Debo despedirme de tus frágiles huesos
Que lloran por mí
Ya sabes que debo despedirme
Ay, adiós
Aunque me traicionarás
Tan pronto como me vaya

Ay, despídete de la nena-arbolito
Oh, Señor, sabes que debo despedirme
De la nena-arbolito
Subo por recovecos infantiles y nudos escurridizos
Hacia sus ramas pesadas
Y entre sus miembros correosos
Como hinchadas venas del cuello
Hacia venitas menores
Que deben cantar todas y despedirse
Y dejar volar sus velos florales
Su vestido de terciopelo
Y hacia abajo abajo abajo
Y hacia abajo abajo abajo
Y hacia abajo abajo abajo; adiós

Ya sabes que debo despedirme
Al ritmo suavemente torturado
De un gesto arriba y abajo
Es un ritmo suavemente torturado
Oh, son los ritmos del huerto
Y sabes que debo despedirme
De la nena-arbolito
Oh, adiós. Sí, adiós
Pues sabes que debo morir
Abajo abajo abajo
Abajo abajo abajo
Abajo abajo abajo y adiós
Pues sabes que debo morir
Sí, sabes que debo morir
Oh, ya sabes que debo morir

TRAIN LONG-SUFFERING

Woo-wooooooooooo Woo!
In the name of pain!
   (In the name of pain and suffering)
In the name of pain!
   (In the name of pain and suffering)
There comes a train
   (There comes a train)
Yeah! A long black train
   (There comes a train)
Lord, a long black train

Woo-woo! woo-woo!

Punched from the tunnel
   (The tunnel of love is long and lonely)
Engines steaming like a fist
   (A fistful of memories)
Into the jolly jaw of morning
   (Yeah! O yeah!)
O baby it gets smashed!
   (You know that it gets smashed)
O baby it gets smashed!
   (You know that it gets smashed)

I kick every goddam splinter
Into all the looking eyes in the world
Into all the laughing eyes
Of all the girls in the world
Ooooooo-wooooooooh
She ain't never coming back
She ain't never coming back
She ain't never coming back
And the name of the pain is…
The name of the pain is…

UN CONVOY DE SUFRIMIENTO

¡Uoo-uoooooooooooo Uoo!
¡En nombre del dolor!
   (En nombre del dolor y sufrimiento)
¡En nombre del dolor!
   (En nombre del dolor y sufrimiento)
Ahí llega un tren
   (Ahí llega un tren)
¡Sí! Un largo tren negro
   (Ahí llega un tren)
Señor, un largo tren negro

¡Uoo-uoo! ¡uoo-uoo!

Lanzado del túnel
   (El túnel del amor es largo y solitario)
Los motores humean como un puño
   (Un puñado de recuerdos)
A la quijada feliz de la mañana
   (¡Sí! ¡Oh, sí!)
¡Oh, nena, se estrella!
   (Ya sabes que se estrella)
¡Oh, nena, se estrella!
   (Ya sabes que se estrella)

Pateo todas las putas astillas
En los ojos mirones del mundo
En todos los ojos risueños
De todas las chicas del mundo
Ooooooooo-uoooooooooooh
No va a regresar
No va a regresar
No va a regresar
Y el nombre del dolor es…
El nombre del dolor es…

The name of the pain is
A train long-suffering

On rails of pain
    (On rails of pain and suffering)
There comes a train
    (There comes a train long-suffering)
On rails of pain
    (On rails of pain and suffering)
O baby blow its whistle in the rain

Woo-oo Woo! Woo-woo Woo!

Who's the engine-driver?
    (The engine-driver's over yonder)
His name is Memory
    (Memory is his name)
O Memory is his name
    (Wooooooo-oo!)
Destination . . . Misery
    (Pain and misery)
O pain and misery
    (Pain and misery)
O pain and misery! Hey! Hey!
    (Pain and misery)
Hey! that's a sad looking sack!
Oooh that's a sad looking sack!
And the name of the pain is…
And the name of the pain is…
Oooh the name of the pain is…
A train long-suffering
There is a train!
    (It's got a name)
Yeah! It's a train long-suffering
O Lord a train
    (A long black train)

El nombre del dolor es…
Un convoy de sufrimiento

Sobre raíles de dolor
    (Raíles de dolor y sufrimiento)
Ahí viene un tren
    (Ahí viene un convoy de sufrimiento)
Sobre raíles de dolor
    (Raíles de dolor y sufrimiento)
Oh, nena, toca el silbato bajo la lluvia

¡Uoo-oo Uoo! ¡Uoo-uoo Uoo!

¿Quién es el maquinista?
    (El maquinista está por ahí)
Su nombre es Memoria
    (Memoria es su nombre)
Oh, Memoria es su nombre
    (¡Uooooooooo-oo!)
Destino… Desolación
    (Dolor y desolación)
Oh, dolor y desolación
    (Dolor y desolación)
¡Oh, dolor y desolación! ¡Ey! ¡Ey!
    (Dolor y desolación)
¡Oye! ¡Qué catre más cutre!
¡Menudo catre más cutre!
Y el nombre del dolor es…
Y el nombre del dolor es…
Oooh el nombre del dolor es…
Un convoy de sufrimiento
¡Hay un tren!
    (Tiene un nombre)
¡Sí! Es un convoy de sufrimiento
Oh, Señor, un tren
    (Un largo tren negro)

Lord! Of pain and suffering
Each night so black
    (O yeah! So black)
And in the darkness of my sack
I'm missing you baby
    (I'm missing you)
And I just don't know what to do
    (Don't know what to do)
    (Train long-suffering, Train long-suffering)
Train long-suffering. Train long-suffering
O she ain't never coming back
O she ain't never coming back
O she ain't never coming back
O she ain't never coming back
And the name of the pain is…
The name of the pain is….
The name of the train is…
The name of the train is
Pain and suffering

¡Señor! De dolor y sufrimiento
Tan negras las noches
    (¡Ay, sí! ¡Tan negras!)
Y en la oscuridad de mi catre
Te echo de menos, nena
    (Te echo de menos)
Y no sé qué hacer
    (No sé qué hacer)
    (Convoy de sufrimiento, convoy de sufrimiento)
Convoy de sufrimiento. Convoy de sufrimiento
Ay, no va a volver
Ay, no va a volver
Ay, no va a volver
Ay, no va a volver
Y el nombre del dolor es…
El nombre del dolor es…
El nombre del dolor es…
El nombre del dolor es…
Dolor y sufrimiento

BLACK CROW KING

Mmmmm Mmmmmm Mmmmm
I am the black crow king
Mmmmmmm Mmmmm Mmmmmmm
I am the black crow king
Keeper of the nodding corn
Bam! Bam! Bam! Bam!
All the hammers are a-talking
All the nails are a-singing
So sweet and low

You can hear it in the valley
Where live the lame and the blind

EL REY DE LOS CUERVOS

Mmmmmm Mmmmmm Mmmmmm
Soy el rey de los cuervos
Mmmmmmm Mmmmmmm Mmmmmmm
Soy el rey de los cuervos
Guardián del maíz que se mece
¡Bam! ¡Bam! ¡Bam! ¡Bam!
Son los martillos que hablan
Y los clavos que cantan
Tan dulce y tan quedo

Lo puedes oír en el valle
Donde viven tullidos y ciegos

They climb the hill out of its belly
They leave with mean black boots on

'I just made a simple gesture
They jumped up and nailed it to my shadow
My gesture was a hooker
You know, my shadow's made of timber'

And this storm is a-rolling
And this storm is a-rolling
All down on me

And I'm still here rolling after everybody's gone
And I'm still here rolling after everybody's gone
I'm still here rolling and I'm left on my own
The blackbirds have all flown!
Everyone's rolled on!

I am the black crow king
Keeper of the trodden corn
I am the black crow king
I won't say it again
And the rain it raineth daily, Lord
And wash away my clothes
I surrender up my arms
To a company of crows

I am the black crow king
I won't say it again
And all the thorns are a-crowning
Ruby on each spine
And the spears are a-sailing
Omy o my

Desde los bajos ascienden la loma
Van con sus botas negras de mierda

«No hice más que un simple gesto
Aprovecharon, y lo clavaron a mi sombra
Mi gesto me encadenó
Ya sabes, mi sombra es de madera»

Y ya retumba la tormenta
Y ya retumba la tormenta
Sobre mí

Y sigo por aquí volteando cuando ya todos
    se fueron
Y sigo por aquí volteando cuando ya todos
    se fueron
Sigo por aquí volteando y a solas me dejaron
¡Los cuervos huyeron todos!
¡Todo el mundo ya pasó!

Soy el rey de los cuervos
Guardián del maíz pisoteado
Soy el rey de los cuervos
No lo repetiré
Y la lluvia caía a diario, Señor
Y me pulió la ropa bien
Dejo caer los brazos
Ante la bandada de cuervos

Yo soy el rey de los cuervos
No lo repetiré
Todas las espinas me coronan
Hay un rubí en cada una
Y las lanzas ondean
Ay, ay, ay

And the storm is a-rolling
The storm is a-rolling
All down on me

And I'm still here rolling after everybody's gone
I'm still here rolling after everybody's gone
I'm still here rolling and left on my own
Those blackbirds they have flown and I am on
    my own

I am the black crow king
Keeper of the forgotten corn
The King! The King!
I'm the king of nothing at all
The hammers are a-talking
The nails are a-singing
The thorns are a-crowning him
The spears are a-sailing
The crows are a-mocking
The corn is a-nodding

The storm is a-rolling
The storm is a-rolling
The storm is a-rolling
The storm is a-rolling
The storm is a-rolling
Down on me
Rolling down on me
Rolling down on me

Y la tormenta ya retumba
La tormenta ya retumba
Sobre mí

Y sigo por aquí volteando cuando ya todos se
    fueron
Y sigo por aquí volteando cuando ya todos se
    fueron
Sigo por aquí volteando a solas que me dejaron
Esos cuervos huyeron y solo me he quedado

Soy el rey de los cuervos
Guardián del maíz olvidado
¡El rey! ¡El rey!
Soy el rey de nada en absoluto
Los martillos hablan
Los clavos cantan
Las espinas le coronan
Las lanzas ondean
Los cuervos se mofan
El maíz se mece

Ya retumba la tormenta
Ya retumba la tormenta
Ya retumba la tormenta
Ya retumba la tormenta
Ya retumba la tormenta
Sobre mí
Se avecina sobre mí
Se avecina sobre mí

KNOCKIN' ON JOE

These chains of sorrow, they are heavy, it is true
And these locks cannot be broken, no, notwith
    one thousand keys
O Jailor, you wear a ball-and-chain you cannot see
You can lay your burden on me
You can lay your burden down on me
You can lay your burden down upon me
But you cannot lay down those memories

Woooo wooo wooo
Woooo wooo wooo
Here I go!
Knockin' on Joe!
This square foot of sky will be mine till I die
Knockin' on Joe
Woooo wooo wooo
All down the row
Knockin' on Joe

O Warden I surrender to you
Your fists can't hurt me anymore
You know, these hands will never wash
These dirty Death Row floors
O Preacher, come closer, you don't scare me
    anymore
Just tell Nancy not to come here
Just tell her not to come here anymore
Tell Nancy not to come
And let me die in the memory of her arms

O Wooo wooo wooo
Wooo wooo woooo
All down the row
Knockin' on Joe

AUTOLESIÓN

Estas cadenas de dolor son pesadas, es verdad
Y los candados no pueden romperse, ni con un
    millón de llaves
Ay, Carcelero, que llevas una bola encadenada
    y no la puedes ver
Puedes dejarme tu carga
La puedes dejar sobre mí
Me la puedes dejar encima
Pero no podrás descargar los recuerdos

Uoooo uoooo uoooo
Uoooo uoooo uoooo
¡Allá voy!
¡Autolesión!
Este pedazo de cielo será mío hasta que muera
Autolesión
Uoooo uoooo uoooo
Por el corredor voy
De autolesión

O Celador, me rindo ante ti
Tus puños ya no pueden dañarme
Ya sabes, estas manos jamás lavarán
Los suelos sucios del Corredor de la Muerte
Oh, Predicador, acércate, ya no me asustas
Solo dile a Nancy que no venga
Que no se venga más por aquí
Dile a Nancy que no venga
Y déjame morir recordándome en sus brazos

Oh Uoooo uoooo uoooo
Uoooo uoooo uoooo
Por el corredor voy
De autolesión

O you kings of halls and ends of halls
You will die within these walls
And I'll go, all down the row
Knockin' on Joe

O Nancy's body is a coffin, she wears my
    tombstone at her head
O Nancy's body is a coffin, she wears my
    tombstone at her head
She wears her body like a coffin
She wears a dress of gold and red
She wears a dress of gold and red
She wears a dress of red and gold
Grave-looters at my coffin before my body's
    even cold

It's a door for when I go
Knockin' on Joe
These hands will never mop your dirty
    Death Row floors
No! You can hide! You can run!
O but your trial is yet to come
O you can run! You can hide!
But you have yet to be tried!
You can lay your burden down here
You can lay your burden down here
Knockin' on Joe
You can lay your burden upon me
You can lay your burden down upon me
Knockin' on Joe
You can't hurt me anymore
Knockin' on Joe

Oh, vosotros reyes de pasillos y rincones
Vais a morir entre estos muros
Y yo me iré, por el corredor
Autolesionándome

Ay, el cuerpo de Nancy es un ataúd, lleva
    mi lápida en la cabeza
Ay, el cuerpo de Nancy es un ataúd, lleva
    mi lápida en la cabeza
Lleva su cuerpo como un ataúd
Lleva un vestido de oro y rojo
Lleva un vestido de oro y rojo
Lleva un vestido de rojo de oro
Los profanadores ante mi ataúd y el cadáver
    no está frío aún

Es una puerta para cuando me vaya
Autolesionándome
Estas manos no fregarán los sucios suelos
    del Corredor
¡No! ¡Puedes esconderte! ¡Puedes huir!
Pero tu juicio está por venir
¡Puedes esconderte! ¡Puedes escapar!
¡Pero aún te deben procesar!
Puedes dejar tu carga aquí
Puedes dejar tu carga aquí
Autolesión
Puedes dejarme la carga a mí
La puedes dejar sobre mí
Autolesión
No puedes dañarme más
Autolesión

WANTED MAN

I'm a wanted man
Wanted man
I'm wanted
I'm a wanted man
O yeah, O honey I'm a wanted man
....
....
....
....

....
....
....
....

....
....

Wanted man in Arizona, wanted man in Galveston
Wanted man in El Dorado, this wanted man's in
   great demand

If you ever catch me sleeping
And you see a price flash above my head
Take a look again my friend, that's a gun pointing
   at your head
....
....

Wanted man by the Borland sisters, wanted man by
   Kate Callaghan
Honey don't you try and tell me you don't want me
'Cause I'm a wanted man
Wanted man who's lost his will to live

SE BUSCA

Soy un hombre buscado
Buscado
Me buscan
Soy un hombre buscado
Ah, sí, cariño, soy un hombre buscado
....
....
....
....

....
....
....
....

....
....

Buscado en Arizona, buscado en Galveston
Buscado en El Dorado, este tipo anda muy
   solicitado

Si me pillas alguna vez durmiendo
Y ves un precio sobre mi cabeza
Mira mejor, colega, que una pistola te apunta
   a la cabeza
....
....

Buscado por las hermanas Borland, buscado
   por Kate Callaghan
Cariño no digas que no me deseas
Porque soy un hombre buscado
Que perdió las ganas de vivir

wanted man who won't lay down
There's a woman kneeling at an unmarked grave
Pushing daisies in the ground

Wanted man in the windy city, wanted man
    in Tennessee
Wanted man in Broken Arrow, wantedman
    in Wounded Knee
Wanted man in Jackson town, wanted man
    in El Paso
I've got bounties onmy head in towns I would
    never think to go

Wanted man in Arizona, wanted man in Louisville
Wanted man deep in Death Valley
Wanted man up in the Hollywood hills

If the Devil comes collecting
'Cause heaven don't want no wanted man
He'd better wear a six-gun on his hip and hold
    another in his hand

If you love a wanted man, you'd best hold him
    while you can
Because you're going to wake up one morning
    and find the man you wanted he is gone

Wanted man in New York City, wanted man
    in San Antone
Wanted man down in Lorado, wanted man
    in Tupelo

Wanted man in the state of Texas, wanted man
    in the state of Maine
This wanted man's in the state of leaving you baby
    jumping on that midnight train

Un hombre buscado e indómito
Ante una tumba anónima hay una mujer
    arrodillada
Plantando margaritas en la tierra

Buscado en la ciudad del viento, buscado
    en Tennessee
Buscado en Broken Arrow, buscado en
    Wounded Knee
Buscado en Jackson, buscado en El Paso
Hay precio sobre mi cabeza en ciudades que
    no pisé

Buscado en Arizona, buscado en Louisville
Buscado hasta en el Valle de la Muerte
Buscado en las colinas de Hollywood

Si el Diablo se presenta a reclutar
Porque el cielo no quiere hombres buscados
Mejor que lleve un buen revólver y sostenga otro
    en la mano

Si quieres a un hombre buscado, agárrate a él
    cuanto puedas
Porque despertarás una mañana
Y verás que se fue tu amado

Buscado en Nueva York, buscado en San Antone
Buscado en Lorado, buscado en Tupelo

Buscado en el estado de Texas y también en el
    de Maine
Este hombre buscado, nena, está por dejarte
Y saltar al tren de medianoche

Wanted man in every cat-house, wanted man in
    a million saloons
Wanted man is a ghost in a hundred houses
    a shadow in a thousand rooms

Wanted man down at St Louis, wanted man in
    New Orleans
Wanted man in Muscle Bay, wanted man in
    Cripple Creek
Wanted man in Detroit City, wanted man in
    San Antone
But there's one place I'm not wanted, Lord it's
    the place that I call home

O wanted man, wanted man
If the Devil comes collecting he'd better hold a
    six-gun in his hand

———————

BLIND LEMON JEFFERSON

Bline Lemon Jefferson is a-comin
Tap tap tappin with his cane
Bline Lemon Jefferson is a-comin
Tap tap tappin with his cane
His last ditch lies down the road of trials
Half filled with rain

O sycamore, sycamore!
Stretch your arms across the storm
Down fly two greasy brother crows
They hop n bop n hop n bop hop on bop
Like the tax-man to come to call
They go knock knock! knock knock!
Hop n bop hop n bop

Hombre buscado en las casas de putas y en
    cientos de garitos
El hombre buscado es una fantasma en tantas
    casas
Y una sombra en mil estancias

Le buscan en San Louis, le buscan en Nueva
    Orleans
Le buscan en Muscle Bay, y le buscan en Cripple
    Creek
Le buscan en Detroit y le buscan en San Antone
Pero hay un sitio donde no me buscan, Señor
Y ese lugar se llama hogar

Ah, hombre buscado, hombre buscado
Si el diablo se presenta a reclutar mejor que
    empuñe un buen revólver

———————

BLIND LEMON JEFFERSON

Blind Lemon Jefferson se viene
Golpeteando con su bastón
Blind Lemon Jefferson se viene
Golpeteando con su bastón
Su última zanja está al cabo del camino de espinas
Encharcado de lluvia

¡Ah, sicomoro, sicomoro!
Abre tus brazos a la tormenta
Grasientos, planean dos cuervos hermanos
Saltan y brincan y saltan y brincan y saltan
    y brincan
Como el recaudador que se vino a cobrar
¡Y llaman toc-toc! ¡Y llaman toc-toc!
Saltan y brincan y saltan y brincan

They slap a death-writ on his door
Here come the Judgement train
Git on board!
And turn that big black engine home
O let's roll! Let's roll!
Down the tunnel
The terrible tunnel of his world
Waiting at his final station
Like a bigger blacker third bird
O let's roll! Let's roll!

O his road is dark and lonely
He don't drive no Cadilac
O his road is dark and holy
He don't drive no Cadilac
If that sky serves as his eyes
Then that moon is a cataract

Let's roll! Yeah let's roll!

———

SCUM

Well, I lived with one
Well, I lived with one
I lived with two
I even lived with a third
I wanna tell you about number one
He was a miserable shitwringing turd
Like he reminded me of some evil gnome
Shakin' hands was like shakin' a hot, fat, oily bone
Holdin' on for far too long
Yes, he took me in, he took me in
He said that I looked pale and thin
I told him he looked fat

———

Pegan a la puerta un certificado de muerte
Ahí viene el tren del Juicio
¡Súbete!
Y dirige la negra locomotora a casa
¡A todo tren!
Por el túnel
El terrible túnel de este mundo
Esperando en su última estación
Como un tercer pajarraco negro
¡A todo tren!

Oh su carretera es oscura y solitaria
No conduce un Cadillac
Oh su carretera és oscura y solitaria
No conduce un Cadillac
Si el cielo conforma sus ojos
entonces esa luna es una catarata

¡A todo tren!

———

ESCORIA

Yo viví con uno
Yo viví con uno
Y viví con dos
Hasta viví con un tercero
Quiero hablaros del primero
Era un comemierda apestoso y ruin
Me recordaba a un gnomo malvado
Estrechar su mano era como estrechar un hueso
gordo pringoso
Y el estrechón se demoraba
Sí, me acogió, me acogió
Dijo que estaba pálido y flaco
Yo le dije que estaba gordo

His lips were red and lickin' wet
His house was roastin' hot
In fact it was a fuckin' slum
Scum!
Scum!
Well, then he hooked up with some slut from
    the same game
Black snow!
Black snow!
Cocksuckstress, and I should know
Mean and vicious, her microphone always smelled
    suspicious
His and herpes bath towel type
If you know what I mean
I could not look at him, worm
He'd be takin a shower and who should walk in
He was the epitome of their type
Her middle name was Welcome, his was Wipe
Scum!
Scum!
Well, you're on the shit list
Thrust and twist, twist and screw
You gave me a bad review
And maybe you think that it's all just water under
    the bridge
Well, my Unfriend, I'm the type that holds a grudge
I'm your creator
I think you fuckin' traitor, chronic masturbator
Shitlicker, user, self-abuser, jigger jigger!
What rock did you crawl from?
Which meathorse did you come?
You Judas, Brutus, Vitus
Scum!
Hey, four-eyes, come
That's right, it's a gun
Face bubbles blood in Grub street

Sus labios eran rojos y relamidos
Su casa era un horno
De hecho, era una puta barraca
¡Escoria!
¡Escoria!
Y se juntó luego con una zorra del mundillo
¡Nieve negra!
¡Nieve negra!
Chupapollas, que lo sé
Mala y cruel, su micrófono olía raro
Como a él y toallita infecta de herpes
Si sabes qué quiero decir
Es que no podía ni mirarle, bicho
Se metía en la ducha, ¿y quién se iba con él?
Era el epítome de los de su especie
El segundo nombre de ella era Bienvenido,
    el suyo Bayeta
¡Escoria!
¡Escoria!
Estás en la lista de los mierdas
Aprieta y retuerce, retuerce y jode
Me hiciste una mala crítica
Y quizá pienses que todo es agua de borrajas
Pues bien, mi desamigo, yo soy de los resentidos
Soy tu creador
Eres un puto traidor, un crónico masturbador
¡Lamecacas, drogata, pajero, rastrero!
¿De qué gruta saliste a rastras?
Tú que eres carnaza
Tú, Judas, Bruto, Vito
¡Escoria!
Oye, cuatro-ojos, ven
Exacto, es una pistola
En el submundo editorial una cara borbota
    sangre

Snowman with six holes clean into his fat
    fuckin' guts
Psychotic drama mounts
Guts well deep then spring abounds
I unload into his eyes
Blood springs
Dead snow
Blue skies

Seis orificios en las gordas tripas
    del muñecote
Se agrava el psicodrama
Tripas hundidas, se derraman
Disparo en los ojos
Mana sangre
Nieve muerta
Cielos claros

YOUR FUNERAL... MY TRIAL (1986)

SAD WATERS/
THE CARNY/
YOUR FUNERAL, MY TRIAL/
JACK'S SHADOW/
HARD ON FOR LOVE/
SHE FELL AWAY/

GOD'S HOTEL

AGUAS APENADAS/
LA FERIA/
TU FUNERAL, MI PROCESO/
LA SOMBRA DE JACK/
EMPALME POR AMOR/
SE DISIPÓ/

EL HOTEL DE DIOS

SAD WATERS

Down the road I look and there runs Mary
Hair of gold and lips like cherries
We go down to the river where the willows weep
Take a naked root for a lovers' seat
That rose out of the bitten soil
But bound to the ground by creeping ivy coils
O Mary you have seduced my soul
Forever a hostage of your child's world

And then I ran my tin-cup heart along
The prison of her ribs
And with a toss of her curls
That little girl goes wading in
Rolling her dress up past her knee
Turning these waters into wine
Then she plaited all the willow vines

Mary in the shallows laughing
Over where the carp dart
Spooked by the new shadows that she cast
Across these sad waters and across my heart

THE CARNY

And no one saw the carny go
And the weeks flew by
Until they moved on the show
Leaving his caravan behind
It was parked up on the south-east ridge
And as the company crossed the bridge
With the first rain filling the bone-dry river bed
It shone, just so, upon the edge

AGUAS APENADAS

Miro por el camino y ahí va Mary
Cabellos de oro y labios de cereza
Bajamos al río donde los sauces lloran
Una raíz es nuestro sillón de amor
Que emergió de la tierra hollada
Aunque sepulta por yedra enroscada
Ay, Mary, me cautivaste el alma
Eterno rehén de tu mundo infantil

Y luego repaso mi corazón de latón
Por los barrotes de sus costillas
Y agitando sus rizos
La chiquilla vadea el río
Remangándose sobre la rodilla
Convirtiendo estas aguas en vino
Luego trenzando las fibrosas ramas

Mary en el bajío se ríe
Allí donde resbalan las carpas
Asustadas por su mera sombra
Que oscurece mi corazón y estas aguas

LA FERIA

Y nadie vio que el feriante se iba
Y pasaron las semanas
Hasta que trasladaron el espectáculo
Dejando atrás su caravana
Aparcada en la cuesta del sureste
Y mientras la compañía cruzaba el puente
Con las primeras lluvias en el lecho seco del río
Brilló, así, en el margen

Dog-boy, Atlas, Half-man, The Geeks, the hired hands
There was not one among them that did not cast
    an eye behind
In the hope that the carny would return to his
    own kind

And the carny had a horse, all skin and bone
A bow-backed nag that he named Sorrow
Now it is buried in a shallow grave
In the then parched meadow

And the dwarfs were given the task of digging
    the ditch
And laying the nag's carcass in the ground
And Boss Bellini, waving his smoking pistol around
Saying 'The nag is dead meat
We can't afford to carry dead weight'
The whole company standing about
Not making a sound
And turning to the dwarfs perched on the
    enclosure gate
The Boss says 'Bury this lump of crow bait'

And then the rain came hammering down
Everybody running for their wagons
Tying all the canvas flaps down
The mangy cats growling in their cages
The Bird-Girl flapping and squawking around

The whole valley reeking of wet beast
Wet beast and rotten hay
Freak and brute creation
Packed up and on their way
The three dwarfs peering from their wagon's hind
Moses says to Noah 'We shoulda dugga deepa one'
Their grizzled faces like dying moons
Still dirty from the digging done

El Niño-perro, Atlas, Medio-hombre, los
    engendros y operarios
No hubo uno solo que no echara la vista atrás
Con la esperanza de que el feriante regresara
    con los suyos

Y el feriante tenía un caballo, en los huesos
Un jamelgo macilento llamado Pena
Ahora yace en una tumba poco profunda
En aquel prado requemado

Y a los enanos se les encargó cavar el hoyo
Y depositar al jamelgo en tierra
Y el jefe Bellini, blandiendo su humeante pistola
Soltaba «El jamelgo es carne muerta
Y no podemos llevar peso muerto»
Toda la compañía permanecía allí
Sin chistar
Y volviéndose a los enanos posados en la cerca
El capo dijo «Enterrad esa carroña»

Y entonces se puso a llover a cántaros
Todos escaparon hacia sus carretas
Amarrando los toldos de lona
Los sarnosos gatos gruñían en sus celdas
La Niña-Pájaro aleteaba y graznaba

Todo el valle apestaba a bestia mojada
Bestia mojada y heno podrido
Criaturas salvajes, monstruosas
Ya empacadas y de camino
Los tres enanos ojeaban desde la trasera
    de su carreta
Y Moisés le dice a Noé «Habría que cavar
    más hondo»
Sus cabezas canosas como lunas moribundas
Aún sucias por el trabajo hecho

And as the company passed from the valley
Into higher ground
The rain beat on the ridge and on the meadow
And on the mound
Until nothing was left, nothing at all
Except the body of Sorrow
That rose in time
To float upon the surface of the eaten soil

And a murder of crows did circle round
First one, then the others flapping blackly down

And the carny's van still sat upon the edge
Tilting slowly as the firm ground turned to sludge

And the rain it hammered down

And no one saw the carny go
I say it's funny how things go

YOUR FUNERAL, MY TRIAL

I am a crooked man
And I've walked a crooked mile
Night, the shameless widow
Doffed her weeds, in a pile
The stars all winked at me
They shamed a child
Your funeral, my trial

A thousand Marys lured me
To feathered beds and fields of clover
Bird with crooked wing cast
Its wicked shadow over
A bauble moon did mock

Y mientras la compañía superaba el valle
Hacia las tierras altas
La lluvia azotaba la cuesta y el prado
Y el túmulo
Hasta que no quedó nada, nada
Salvo el cadáver de Pena
Que emergió a tiempo
Para flotar sobre la tierra

Y una horda de cuervos sobrevoló en torno
Primero uno, luego todos aleteando ominosos

Y la furgona del feriante seguía al borde de la cuesta
Cabeceando pausada mientras el firme se disolvía

Y caía a cántaros la lluvia

Y nadie vio que el feriante se iba
Es curioso como son las cosas

TU FUNERAL, MI PROCESO

Soy un hombre retorcido
Y recorrí una senda tortuosa
De noche, la viuda desvergonzada
Se quitó el luto y lo apiló
Las estrellas me guiñaban el ojo
Y avergonzaron a un niño
Tu funeral, mi proceso

Mil Marías me tentaron
Hacia lechos de plumas y campos de trébol
Un pájaro de ala torcida proyectaba
Su aviesa sombra
Una luna de pacotilla se mofaba

And trinket stars did smile
Your funeral, my trial

Here I am, little lamb…
Let all the bells in whoredom ring
All the crooked bitches that she was
(Mongers of pain)
Saw the moon
Become a fang
Your funeral, my trial

Y estrellas de baratillo sonreían
Tu funeral, mi proceso

Heme aquí, un corderillo…
Que tañan todas las campanas del putiferio
Todas las malas putas que ella fue
(Traficantes de dolor)
Vieron que la luna
Se tornaba un colmillo
Tu funeral, mi proceso

JACK'S SHADOW

They dragged Jack and his shadow
From the hole
And the bulb that burned above him
Did shine both day and night
And his shadow learned to love his
Little darks and greater light
And the sun it shined
And the sun it shined
And the sun it shined
A little stronger

Jack wept and kissed his shadow
'Goodbye'
Spat from the dirty dungeons
Into a truly different din
Shat from their institutions
Into a fully different din
And his shadow soon became a wife
And children plagued his latter life
Until one night he took a skinning knife
And stole into the town
And tracked his shadow down

LA SOMBRA DE JACK

Arrastraron a Jack y a su sombra
Del agujero
Y la bombilla que ardía encima de él
Brillaba día y noche
Y la sombra aprendió a amar
Sus pequeñas oscuridades y su gran luz
Y el sol brillaba
Y el sol brillaba
Y el sol brillaba
Algo más fuerte

Jack lloró y besó a su sombra
«Adiós»
Expelido de las sucias mazmorras
A otro follón bien distinto
Le cagaron de sus instituciones
A otro follón bien distinto
Y su sombra pronto se desposó
Y los críos hostigaron su existencia
Hasta que una noche agarró un cuchillo chuletero
Se adentró en la ciudad
Y a la sombra localizó

Said that shadow to Jack Henry
'What's wrong?'
Jack said 'A home is not a hole
And shadow you're just a gallow that I hang my
    body from
Oshadow you're a shackle from whichmy time
    is never done'
Then he peeled his shadow off in strips
He peeled his shadow off in strips
Then he kneeled his shadow on some steps
And cried 'what have I done?'
And the sun it shined
And the sun it shined
I say 'Love is blind'
And is it any wonder?
Is it any wonder?
Jack and his damned shadow
Is gone
And though each one of us are want to duly
    mourn
And though each one of us are want to duly
    mourn
'Tis done in brighter corners now
'Tis done in brighter corners now
Now that Jack's black shadow's gone

And the sun it shines
And the sun it shines
And the sun it shines
A little stronger

I swear, love is blind
Oooh love is blind
Yeah love is blind
And is it any wonder?
'Tis done in brighter corners now

Aquella sombra inquirió a Jack Henry
«¿Pasa algo?»
Dijo Jack, «Un hogar no es un agujero
Y sombra, tú eres solo una horca de la que mi
    cuerpo cuelga
Ay, sombra, eres una cadena que no deja cumplir
    condena»
Y así tajó la sombra a cachos
Tajó su sombra a cachos
Luego la arrodilló en unos peldaños
Y gritó, «¿qué es lo que he hecho?»
Y el sol brillaba
Y el sol brillaba
Dije «El amor es ciego»
¿A alguien le sorprende?
¿A alguien le sorprende?
Jack y su maldita sombra
Se esfumaron
Y aunque cada uno de nosotros deba cumplir
    el duelo
Y aunque cada uno de nosotros deba cumplir
    el duelo
El mundo es un rincón más claro
El mundo es un rincón más claro
Sin la negra sombra de Jack

Y el sol brilla
Y el sol brilla
Y el sol brilla
Algo más fuerte

Lo juro, el amor es ciego
Oooh, el amor es ciego
Síi, el amor es ciego
¿Y a alguien le sorprende?
El mundo es un rincón más claro

'Tis done in brighter corners now
Now that Jack's black shadow's gone

HARD ON FOR LOVE

It is for she that the cherry bleeds
That the moon is steeped in milk and blood
That I steal like a robber
From her altar of love
O money lender! O cloven gender!
I am the fiend hid in her skirts
And it's as hot as hell in here
Coming at her as I am from above
Hard on for love. Hard on for love
Hard on for love. Hard on for love

Well, I swear I seen that girl before
Like she walked straight outa the book of Leviticus
But they can stone me with stones I don't care
Just as long as I can get to kiss
Those gypsy lips! Gypsy lips!
My aim is to hit this Miss
And I'm movin in (I'm moving in)
Comin at her like Lazarus from above
Hard on for love. Hard on for love
Hard on for love. Hard on for love

The Lord is my shepherd I shall not want
The Lord is my shepherd I shall not want
But he leadeth me like a lamb to the lips
Of the mouth of the valley of the shadow of death
I am his rod and his staff

El mundo es un rincón más claro
Sin la negra sombra de Jack

EMPALMADO POR AMOR

Es por ella que sangra la flor
Que la luna se empapa de leche y sangre
Que robo como un ladrón
De su altar del amor
¡Ay, usurera! ¡Oh, estirpe ranurada!
Soy el diablo celado en sus faldas
Y esto abrasa como el infierno
Yendo a por ella desde arriba
Empalmado por amor. Empalmado por amor
Empalmado por amor. Empalmado por amor

Y juro que ya vi antes a esa chica
Diría que del mismo Levítico salida
Me pueden lapidar con piedras, bah
Basta que consiga besar
¡Esos labios de gitana! ¡Labios de gitana!
Mi meta es meterla en la señorita
Y ya casi estoy (ya voy)
A por ella como Lázaro por arriba
Empalmado por amor. Empalmado por amor
Empalmado por amor. Empalmado por amor

El Señor es mi pastor nada me falta
El Señor es mi pastor nada me falta
Pero ella me guía como un cordero hacia
    los labios
De la boca del valle de la sombra de la muerte
Soy su vara y su cayado

I am his sceptre and shaft	Soy el cetro y la barra
And she is Heaven and Hell	*Y ella es Cielo e Infierno*
At whose gates I ain't been delivered	*A cuyas puertas me han librado*
I'm gunna give them gates a shove	*A esas puertas les pegaré un viaje*
Hard on for love. Hard on for love	*Empalmado por amor. Empalmado por amor*
Hard on for love. Hard on for love	*Empalmado por amor. Empalmado por amor*
And her breasts rise and fall	*Y suben y bajan sus senos*
Her breasts rise and fall	*Suben y bajan sus senos*
Her breasts rise and fall	*Suben y bajan sus senos*
Her breasts rise and fall	*Suben y bajan sus senos*
And just when I'm about to get my hands on her	*Y ya cuando estoy por meterle mano*
Just when I'm about to get my hands on her	*Cuando estoy por meterle mano*
Just when I'm about to get my hands on her	*Cuando estoy por meterle mano*
Just when I'm about to get my hands on her	*Cuando estoy por meterle mano*
You are beautiful! O dove!	*¡Qué hermosa eres! ¡Oh, paloma!*
Hard on for love. Hard on for love	*Empalmado por amor. Empalmado por amor*
Hard on for love. Hard on for love	*Empalmado por amor. Empalmado por amor*
Just when I'm about to get my hands on her	*Cuando estoy por meterle mano*
Just when I'm about to get my hands on her	*Cuando estoy por meterle mano*
Her breasts rise and fall	*Suben y bajan sus senos*
Her breasts rise and fall	*Suben y bajan sus senos*
Just when I'm about to get my hands on her	*Cuando estoy por meterle mano*
Just when I'm about to get my hands on her	*Cuando estoy por meterle mano*
Hard on for love. Hard on for love	*Empalmado por amor. Empalmado por amor*
Hard on for love. Hard on for love	*Empalmado por amor. Empalmado por amor*

SHE FELL AWAY

Once she lay open like a road
Carved apart the madness that I stumbled from
But she fell away
She fell away
Shed me like a skin
She fell away
Left me holding everything

Once the road lay open like a girl
And we drank and laughed and threw the bottle over
But she fell away
She fell away
I did not see the cracks form
As I knelt to pray
I did not see the crevice yawn, no

Sometimes
At night I feel the end it is at hand
My pistol going crazy in my hand
For she fell away
O she fell away
Walked me to the brink
Then fell away
I did not see her fall
To better days
Sometimes I wonder was she ever there at all
She fell away
She fell away
She fell away

SE DISIPÓ

Una vez estuvo abierta como un camino
Apartó la locura en que me tropezaba yo
Pero se disipó
Se disipó
Me mudó la piel
Se disipó
Con todo pendiente me dejó

Una vez el camino se abría como una chica
Y bebimos y reímos y arrojamos la botella
Pero se disipó
Se disipó
No vi las grietas que crecían
Mientras me arrodillaba para orar
No vi la hendidura que se abría, no

A veces
De noche siento que el fin acecha
La pistola enloquece en mi mano
Porque se disipó
Ay, se disipó
Me encaminó al borde
Y ahí desapareció
No la vi precipitarse
A un tiempo mejor
A veces me pregunto si jamás estuvo allí
Se disipó
Se disipó
Se disipó

GOD'S HOTEL

Everybody got a room
Everybody got a room
Everybody got a room
In God's Hotel
Everybody got a room
Well you'll never see a sign hangin on the door
Sayin 'No vacancies here anymore'

Everybody got wings
Everybody got wings
Everybody got wings
In God's Hotel
Everybody got wings
You'll never see a sign hangin on the door
Sayin 'At no time may both feet leave the floor'

Everybody got a harp
Everybody got a harp
Everybody got a harp
In God's Hotel
Everybody has got a harp
You'll never see a sign hangin on the wall
Sayin 'No harps allowed in the hotel *at all*'

Everybody got a cloud
Everybody got a cloud
Everybody got a cloud
In God's Hotel
Everybody got a cloud
Well you'll never see a sign hangin in the hall
Sayin 'Smoking and drinking will be thy
    downfall'

EL HOTEL DE DIOS

Todos tenemos una habitación
Todos tenemos una habitación
Todos tenemos una habitación
En el hotel de Dios
Todos tenemos una habitación
Y nunca verás un cartel en la puerta
Que diga «Siempre completo»

Todos tenemos alas
Todos tenemos alas
Todos tenemos alas
En el hotel de Dios
Todos tenemos alas
Nunca verás un cartel en la puerta
Que diga «En ningún caso pueden levantarse
    ambos pies del suelo»

Todos tenemos un arpa
Todos tenemos un arpa
Todos tenemos un arpa
En el hotel de Dios
Todos tenemos un arpa
Nunca verás un cartel en la pared
Que diga «Prohibidas las arpas en el hotel»

Todos tenemos una nube
Todos tenemos una nube
Todos tenemos una nube
En el hotel de Dios
Todos tenemos una nube
Nunca verás un cartel en el pasillo
Que diga «Fumar y beber serán tu ruina»

Everybody holds a hand
Everybody holds a hand
Everybody holds a hand
In God's Hotel
Everybody holds a hand
You'll never see a sign hung up above your door
'No visitors allowed in rooms, *By Law!* '

Everybody's halo shines
Everybody's halo shines
Everybody's halo shines
In God's Hotel
Everybody's halo lookin fine
You won't see a sign staring at you from the wall
Sayin 'Lights Out! No burnin the midnight oil!'

Everybody got credit
Everybody got credit
Everybody got credit
In God's Hotel
Everybody got good credit
You'll never see a sign stuck on the cash-box drawer
Sayin 'Credit Tomorrow!!' or 'Want Credit?!? Haw,
    haw haw!!'

Everybody is blind
Everybody is blind
Everybody is blind
In God's Hotel
Everybody is blind
You'll never see a sign on the front door
'No red-skins. No Blacks. And that means you, baw!'

Everybody is deaf
Everybody is deaf
Everybody is deaf
In God's Hotel

Todos nos damos la mano
Todos nos damos la mano
Todos nos damos la mano
En el hotel de Dios
Nunca verás un cartel en tu puerta
«¡Por ley, se prohíben las visitas!»

Brilla el halo de cada cual
Brilla el halo de cada cual
Brilla el halo de cada cual
En el hotel de Dios
Los halos de todos son tan hermosos
No verás un cartel que te mira en la pared
Y diga «¡Apaguen las luces! ¡Se prohíbe trasnochar!»

A todos nos fían aquí
A todos nos fían aquí
A todos nos fían aquí
En el hotel de Dios
Todos tienen buen historial
Nunca verás un cartel en la caja
Que diga «¡Hoy no se fía, mañana sí!»
    «¡Ja, ja, ja!»

Todos somos ciegos
Todos somos ciegos
Todos somos ciegos
En el hotel de Dios
Todos somos ciegos
Nunca verás un cartel en la entrada
«Prohibida la entrada a los pieles rojas, a los
    negros. Y a ti, ¡hala!»

Todos somos sordos
Todos somos sordos
Todos somos sordos
En el hotel de Dios

Everybody is deaf
You'll never find a sign peeling off the bar-room
      wall
'Though shalt not blaspheme, cuss, holler or bawl'

Everybody is dumb
Everybody is dumb
Everybody is dumb
In God's Hotel
Everybody is dumb
So you'll never see on the visiting-room wall
'Though shalt not blaspheme, cuss, holler or bawl'

Todos somos sordos
Nunca verás un cartel despegándose de la pared
Del bar, «No blasfemarás, maldecirás, aullarás o
      chillarás»

Todos somos idiotas
Todos somos idiotas
Todos somos idiotas
En el hotel de Dios
Todos somos idiotas
Así que nunca verás en la sala de visitas
«No blasfemarás, maldecirás, aullarás o chillarás»

TENDER PREY (1988)

THE MERCY SEAT/
UP JUMPED THE DEVIL/
DEANNA/
WATCHING ALICE/
MERCY/
CITY OF REFUGE/
SLOWLY GOES THE NIGHT/
SUNDAY'S SLAVE/
SUGAR SUGAR SUGAR/
NEW MORNING/

GIRL AT THE BOTTOM OF MY GLASS/
THAT'S WHAT JAZZ IS TO ME

LA SILLA DEL PERDÓN/
Y EL DIABLO PEGÓ UN BRINCO/
DEANNA/
ESPIANDO A ALICE/
PIEDAD /
CIUDAD-REFUGIO/
LENTA PASA LA NOCHE/
ESCLAVO DOMINICAL/
FLOR DE MI VIDA/
MAÑANA NUEVA/

CHICA EN EL CULO DE MI VASO/
ESO ES LO QUE EL JAZZ ES PARA MÍ

THE MERCY SEAT

It began when they come took me from my home
And put me in Dead Row
Of which I am nearly wholly innocent you know
And I'll say it again
I…am…not…afraid…to…die

I began to warm and chill
To objects and their fields
A ragged cup, a twisted mop
The face of Jesus in my soup
Those sinister dinner deals
The meal trolley's wicked wheels
A hooked bone rising from my food
All things either good or ungood

And the mercy seat is waiting
And I think my head is burning
And in a way I'm yearning
To be done with all this measuring of truth
An eye for an eye
A tooth for a tooth
And anyway I told the truth
And I'm not afraid to die

Interpret signs and catalogue
A blackened tooth, a scarlet fog
The walls are bad, black, bottom kind
They are the sick breath at my hind
They are the sick breath at my hind
They are the sick breath at my hind
They are the sick breath gathering at my hind

I hear stories from the chamber
How Christ was born into a manger

LA SILLA DEL PERDÓN

Todo empezó cuando me sacaron de casa
Y me metieron en el Corredor de la Muerte
De lo cual soy casi inocente del todo, sabes
Y lo vuelvo a decir
No…me…da…miedo…morir

Empecé a sentir calor y frío
Por los objetos y sus ondas
Una taza mellada, un mocho torcido
El rostro de Jesús en la sopa
Las cenas de negocios siniestras
Las ruedas endiabladas del carrito de servir
Un hueso curvo emergiendo entre mis viandas
Cosas todas ellas buenas o malas

Y la silla del perdón espera
Y creo que me arde la cabeza
Y en cierto modo anhelo
Dejar ya de calibrar la verdad
Ojo por ojo
Diente por diente
Y además dije la verdad
Y no me da miedo morir

Interpretar señales y catalogar
Un diente negruzco, una niebla escarlata
Los muros son malos, negros, de la peor clase
Son hálito enfermo en el culo
Son hálito enfermo en el culo
Son hálito enfermo en el culo
Hálito enfermo en el culo condensado

En la celda cuentan cuentos
Cómo Cristo nació en un pesebre

And like some ragged stranger
Died upon the cross
And might I say it seems so fitting in its way
He was a carpenter by trade
Or at least that's what I'm told

My good hand tattooed E.V.I.L.
Across its brother's fist
That filthy five! They did nothing to challenge
    or resist

In Heaven His throne is made of gold
The ark of His testament is stowed
A throne from which I'm told
All history does unfold
Down here it's made of wood and wire
And my body is on fire
And God is never far away

Into the mercy seat I climb
My head is shaved, my head is wired
And like a moth that tries
To enter the bright eye
I go shuffling out of life
Just to hide in death awhile
And anyway I never lied

My kill-hand is called E.V.I.L.
Wears a wedding band that's G.O.O.D.
'Tis a long-suffering shackle
Collaring all that rebel blood

And the mercy seat is waiting
And I think my head is burning
And in a way I'm yearning
To be done with all this measuring of truth

Y cómo un astroso forastero
Murió clavado en la cruz
Y diría que la cosa encaja a su manera
Era carpintero de oficio
O al menos me dijeron eso

Mi mano buena tatuó M.A.L.
En el puño de su hermana
¡Putos cinco! Nada hicieron por oponerse
    o resistir

Es de oro su trono en los Cielos
El arca de su testamento está guardada
Un trono del que me cuentan
Que toda la historia se despliega
El de aquí abajo es de madera y cables
Y mi cuerpo está que arde
Y Dios nunca anda muy lejos

Me subo a la silla del perdón
Mi cabeza rapada, mi cabeza cableada
Y cual polilla que trata
De entrar en el ojo brillante
Me arrastro por la vida afuera
Para esconderme un tiempo en la muerte
Y además nunca mentí

Mi mano letal se llama M.A.L.
Con su alianza que dice B.I.E.N.
Es un tormento sin fin
Que frena esa sangre rebelde

Y la silla del perdón espera
Y creo que me arde la cabeza
Y en cierto modo anhelo
Dejar ya de calibrar la verdad

An eye for an eye
And a tooth for a tooth
And anyway I told the truth
And I'm not afraid to die

And the mercy seat is burning
And I think my head is glowing
And in a way I'm hoping
To be done with all this weighing up of truth
An eye for an eye
And a tooth for a tooth
And I've got nothing left to lose
And I'm not afraid to die

And the mercy seat is glowing
And I think my head is smoking
And in a way I'm hoping
To be done with all these looks of disbelief
An eye for an eye
And a tooth for a tooth
And anyway there was no proof
Nor a motive why

And the mercy seat is smoking
And I think my head is melting
And in a way I'm helping
To be done with all this twisting of the truth
A lie for a lie
And a truth for a truth
And I've got nothing left to lose
And I'm not afraid to die

And the mercy seat is melting
And I think my blood is boiling
And in a way I'm spoiling
All the fun with all this truth and consequence

Ojo por ojo
Diente por diente
Y además dije la verdad
Y no me da miedo morir

Y la silla del perdón está ardiendo
Y creo que la cabeza me brilla
Y en cierto modo deseo
Pasar ya de sopesar la verdad
Ojo por ojo
Diente por diente
Nada tengo que perder
Y no me da miedo morir

Y la silla del perdón reluce
Y creo que mi cabeza humea
Y en cierto modo deseo
Acabar con las miradas de recelo
Ojo por ojo
Diente por diente
Y además no había pruebas
Ni tampoco había móvil

Y la silla del perdón humea
Y creo que se me derrite la cabeza
Y en cierto modo ayudo
A que la verdad no se retuerza
Mentira por mentira
Verdad por verdad
Y nada tengo que perder
Y no me da miedo morir

Y la silla del perdón se funde
Y creo que mi sangre hierve
Y un poco me estoy cargando
Con tanta verdad y trascendencia

An eye for an eye
And a truth for a truth
And anyway I told the truth
And I'm not afraid to die

And the mercy seat is waiting
And I think my head is burning
And in a way I'm yearning
To be done with all this measuring of proof
A life for a life
And a truth for a truth
And anyway there was no proof
But I'm not afraid to tell a lie

And the mercy seat is waiting
And I think my head is burning
And in a way I'm yearning
To be done with all this measuring of truth
An eye for an eye
And a truth for a truth
And anyway I told the truth
But I'm afraid I told a lie

_____

UP JUMPED THE DEVIL

Omy, O my
What a wretched life
I was born on the day
That my poor mother died
I was cut from her belly
With a Stanley knife
My Daddy did a jig
With the drunk midwife

El gozo. Ojo por ojo
Verdad por verdad
Y además dije la verdad
Y no me da miedo morir

Y la silla del perdón espera
Y creo que me arde la cabeza
Y en cierto modo anhelo
Dejar ya de calibrar la verdad
Una vida por otra vida
Y una verdad por otra
Y además no había pruebas
Pero no temo contar mentiras

Y la silla del perdón espera
Y creo que me arde la cabeza
Y en cierto modo anhelo
Dejar ya de calibrar la verdad
Ojo por ojo
Verdad por verdad
Y además dije la verdad
Pero quizá conté una mentira

_____

Y EL DIABLO PEGÓ UN BRINCO

Ay, Dios, ay, Dios mío
Qué vida perra
Nací en el día
En qué mi pobre mamá murió
De su vientre me extirparon
Con un cúter
Y mi papi bailoteó
Con la partera borracha

Who's that yonder all in flames
Dragging behind him a sack of chains
Who's that yonder all in flames
Up jumped the Devil and he staked his claim

O poor heart
I was doomed from the start
Doomed to play
The villain's part
I was the baddest Johnny
In the apple cart
My blood was blacker
Than the chambers of a dead nun's heart

Who's that milling on the courthouse steps
Nailing my face to the hitching fence
Who's that milling on the courthouse steps
Up jumped the Devil and off he crept

O no, O no
Where could I go
With my hump of trouble
And my sack of woe
To the digs and deserts of Mexico
Where my neck was safe from the lynching rope

Who's that yonder laughing at me
Like I was the brunt of some hilarity
Who's that yonder laughing at me
Up jumped the Devil 1, 2, 3

Ha ha ha
How lucky we were
We hit the cathouse
And sampled their wares
We got as drunk

Quién es aquel allá envuelto en llamas
Y arrastrando un saco de cadenas
Quién es aquel allá envuelto en llamas
El diablo pegó un brinco y reclamó su derecho

Ah, pobre corazón
Ya condenado de entrada
Condenado al rol
De villano
Yo era el peor de todos
En el cesto de manzanas
Mi sangre era más negra
Que el corazón muerto de una monja enclaustrada

Quién merodea por las escaleras del tribunal
Que pega mi cara a la barrera
Quién merodea por las escaleras del tribunal
El diablo pegó un brinco y se escabulló

Oh no, oh no
Adónde podía ir
Con mi carga de pesares
Y mi saco de aflicción
A las zanjas y los desiertos de México
Donde mi pescuezo estaba a salvo de la soga

Quién es ese que se ríe de mí
Como si fuera yo un hazmerreír
Quién es ese que se ríe de mí
Y saltó el diablo 1, 2, 3

Ja, ja, ja
Qué suerte la nuestra
Dimos con el burdel
Y catamos las muestras
Nos emborrachamos

As a couple of Czars
One night I spat out
My lucky star

Who's that dancing on the jailhouse roof
Stamping on the ramping with a cloven hoof
Who's that dancing on the jailhouse roof
Up jumped the Devil and said, 'Here is your man
    and I got proof '

O no, don't go, O no
O slow down, Joe
The righteous path
Is straight as an arrow
Take a walk
And you'll find it too narrow
Too narrow for the likes of me

Who's that hanging from the gallow tree
His eyes are hollow but he looks like me
Who's that hanging from the gallow tree
Up jumped the Devil and took my soul from me

Down we go, down we go
The Devil and me
Down we go, down we go
To Eternity
Down we go, down we go
We go down down down down down

Como cosacos
Y una noche escupí
Mi buena estrella

Quién es aquel que baila en el tejado de la cárcel
Taconeando en la rampa con su pezuña hendida
Quién es aquel que baila en el tejado de la cárcel
Saltó el diablo y dijo, «Ahí está tu hombre y tengo
    pruebas»

Oh no, no vayas, no
Con calma, Joe
La senda virtuosa
Es recta como una flecha
Date un paseo
Y la verás muy estrecha
Demasiado para mí

Quién es el que cuelga del árbol del ahorcado
Le vaciaron los ojos pero se parece a mí
Quién es el que cuelga del árbol del ahorcado
Saltó el diablo y me arrebató el alma

Nos caemos, para allá vamos
El diablo y yo
Nos caemos, para allá vamos
A la eternidad
Nos caemos, para allá vamos
Bien abajo abajo abajo abajo abajo

DEANNA

O DEANNA
O Deanna!
O DEANNA
Sweet Deanna!
O DEANNA
You know you are my friend, yeah
O DEANNA
And I ain't down here for your money
I ain't down here for your love
I ain't down here for your love or money
I'm down here for your soul

No carpet on the floor
And the winding-cloth holds many moths
Around your Ku Klux furniture
I cum a death's-head in your frock
We discuss the murder pact
We discuss the murder and the murder act
Murder takes the wheel of the Cadillac
And death climbs in the back

O DEANNA
This is a car
O DEANNA
This is a gun
O DEANNA
And this is day number one
O DEANNA
Our little crime-worn histories
Black and smoking Christmas trees
And honey, it ain't a mystery
Why you're a mystery to me

DEANNA

OH DEANNA
¡Oh Deanna!
OH DEANNA
¡Dulce Deanna!
OH DEANNA
Sabes que eres mi amiga, síí
OH DEANNA
Yo no me vine por tu dinero
No me vine por tu amor
No me vine por amor ni dinero
Me vine por tu alma

El suelo sin alfombrar
Con el sudario lleno de polillas
Sobre el mobiliario a lo Ku Klux Klan
Una calavera de esperma en tu vestido
Discutimos el pacto asesino
Discutimos el asesinato y su representación
Asesinato va al volante de un Cadillac
Y la muerte se sube atrás

OH DEANNA
Esto es un coche
OH DEANNA
Esto una pistola
OH DEANNA
Y hoy es el primer día
OH DEANNA
Nuestras vidas consumidas por el crimen
Árboles de Navidad negros y humeantes
Y cariño, no es ningún misterio
Que seas un misterio para mí

We will eat out of their pantries	*Les puliremos la despensa*
And their parlours	*Y también el comedor*
Ashy leavings in their beds	*Rastros de cenizas en sus camas*
And we'll unload into their heads	*Y descargaremos en sus cabezas*
In this mean season	*En estos días aciagos*
This little angel that I squeezin'	*Esta angelita que estrujo*
She ain't been mean to me	*Nunca fue mala conmigo*
O DEANNA	*OH DEANNA*
O Deanna!	*¡Oh Deanna!*
O DEANNA	*OH DEANNA*
You are my friend and my partner	*Eres mi amiga, mi socia*
O DEANNA	*OH DEANNA*
On this house on the hill	*En esta casa en la colina*
O DEANNA	*OH DEANNA*
And I ain't down here for your money	*Y yo no me vine por tu dinero*
I ain't down here for your love	*No me vine por tu amor*
I ain't down here for your love or money	*No me vine por dinero ni amor*
I'm down here for your soul	*Me vine por tu alma*
O DEANNA	*OH DEANNA*
I am a-knocking	*Estoy llamando*
O DEANNA	*OH DEANNA*
With my toolbox and my stocking	*Con una media y mis herramientas*
O DEANNA	*OH DEANNA*
And I'll meet you on the corner	*Nos vemos en la esquina*
O DEANNA	*OH DEANNA*
Yes, you point it like a finger	*Sí, la apuntas como un dedo*
O DEANNA	*OH DEANNA*
And squeeze its little thing	*Y aprietas la cosita*
O DEANNA	*OH DEANNA*
Feel its kick, hear its bang	*Siente su retroceso, oye el bang*
And let's not worry about its issue	*Y no pensemos más en ello*
Don't worry about where it's been	*No pienses dónde estuvo*
And don't worry about where it hits	*Ni tampoco dónde da*
'Cause it just ain't yours to sin	*Pues no eres tú quien peca*

O DEANNA
No, it just ain't yours to sin
O DEANNA
Sweet Deanna
O DEANNA
And we ain't getting any younger
O DEANNA
And I don't intend gettin' any older
O DEANNA
The sun a hump at my shoulder
O DEANNA
O Deanna!
O DEANNA
Sweet Deanna
O DEANNA
And I ain't down here for your money
I ain't down here for your love
I ain't down here for your love or money
I'm down here for your soul

OH DEANNA
No, no eres tú quien peca
OH DEANNA
Dulce Deanna
OH DEANNA
No vamos a rejuvenecer
OH DEANNA
Y no pretendo envejecer
OH DEANNA
El sol es una joroba en el hombro
OH DEANNA
¡Oh Deanna!
OH DEANNA
Dulce Deanna
OH DEANNA
Y yo no me vine por tu dinero
No me vine por tu amor
No me vine por dinero ni amor
Me vine por tu alma

WATCHING ALICE

Alice wakes
It is morning
She is yawning
As she walks about the room
Her hair falls down her breast
She is naked and it is June
Standing at the window
I wonder if she knows that I can see
Watching Alice rise year after year
Up in her palace, she's captive there

Alice's body
Is golden brown

ESPIANDO A ALICE

Alice se despierta
De mañana
Y bosteza
Mientras camina por la habitación
Su pelo cae hasta el pecho
Desnuda en el mes de junio
Está junto a la ventana
No sé si sabe que la puedo ver
Año tras año, cuando despierta
Allá en su palacio, donde está presa

El cuerpo de Alice
Es cobrizo

Her hair hangs down
As she brushes it one hundred times
First she pulls her stockings on
And then the church bell chimes
Alice climbs into her uniform
The zipper's on the side

Watching Alice dressing in her room
It's so depressing, it's cruel
Watching Alice dressing in her room
It's so depressing, it's true

———

MERCY

I stood in the water
In the middle month of winter
My camel skin was torture
I was in a state of nature
The wind, sir, it was wicked
I was so alone
Just as I predicted
My followers were gone

And I cried, 'Mercy
Have mercy on me'
And I got down on my knees

Thrown into a dungeon
Bread and water was my portion
Faith—my only weapon
To rest the Devil's legion
The speak-hole would slide open
A viper's voice would plead
Thick with innuendo
Syphilis and greed

Y su pelo suelto
Lo va peinando una vez y otra más
Se pone las medias
Y se oyen las campanadas
Alice endosa su uniforme
De cremallera lateral

Espiar a Alice en su habitación, vistiéndose
Es tan sórdido y cruel
Espiar a Alice en la habitación, vistiéndose
Es tan sórdido, es verdad

———

PIEDAD

Permanecí en el agua
En mitad del invierno
La chaqueta de camello me agobiaba
Vivía asilvestrado
El viento, Dios, qué malvado
Estaba tan solo
Tal como predije
Mis acólitos se habían marchado

Y grité, «Piedad
Ten piedad de mí»
Y me arrodillé

Arrojado a una mazmorra
A pan y agua
La fe es mi única arma
Para aplacar a la legión infernal
Se abría la mirilla
Y una voz viperina imploraba
Cargada de insinuaciones
Sífilis y avaricia

And she cried, 'Mercy
Have mercy on me'
And I told her to get down on her knees

In a garden full of roses
My hands were tied behind me
My cousin was working miracles
I wondered if he'd find me
The moon was turned towards me

Like a platter made of gold
My death, it almost bored me
So often was it told
And I cried, 'Mercy'
I cried, 'Mercy on me'
Crying, 'Mercy
Have mercy on me'

Y ella gritó, «Piedad
Ten piedad de mí»
Y le dije que se arrodillara

En un jardín lleno de rosas
Con mis manos atadas a la espalda
Mi primo obraba milagros
Y me preguntaba yo si me encontraría
La luna se volvió hacia mí
Como una bandeja dorada
Mi muerte, ya me aburría
Tanto me la anunciaban

Y grité, «Piedad»
Grité, «Piedad de mí»
Grité, «Piedad
Ten piedad de mí»

CITY OF REFUGE

You better run
You better run and run and run
You better run, you better run
You better run to the City of Refuge
You better run, you better run
You better run to the City of Refuge

You stand before your maker
In a state of shame
Because your robes are covered in mud
While you kneel at the feet
Of a woman of the street
The gutters will run with blood
They will run with blood!

CIUDAD-REFUGIO

Mejor corre
Mejor corre y no pares
Mejor corre, mejor corre
Mejor corre hasta la ciudad-refugio
Mejor corre, mejor corre
Mejor corre hasta la ciudad-refugio

Estás ante el Hacedor
Avergonzado
Porque tus hábitos están embarrados
Cuando te arrodillas a los pies
De una mujer de la calle
Los desagües chorrearán sangre
¡Van a chorrear sangre!

You better run, you better run
You better run to the City of Refuge
You better run, you better run
You better run to the City of Refuge

In the days of madness
My brother, my sister
When you're dragged toward the Hell-mouth
You will beg for the end
But there ain't gonna be one, friend
For the grave will spew you out
It will spew you out!

You better run, you better run
You better run to the City of Refuge
You better run, you better run
You better run to the City of Refuge

You'll be working in the darkness
Against your fellow man
And you'll find you're called to come forth
So you'll scrub and you'll scrub
But the trouble is, bub
The blood won't wash off
No, it won't come off!

You better run, you better run
You better run to the City of Refuge

You better run, you better run
You better run and run and run
You better run to the City of Refuge

Mejor corre, mejor corre
Mejor corre hasta la ciudad-refugio
Mejor corre, mejor corre
Mejor corre hasta la ciudad-refugio

En la era más demente
Hermanos, hermanas
Cuando os arrastren a la boca del infierno
Suplicaréis el final
Pero no lo habrá, queridos
Pues la tumba os vomitará
¡Os vomitará!

Mejor corre, mejor corre
Mejor corre hasta la ciudad-refugio
Mejor corre, mejor corre
Mejor corre hasta la ciudad-refugio

Te verás trabajando en la oscuridad
Contra toda la humanidad
Y verás que te convocan
Así que fregarás sin parar
Pero lo que pasa, chaval
Es que la sangre no se va
¡No, no se va!

Mejor corre, mejor corre
Mejor corre hasta la ciudad-refugio

Mejor corre, mejor corre
Mejor corre y no pares
Mejor corre hasta la ciudad-refugio

SLOWLY GOES THE NIGHT

Lover, lover, goodbye
So slowly goes the night
I trace the print of your body with my hand
Like the map of some forbidden land
I trace the ghosts of your bones
With my trembling hand
Dark is my night
But darker is my day, yeah
I must've been blind
Out of my mind
Not to read the warning signs
How goes it?
It goes lonely
Goes slowly

So slowly goes the night
Ten lonely days, ten lonely nights
I watch the moon get flayed anew
Until the moon becomes the skinning tool
I send the skins of my sins out to cover and
    comfort you
I know of a Heaven
And honey I know of a Hell
I hang my head
In my bed
And remember what you said
'One evening, I'm leaving'
And I laughed and checked her breathing

Go slowly through the night
O baby, I feel the heel of time
I wake to find you sitting there
Cutting tangles out of your hair

LENTA PASA LA NOCHE

Amada, amada, adiós
Qué lenta pasa la noche
Con la mano sigo la marca de tu cuerpo
Como el mapa de una tierra prohibida
Calco el fantasma de tus huesos
Con temblorosa mano
Mi noche es oscura
Pero el día lo es más
Habré estado ciego
También ido
Al desatender los avisos
¿Qué tal va?
Despacio
Y en soledad

Tan lenta pasa la noche
Diez días solitarios con sus noches
Observo la luna otra vez desollada
Hasta que la propia luna despelleja como una
    cuchilla
Mando las pieles de mis pecados para abrigarte
    y confortarte
Sé de un paraíso
Y cariño sé de un infierno
Recuesto la cabeza
En la cama
Y recuerdo lo que dijiste
«Una noche, me voy a ir»
Me reí y contuve su respiración

Ve tranquila en la noche
Oh, nena, siento el peso del tiempo
Despierto para encontrarte sentada
Cortando tus nudos del pelo

Singing a song that's all wrong
Hey, but that's all right, I don't care
O darling, forgive me
For all the misery
I embrace an empty space
And your laughing song it fades
Where goes it?
It goes some place
Where it's lonely

And black as the night
Come back, darling and put things right
I hang my head and cry cry cry
Darling, all night I try
To seize on a reason for this mad mad season
The nights, they are so long now
I can't remember it being light
Call it sleep, call it death, call it what you like
But only sleep, dear
Only sleep brings you back to life
I hang my head
I toss and I sweat
I never never can forget
How goes it?
I'm going, but slowly slowly going
And we both know that it's gonna be all right

But it ain't you who has to cry cry cry
Ten lonely days, ten lonely nights
Since you left my side

Cantando una canción mal cantada
Pero está bien, qué más da
Oh, perdóname, cariño
Por tanta desgracia
Abrazo un espacio vacío
Y tu canción risueña se pierde
¿Dónde va?
A algún lugar
Solitario

Y negra como la noche
Vuelve, cariño, y arregla las cosas
Recuesto la cabeza y lloro, lloro, lloro
Querida, toda la noche que intento
Explicarme esta temporada infame
Las noches son tan largas ahora
Ni recuerdo cuando era de día
Llámalo sueño, llámalo muerte, llámalo
    como quieras
Pero solo el sueño, querida
Solo el sueño te devuelve a la vida
Recuesto la cabeza
Me revuelvo y sudo
Nunca, nunca puedo olvidar
¿Cómo va?
Voy, pero lenta lentamente
Y ambos sabemos que va a salir bien

Pero no eres tú quien debe llorar, llorar, llorar
Diez días y diez noches a solas
Desde que me dejaste

SUNDAY'S SLAVE

Sunday's got a slave
Monday's got one too
Sunday's got a slave
Monday's got one too
Our sufferings are countless
Our pleasures are a motley few
Spend all day digging my grave
Now go get Sunday's slave
Tuesday sleeps in the stable
Wednesday's in chains
Tuesday gathers up the crumbs under the table
Wednesday dare not complain
My heart has collapsed on the tracks of a
    run-away train
Just whisper his name
And here comes Sunday's slave

The hands in the stable are willing and able to pay
If you feel at a loss, man, as to who is the boss-man
Ask the blood on one of its bad days
For his nerve is to serve but the service is a
    mockery
He insists that he piss in your fist
But he still takes the money anyway
The master's a bastard
But don't tell Sunday's slave

Thursday's angered the master
OK, so Friday's gonna pay
Thursday's angered the master
Yeah, so Friday's gonna pay
One night on the rack and he's back saddling
    up Saturday

ESCLAVO DOMINICAL

Hay un esclavo para el domingo
Y otro para el lunes
Hay un esclavo para el domingo
Y otro para el lunes
Nuestros padecimientos son innúmeros
Nuestros placeres variados
Paso los días cavando mi tumba
Y ahora voy a por el esclavo dominical
El martes duerme en el establo
El miércoles va encadenado
El martes recoge las migas bajo la mesa
El miércoles no osa quejarse
Mi corazón se desplomó en las vías de un tren
    desbocado
Basta susurrar su nombre
Y ahí viene el esclavo dominical

Los mozos de cuadra están dispuestos y
    pueden pagar
Si no pillas, tío, quién es el capataz
Pregunta a la sangre en un mal día de los suyos
Pues lo suyo es servir, aunque el servicio sea un
    cachondeo
Él insiste en que se mea en tu mano
Pero se sigue llevando el dinero
El amo es un cabronazo
Pero no te chives al esclavo dominical

El jueves hizo cabrear al amo
Vale, el viernes nos pagará
El jueves hizo cabrear al amo
Sí, el viernes nos pagará
Una noche atribulado, y el sábado volverá
    a montar

You can only whisper his name
But not on Sundays
Never on Sundays
O not on Sunday's slave

———

SUGAR SUGAR SUGAR

Sugar sugar sugar
That man is bad
The road he drives you down
O sugar, it's a drag

That road it twists
That road is crossed
It's down that road
A lot of little girls go lost

Sugar sugar sugar
Keep on driving on
Until the City of Right
Becomes the City of Wrong

That stretch is long
You'll slip and slide
That stretch will find you
Gagged and tied

The hunter lies
In a lowly ditch
His eyes they sting
And his fingers twitch

You'll be his queen for the night
But in the morning you'll wake
With the lords and high ladies
Of the bottom of the lake

———

Solo puedes susurrar su nombre
Pero no en domingo
Jamás en domingo
Ay, no al esclavo dominical

FLOR DE MI VIDA

Flor de mi vida
Ese hombre es malo
El camino por el que te guía
Ay, amor, es un palo

Ese camino serpentea
Es un camino traicionero
Y por ese mismo camino
Muchas chicas se perdieron

Flor de mi vida
Sigue conduciendo
Hasta que la Ciudad del Bien
Sea la Ciudad del Mal

Ese tramo es largo
Se patina y se resbala
Hasta que te ves
Atada y amordazada

El cazador se aposta
En una zanja
Sus ojos aguijonean
Y sus dedos se crispan

Serás su reina esta noche
Aunque despertarás de mañana
Con los caballeros y las damas
Del fondo del lago

Sugar sugar sugar
That man is wild
And sugar, you know
That you're merely a child
He will laugh
And hang your sheets to see
The tokens of your virginity
Sugar sugar sugar
Honey, you're so sweet
And beside you, baby
Nothing can compete

Sugar sugar sugar
Honey, you're so sweet
But beside you, baby
A bad man sleeps

You better pray baby
Pray baby, pray baby
You better pray
You better pray baby
Pray baby, pray baby
You better pray baby

Sugar sugar sugar
That man is bad
And that's the bottom, baby
Coming right up ahead

You can smell his fear
You can smell his love
As he wipes his mouth
On your altar cloth

Sugar sugar sugar
Try to understand

Flor de mi vida
Ese hombre es un salvaje
Y amor, tú ya sabes
Que eres solo una cría
Se reirá
Y colgará tus sábanas para mostrar
Las manchas de tu virginidad
Flor de mi vida
Amor, eres tan tierna
Que contigo, nena
Nada puede competir

Flor de mi vida
Amor, eres tan tierna
Aunque contigo, nena
Duerme un hombre ruin

Mejor que reces nena
Reza nena, reza
Más te conviene rezar
Mejores que reces nena
Reza nena, reza
Más te conviene rezar

Flor de mi vida
Ese hombre es malo
Y nena esa es la verdad
Con que te vas a dar

Puedes oler su pavor
Puedes oler su amor
Mientras se seca la boca
Sobre el mantel de tu altar

Flor de mi vida
Trata de entender

I'm an angel of God
I'm your guardian

He smells your innocence
And like a dog he comes
And like all the dogs he is
I shut him down
Sugar sugar sugar
I can't explain
Must I kill that cocksucker
Every day

You better pray, baby
Pray baby, pray baby
You better pray
You better pray, baby
Pray baby, pray baby
You better pray

NEW MORNING

One morn I awakened
A new sun was shining
The sky was a Kingdom
All covered in blood
The moon and the stars
Were the troops that lay conquered
Like fruit left to wither
Poor spiritual food

And the spears of the bright sun
All brave with its conquest
Did hover unearthly
In banners of fire
I knelt in the garden

Soy un ángel de Dios
Yo soy tu guardián

Huele tu inocencia
Y acude como un perro
Y como perro que es
Lo encierro
Flor de mi vida
No puedo explicar
Que debo matar a ese mamón
Día tras día

Mejor que reces nena
Reza nena, reza
Más te conviene rezar
Mejores que reces nena
Reza nena, reza
Más te conviene rezar

MAÑANA NUEVA

Me desperté una mañana
Brillaba un nuevo sol
El cielo era un reino
Todo ensangrentado
La luna y las estrellas
Eran las tropas derrotadas
Como fruta ya marchita
Magro cebo espiritual

Y las lanzas del sol luciente
Gallardas por la conquista
Se cernían ultraterrenas
Como estandartes de fuego
Me arrodillé en el jardín

Awash with the dawning
And a voice came so brightly
I covered my eyes

Thank you for giving
This bright new morning
So steeped seemed the evening
In darkness and blood
There'll be no sadness
There'll be no sorrow
There'll be no road too narrow
There'll be a new day
And it's today
For us

GIRL AT THE BOTTOM OF MY GLASS

Well, I can't raise my glass
Without seeing her ass
Through its telescopic bottom
I can't raise my glass
Without seeing her ass
Through its telescopic bottom
If you wanna know what animal it is
Ask the girl at the bottom of my glass

Well, lover come a-knocking
With my toolbag and my stocking
[…]
Well, lover come a-knocking
With my toolbag and my stocking
[…]

Abrumado al amanecer
Y una voz se oyó tan radiante
Que me tapé los ojos

Gracias por entregarme
Esta mañana nueva y brillante
Tan embebida estuvo la noche
En sangre y tiniebla
No habrá tristeza
No habrá pesar
No habrá caminos angostos
Saldrá el nuevo día
Que es hoy
Para nosotros

UNA CHICA EN EL FONDO DEL VASO

No puedo levantar el vaso
Sin que le vea el culo
Por su fondo telescópico
No puedo levantar el vaso
Sin que le vea el culo
Por su fondo telescópico
Si quieres saber qué animal es
Pregúntale a la chica en el fondo del vaso

El amante va llamando
Con sus herramientas y la media
[…]
El amante va llamando
Con sus herramientas y la media
[…]

If you wanna know what's shaking down the house
Ask the girl at the bottom of my glass
I can't spill my drink
Without the woman at the sink
Coming round in her rubber mittens
I can't slop my drink
Without that woman at the sink
Coming at me in her rubber mittens
If you're looking for the woman of the house
Ask the girl at the bottom of my glass

I can't raise my drink
Without stopping to think
That some bad baby's giving me trouble
I can't raise my drink
Without stopping to think
That some bad baby's giving me trouble
If you wanna see what's inside of Sally
You'll find that girl in a hole out in the alley

I can't raise my glass
Without seeing her ass
This booze is turning bitter
I can't raise my glass
Without seeing her ass
I'm gunna jump right up and hit her

Well, you wanna know a little about my past
Take a squitch at the bitch in my house

Si quieres saber qué sacude la casa
Pregúntale a la chica en el fondo del vaso
No puedo derramar la copa
Sin la mujer en el fregadero
Que se viene con sus guantes de goma
No puedo volcar mi copa
Sin la mujer en el fregadero
Que se viene con sus guantes de goma
Si buscas a la señora de la casa
Pregúntale a la chica en el fondo del vaso

No puedo levantar el vaso
Sin pararme a pensar
Qué mala vida llevo por una mala chica
No puedo levantar el vaso
Sin pararme a pensar
Qué mala vida llevo por una mala chica
Si quieres ver qué hay en el interior de Sally
La encontrarás en un agujero del callejón

No puedo levantar mi vaso
Sin verle el culo
Este licor ya amarga
No puedo levantar mi vaso
Sin verle el culo
Voy a saltar y azotarla

Si quieres saber de mi pasado
Dale una zurra a la puta en mi casa

THAT'S WHAT JAZZ
IS TO MEJAZZ

Fire-eating drag queens dressed as society whores
Crazy two-timing bitches running round
Ghetto-blasting blasters, blasting magnificently
Blossoms falling from the cherry trees
That's what jazz is to me
High buildings with crippled backs circle around
    my dreams
I clutch at the greasy tails of my dreams
White blossom falling from the cherry trees
That's what jazz is to me
Ten bottles standing in a row, military style
With hats pulled low over their brows
A thousand wasted hours
Skeletons entwined fucking and braying in
    the fields
Blossoms falling from the cherry tree
That's what jazz is to me
History repeating itself like a vindaloo
All the great cars of the world in one massive
    collision
All the doctors swallowed up by one incompetence
All the great theorists and teachers eaten alive…
Religious ecstasy and a blossom falling from a
    cherry tree
That's what jazz is to me
Blind fish being used as musical scales
Sharks puffed for fish and whales
I long to be by the sea where a blossom falls from
    a cherry tree
That's what jazz is for me
Three form, four form, five form, six form

ESO ES LO QUE EL JAZZ
ES PARA MÍ

Drag queens tragafuegos que van de putas
    de postín
Zorras traicioneras locas correteando por ahí
Loros atronando por el gueto, machacando
    sin freno
Flores que se caen del cerezo
Eso es lo que el jazz es para mí
Rascacielos jorobados sobrevuelan mis sueños
Agarro los rabos grasientos de esos sueños
Blancas flores cayendo de los cerezos
Eso es lo que el jazz es para mí
Diez botellas formando al estilo militar
Con los cascos bien calados
Miles de horas derrochadas
Esqueletos enzarzados rebuznan por los campos,
    follando
Flores que se caen del cerezo
Eso es lo que el jazz es para mí
La historia que se repite como el vindaloo
Todos los mejores coches del mundo en un choque
    colosal
Todos los médicos devorados por un error
    facultativo
Los grandes teóricos y maestros comidos vivos…
Éxtasis religioso y una flor que se cae del cerezo
Eso es lo que el jazz es para mí
Peces ciegos a guisa de escala musical
Tiburones sin aliento en pos de pescado y ballenas
Anhelo estar junto al mar donde una flor se cae
    del cerezo
Eso es lo que el jazz es para mí
Ahora tres, ahora cuatro, ahora cinco, ahora seis

Seven form, eight form, nine form	*Ahora siete, ahora ocho, ahora nueve*
A blossom falling from the cherry tree	*Una flor que se cae del cerezo*
That's what jazz is for me	*Eso es lo que el jazz es para mí*
As Einstein said about his theory	*Tal como dijo Einstein de su teoría*
I love it, I love it, I love it, I love jazz	*Lo adoro, lo adoro, lo adoro, adoro el jazz*
It's in your heart, it's in your soul, it's in your mind	*Está en tu corazón, en tu alma y en tu mente*
The colour of death, sweet vanilla essence	*El color de la muerte, extracto de vainilla dulce*
Richard Harris and Donald Pleasance	*Richard Harris y Donald Pleasence*
And a cherry blossom falling from a cherry tree	*Y una flor de cerezo cayendo del árbol*
That's what jazz is to me	*Eso es lo que el jazz es para mí*

THE
GOOD SON
(1990)

FOI NA CRUZ/
THE GOOD SON/
SORROW'S CHILD/
THE WEEPING SONG/
THE SHIP SONG/
THE HAMMER SONG/
LAMENT/
THE WITNESS SONG/
LUCY/

THE TRAIN SONG

FOI NA CRUZ/
EL BUEN HIJO/
LA NIÑA DOLIENTE/
EL CANCIÓN LASTIMERA/
LA CANCIÓN MARINERA/
LA CANCIÓN DEL MARTILLO/
LAMENTO/
LA CANCIÓN DEL TESTIGO/
LUCY/

LA CANCIÓN DEL TREN

FOI NA CRUZ

Foi na cruz, foi na cruz
Que um dia
Meus pecados castigados em Jesus
Foi na cruz
Que um dia
Foi na cruz

Love comes a-knocking
Comes a-knocking upon our door
But you, you and me, love
We don't live there anymore

Foi na cruz, foi na cruz
Que um dia
Meus pecados castigados em Jesus
Foi na cruz
Que um dia
Foi na cruz

A little sleep, a little slumber
A little folding of the hands to sleep
A little love, a little hate, babe
A little trickery and deceit

Foi na cruz, foi na cruz
Que um dia
Meus pecados castigados em Jesus
Foi na cruz
Que um dia
Foi na cruz

Dream on 'til you can dream no more
For all our grand plans, babe
Will be dreams for ever more

FOI NA CRUZ

Foi na cruz, foi na cruz
Que um dia
Meus pecados castigados em Jesus
Foi na cruz
Que um dia
Foi na cruz

El amor viene llamando
Viene llamando a tu puerta
Pero tú y yo, mi amor
Ya no vivimos allí

Foi na cruz, foi na cruz
Que um dia
Meus pecados castigados em Jesus
Foi na cruz
Que um dia
Foi na cruz

Algo de sueño, algo de sopor
Y enlazarse las manos al dormir
Algo de amor, nena, algo de odio,
Algo de trampa y de traición

Foi na cruz, foi na cruz
Que um dia
Meus pecados castigados em Jesus
Foi na cruz
Que um dia
Foi na cruz

Sueña hasta que no puedas más
Que nuestros grandes planes, nena
Serán sueños por siempre jamás

Foi na cruz, foi na cruz
Que um dia
Meus pecados castigados em Jesus
Foi na cruz
Que um dia
Foi na cruz

Foi na cruz, foi na cruz
Que um dia
Meus pecados castigados em Jesus
Foi na cruz
Que um dia
Foi na cruz

Foi na cruz, foi na cruz
Que um dia
Meus pecados castigados em Jesus
Foi na cruz
Que um dia
Foi na cruz

Foi na cruz, foi na cruz
Que um dia
Meus pecados castigados em Jesus
Foi na cruz
Que um dia
Foi na cruz

THE GOOD SON

One more man gone
One more man gone
One more man is gone
The good son walks into the field
He is a tiller, he has a tiller's hands
But down in his heart now
He lays down queer plans
Against his brother and against his family
Yet he worships his brother
And he worships his mother
But it's his father, he says, is an unfair man
The good son
The good son
The good son

The good son has sat and often wept
Beneath a malign star by which he's kept
And the night-time in which he's wrapped
Speaks of good and speaks of evil

EL BUEN HIJO

Otro hombre fuera
Otro hombre fuera
Otro hombre que no está
El buen hijo se adentra en el campo
Es un timonel, manos de timonel
Pero en lo más hondo de su corazón
Esconde siniestros planes
Contra su hermano y la familia
Por más que venere a su hermano
Y venere a su madre también
Pero es el padre, dice, quien es un hombre injusto
El buen hijo
El buen hijo
El buen hijo

El buen hijo se sentaba a menudo a llorar
Bajo una estrella maligna que le ampara
Y la nocturnidad que le circunda
Habla del bien y habla del mal

And he calls to his mother
And he calls to his father
But they are deaf in the shadows of his brother's
    truancy
The good son
The good son
The good son

And he curses his mother
And he curses his father
And he curses his virtue like an unclean thing
The good son
The good son
The good son

One more man gone
One more man gone
One more man
One more man gone
One more man gone
One more man
One more man gone
One more man gone
One more man

One more man gone
One more man gone
One more man
One more man gone
One more man gone
One more man
One more man gone
One more man gone
One more man

Y él llama a su madre
Y llama a su padre
Pero son sordos a la sombra del hermano
    ausente
El buen hijo
El buen hijo
El buen hijo

Y maldice a su madre
Y maldice a su padre
Y maldice su virtud como algo sucio
El buen hijo
El buen hijo
El buen hijo

Otro hombre fuera
Otro hombre fuera
Uno más
Otro hombre fuera
Otro hombre fuera
Uno más
Otro hombre fuera
Otro hombre fuera
Uno más

Otro hombre fuera
Otro hombre fuera
Uno más
Otro hombre fuera
Otro hombre fuera
Uno más
Otro hombre fuera
Otro hombre fuera
Uno más

SORROW'S CHILD

Sorrow's child
Sits by the river
Sorrow's child
Hears not the water
Sorrow's child
Sits by the river
Sorrow's child
Hears not the water
And just when it seems as though
You've got strength enough to stand
Sorrow's child all weak and strange
Stands waiting at your hand
Sorrow's child
Steps in the water
Sorrow's child
You follow after
Sorrow's child
Wades in deeper
Sorrow's child
Invites you under
And just when you thought as though
All your tears were wept and done
Sorrow's child grieves not what has passed
But all the past still yet to come
Sorrow's child
Sits by the water
Sorrow's child
Your arms enfold her
Sorrow's child
You're loath to befriend her
Sorrow's child
But in sorrow surrender
And just when it seems as though
All your tears were at an end

LA NIÑA DOLIENTE

La niña doliente
Se sienta a la vera del río
La niña doliente
No oye el agua
La niña doliente
Se sienta a la vera del río
La niña doliente
No oye el agua
Y justo cuando parece que
Tienes fuerza para tenerte en pie
La niña doliente, extraña y débil
Está esperando junto a ti
La niña doliente
Entra en el agua
La niña doliente
Vas tras ella
La niña doliente
Se mete dentro
La niña doliente
Te invita al fondo
Y justo cuando pensabas que
Todas tus lágrimas las lloraste ya
La niña doliente no lamenta lo que pasó
Sino el pasado que sobrevendrá
La niña doliente
Se sienta en la orilla
La niña doliente
Tus brazos la envuelven
La niña doliente
No la quieres de amiga
La niña doliente
Te rindes al duelo
Y justo cuando parece que
Tus lágrimas se agotaron

Sorrow's child lifts up her hand
And she brings it down again

———

THE WEEPING SONG

Go, son, go down to the water
And see the women weeping there
Then go up into the mountains
The men, they are weeping too

Father, why are all the women weeping?
They are weeping for their men
Then why are all the men there weeping?
They are weeping back at them

This is a weeping song
A song in which to weep
While all the men and women sleep
This is a weeping song
But I won't be weeping long

Father, why are all the children weeping?
They are merely crying, son
O are they merely crying, father?
Yes, true weeping is yet to come

This is a weeping song
A song in which to weep
While all the little children sleep
This is a weeping song
But I won't be weeping long

O father, tell me, are you weeping?
Your face seems wet to touch
O then I'm so sorry, father
I never thought I hurt you so much

La niña doliente levanta la mano
Y la vuelve a bajar

———

LA CANCIÓN LASTIMERA

Ve, hijo, ve hacia el agua
Y verás a las mujeres llorando
Sube luego a las montañas
Los hombres están llorando también

Padre, ¿por qué lloran todas las mujeres?
Lloran por sus hombres
¿Y por qué lloran pues los hombres?
Lloran por ellas que lloran

Esta es una canción lastimera
Una canción con la que llorar
Mientras todos los hombres y mujeres duermen
Esta es una canción lastimera
Pero yo no lloraré mucho tiempo

Padre, ¿por qué lloran todos los niños?
Nomás lloriquean, hijo
Ah, ¿lloriquean nomás, padre?
Sí, el auténtico llanto está por llegar

Esta es una canción lastimera
Una canción con la que llorar
Mientras todos los nenes duermen
Esta es una canción lastimera
Pero yo no lloraré mucho tiempo

Oh, padre, dime ¿estás llorando?
Tu cara parece húmeda al tacto
Oh, padre, lo siento mucho
Nunca pensé que te había herido tanto

This is a weeping song
A song in which to weep
While we rock ourselves to sleep
This is a weeping song
But I won't be weeping long
No, I won't be weeping long
No, I won't be weeping long
No, I won't be weeping long

THE SHIP SONG

Come sail your ships around me
And burn your bridges down
We make a little history, baby
Every time you come around

Come loose your dogs upon me
And let your hair hang down
You are a little mystery to me
Every time you come around

We talk about it all night long
We define our moral ground
But when I crawl into your arms
Everything comes tumbling down

Come sail your ships around me
And burn your bridges down
We make a little history, baby
Every time you come around

Your face has fallen sad now
For you know the time is nigh
When I must remove your wings
And you, you must try to fly

Esta es una canción lastimera
Una canción con la que llorar
Mientras nos mecemos para dormirnos
Esta es una canción lastimera
Pero yo no lloraré mucho tiempo
No, no lloraré mucho tiempo
No, no lloraré mucho tiempo
No, no lloraré mucho tiempo

LA CANCIÓN MARINERA

Ven, cércame con tus barcos
Y quema todos los puentes
Siempre que tú apareces
Nena, hacemos algo de historia

Suéltame todos los perros
Y déjate el cabello suelto
Eres mi pequeño misterio
Cada vez que te apareces

Lo hablamos toda la noche
Definimos nuestra base moral
Pero cuando repto hasta tus brazos
Todo se viene abajo

Ven, cércame con tus barcos
Y quema todos los puentes
Siempre que tú apareces
Nena, hacemos algo de historia

Tu expresión es ya más triste
Sabes que se acerca la hora
En que debo quitarte las alas
Y tú tratarás de volar

Come sail your ships around me
And burn your bridges down
We make a little history, baby
Every time you come around

Come loose your dogs upon me
And let your hair hang down
You are a little mystery to me
Every time you call around

THE HAMMER SONG

I set out on Monday
The night was cold and vast
And my brother slept
And though I left quite quietly
My father raged and raged
And my mother wept

Now my life was like a river
All sucked into the ground
And then the hammer came down
Lord, the hammer came down

Many miles did I roam
Through the ice and through the snow
My horse died on the seventh day

I stumbled into a city
Where the people tried to kill me
And I ran in shame
Then I came upon a river
And I laid my saddle down
And then the hammer came down

Ven, cércame con tus barcos
Y quema todos los puentes
Siempre que tú apareces
Nena, hacemos algo de historia

Suéltame todos los perros
Y déjate el cabello suelto
Cada vez que te presentas
Eres un pequeño misterio

LA CANCIÓN DEL MARTILLO

Me fui un lunes
La noche era fría y vasta
Mi hermano dormía
Y aunque marché en silencio casi
Mi padre ya despotricaba
Y mi madre lloraba

Mi vida era ya como un río
Enteramente desecado
Y entonces se precipitó el martillo
Dios, el martillo se precipitó

Vagué por un trecho infinito
Entre la nieve y el hielo
Al séptimo día mi caballo murió

Fui a parar a una ciudad
Donde la gente quiso matarme
Y hui avergonzado
Luego di con un río
Y dejé la silla de montar
Entonces el martillo se precipitó

Lord, the hammer came down
It knocked me to the ground
And I said, 'Please, please
Take me back to my hometown'
Lord, the hammer came down

Now I've been made weak by visions
Many visions did I see
All through the night
On the seventh hour an angel came
With many snakes in all his hands
And I fled in fright

I pushed off into the river
And the water came around
And then the hammer came down
Lord, the hammer came down
And it did not make a sound
And I said, 'Please, please
Take me back to my home ground'
Lord, the hammer came down

Dios, se precipitó el martillo
Y me derribó
Y yo dije, «Por favor, por favor
Llévenme de vuelta a casa»
Dios, se precipitó el martillo

Ya las visiones me han debilitado
Fueron muchas las que vi
A lo largo de aquella noche
Un ángel se apareció en la hora séptima
Con serpientes como anillos
Y escapé despavorido

Me escabullí hacia el río
Y el agua me cubrió
Luego el martillo se precipitó
Dios, el martillo se precipitó
Sin hacer ruido alguno
Y yo dije, «Por favor, por favor
Llévenme a mi terruño»
Dios, el martillo se precipitó

LAMENT

I've seen your fairground hair
Your seaside eyes
Your vampire tooth, your little truth
Your tiny lies

I know your trembling hand, your guilty prize
Your sleeping limbs, your foreign hymns
Your midnight cries

So dry your eyes
And turn your head away

LAMENTO

He visto tu peinado de feria
Tus ojos litorales
Tus colmillos vampíricos, tu pequeña verdad
Tus diminutas mentiras

Sé de tu mano temblorosa, de tu galardón culpable
Tus miembros adormecidos, tus himnos forasteros
Tus llantos de medianoche

Así que seca tus ojos
Y vuelve la cabeza

Now there's nothing more to say
Now you're gone away

I know your trail of tears, your slip of hand
Your monkey paw, your monkey claw
And your monkey hand

I've seen your trick of blood, your trap of fire
Your ancient wound, your scarlet moon
And your jailhouse smile

So dry your eyes
And turn your head away
Now there's nothing more to say
Now you're gone away

I'll miss your urchin smile, your orphan tears
Your shining prize, your tiny cries
Your little fears

I'll miss your fairground hair
Your seaside eyes
Your vampire tooth, your little truth
And your tiny lies

So dry your eyes
And turn your head away
Now there's nothing more to say
Now you're gone away

So dry your eyes
And turn your head away
Now there's nothing more to say
Now you're gone away

Ahora no hay más que decir
Cuando ya te has ido

Conozco tu senda de temores, tu mano esquiva
Tu pata de mona, tu garra de mona
Tu mano de mona

He visto la sangre falsa, tu trampa de fuego
Tu vieja herida, tu luna escarlata
Y tu sonrisa carcelera

Así que seca tus ojos
Y vuelve la cabeza
Ahora no hay más que decir
Cuando ya te has ido

Extraño tu sonrisa de erizo, tus lágrimas huérfanas
Tu premio de relumbrón, tus discretas lágrimas
Tus temores nimios

Extraño tu peinado de feria
Tus ojos litorales
Tus colmillos vampíricos, tu pequeña verdad
Y tus mentiras diminutas

Así que seca tus ojos
Y vuelve la cabeza
Ahora no hay más que decir
Cuando ya te has ido

Así que seca tus ojos
Y vuelve la cabeza
Ahora no hay más que decir
Cuando ya te has ido

THE WITNESS SONG

Yeah, yeah
Well, well
I took a walk down to the port
Where strangers meet and do consort
All blinkered with desire
And a winter fog moved thickly on
A winter fog moved thickly on
A winter fog moved thickly on

Now who will be the witness
When the fog's too thick to see

And I saw a friend beside a wall
Her hands were raised in supplication
And her face I could not see at all
And I raised my hands in rage
And brought them down again
And we entered through the eastern door
And I entered through the eastern door
And she entered through the eastern door

Now who will be the witness
When you're all too blind to see
O yes, yes, yes

And time gets somewhat muddied here
But no matter, no matter
Here come the events all tumbling down
Now beyond the wall was a great garden
Into which we passed
Me and my friend
And the place was all overgrown with weeds
And behold from its centre there rose a great
    fountain

LA CANCIÓN DEL TESTIGO

Sí, sí
Vale, bien
Me fui a pasear por el puerto
Donde los forasteros se ven y departen
Todos cegados por el deseo
Y una bruma invernal nos cercó
Y una bruma invernal nos cercó

Y ahora quién será el testigo
Con esta bruma que no deja ver

Y vi a una amiga junto a un muro
Sus manos alzadas, suplicantes
No podía ver su cara
Y levanté las mías furibundo
Y las bajé otra vez
Y entramos por la puerta oriental
Yo entré por la puerta oriental
Y ella entró por la puerta oriental

Y ahora quién será el testigo
Cuando todos estáis ciegos
Oh, sí, sí, sí

El tiempo aquí se emborrona un poco
Pero da igual, qué más da
He aquí los sucesos que se atropellan
Tras el muro había un gran jardín
Donde penetramos
Mi amiga y yo
Y todo estaba repleto de maleza
Y, mira, en el centro se veía una gran fuente

The fountain with the healing waters
And we knelt down by the rim
And I dipped my hand in
And she dipped her hand in too
And I said, 'Are you healed?'
And she said, 'Well, are you healed?'
And I said, 'Yes, I'm healed'
And she said, 'Well, yes, I'm healed then too'
And I said, 'Babe, you are a liar'
'Babe, you are a liar'
'Babe, you are a liar, too'
Now, who will be the witness
When you're all too healed to see

And I kissed her once, I kissed her twice
And made my way to leave her
And she raised her hand up to her face
And brought it down again
I said, 'That gesture, it will haunt me
That gesture, it will haunt me'
And I left there by the eastern door
She left there by the western door

Now who will be the witness
When you're blind and you can't see
Who will be the witness
When you're all so clean and you cannot see
Who will be the witness there
When your friends are everywhere
Who will be the witness there
And your enemies have ceased to care

La fuente de aguas curativas
Y nos arrodillamos junto al borde
Y metí la mano dentro
Y ella metió la suya
Y dije, «¿Estás curada?»
Y dijo ella, «Y tú, ¿lo estás?»
Y dije, «Sí lo estoy»
Y dijo ella, «Pues vale, yo también»
Y dije, «Nena, eres una mentirosa»
«Nena, eres una mentirosa»
«Pues, chato, tu también»
Y quién será el testigo ahora
Estáis demasiado sanos para ver

Y la besé una vez, hasta dos veces
Y desfilé para abandonarla
Y ella levantó la mano hasta la cara
Y la bajó otra vez
Dije, «Ese gesto me perseguirá
Ese gesto me perseguirá»
Y me fui por la puerta oriental
Ella se fue por la occidental

Y quién será el testigo ahora
Cuando estáis ciegos y no podéis ver
Quién será el testigo
Que estáis tan limpios y no podéis ver
Quién será el testigo
Cuando los amigos están por doquier
Quién será el testigo pues
Si los enemigos ya no muestran interés

LUCY

Last night I lay trembling
The moon it was low
It was the end of love
Of misery and woe

Then suddenly above me
Her face buried in light
Came a vision of beauty
All covered in white

Now the bell-tower is ringing
And the night has stole past
O Lucy, can you hear me?
Wherever you rest

I'll love her for ever
I'll love her for all time
I'll love her 'til the stars
Fall down from the sky

Now the bell-tower is ringing
And I shake on the floor
O Lucy, can you hear me?
When I call and call

Now the bell-tower is ringing
And the moon it is high
O Lucy, can you hear me?
When I cry and cry and cry

LUCY

Anoche yacía tembloroso
La luna planeaba
Era el fin del amor
De los apuros y la aflicción

De pronto, encima de mí
Con su cara enterrada en la luz
Tuve una visión de belleza
Toda inmaculada

Ya tañe el campanario
Y la noche se esfumó
Oh, Lucy, ¿puedes oírme?
Donde sea que reposes

La quiero para siempre
La quiero todo el tiempo
La quiero hasta que los astros
Se caigan del firmamento

Ya tañe el campanario
Y tiemblo en el suelo
Oh, Lucy, ¿puedes oírme?
Que no paro de llamar

Ya tañe el campanario
Y la luna está en lo alto
Oh, Lucy, ¿puedes oírme?
Que lloro sin parar

THE TRAIN SONG

Tell me, how long the train's been gone?
Tell me, how long the train's been gone?
And was she there?
And was she there?

Tell me, how long the train's been gone?
Tell me, how many coaches long?
Tell me, how many coaches long?
What did she wear?
What did she wear?
Tell me, how many coaches long?

Tell me, when did the whistle blow?
Tell me, when did the whistle blow?
And did she dye her hair?
And did she dye her hair?
Tell me, when did the whistle blow?

Tell me, how long the train's been gone?
Tell me, how long the train's been gone?
And was she there?
And was she there?
Tell me, how long the train's been gone?

LA CANCIÓN DEL TREN

Dime, ¿cuánto hace que se fue el tren?
Dime, ¿cuánto hace que se fue el tren?
¿Iba ella en él?
¿Iba ella en él?

Dime, ¿cuánto hace que se fue el tren?
Dime, ¿cuántos vagones tenía?
Dime, ¿cuántos vagones tenía?
¿Qué llevaba puesto?
¿Qué llevaba puesto?
Dime, ¿cuántos vagones tenía?

Dime, ¿cuándo sonó el silbato?
Dime, ¿cuándo sonó el silbato?
¿Se había teñido el pelo?
¿Se había teñido el pelo?
Dime, ¿cuándo sonó el silbato?

Dime, ¿cuánto hace que se fue el tren?
Dime, ¿cuánto hace que se fue el tren?
¿Iba ella en él?
¿Iba ella en él?
Dime, ¿cuánto hace que se fue el tren?

HENRY'S DREAM (1992)

PAPA WON'T LEAVE YOU, HENRY/	HENRY, PAPÁ NO TE VA A DEJAR/
I HAD A DREAM, JOE/	TUVE UN SUEÑO, JOE/
STRAIGHT TO YOU/	DIRECTO A TI/
BROTHER, MY CUP IS EMPTY/	HERMANO, MI VASO ESTÁ VACÍO/
CHRISTINA THE ASTONISHING/	LA ADMIRABLE CRISTINA/
WHEN I FIRST CAME TO TOWN/	CUANDO LLEGUÉ A LA CIUDAD/
JOHN FINN'S WIFE/	LA ESPOSA DE JOHN FINN/
LOOM OF THE LAND/	LA LÍNEA DEL HORIZONTE/
JACK THE RIPPER/	JACK EL DESTRIPADOR/
FARAWAY, SO CLOSE!/	LEJOS, ¡TAN CERCA!/
CASSIEL'S SONG/	LA CANCIÓN DE CASSIEL/
BLUE BIRD	AZULILLO

PAPA WON'T LEAVE YOU, HENRY

I went out walking the other day
The wind hung wet around my neck
My head it rang with screams and groans
From the night I spent amongst her bones
I passed beside the mission house
Where that mad old buzzard, the Reverend,
Shrieked and flapped about life after you're dead
Well, I thought about my friend, Michel
How they rolled him in linoleum
And shot him in the neck
A bloody halo like a think-bubble
Circling his head
And I bellowed at the firmament
Looks like the rains are here to stay
And the rain pissed down upon me
And washed me all away
Saying
Papa won't leave you, Henry
Papa won't leave you, Boy
Papa won't leave you, Henry
Papa won't leave you, Boy
Well, the road is long
And the road is hard
And many fall by the side
But Papa won't leave you, Henry
So there ain't no need to cry

And I went on down the road
He went on down the road
And I went on down the road
He went on down the road

Well, the moon it looked exhausted
Like something you should pity

HENRY, PAPÁ ESTÁ CONTIGO

Salí el otro día a pasear
El viento se me enroscaba húmedo al cuello
La cabeza me zumbaba con gritos y gemidos
Por la noche que estuve entre sus huesos
Pasé junto a la casa de caridad
Donde el Reverendo, qué cabrón demente
Chillaba y vibraba por la vida en la muerte
Y pensé en mi amigo Michel
Cómo le envolvieron en linóleo
Y le dispararon en la nuca
Un halo sangriento como una nube
Orlaba su cabeza
Y aullé al firmamento
Parece que seguirá lloviendo
Y la lluvia me meó encima
Y me lavó de arriba abajo
Diciendo
Papá está contigo, Henry
Papá está contigo, niño
Papá está contigo, Henry
Papá está contigo, niño
Ya, el camino es largo
Y el camino es arduo
Muchos se desmoronan
Pero papá está contigo, Henry
Y no hay que llorar

Y seguí por el camino
Siguió por el camino
Y seguí por el camino
Siguió por el camino

La luna parecía exhausta
Como digna de lástima

Spent and age-spotted	*Apagada y vieja*
Above the sizzling wires of the city	*Sobre el cableado crepitante de la ciudad*
Well, it reminded me of her face	*Y así me recordó a su cara*
Her bleached and hungry eyes	*Sus ojos hambrientos, desvaídos*
Her hair was like a curtain	*Su pelo era como un telón*
Falling open with the laughter	*Que se abría con la risa*
And closing with the lies	*Y se cerraba por las mentiras*
But the ghost of her still lingers on	*Pero su espectro sigue latente*
Though she's passed through me and is gone	*Aunque pasara a través de mí y se perdiera*
The slum dogs, they are barking	*Ladran los perros de arrabal*
And the rain children on the streets	*Callejean los niños de la lluvia*
And the tears that we will weep today	*Y las lágrimas que hoy lloramos*
Will all be washed way	*Se las llevarán*
By the tears that we will weep again tomorrow	*Las lágrimas que lloraremos mañana*
Papa won't leave you, Henry	*Papá está contigo, Henry*
Papa won't leave you, Boy	*Papá está contigo, niño*
Papa won't leave you, Henry	*Papá está contigo, Henry*
Papa won't leave you, Boy	*Papá está contigo, niño*
For the road is long	*Ya, el camino es largo*
And the road is hard	*Y el camino es arduo*
And many fall by the side	*Muchos se desmoronan*
But Papa won't leave you, Henry	*Pero papá está contigo, Henry*
So there ain't no need to cry	*Y no hay que llorar*
And I went on down the road	*Y seguí por el camino*
He went on down the road	*Siguió por el camino*
And I went on down the road	*Y seguí por el camino*
He went on down the road	*Siguió por el camino*
And I came upon a little house	*Y me topé con una casita*
A little house upon a hill	*Una casita en la colina*
And I entered through —the curtain hissed—	*Y entré —la cortina siseó—*
Into the house with its blood-red bowels	*En la casa y sus entrañas ensangrentadas*
Where wet-lipped women with greasy fists	*Donde mujeres de labios húmedos y grasientos puños*
Crawled the ceilings and the walls	*Reptaban por techos y paredes*

They filled me full of drink
And led me round the rooms
Naked and cold and grinning
Until everything went black
And I came down spinning
I awoke so drunk and full of rage
That I could hardly speak
A fag in a whale-bone corset
Draping his dick across my cheek
And it's into the shame
And it's into the guilt
And it's into the fucking fray
And the walls ran red around me
A warm arterial spray
Saying
Papa won't leave you, Henry
Papa won't leave you, Boy
Papa won't leave you, Henry
Papa won't leave you, Boy
Well, the night is dark
And the night is deep
And its jaws are open wide
But Papa won't leave you, Henry
So there ain't no need to cry

And I went on down the road
He went on down the road
And I went on down the road
He went on down the road

It's the rainy season where I'm living
Death comes leaping out of every doorway
Wasting you for your money, for your clothes
And for your nothing
Entire towns being washed away
Favelas exploding on inflammable spillways

Me atiborraron de bebida
Y me mostraron las dependencias
Desnudas, frías, sonrientes
Hasta que todo oscureció
Y me precipité en un torbellino
Desperté tan borracho e ido
Que apenas podía hablar
Un bujarrón en corsé de varillas
Con la polla me palpaba la mejilla
Y sumido en la vergüenza
Sumido en la culpa
Sumido en la puta refriega
En torno a mí se teñían las paredes de rojo
Un cálido chorro arterial
Decía
Papá está contigo, Henry
Papá está contigo, niño
Papá está contigo, Henry
Papá está contigo, niño
Ya, la noche es oscura
Y honda
Y están abiertas sus fauces
Pero papá está contigo, Henry
Y no hay que llorar

Y seguí por el camino
Siguió por el camino
Y seguí por el camino
Siguió por el camino

Vivo en la estación de las lluvias
En cada puerta sale al paso la muerte
Te liquida por el dinero, por la ropa
Y por nada
Ciudades enteras arrasadas
Favelas que explotan en vertederos inflamables

159

Lynch-mobs, death squads, babies being born
    without brains
The mad heat and the relentless rains
And if you stick your arm into that hole
It comes out sheared off to the bone
And with her kisses bubbling on my lips
I swiped the rain and nearly missed
And I went on down the road
He went on down the road
Singing
Papa won't leave you, Henry
Papa won't leave you, Boy
Papa won't leave you, Henry
Papa won't leave you, Boy
Well, the road is long
And the road is hard
And many fall by the side
But Papa won't leave you, Henry
So there ain't no need to cry

And I went on down the road
He went on down the road
And I went on down the road
He went on down the road
Bent beneath my heavy load
Under his heavy load
Yeah, I went on down the road
Yeah, he went on down the road
Woah, woah
Woah, woah
Woah, woah
Woah, woah
And I went on down that road

Hordas vengadoras, escuadrones de la muerte,
    neonatos sin cerebro
El calor demencial y la lluvia incesante
Y si metes el brazo en el agujero
Te sale desollado vivo
Y con sus besos burbujeando en mis labios
Azoté a la lluvia y acerté apenas
Y seguí por el camino
Siguió por el camino
Cantando
Papá está contigo, Henry
Papá está contigo, niño
Papá está contigo, Henry
Papá está contigo, niño
Ya, el camino es largo
Y el camino es arduo
Muchos se desmoronan
Pero papá está contigo, Henry
Y no hay que llorar

Y seguí por el camino
Siguió por el camino
Y seguí por el camino
Siguió por el camino
Encorvado bajo mi pesada carga
Bajo su pesada carga
Sí, seguí por el camino
Sí, siguió por el camino
Eah, eah
Eah, eah,
Eah, eah
Eah, eah
Y seguí por el camino

I HAD A DREAM, JOE

I had a dream
I had a dream
I had a dream, Joe
I had a dream, Joe

You were standing in the middle of an open road
I had a dream, Joe
Your hands were raised up to the sky
And your mouth was covered in foam
I had a dream, Joe
A shadowy Jesus flitted from tree to tree
I had a dream, Joe
And a society of whores stuck needles in an
    image of me
I had a dream, Joe
It was Autumn time and thickly fell the leaves
And in that dream, Joe
A pimp in a seersucker suit sucked a toothpick
And pointed his finger at me

I had a dream
I had a dream
I had a dream, Joe

I opened my eyes, Joe
The night had been a giant, dribbling and pacing
    the boards
I opened my eyes, Joe
All your letters and cards stacked up against the door
I opened my eyes, Joe
The morning light came slowly tumbling through
    the crack
In the window, Joe
And I thought of you and I felt like I was lugging

TUVE UN SUEÑO, JOE

Tuve un sueño
Tuve un sueño
Tuve un sueño, Joe
Tuve un sueño, Joe

Estabas en medio del camino
Tuve un sueño, Joe
Con las manos al cielo alzadas
Y la boca rebosante de espuma
Tuve un sueño, Joe
Un Cristo huidizo se escabullía entre los árboles
Tuve un sueño, Joe
Y un grupo de putas clavaba agujas en mi imagen
Tuve un sueño, Joe
Era otoño y las hojas caían
Y en ese sueño, Joe
Un macarra en traje de mil rayas chupaba
    un palillo
Y me señalaba con el dedo

Tuve un sueño
Tuve un sueño
Tuve un sueño, Joe

Abrí los ojos, Joe
La noche había sido un gigante, babeante e
    inquieto
Abrí los ojos, Joe
Tus cartas y postales embutidas en la puerta
Abrí los ojos, Joe
La luz matinal se colaba plácida por la rendija
De la ventana, Joe
Y pensé en ti y sentí como si cargara

A body on my back
I had a dream
I had a dream
I had a dream, Joe

Where did you go, Joe?
On that endless, senseless, demented drift
Where did you go, Joe?
Into the woods, into the trees, where you move
    and shift
Where did you go, Joe?
All dressed up in your ridiculous seersucker suit
Where did you go, Joe?
With that strew of wreckage
Forever at the heel of your boot

I had a dream
I had a dream
I had a dream, Joe
I had a dream
I had a dream
I had a dream, Joe

STRAIGHT TO YOU

All the towers of ivory are crumbling
And the swallows have sharpened their beaks
This is the time of our great undoing
This is the time that I'll come running
Straight to you
For I am captured
Straight to you
For I am captured
One more time
The light in our window is fading

Un cadáver a la espalda
Tuve un sueño
Tuve un sueño
Tuve un sueño, Joe

¿Dónde fuiste, Joe?
En esa deriva insensata, infinita, demente
¿Dónde fuiste, Joe?
A los bosques, entre los árboles, por donde corres
    y te evades
¿Dónde fuiste, Joe?
Tan maqueado en tu burdo traje de mil rayas
¿Dónde fuiste, Joe?
Con tus restos de naufragio
Siempre pegados a los talones

Tuve un sueño
Tuve un sueño
Tuve un sueño, Joe
Tuve un sueño
Tuve un sueño
Tuve un sueño, Joe

DIRECTO A TI

Se desmoronan todas las torres de marfil
Y las golondrinas afilaron sus picos
Es la hora de nuestra perdición
Es la hora en que voy corriendo
Directo hacia ti
Me han atrapado
Directo hacia ti
Me han atrapado
Una vez más
Se debilita la luz en la ventana

The candle gutters on the ledge	*La vela se consume en el estante*
Well, now, sorrow, it comes a-stealing	*Ahora la pena sale al acecho*
And I'll cry, girl, but I'll come a-running	*Y lloro, nena, pero voy corriendo*
Straight to you	*Directo hacia ti*
For I am captured	*Me han atrapado*
Straight to you	*Directo hacia ti*
For I am captured	*Me han atrapado*
One more time	*Una vez más*
Gone are the days of rainbows	*Los días en colores pasaron*
Gone are the nights of swinging from the stars	*Y las noches de columpiarse en las estrellas*
For the sea will swallow up the mountains	*Pues el mar se va a tragar las montañas*
And the sky will throw thunder-bolts and sparks	*Y el cielo va a mandar rayos y truenos*
Straight at you	*Directo hacia ti*
But I'll come a-running	*Pero iré corriendo*
Straight to you	*Directo hacia ti*
But I'll come a-running	*Pero iré corriendo*
One more time	*Una vez más*
Heaven has denied us its kingdom	*Los cielos nos niegan su reino*
The saints are drunk and howling at the moon	*Los santos aúllan borrachos a la luna*
The chariots of angels are colliding	*Los carros de ángeles se estrellan*
Well, I'll run, babe, but I'll come running	*Vale, me voy, nena, pero iré corriendo*
Straight to you	*Directo hacia ti*
For I am captured	*Me han atrapado*
Straight to you	*Directo hacia ti*
For I am captured	*Me han atrapado*
One more time	*Una vez más*

BROTHER, MY CUP IS EMPTY

Brother, my cup is empty
And I haven't got a penny
For to buy no more whiskey
I have to go home

I am the captain of my pain
'Tis the bit, the bridle
The thrashing cane
The stirrup, the harness
The whipping mane
The pickled eye
The shrinking brain
O brother, buy me one more drink
I'll explain the nature of my pain
Yes, let me tell you once again
I am the captain of my pain

O brother, my cup is empty
And I haven't got a penny
For to buy no more whiskey
I have to go home

I cannot blame it all on her
To blame her all would be a lie
For many a night I lay awake
And wished that I could watch her die
To see her accusing finger spurt
To see flies swarm her hateful eye
To watch her groaning in the dirt
To see her clicking tongue crack dry

O brother, buy me one more drink
One more drink and then goodbye
And do not mock me when I say
Let's drink one more before I die

HERMANO, MI VASO ESTÁ VACÍO

Hermano, mi vaso está vacío
Y no tengo un chavo
Para whiskey
Tendré que irme a casa

Soy señor de mi dolor
He ahí el bocado, y la brida
La fusta
El estribo, el arnés
Las crines al viento
El ojo cocido
La sesera encogida
Oh, hermano, págame otra copa
Te contaré el porqué de mi dolor
Sí, deja que te cuente otra vez
Que soy el señor de mi dolor

Hermano, mi vaso está vacío
Y no tengo un chavo
Para whiskey
Tendré que irme a casa

No puedo decir que toda la culpa sea suya
Pues sería una mentira
Muchas noches me quedé despierto
Deseando verla morir
Ver que su dedo acusador sangraba
Que las moscas se pegaban a su ojo odioso
Contemplarla gimiendo por tierra
Ver su lengua despectiva que se raja por la sequía

Oh, hermano, págame otra copa
Una más y luego adiós
Y no te burles cuando diga
Brindemos antes de morir

O brother, my cup is empty
And I haven't got a penny
For to buy no more whiskey
I have to go home

Well, I've been sliding down on rainbows
I've been swinging from the stars
Now this wretch in beggar's clothing
Bangs his cup across the bars
Look, this cup of mine is empty!
Seems I've misplaced my desires
Seems I'm sweeping up the ashes
Of all my former fires
So brother, be a brother
And fill this tiny cup of mine
And please, sir, make it whiskey
For I have no head for wine

O brother, my cup is empty
And I haven't got a penny
For to buy no more whiskey
I have to go home

I counted up my blessings
And I counted only one
One tiny little blessing
And now that blessing's gone
So buy me one more drink, my brother
Then I'm taking to the road
Yes, I'm taking to the rain
I'm taking to the snow
O my friend, my only brother
Do not let the party grieve
So throw a dollar on to the bar
Now kiss my ass and leave

Hermano, mi vaso está vacío
Y no tengo un chavo
Para whiskey
Tendré que irme a casa

Me estuve deslizando por los arcoíris
Columpiándome en las estrellas
Ahora, esta andrajosa ruina
Golpea el vaso en los barrotes
¡Mira, mi vaso está vacío!
Parece que extravié mis deseos
Parece que voy barriendo las cenizas
De mis antiguos fuegos
Así que, hermano, sé mi hermano
Y lléname esta vasito mío
Y por favor, que sea whiskey
Que no estoy para vinitos

Hermano, mi vaso está vacío
Y no tengo un chavo
Para whiskey
Tendré que irme a casa

He visto la botella llena
Pero solo me salía una
Una bendición discreta
Que se acabó, tocó retreta
Así que págame otra copa, hermano
Luego ya me voy a ir
Sí, saldré bajo la lluvia
Caminaré bajo la nieve
Oh, amigo, hermano mío
No dejes que la fiesta se empañe
Deja un dólar en la barra
Bésame el culo y vete

O brother, my cup is empty
And I haven't got a penny
For to buy no more whiskey
I have to go home

CHRISTINA THE ASTONISHING

Christina the Astonishing
Lived a long long time ago
She was stricken with a seizure
At the age of twenty-two
They took her body in a coffin
To a tiny church in Liège
Where she sprang up from the coffin
Just after the Agnus Dei
She soared up to the rafters
Perched on a beam up there
Cried, 'The stink of human sin
Is more than I can bear'
Christina the Astonishing
Was the most astonishing of all
She prayed balanced on a hurdle
Or curled up into a ball
She fled to remote places
Climbed towers and trees and walls
To escape the stench of human corruption
Into an oven she did crawl
O Christina the Astonishing
Behaved in a terrifying way
She would run wildly through the streets
Jump in the Meuse and swim away
O Christina the Astonishing
Behaved in a terrifying way
Died at the age of seventy-four
In the convent of St Anna

LA ADMIRABLE CRISTINA

La admirable Cristina
Vivió hace largo tiempo
Y un ataque la aquejó
A la edad de veintidós
Se la llevaron en un ataúd
A una ermita en Lieja
Donde se elevó del ataúd
Justo después del Agnus Dei
Y levitó hasta las vigas
Y en una de ellas se posó
Gritando, «el hedor del pecado humano
Es superior a mis fuerzas»
La admirable Cristina
Qué fenómeno asombroso
Oraba equilibrada en una valla
U ovillada como un balón
Voló hasta lugares remotos
Escaló torres, árboles, muros
Evadiendo el tufo de corrupción humana
En un horno se metió
Oh, la admirable Cristina
Obraba de modo aterrador
Correteaba como loca por las calles
Saltó al Mosa y nadando se alejó
Oh, la admirable Cristina
Obraba de modo aterrador
Y murió a los setenta y cuatro
En el convento de Santa Ana

WHEN I FIRST CAME TO TOWN

When I first came to town
All the people gathered round
They bought me drinks
Lord, how quickly they changed their tune

When I first came to town
People took me round from end to end
Like someone may take round a friend
O how quickly they changed their tune

Suspicion and dark murmurs surround me
Everywhere I go they confound me
As though the blood on my hands
Is there for every citizen to see

O sweet Jesus
There is no turning back
There is always one more town
A little further down the track

And from my window, across the tracks
I watch the juicers burn their fires
And in that light
Their faces leer at me
How I wish they'd just let me be

When I first came to town
Their favours were for free
Now even the doors of the whores of this town
Are closed to me

I search the mirror
And I try to see
Why the people of this town
Have washed their hands of me

CUANDO LLEGUÉ A LA CIUDAD

Cuando llegué a la ciudad
Se me arremolinó la vecindad
Le gente me invitaba a copas
Ay, qué pronto cambió esa copla

Cuando llegué a la ciudad
Me pasearon de una punta a otra
Como se pasea a un amigo
Ay, qué pronto cambió esa copla

La sospecha y habladurías me cercan
Allá donde voy me difaman
Como si todos ellos me vieran
Las manos de sangre manchadas

Oh, Jesusito
No hay vuelta atrás
Siempre hay otra ciudad
Por el camino más allá

Desde mi ventana, junto a las vías
Veo los borrachos y sus fogatas
Que me miran torvos
En aquel fulgor
Ojalá me dejaran estar

Cuando llegué a la ciudad
Sus favores eran amores
Ahora hasta las putas del lugar
Me cierran las puertas del lupanar

Miro en el espejo
Y trato de ver
Por qué la gente de aquí
Se lavó las manos de mí

167

O sweet Jesus
There is no turning back
There is always one more town
A little further down the track

O Lord, every God-damn turn I take
I fear the noose, I fear the stake
For there is no bone
They did not break
In all the towns I've been before

Well, those that sin against me are snuffed out
I know that from every day that I live
God-damn the day that I was born
The night that forced me from the womb
And God-damn this town
For I am leaving now
But one day I will return
And the people of this town will surely see
Just how quickly the tables turn

O sweet Jesus
This really is the end
There is always one more town
A little further round the bend

JOHN FINN'S WIFE

Well, the night was deep and the night was dark
And I was at the old dance-hall on the edge of town
Some big ceremony was going down
Dancers writhed and squirmed and then
Came apart and then writhed again
Like squirming flies on a pin
In the heat and in the din

Oh, Jesusito
No hay vuelta atrás
Siempre hay otra ciudad
Por el camino más allá

Ay, Dios, cada puto paso que doy
Temo a la horca y a la hoguera
Pues no hay un hueso en mí
Que no rompieran
En mi camino hasta aquí

Los que contra mí pecaron están fritos
Lo sé por cada día que vivo
Dios maldiga el día en que nací
La noche en que me echaron al mundo
Y Dios maldiga esta ciudad
Que la voy a abandonar
Pero un día volveré
Y los lugareños podrán ver
Qué pronto cambian las tornas

Oh, Jesusito
De verdad que es el final
Siempre hay otra ciudad
Algo más allá de la esquina

LA ESPOSA DE JOHN FINN

Bien entrada la noche, noche oscura
Yo estaba en la vieja sala de baile en las afueras
Se celebraba una gran ceremonia
Los bailarines se retorcían y revolvían
Se soltaban y de nuevo se retorcían
Como moscas revoloteando atrapadas
Bajo el calor y la jarana

Yes, in the heat and in the din
I fell to thinking about the brand new wife of mad
    John Finn

Well, midnight came and a clock did strike
And in she came, did John Finn's wife
With legs like scissors and butcher's knives
A tattooed breast and flaming eyes
And a crimson carnation in her teeth
Carving her way through the dance floor
And I'm standing over by the bandstand
Every eye gaping on John Finn's wife
Yeah, every eye gaping on John Finn's wife

Now John Finn's wife was something of a mystery
In a town where to share a sworn secret was a
    solemn duty
I had brass knuckles and a bolo knife
Over near the bandstand with John Finn's wife
She got perfumed breasts and raven hair
Sprinkled with wedding confettis
And a gang of garrotters were all giving me stares
Armed, as they were, with machetes
And the night through the window was full of lights
Winking and a-watching at John Finn's wife

Next came the cops, all out on the town
But it don't look like no trouble there
As they head for the bar in their lumpy suits
And I slip my hand between the legs of John
    Finn's wife
And they seemed to yawn awake, her thighs
It was a warm and very ferocious night
The moon was full of blood and light
And my eyes grew small and my eyes grew tight
As I plotted in the ear of John Finn's wife

Sí, bajo el calor y la jarana
Y me puse a pensar en la esposa de John Finn el loco

Las doce en el reloj tocaron
Y la mujer de John Finn apareció
Con piernas como tijeras y cuchillos cocineros
Un pecho tatuado, los ojos llameantes
Y un clavel encarnado entre dientes
Abriéndose paso por la pista
Mientras yo estoy de pie junto a la tarima
Y todos los ojos como platos miran a la esposa
    de John Finn
Sí, los ojos como platos mirando a la esposa
    de John Finn

La esposa de John Finn era algo misteriosa
En un pueblo donde compartir secretos es deber
    confeso
Mis armas eran puño americano y puñal
Allí junto a la tarima con la esposa de John Finn
Con sus senos perfumados y el pelo azabache
Rociado con confeti nupcial
Y una panda de asesinos me lanzaba miradas
Armados, que iban, con sus machetes
Y por la ventana brillaban las luces de la noche
Parpadeando al contemplar a la esposa de John Finn

Luego estaban los polis, patrullando la ciudad
Pero no había mayor movida
Y con sus arrugados uniformes se fueron al bar
Yo deslicé mi mano entre las piernas de la esposa
Y despiertos, sus muslos bostezaron
Era una noche cálida y feroz
De luna impregnada en sangre y luz
Y mis ojos se achicaron y achinaron
Mientras tramaba al oído de la esposa de John Finn

Enter John Finn in his shrunken suit
With his quick black eyes and black cheroot
With his filed-down teeth and a hobnail boot
And his fists full of pistols in his pockets
Aiming at me and aiming at his wife
The band fall silent fearing for their lives
And with fear in my guts like tangled twine
'Cause all I got is brass knuckles and a bolo knife
And mad John Finn's wife is all
And the three of us walk out of the hall

Now the night bore down upon us all
You could hear the crickets in the thickets call
And guns did flare and guns did bawl
And I planted my bolo knife in the neck
Of mad John Finn. I took his wretched life
Now I'm over by the bandstand
Every hand moving on John Finn's wife
Every hand moving on John Finn's wife

And John Finn's wife
Took all the flowers down from her hair
And threw them on the ground
And the flies did hum
And the flies did buzz around
Poor John Finn
Lying dead upon the ground
Lying dead upon the ground

Entra John Finn en su traje encogido
Sus ojos negros vivos y su negro cigarro
Botas claveteadas y los dientes limados
Y los puños cargados de pistolas en sus bolsillos
En dirección hacia mí y hacia su señora
Temiendo por sus vidas, la orquesta calló
Y con los intestinos revueltos como una maraña
Pues solo llevo puñal y un puño americano
Y la mujer del loco John Finn lo es todo para mí
Los tres del salón salimos así

Ya la noche pesaba sobre todos nosotros
Y en los matorrales se oía a los grillos cantar
Relucieron y rugieron las armas
Y yo hinqué el puñal en el cuello
Del loco John Finn. Le arrebaté su mísera vida
Ya estoy de nuevo junto a la tarima
Y todas las manos se alargan hacia la esposa
    de John Finn
Y todas las manos se alargan hacia la esposa
    de John Finn

Y la esposa de John Finn
Se quitó las flores del pelo
Y las arrojó al suelo
Las moscas zumbaron
Zumbaron en torno a ellas
Pobre John Finn
Que yacía muerto en tierra
Que yacía muerto en tierra

LOOM OF THE LAND

It was the dirty end of winter
Along the loom of the land
When I walked with sweet Sally
Hand upon hand

And the wind it bit bitter
For a boy of no means
With no shoes on his feet
And a knife in his jeans

Along the loom of the land
The mission bells peeled
From the tower at Saint Mary's
Down to Reprobate Fields

And I saw that the world
Was all blessed and bright
And Sally breathed softly
In the majestic night

O baby, please don't cry
And try to keep
Your little head upon my shoulder
Now go to sleep

The elms and the poplars
Were turning their backs
Past the rumbling station
We followed the tracks

We found an untrodden path
And followed it down
The moon in the sky
Like a dislodged crown

LA LÍNEA DEL HORIZONTE

En el sucio final del invierno
Y sobre la línea del horizonte
Sally y yo paseábamos
Tomados de la mano

Y el viento mordía arisco
Para un chaval sin posibles
Sin zapatos que ponerse
Con su navaja en el bolsillo

En la línea del horizonte
Tañían las campanas de la misión
Desde la torre de Saint Mary
Hasta el Campo de los Malditos

Y entonces vi que el mundo
Brillaba, era dichoso
Y en la noche majestuosa
Sally respiraba calma

Nena, no llores, por favor
Y trata de reclinar
Tu cabecita en mi hombro
Ahora vete a dormir

Los olmos y los chopos
Se volvían de espaldas
Pasada la atronadora estación
Seguimos por las vías

Hallamos una senda virgen
Y enfilamos por ella
La luna en el cielo
Como destronada corona

My hands they burned
In the folds of her coat
Breathing milky white air
From deep in her throat

O baby, please don't cry
And try to keep
Your little head upon my shoulder
Now go to sleep

I told Sally in whispers
I'll never bring you harm
Her breast it was small
And warm in my palm

I told her the moon
Was a magical thing
That it shone gold in the winter
And silver in spring

And we walked and walked
Across the endless sands
Just me and my Sally
Along the loom of the land

O baby, please don't cry
And try to keep
Your little head upon my shoulder
Now go to sleep

Mis manos ardían
En los pliegues de su abrigo
Y de su garganta bien hondo
Respiraba aire lácteo

Nena, no llores, por favor
Y trata de reclinar
Tu cabecita en mi hombro
Ahora vete a dormir

Le dije en susurros
No te haré nunca daño
Su seno menudo
Caldeaba mi mano

La luna, le dije
Es algo mágico
Que brilla de oro en invierno
Y en primavera de plata

Y caminamos sin parar
Por las infinitas dunas
Por la línea del horizonte
Iba Sally conmigo

Nena, no llores, por favor
Y trata de reclinar
Tu cabecita en mi hombro
Ahora vete a dormir

JACK THE RIPPER

I got a woman
She rules my house with an iron fist
I got a woman
She rules my house with an iron fist
She screams out Jack the Ripper
Every time I try to give that girl a kiss

I got a woman
She strikes me down with a fist of lead
I got a woman
She strikes me down with a fist of lead
We bed in a bucket of butcher's knives
I awake with a hatchet hanging over my head

Well, you know the story of the viper
It's long and lean with a poison tooth
Yeah, you know the story of the viper
It's long and lean with a poison tooth
Well, they're hissing under the floorboards
Hanging down in bunches from my roof

I got a woman
She just hollers what she wants from where she is
I got a woman
She just hollers what she wants from where she is
She screams out Jack the Ripper
Every time I try to give that girl a kiss

JACK EL DESTRIPADOR

Tengo una mujer
Que gobierna mi casa con puño de hierro
Tengo una mujer
Que gobierna mi casa con puño de hierro
Y cuando la quiero besar
«Jack el destripador» se pone a gritar

Tengo una mujer
Que me noquea con su puño de plomo
Tengo una mujer
Que me noquea con su puño de plomo
Nos acostamos en un recipiente de cuchillos
Y al despertar un hacha cuelga sobre mi cabeza

Ya sabéis la historia de la víbora
Es larga y delgada, de ponzoñoso colmillo
Sí, la historia de la víbora ya la sabéis
Es larga y delgada, de ponzoñoso colmillo
Pues ya andan siseando bajo los tablones del piso
Y cuelgan del techo en racimos

Tengo mujer
Se limita a berrear lo que quiere, y no se mueve
Tengo mujer
Se limita a berrear lo que quiere, y no se mueve
Y cuando la quiero besar
«Jack el destripador» se pone a gritar

FARAWAY, SO CLOSE!

Empty out your pockets, toss the lot upon the floor
All those treasures, my friend, you don't need them
    anymore
Your days are all through dying, they gave all
    their ghosts away
So kiss close all of your wounds and call living
    life a day

The planets gravitate around you
And the stars shower down around you
And the angels in Heaven adore you
And the saints they all stand and applaud you
So faraway, so faraway and yet so close

Say farewell to the passing of the years
Though all your sweet goodbyes will fall upon
    deaf ears
Kiss softly the mouths of the ones you love
Beneath the September moon and the heavens
    above

And the world will turn without you
And history will soon forget about you
But the heavens they will reward you
And the saints will all be there to escort you
So faraway, so faraway and yet so close

Do not grieve at the passing of mortality
For life's but a thing of terrible gravity
And the planets gravitate around you
And the stars shower down about you
And the angels in Heaven adore you
While those saints they all stand and applaud you
So faraway, so faraway and yet so close

174

LEJOS, ¡TAN CERCA!

Vacía tus bolsillos, tira el contenido al suelo
Esos tesoros, amigo, ya no los necesitas
Es el fin de tus días, que exhalaron sus espíritus
Así que besa tus heridas y adiós a la vida
    activa

Los planetas gravitan en torno a ti
Y las estrellas te llueven encima
Y los ángeles del cielo te adoran
Y los santos aplauden poniéndose en pie
Tan lejos, tan lejos, pero tan cerca

Dile adiós al paso de los años
Aunque tus tiernas despedidas caerán en oídos
    sordos
Suavemente, besa las bocas de quienes amas
Bajo la luna de septiembre y los cielos remotos

Y el mundo rotará sin ti
Y la historia pronto te olvidará
Aunque los cielos te recompensen
Y los santos te hagan de escolta
Tan lejos, tan lejos, pero tan cerca

No te aflijas porque tu mortalidad se consuma
Que la vida es cosa de atroz gravedad
Y los planetas gravitan entorno a ti
Y las estrellas te llueven encima
Y los ángeles del cielo te adoran
Y los santos aplauden poniéndose en pie
Tan lejos, tan lejos, pero tan cerca

CASSIEL'S SONG

We've come to bring you home
Haven't we, Cassiel?
To cast aside your loss and all of your sadness
And shuffle off that mortal coil and mortal madness
For we're here to pick you up and bring you home
Aren't we, Cassiel?

It's a place where you did not belong
Where time itself was mad and far too strong
Where life leapt up laughing and hit you head
    on and hurt you
Didn't it hurt you, Cassiel?

While time outran you and trouble flew toward
    you
And you were there to greet it
Weren't you, foolish Cassiel?

But here we are, we've come to call you home
And here you'll stay, never more to stray
Where you can kick off your boots of clay
Can't you, Cassiel?

For death and you did recklessly collide
And time ran out of you, and you ran out of time
Didn't you, Cassiel?

And all the clocks in all the world
May this once just skip a beat in memory of you
But then again those damn clocks, they probably
    won't
Will they, Cassiel?

LA CANCIÓN DE CASSIEL

Hemos venido para llevarte a casa
¿No es así, Cassiel?
Para dejar de lado tu pérdida y tu tristeza inmensa
Y librarte de los sinsabores y la locura de la vida
Aquí estamos para recogerte y llevarte a casa
¿No es así, Cassiel?

Es un lugar que no te convenía
Donde el tiempo en sí era áspero y enloquecía
Donde la vida se te echaba encima, reía, te daba
    en la cabeza y te dolía
¿O es que no dolía, Cassiel?

Mientras el tiempo te superaba y los apuros
    te asediaban
Y ahí estabas tú dándoles la bienvenida
¿No es así, atolondrada Cassiel?

Pero aquí estamos, para llevarte a casa
Y aquí te quedas, para no extraviarte más
Ahora te podrás quitar las botas de barro
¿Verdad, Cassiel?

Pues tú y la muerte chocasteis de frente
Y el tiempo se te escapó y te quedaste sin
¿No es así, Cassiel?

Y que todos los relojes del mundo
Se detengan por un momento esta vez
Recordándote
Aunque la verdad, los putos relojes no están
    por la labor
¿No es así, Cassiel?

One moment you are there
Then strangely you are gone
But on behalf of us all here
We're glad to have you home
Aren't we, dear Cassiel?

Un día ahí estás
Y curiosamente ya no
Pero en nombre de todos aquí
Nos alegra tenerte en casa
¿No es así, Cassiel?

BLUE BIRD

I got a blue bird
A blue bird on my shoulder
I got a blue bird
A blue bird on my shoulder

I saw her standing
Standing by the water
She was naked
Her hair in great disorder

And I know why I'm flying
And the rest is lies

I sent a warning
A warning of disaster
I sent a warning
I warned of great disaster

I sent that blue bird
That blue bird down the water
I sent that blue bird
Floating down the water

And I know that I'm flying
And the rest is lies

And I know that I'm flying
And the rest is lies

AZULILLO

Llevo un azulillo
Un azulillo en el hombro
Llevo un azulillo
Un azulillo en el hombro

Estaba ahí
Junto al agua la vi
Estaba desnuda
Con el pelo revuelto

Y sé por qué vuelo
Y lo demás son patrañas

Mandé un aviso
Un aviso de desastre
Mandé un aviso
Advirtiendo de la catástrofe

Mandé al azulillo
Y planeó sobre el agua
Mandé al azulillo
Flotando en el agua

Y sé que yo vuelo
Y lo demás son patrañas

Y sé que yo vuelo
Y lo demás son patrañas

176

LET LOVE IN
(1994)

DO YOU LOVE ME?/	*¿ME QUIERES?/*
NOBODY'S BABY NOW/	*YA NO ES DE NADIE/*
LOVERMAN/	*AMANTE/*
JANGLING JACK/	*JACK EL PIRADO/*
RED RIGHT HAND/	*LA DIESTRA ROJA/*
I LET LOVE IN/	*DEJÉ ENTRAR AL AMOR/*
THIRSTY DOG/	*PERRO SEDIENTO/*
AIN'T GONNA RAIN ANYMORE/	*YA NO VA A LLOVER MÁS/*
LAY ME LOW/	*ME VAN A LIQUIDAR/*
DO YOU LOVE ME? (PART 2)/	*¿ME QUIERES? (II PARTE)/*
SAIL AWAY/	*ZARPAR/*
(I'LL LOVE YOU) TILL THE END	*(TE QUERRÉ) HASTA EL FIN*
OF THE WORLD/	*DEL MUNDO/*
WHAT CAN I GIVE YOU?	*¿QUÉ PUEDO DARTE?*

DO YOU LOVE ME?

I found her on a night of fire and noise
Wild bells rang in a wild sky
I knew from that moment on
I'd love her 'til the day that I died
And I kissed away a thousand tears
My Lady of the Various Sorrows
Some begged, some borrowed, some stolen
Some kept safe for tomorrow
On an endless night, silver star-spangled
The bells from the chapel went jingle-jangle

Do you love me?
Do you love me?
Do you love me
Like I love you?

She was given to me to put things right
And I stacked all my accomplishments beside her
Still I seemed obsolete and small
I found God and all His Devils inside her
In my bed she cast the blizzard out
A mock sun blazed upon her head
So completely filled with light she was
Her shadow fanged and hairy and mad
Our love-lines grew hopelessly tangled
And the bells from the chapel went jingle-jangle

Do you love me?
Do you love me?
Do you love me
Like I love you?

¿ME QUIERES?

La encontré en una noche de escandalera y fuego
Campanas enloquecidas tañían en un cielo feroz
Desde entonces supe
Que la querría hasta morir
Y despedí mil lágrimas a besos
Mi Señora de los Dolores Varios
Algunos implorados, algunos prestados, otros
    robados
Y algunos custodiados para mañana
En una noche infinita, sembrada de estrellas
    plateadas
Las campanas de la iglesia sonaron ding-dong

¿Me quieres?
¿Me quieres?
¿Me quieres?
¿Como te quiero yo?

Me la entregaron para arreglar las cosas
Y junto a ella apilé mis logros
Pero me veía aún obsoleto, pequeño
Dentro de ella hallé a Dios y sus diablos
En mi cama aplacó la ventisca
Sobre su cabeza ardía un sol de mentira
Tan rebosante de luz estaba
Su sombra tajaba, peluda y loca
Nuestras líneas del amor se trenzaron sin
    remisión
Y las campanas de la iglesia sonaron ding-dong

¿Me quieres?
¿Me quieres?
¿Me quieres?
¿Como te quiero yo?

She had a heartful of love and devotion	*Su corazón rebosaba de amor y devoción*
She had a mindful of tyranny and terror	*Su mente de tiranía y terror*
Well, I try, I do, I really try	*Bueno, de verdad que lo intento y pruebo*
But I just err, baby, I do, I error	*Pero me equivoco, sí, nena, yerro*
So come find me, my darling one	*Así que ven a por mí, corazón*
I'm down to the grounds, the very dregs	*Estoy hecho polvo, he tocado fondo*
Ah, here she comes, blocking the sun	*Oh, ahí viene, tapándome el sol*
Blood running down the inside of her legs	*La sangre se desliza por el interior de sus muslos*
The moon in the sky is battered and mangled	*La luna en el cielo se ve magullada y maltrecha*
And the bells from the chapel go jingle-jangle	*Y las campanas de la iglesia suenan ding-dong*
Do you love me?	*¿Me quieres?*
Do you love me?	*¿Me quieres?*
Do you love me	*¿Me quieres?*
Like I love you?	*¿Como te quiero yo?*
All things move toward their end	*Todas las cosas se encaminan a su fin*
I knew before I met her that I would lose her	*Antes de conocerla supe que la iba a perder*
I swear I made every effort to be good to her	*Juro que me esforcé por ser bueno con ella*
I swear I made every effort not to abuse her	*Juro que me esforcé por no maltratarla*
Crazy bracelets on her wrists and her ankles	*En los tobillos y las muñecas disparatadas pulseras*
And the bells from the chapel went jingle-jangle	*Y las campanas de la iglesia que sonaron ding-dong*
Do you love me?	*¿Me quieres?*
Do you love me?	*¿Me quieres?*
Do you love me	*¿Me quieres?*
Like I love you?	*¿Como te quiero yo?*

NOBODY'S BABY NOW

I've searched the holy books
Tried to unravel the mystery of Jesus Christ
    the Saviour
I've read the poets and the analysts
Searched through the books on human behaviour
I travelled the whole world around
For an answer that refused to be found
I don't know why and I don't know how
But she's nobody's baby now

I loved her then and I guess I love her still
Hers is the face I see when a certain mood
    moves in
She lives in my blood and skin
Her wild feral stare, her dark hair
Her winter lips as cold as stone
Yeah, I was her man
But there are some things even love won't allow
I held her hand but I don't hold it now
I don't know why and I don't know how
But she's nobody's baby now

This is her dress that I loved best
With the blue quilted violets across the breast
And these are my many letters
Torn to pieces by her long-fingered hand
I was her cruel-hearted man
And though I've tried to lay her ghost down
She's moving through me, even now

I don't know why and I don't know how
But she's nobody's baby now

YA NO ES DE NADIE

Indagué en los libros sagrados
Para desvelar el misterio de nuestro Salvador
    Jesucristo
Leí a los poetas y analistas
Investigué en los libros sobre comportamiento
    humano
Viajé alrededor del mundo
En pos de una respuesta que se me negaba
Y no sé por qué ni sé cómo
Ella ya no es la nena de nadie

La quería entonces y supongo que aún
Suyo es el rostro que veo cuando me invade
    un humor
Vive en mi sangre y mi piel
Su asilvestrada mirada, sus negros cabellos
Sus labios de invierno, fríos y pétreos
Sí, su hombre era yo
Pero hay cosas que ni el amor las permite
Sostenía su mano pero ya no lo hago
Y no sé porqué ni sé cómo
Ella ya no es la nena de nadie

Este es su vestido que más me gustaba
Con las violetas azules en el pecho bordadas
Y son estas mis miles de cartas
Que sus dedos largos hicieron pedazos
Yo fui su hombre de corazón malo
Y aunque traté de vencer su espectro
Incluso ahora se mueve dentro de mí

Y no sé porqué ni sé cómo
Ella ya no es la nena de nadie

LOVERMAN

There's a devil waiting outside your door
(How much longer)
Bucking and braying and pawing at the floor
Well, he's howling with pain and crawling up
  the walls
There's a Devil waiting outside your door
He's weak with evil and broken by the world
He's shouting your name and asking for more
There's a devil waiting outside your door

Loverman! Since the world began
For ever, Amen 'til the end of time
Take off that dress, I'm coming down
I'm your Loverman!
'Cause I am what I am what I am what I am

L is for LOVE baby
O is for ONLY you that I do
V is for loving VIRTUALLY everything that you are
E is for loving almost EVERYTHING that you do
R is for RAPE me
M is for MURDER me
A is for ANSWERING all of my prayers
N is for KNOWING your Loverman's going to
  be the answer to all of yours

I'll be your Loverman 'til the bitter end
While empires burn down
For ever and ever and ever and ever, Amen
I'm your Loverman!
So help me, baby, so help me
'Cause I am what I am what I am what I am
I'm your Loverman!
There's a devil crawling along your floor

AMANTE

Hay un diablo esperando afuera en la puerta
(Por cuánto tiempo)
Encabritado, rebuznando y sacudiendo las patas
Aúlla de dolor y se sube por las paredes
Hay un diablo esperando afuera en la puerta
El mal le domina y el mundo le quebranta
Va gritando tu nombre y aún quiere más
Hay un diablo esperando afuera en la puerta

¡Amante! Desde que el mundo empezó
Por siempre, Amén hasta el fin de los tiempos
Sácate ese vestido, que vengo ya
¡Soy tu Amante!
Porque soy lo que soy lo que soy lo que soy

L es por AMOR nena [love]
O es por ÚNICAMENTE te quiero a ti [only]
V es por amar CASI todo lo que eres [virtually]
E es por amar TODO lo que haces [everything]
R es por VIÓLAme [rape]
M es por MÁTAme [murder]
A es por ATENDER a todas mis súplicas
  [answering]
N es por SABER que tu Amante será la
  respuesta a las tuyas [kNowing]

Seré tu Amante hasta el amargo final
Mientras arden los imperios
Por siempre jamás, siempre y Amén
¡Soy tu Amante!
Así que ayúdame, nena, ayúdame
Porque soy lo que soy lo que soy lo que soy
¡Soy tu Amante!
Hay un diablo reptando por tus suelos

With a trembling heart, he's coming through
    your door
With his straining sex in his jumping paw
There's a devil crawling along your floor
And he's old and he's stupid and he's hungry and
    he's sore
And he's blind and he's lame and he's dirty and
    he's poor
There's a devil crawling along your floor

Loverman! Here I stand for ever, Amen
'Cause I am what I am what I am what I am
Forgive me, baby, my hands are tied
And I got no choice, no, I got no choice at all

I'll say it again

L is for LOVE, baby
O is for O yes I do
V is for VIRTUE, so I ain't gonna hurt you
E is for EVEN if you want me to
R is for RENDER unto me, baby
M is for that which is MINE
A is for ANY old how, darling
N is for ANY old time

I'll be your Loverman! I got a masterplan
To take off your dress and be your man
Seize the throne, seize the mantle
Seize the crown
'Cause I am what I am what I am what I am
I'm your Loverman!

There's a devil lying by your side
You might think he's asleep but take a look at
    his eyes

Con el corazón tembloroso, va a entrar por
    la puerta
Con el sexo tirante en su zarpa saltarina
Hay un diablo reptando por tus suelos
Es viejo, idiota, está hambriento y resentido
Es ciego, tullido, es sucio y mendigo
Hay un diablo reptando por tus suelos

¡Amante! Aquí estoy yo para siempre, Amén
Porque soy lo que soy lo que soy lo que soy
Perdóname, nena, no puedo hacer más
No tengo elección, ninguna elección

Y lo digo otra vez

L es por AMOR, nena [love]
O es por OH sí, te quiero [O]
V es por VIRTUD, que no voy a herirte [virtue]
E es por NI SIQUIERA si me lo pidieras [even]
R es por ENTRÉGATE a mí, nena [render]
M es por aquello que es MÍO [mine]
A es por de CUALQUIER modo, cielo
    [any old how]
N es por en CUALQUIER momento [any old time]

¡Seré tu Amante! Tengo un plan ideal
Para sacarte el vestido, voy a ser tu hombre
Hacerme con el trono, vestirme la capa
Y llevar la corona
Porque soy lo que soy lo que soy lo que soy
¡Soy tu Amante!

Hay un diablo que yace a tu lado
Quizá crees que duerme pero mira en sus ojos

He wants you, darling, to be his bride
There's a devil lying by your side

Loverman! Loverman!

———

JANGLING JACK

Jangling Jack
Goes, 'Yackety yack'
Visits the home of the brave
Hails a fat yellow cab
Jack wanna celebrate
Jack wanna big drink
Driver drops him at a bar
Called the Rinky Dink
Jack pushes through the door
And crosses the floor
Tips his hat to a man
Grinning in the corner
Going, 'Do da do do da do'

Says, 'I'm Jangling Jack
I go, "Do da do"
I wanna Rinky Dink Special
I wanna little umbrella too'
Jack flops on his stool
Sees the grinning man laugh
So Jack laughs back
Jack raises his glass
Says, 'God bless this country
And everything in it
The losers and the winners
The good guys and the sinners'
The grinning man says, 'Buddy
It's all yackety yack'

Lo que quiere, cariño, es ser tu esposo
Hay un diablo que yace a tu lado

¡Amante! ¡Amante!

———

JACK EL PIRADO

Jack el pirado
Desbarra
Visita la tierra de los valientes
Llama a un cacho-taxi amarillo
Jack tiene ganas de fiesta
Jack quiere un pelotazo
El taxista le deja en un bar
Que se llama Rinky Dink
Jack traspasa la puerta
Y cruza el lugar
Saluda a un hombre
Que sonríe en el rincón
Y entona, «Do da do do da do»

Dice, «Soy Jack el pirado
Y suelto "Do da do"
Quiero el especial Rinky Dink
Con su sombrillita»
Jack se deja caer en el taburete
Ve que se ríe el tío que sonríe
Y Jack se ríe a su vez
Jack levanta su vaso
Dice, «Dios bendiga a este país
Y todo lo que hay en él
Perdedores y triunfadores
A píos y pecadores»
El hombre risueño dice,
«Tronco, tú desbarras»

183

Whips out a little black pistol	Saca una pistolita negra
Shoots a bullet in Jack	Y le dispara a Jack
Jangling Jack	Jack el pirado
Do da do do da do	Do da do do da do
Jangling Jack	Jack el pirado
How do you do da do	Qué tal vas da do da
Jangling Jack flies off his seat	Jack el pirado vuela del asiento
Crashes through the door	Se estampa contra la puerta
Lands in a heap on the street	Aterriza como un bulto en la acera
Hears his mother's voice	Oye la voz de su madre
Going, 'Do da do'	Que suelta, «Do da do»
Jack is shouting	Jack grita
'Mummy, is that you?'	«Mami, ¿eres tú?»
He sees the berserk city	Y ve la desquiciada ciudad
Sees the dead stacked in piles	Ve a los muertos apilados
Sees the screaming crowd	Ve a la multitud gritona
Screams, 'Where in Hell am I?'	Grita, «¿Dónde demonios estoy?»
Going, 'Do da do'	Do da do
Going, 'Do da do'	Do da do
Well, Jangling Jack	Jack el pirado
As a matter of fact	Pues
Crawls through the crowd	Repta de vuelta al bar
Back into the bar	Entre la multitud
Jack crawls to his stool	Se arrastra hacia el taburete
Jack drags himself up	Se endereza como puede
Falls back down on his arse	Y se cae de culo
In a puddle of blood	En un charco de sangre
Going, 'Goodbye, Mummy	Suelta, «Adiós, mami
Goodbye, goodbye'	Adiós, adiós»
Jack doubles over	Se dobla sobre sí
And he vomits and dies	Vomita y muere
Going, 'Do da do'	Do da do
Going, 'Do da do'	Do da do

184

RED RIGHT HAND

Take a little walk to the edge of town
Go across the tracks
Where the viaduct looms like a bird of doom
As it shifts and cracks
Where secrets lie in the border fires, in the
    humming wires
Hey man, you know you're never coming back
Past the square, past the bridge, past the mills,
    past thestacks
On a gathering storm comes a tall handsome man
In a dusty black coat with a red right hand
He'll wrap you in his arms, tell you that you've
    been a good boy
He'll rekindle all those dreams it took you a
    lifetime to destroy
He'll reach deep into the hole, heal your shrinking
    soul
Hey buddy, you know you're never ever coming back
He's a ghost, he's a god, he's a man, he's a guru
They're whispering his name across this
    disappearing land
But hidden in his coat is a red right hand

You ain't got no money? He'll get you some
You ain't got no car? He'll get you one
You ain't got no self-respect, you feel like an insect
Well, don't you worry, buddy, 'cause here he comes
Through the ghetto and the barrio and the bowery
    and the slum
A shadow is cast wherever he stands
Stacks of green paper in his red right hand
You'll see him in your nightmares, you'll see him
    in your dreams

LA DIESTRA ROJA

Date un paseo por las afueras
Cruza las vías
Donde el viaducto asoma cual heraldo negro
Mientras se desplaza y cruje
Donde los secretos se celan en fuegos de frontera,
En los cables que zumban
Ey, tío, sabes que ya no vas a volver
Pasada la plaza, pasado el puente, pasada
    la acería y las pilas
Con la tormenta inminente se viene un hombre
alto y hermoso
En un polvoriento abrigo negro con la diestra
    mano roja
Te envuelve en sus brazos, te dice que fuiste buen
    chico
Reaviva esos sueños que te lleva a una vida
    truncar
Hurgará a fondo en el agujero, sanará tu alma
    marchita
Ey, tío, sabes que ya no vas a volver
Es un fantasma, es un dios, es un hombre, un gurú
Susurran su nombre sobre la tierra que encoge
Pero en su abrigo se oculta una mano diestra roja

¿Estás sin dinero? Él te dará
¿No tienes coche? Te conseguirá uno
Te falta amor propio, te sientes un gusano
Pues, no te apures, colega, que ahí viene él
Por el gueto y el barrio, el arrabal y el poblado
Una sombra se alarga allí donde está
Fajos de billetes en su mano diestra roja
Le verás en tus sueños y en tus pesadillas

He'll appear out of nowhere but he ain't what he
    seems
You'll see him in your head, on the TV screen
And hey buddy, I'm warning you to turn it off
He's a ghost, he's a god, he's a man, he's a guru
You're one microscopic cog in his catastrophic plan
Designed and directed by his red right hand

I LET LOVE IN

Despair and Deception, Love's ugly little twins
Came a-knocking on my door, I let them in
Darling, you're the punishment for all my former sins
I let love in

The door it opened just a crack, but Love was
    shrewd and bold
My life flashed before my eyes, it was a horror to
    behold
A life-sentence sweeping confetti from the floor of
    a concrete hole
I let love in

Well, I've been bound and gagged and I've been
    terrorized
And I've been castrated and I've been lobotomized
But never has my tormenter come in such a
    cunning disguise
I let love in

O Lord, tell me what I done
Please don't leave me here on my own
Where are my friends?
My friends are gone

Surgirá de la nada pero no es quien parece
Le verás en tu cabeza y en el monitor de TV
Y, ey tío, más te conviene apagarlo
Es un fantasma, es un dios, es un hombre, un gurú
Tú eres la última pieza de su catastrófico plan
Diseñado y regido por su diestra mano roja

DEJÉ ENTRAR AL AMOR

Desespero y engaño, del Amor horrendos gemelos
Vinieron llamando a mi puerta, les dejé entrar
Cariño, eres el castigo por mis viejos pecados
Dejé entrar al amor

Abrí la puerta lo justo, pero Amor es astuto y
    osado
Mi vida pasó ante mis ojos, qué horror de visión
Una vida entera barriendo confeti de un zulo
    hormigonado
Dejé entrar al amor

Me han atado y amordazado y me aterrorizaron
    también
Me castraron y lobotomizaron
Pero jamás mi verdugo vino en tan artero disfraz
Dejé entrar al amor

Oh, Dios, dime lo que he hecho
Por favor no me dejes solo
¿Mis amigos dónde están?
Mis amigos se fueron

So if you're sitting all alone and hear a knocking
  at your door
And the air is full of promises, well buddy, you've
  been warned
Far worse to be Love's lover than the lover that
  Love has scorned
I let love in

Así que si estás sentado a solas y oyes llamar a la
  puerta
Y el aire viene cargado de promesas, pues bueno,
  chaval
Mucho peor ser el amante del Amor que el amante
  que el Amor desdeñó
Dejé entrar al amor

THIRSTY DOG

I know you've heard it all before
But I'm sorry for this three-year war
For the setting up of camps and wire and trenches
I'm sorry for the other night
I know sorry don't make it right
I'm sorry for things I can't even mention

I'm sorry sorry sorry, sorry
I'm sitting feeling sorry in the Thirsty Dog
I'm sorry sorry sorry, sorry
I'm feeling very sorry in the Thirsty Dog

You keep nailing me back into my box
I'm sorry I keep popping back up
With my crazy mouth and jangling jester's cap
I'm sorry I ever wrote that book
I'm sorry about the way I look
But there ain't a lot that I can do about that

I'm sorry sorry sorry, sorry
I'm sitting feeling sorry in the Thirsty Dog
I'm sorry sorry sorry, sorry
I'm feeling very sorry in the Thirsty Dog
I'm sorry about the hospital
Some things are unforgivable

PERRO SEDIENTO

Ya sé que todo esto os suena
Pero lamento estos tres años de guerra
Montando campamentos, alambradas, trincheras
Lamento la otra noche
Aunque sentirlo no arregla nada
Siento cosas que ni mencionar puedo

Lo siento, lo siento, lo siento
Aquí sentado sintiéndolo en el Perro Sediento
Lo siento, lo siento, lo siento
Lo siento muchísimo en el Perro Sediento

Me metes en mi cajita otra vez
Lo siento pero sigo saliendo otra vez
Con mi boca de loco y el gorro tintineante de bufón
Siento haber escrito ese libro
Siento las pintas que llevo
Pero poco puedo hacer al respecto

Lo siento, lo siento, lo siento
Aquí sentado sintiéndolo en el Perro Sediento
Lo siento, lo siento, lo siento
Lo siento muchísimo en el Perro Sediento
Siento lo del hospital
Hay cosas imperdonables

Some things simply cannot be forgiven
I was not equipped to know how to care
And on the occasions I came up for air
I saw my life and wondered what the hell had
    I been living

I'm sorry sorry sorry, sorry
I'm sitting feeling sorry in the Thirsty Dog
I'm sorry sorry sorry, sorry
I'm feeling very sorry in the Thirsty Dog

I'm sorry about all your friends
I hope they'll speak to me again
I said before I'd pay for all the damage
I'm sorry it's just rotten luck
I'm sorry I've forgotten how to fuck
It's just that I think my heart and soul are kind
    of famished

I'm sorry sorry sorry, sorry
I'm sitting feeling sorry in the Thirsty Dog
I'm sorry sorry sorry, sorry
I'm feeling very sorry in the Thirsty Dog

Forgive me, darling, but don't worry
Love is always having to say you're sorry
And I am, from my head down to my shoes
I'm sorry that I'm always pissed
I'm sorry that I exist
And when I look into your eyes
I can see you're sorry too

I'm sorry sorry sorry, sorry
I'm sitting feeling sorry in the Thirsty Dog
I'm sorry sorry sorry, sorry
I'm feeling very sorry in the Thirsty Dog

Cosas que es que no tienen perdón
No estaba hecho para saber atenderte
Y cada vez que salía a por aire
Veía mi vida y me decía qué diablos había estado
    viviendo

Lo siento, lo siento, lo siento
Aquí sentado sintiéndolo en el Perro Sediento
Lo siento, lo siento, lo siento
Lo siento muchísimo en el Perro Sediento

Lo siento por todos tus amigos
Espero que me vuelvan a hablar
Ya dije que pagaré todos los daños
Siento que fue una putada
Siento que ya ni recuerdo cómo follar
Y es que andan escasos mi corazón y mi alma

Lo siento, lo siento, lo siento
Aquí sentado sintiéndolo en el Perro Sediento
Lo siento, lo siento, lo siento
Lo siento muchísimo en el Perro Sediento

Perdóname, cariño, no sufras
El amor es deber decir siempre lo siento
Y yo lo siento de la cabeza a los pies
Siento que estoy siempre cabreado
Hasta siento que existo
Y cuando te miro a los ojos
Puedo ver que tú lo sientes también

Lo siento, lo siento, lo siento
Aquí sentado sintiéndolo en el Perro Sediento
Lo siento, lo siento, lo siento
Lo siento muchísimo en el Perro Sediento

AIN'T GONNA RAIN ANYMORE

Once there came a storm in the form of a girl
It blew to pieces my snug little world
And sometimes I swear I can still hear her howl
Down through the wreckage and the ruins

And it ain't gonna rain anymore
Now my baby's gone
And it ain't gonna rain anymore
Now my baby's gone

Now the storm has passed over me
I'm left to drift on a dead calm sea
And watch her for ever through the cracks in
    the beams
Nailed across the doorways of the bedrooms of
    my dreams

And it ain't gonna rain anymore
Now my baby's gone
And it ain't gonna rain anymore
Now my baby's gone

Now I have no one to hold
Now I am all alone again
It ain't too hot and it ain't too cold
And there is no sign of rain

And it ain't gonna rain anymore
Now my baby's gone, yeah
And it ain't gonna rain anymore
Now my baby's gone, yeah
And I'm on my own
She ain't coming back no more
She ain't coming back no more

YA NO VA A LLOVER MÁS

Una vez se desató una tormenta en forma de niña
Hizo pedazos mi pequeño mundo a medida
Y a veces juro que la sigo oyendo aullar
Por entre el destrozo y las ruinas

Y ya no va a llover más
Ahora que mi nena no está
Y ya no va a llover más
Ahora que mi nena no está

Ya la tormenta me pasó por encima
Y a la deriva voy bajo la calma chicha
Y la contemplo siempre por entre las rendijas de
    las vigas
Clavada al zaguán de mis dormitorios soñados

Y ya no va a llover más
Ahora que mi nena no está
Y ya no va a llover más
Ahora que mi nena no está

Y ya no tengo a quien abrazar
Ya estoy solo una vez más
No hace mucho frío ni calor
Y no hay señales de lluvia

Y ya no va a llover más
Ahora que mi nena no está, no
Y ya no va a llover más
Ahora que mi nena no está, no
Y que yo estoy solo
Ella no va a volver más
Ella no va a volver más

She ain't coming back no more
Say what you will, I don't care

LAY ME LOW

They're gonna lay me low
They're gonna sink me in the snow
They're gonna throw back their heads and crow
When I go

They're gonna jump and shout
They're gonna wave their arms about
All the stories will come out
When I go

All the stars will glow bright
My friends will give up the fight
They'll see my work in a different light
When I go

They'll try telephoning my mother
They'll end up getting my brother
Who'll spill the story on some long-gone lover
I hardly know

Hats off to the man
On top of the world
Come crawl up here, baby
And I'll show you how it works
If you wanna be my friend
And you wanna repent
And you want it all to end
And you wanna know when
Then take a bow
Do it now, do it any old how

Ella no va a volver más
Digas lo que digas, qué más da

ME VAN A LIQUIDAR

Me van a liquidar
Me van a hundir en la nieve
Van a echar la cabeza atrás y cacarear
Cuando muera

Van a saltar y gritar
Agitarán los brazos
Y todas las historias se sabrán
Cuando muera

Las estrellas brillarán más aún
Mis amigos dejarán de pelear
Y verán mi trabajo bajo otro prisma
Cuando muera

Tratarán de llamar a mi madre
Acabarán hablando con mi hermano
Que largará el cuento sobre una novia de antaño
De la que apenas sé

Olé por el hombre
En la cima del mundo
Nena, vente a rastras aquí
Y te mostraré como va
Si quieres ser mi amiga
Si quieres arrepentirte
Y quieres que todo termine
Y saber cuándo es
Entonces inclínate
Hazlo ya, como sea

Make a stand, take my hand
And blow it all to Hell

They'll inform the police chief
Who will breathe a sigh of relief
He'll say I was a malanderer, a badlander and a thief
When I go

They will interview my teachers
Who'll say I was one of God's sorrier creatures
There'll be informative six-page features
When I go

They'll bang a big old gong
The motorcade will be ten miles long
The world will join together for a farewell song
When they put me down below

They'll sound a flugelhorn
The sea will rage, the sky will storm
All man and beast will mourn
When I go

Hats off to the man
On top of the world
Crawl over here, darling
And we can watch this damn thing turn
If you wanna be my friend
And you wanna repent
And you want it all to end
And you wanna know when
Then do it now
Don't care how, do it any old how
Take my hand, make a stand
And blow it all to Hell

Mantente firme, agarra mi mano
Y mándalo todo al diablo

Informarán al jefe de policía
Que soltará un suspiro de alivio
Dirá que era un malandro, un paleto y un ladrón
Cuando muera

Entrevistarán a mis maestras
Dirán que era una criatura patética
Y las necrológicas serán pródigas
Cuando muera

Aporrearán el viejo gong
El cortejo fúnebre serán varios kilómetros
La gente se abrazará para la canción del adiós
Cuando me metan en el hoyo

Tocarán el fliscorno
El mar será bravío, el cielo tronará
Hombres y bestias llorarán
Cuando muera

Olé por el hombre
En la cima del mundo
Vente a rastras aquí, cielo
Y veremos la maldita cosa girar
Si quieres ser mi amiga
Si quieres arrepentirte
Y quieres que todo termine
Y saber cuándo es
Hazlo ya
Qué más da, como sea
Agarra mi mano, no te cortes
Y mándalo todo al diablo

DO YOU LOVE ME? (PART 2)

Onward! And onward! And onward I go!
Where no man before could be bothered to go
'Til the soles of my shoes are shot full of holes
And it's all downhill with a bullet
This ramblin' and rovin' has taken its course
I'm grazing with the dinosaurs and the dear old
horses
And the city streets crack and a great hole forces
Me down with my soapbox, my pulpit
The theatre ceiling is silver star-spangled
And the coins in my pocket go jingle-jangle

Do you love me?
Do you love me?
Do you love me?
Do you love me?

There's a man in the theatre with girlish eyes
Who's holding my childhood to ransom
On the screen there's a death, there's a rustle
    of cloth
And a sickly voice calling me handsome
There's a man in the theatre with sly girlish eyes
On the screen there's an ape, a gorilla
There's a groan, there's a cough, there's a rustle
    of cloth
And a voice that stinks of death and vanilla
This is a secret, mauled and mangled
And the coins in my pocket go jingle-jangle

Do you love me?
Do you love me?
Do you love me?
Do you love me?

¿ME QUIERES? (II PARTE)

¡Adelante! ¡Venga! ¡Allá voy!
Donde nadie se habría molestado en ir
Hasta que mis suelas estén bien perforadas
Y todo es ir cuesta abajo con una bala
Este penduleo errante ya se puso en marcha
Estoy paciendo con dinosaurios y los viejos
    caballos
Y las calles de la ciudad crujen y un gran boquete
Se me traga con mi tarima, el púlpito
El techo del cine está sembrado de estrellas
Y en mi bolsillo tintinea la calderilla

¿Me quieres?
¿Me quieres?
¿Me quieres?
¿Me quieres?

Hay un hombre en la sala con ojos de niña
Que somete mi infancia a chantaje
Una muerte se ve en la pantalla, y algo de tela
    que cruje
Y una voz irritante que me llama guaperas
Hay un hombre en la sala con ojos de niña
Un mono en la pantalla, es un gorila
Hay un gemido, una tos, algo de tela que cruje
Y una voz que apesta a muerte y vainilla
Esto es un secreto, magullado y herido
Y en mi bolsillo tintinea la calderilla

¿Me quieres?
¿Me quieres?
¿Me quieres?
¿Me quieres?

The walls of the ceiling are painted in blood
The lights go down, the red curtains come apart
The room is full of smoke and dialogue I know
  by heart
And the coins in my pocket go jingle-jangle
As the great screen crackled and popped
The clock of my boyhood was wound down
  and stopped
And my handsome little body oddly propped
And my trousers right down to my ankles
Yes, it's onward! And upward!
And I'm off to find love

Do you love me? If you do, I'm thankful
Do you love me?
Do you love me?
Do you love me?
Do you love me?

This city is an ogre squatting by the river
It gives life but it takes it away, my youth
There comes a time when you just cannot deliver
This is a fact. This is a stone cold truth
Do you love me?
I love you, handsome
But do you love me?
Yes, I love you, you are handsome
Amongst the cogs and the wires, my youth
Vanilla breath and handsome apes with girlish eyes
Dreams that roam between truth and untruth
Memories that become monstrous lies
So onward! And onward! And onward I go!
Onward! And upward! And I'm off to find love
With blue-black bracelets on my wrists and ankles
And the coins in my pocket go jingle-jangle

Los techos están pintados de sangre
Las luces se apagan, el telón rojo se abre
La sala está llena de humo y palabras que sé de
  memoria
Y en mi bolsillo tintinea la calderilla
Mientras la gran pantalla crujía y chasqueaba
El reloj de mi infancia ralentizaba y paraba
Y mi cuerpecito lindo se sostenía curiosamente
Con los pantalones bajados hasta los tobillos
¡Sí, adelante! ¡Y arriba!
Salí en pos del amor

¿Me quieres? Si es así, muchas gracias
¿Me quieres?
¿Me quieres?
¿Me quieres?
¿Me quieres?

Esta ciudad es un ogro acampado a la vera del río
Da vida pero la quita: mi juventud
Llega un momento en que ya no puedes dar más
Es un hecho. La desnuda verdad
¿Me quieres?
Te quiero, guapo
¿Pero me quieres?
Sí, te quiero, eres guapo
Entre resortes y cables, mi juventud
Aliento de vainilla y lindos simios de ojos aniñados
Sueños que oscilan entre la verdad y la mentira
Recuerdos que devienen falsedades atroces
¡Adelante, pues! ¡Venga! ¡Allá voy!
¡Adelante! ¡Y arriba! Salí en pos del amor
Con pulseras azules y negras en tobillos y muñecas
Y en mi bolsillo tintinea la calderilla

Do you love me?
Do you love me?
Do you love me?
Do you love me?

¿Me quieres?
¿Me quieres?
¿Me quieres?
¿Me quieres?

SAIL AWAY

I climbed the hill, lay in the grass
A little dark-eyed girl drifted past
She said, 'All the best has come, it could not last
And the worst it has come true'

Her hands were small and fluttered up
A lamb amongst the buttercups
I pulled on my coat and buttoned it up
For the worst it had come true

Sail away, sail away
To a place where your troubles can't follow
Sail away, sail away
Save all your tears for tomorrow

The fins of the city moved toward us
And the swallows swooped and the starlings
    warned us
And the peril in everything it assured us
That the worst it had come true

And all my sorrows made their bed beside me
The shame, the disgrace and the brutality
And she whispered then, 'Let laughter flee
For the worst it has come true'

Dry your tears, forget why we're here
Leave all your sorrows behind you

ZARPAR

Escalé la colina, yací en el pasto
Una niña de ojos oscuros pasó por allí
Dijo, «Lo mejor ya pasó, no podía durar
Y lo peor ya se hizo realidad»

Sus manitas revoloteaban
Era un cordero entre flores
Me arrebujé en el abrigo y lo abotoné
Pues lo peor era ya realidad

Hazte a la mar, a la mar
Adonde tus penas no te persigan
Hazte a la mar, a la mar
Guarda tus lágrimas para mañana

Las aletas de la ciudad ya avanzaban
Las golondrinas se abalanzan y los estorninos
    avisan
Y un peligro ubicuo nos aseguraba
Que lo peor era ya realidad

Todos mis pesares se acostaron junto a mí
La vergüenza, el oprobio y la brutalidad
Y ella susurró entonces, «Que cunda la risa
Pues lo peor se hizo ya realidad»

Seca tus lágrimas, olvida por qué estás aquí
Deja tus pesares atrás

194

Never lose heart, all things must pass
To a place where your troubles can't find you

She came beside me, amongst my coat
Her breath was warm against my throat
We clung to each other so very close
For the worst it had come true

Sail away, sail away
To a place where your heart will not shame you
Take my hand, through this night without end
For the worst it has come to claim you

Sail away, sail away
To a place where no one can betray you
Take my hand, through this night without end
For the worst it has come to claim you

(I'LL LOVE YOU) TILL THE END
OF THE WORLD

It was a miracle I even got out of Longwood alive
This town full of men with big mouths and no guts
I mean, if you can just picture it
The whole third floor of the hotel gutted by the
    blast
And the street below showered in shards of broken
    glass
And all the drunks pouring out of the dance hall
    staring up at
the smoke and the flames
And the blind pencil-seller waving his stick,
    shouting for his
dog that lay dead on the side of the road
And me, if you can believe this, at the wheel

No te descorazones, que todo se va
Adonde los apuros no te pueden cazar

Se vino a mi lado, contra mi abrigo
En mi cuello su aliento era cálido
Y estrechamente nos aferramos
Pues lo peor era ya realidad

Hazte a la mar, a la mar
Adonde el corazón no te avergüence
Toma mi mano en esta noche sin fin
Pues lo peor está aquí y va a por ti

Hazte a la mar, a la mar
Adonde nadie te traicionará
Toma mi mano en esta noche sin fin
Pues lo peor está aquí y va a por ti

(TE QUERRÉ) HASTA EL FIN
DEL MUNDO

Fue un milagro que saliera vivo de Longwood
Esta ciudad llena de gallitos sin huevos
Vamos, imagínate
La tercera planta del hotel entera se la tragó la
    explosión
Y los cristales hechos añicos llovieron calle abajo
Y los borrachos saliendo de la sala de baile
Contemplaban el humo y las llamas
Y el buhonero ciego agitaba su vara, gritándole
    al perro
Que yacía muerto en la cuneta
Y yo, si lo puedes creer, al volante del coche,

of the car, closing my eyes and actually praying
Not to God above, but to you, sayin'
Help me, girl
Help me, girl
I'll love you till the end of the world
With your eyes black as coal
And your long dark curls

Some things we plan
We sit and we invent and we plot and cook up
Others are works of inspiration, of poetry
And it was this genius hand that pushed me up
    the hotel
stairs to say my last goodbye
To a hair white as snow and a pale blue eyes saying
I gotta go,
I gotta go
The bomb and the breadbasket are ready to blow
In this town of men with big mouths and no guts
The pencil-seller's dog spooked by the explosion
Leaping under my wheels as I careered out of
    Longwood on my way to you
Waiting in your dress, in your dress of blue
I said thank you, girl
Thank you, girl
I'll love you till the end of the world
With your eyes black as coal
And your long dark curls

And with the horses prancing through the fields
With my knife in my jeans and the rain on the
    shield
I sang a song for the glory of the beauty of you,
    waiting for me, in your dress of blue
Thank you, girl

Con los ojos cerrados y orando
No al Dios del cielo, sino a ti, decía
Ayúdame, nena
Ayúdame, nena
Te querré hasta el fin del mundo
Con tus ojos negros como tizones
Y tus largos rizos oscuros

Hay cosas que las planeamos
Nos sentamos, inventamos, tramamos y lo
    amañamos
Otras son obra de la inspiración, poesía
Y fue esta mano genial la que me empujó
    escaleras arriba
Del hotel para mi último adiós
A unos cabellos de nieve y ojos celestes yo dije
Me voy, debo irme
La bomba y la cesta del pan van a explotar
En esta ciudad de gallitos sin huevos
Asustado por la explosión, el perro del buhonero
Se coló bajo mis ruedas mientras me piraba de
    Longwood
De camino hacia ti
Esperando en tu vestido, el vestido azul
Dije, gracias, nena
Gracias, bonita
Te querré hasta el fin del mundo
Con tus ojos negros como tizones
Y tus largos rizos oscuros

Y con los caballos en los campos pegando cabriolas
Con mi navaja en los vaqueros y la lluvia en el
    cristal
Canté una canción por la gloria de tu belleza,
Que me esperabas, vestida de azul
Gracias, nena

Thank you, girl
I'll love you till the end of the world
With your eyes black as coal
And your long dark curls

WHAT CAN I GIVE YOU?

All my life I've failed to see
One good thing standing in front of me

And the planets gravitate around you
And the stars, the stars surround you
And the angels in heaven adore you
And the saints, the saints all stand and applaud you

What can I give you?
What can I give you in return?

Galaxies collide
They shower down around you
And I search, I stumble
And then I found you
In your room, in your crown
Reaching low, babe, reaching low down to the ground

What can I give you?
What can I give you in return?

What can I give you?
What can I give you in return?

Gracias, bonita
Te querré hasta el fin del mundo
Con tus ojos negros como tizones
Y tus largos rizos oscuros

¿QUÉ PUEDO DARTE?

Nunca en la vida conseguí ver
Una cosa buena que estaba ante mí

Y los planetas gravitan en torno a ti
Y las estrellas, las estrellas te rodean
Y los ángeles celestes te adoran
Y los santos se ponen de pie y aplauden

¿Qué puedo darte?
A cambio, ¿qué puedo darte?

Las galaxias entrechocan
Y llueven sobre ti
Y yo busco, tropiezo
Y te encuentro luego
En tu cuarto, en tu reino
A tientas, muñeca, a tientas por el suelo

¿Qué puedo darte?
A cambio, ¿qué puedo darte?

¿Qué puedo darte?
A cambio, ¿qué puedo darte?

MURDER
BALLADS
(1996)

SONG OF JOY/
HENRY LEE/
LOVELY CREATURE/
WHERE THE WILD ROSES GROW/
THE CURSE OF MILLHAVEN/
THE KINDNESS OF STRANGERS/
CROW JANE/
O'MALLEY'S BAR/

THE BALLAD OF ROBERT MOORE
AND BETTY COLTRANE/
THERE IS A LIGHT/
TIME JESUM TRANSEUNTUM
ET NON REVERTENTUM

LA CANCIÓN DE JOY/
HENRY LEE/
ADORABLE CRIATURA/
DONDE CRECEN LAS ROSAS
SILVESTRES/
LA MALDICIÓN DE MILLHAVEN/
LA GENTILEZA DE LOS EXTRAÑOS/
JANE LA CORNEJA/
EL BAR DE O'MALLEY/

LA BALADA DE ROBERT MOORE
Y BETTY COLTRANE/
HAY UNA LUZ/
MALAVENTURADO EL QUE NO
ADVIERTA LA LLEGADA DE JESÚS,
PORQUÉ NO REGRESARÁ

SONG OF JOY

Have mercy on me, sir
Allow me to impose on you
I have no place to stay
And my bones are cold right through
I will tell you a story
Of a man and his family
And I swear that it is true

Ten years ago I met a girl named Joy
She was a sweet and happy thing
Her eyes were bright blue jewels
And we were married in the spring
I had no idea what happiness a little love could bring
Or what life had in store
But all things move toward their end
All things move toward their end
Of that you can be sure

La la la la la la la la la la
La la la la la la la la la la

Then one morning I awoke to find her weeping
And for many days to follow
She grew so sad and lonely
Became Joy in name only
Within her breast there launched an unnamed
  sorrow
And a dark and grim force set sail
Farewell happy fields
Where joy forever dwells
Hail horrors hail

Was it an act of contrition or some awful
  premonition

LA CANCIÓN DE JOY

Tenga piedad de mí, señor
Permítame incomodarle
No tengo donde dormir
Y estoy tieso de frío
Le contaré una historia
De un hombre y su familia
Y juro que es bien cierta

Diez años atrás conocí a una chica llamada Joy
Era un ser dulce y feliz
Sus ojos brillaban como joyas azules
Y en primavera nos casamos
No tenía idea de la felicidad que trae el amor
Ni de qué nos depararía la vida
Pero todo se encamina a su fin
Todo se encamina a su fin
De eso no le quepa duda

La la la la la la la la la la
La la la la la la la la la la

Una mañana desperté y la vi llorando
Y durante muchos días después
Iban a más su tristeza y soledad
De alegre el nombre tenía nomás
En su seno nació una pena ignota
Y la surcó una fuerza oscura, sombría
Adiós campos risueños
Donde mora la alegría
Ave, horror, bienvenido

¿Era un acto de contrición o una premonición
  atroz?

As if she saw into the heart of her final
    blood-soaked night
Those lunatic eyes, that hungry kitchen knife
Ah, I see, sir, that I have your attention!
Well, could it be?
How often I've asked that question
Well, then in quick succession
We had babies, one, two, three

We called them Hilda, Hattie and Holly
They were their mother's children
Their eyes were bright blue jewels
And they were quiet as a mouse
There was no laughter in the house
No, not from Hilda, Hattie or Holly
'No wonder,' people said, 'poor mother Joy's
    so melancholy'
Well, one night there came a visitor to our
    little home
I was visiting a sick friend
I was a doctor then
Joy and the girls were on their own

La la la la la la la la la la
La la la la la la la la la la

Joy had been bound with electrical tape
In her mouth a gag
She'd been stabbed repeatedly
And stuffed into a sleeping bag
In their very cots my girls were robbed of
    their lives
Method of murder much the same as my wife's
Method of murder much the same as my wife's
It was midnight when I arrived home

Como si ella viera en el corazón de su última
    noche ensangrentada
Aquellos ojos dementes, el ávido cuchillo
¡Bien, ya veo, señor, que cuento con su atención!
¿O es que no pudo ser así?
Me pregunté tan a menudo…
Y nada, luego, sin dilación
Vinieron las niñas, una, dos y tres

Las llamamos Hilda, Hattie y Holly
Igualitas a mamá
Sus ojos brillaban como azules joyas
Y eran silenciosas como ratoncitas
En casa no se escuchaban risas
No de Hilda, Hattie o Holly
«¿Qué quieres?», decían por ahí, «con lo triste
    que es su mamá»
Una noche alguien apareció por casa
Yo visitaba a un amigo enfermo
Pues era médico por entonces
Joy y las niñas estaban solas

La la la la la la la la la la
La la la la la la la la la la

A Joy la ataron con cinta adhesiva
Y la amordazaron
Con saña la apuñalaron
Y la metieron en un saco de dormir
A las niñas les quitaron la vida en sus catres
Con proceder similar al maternal
Con proceder similar al maternal
Cuando llegué a casa a la medianoche

Said to the police on the telephone
Someone's taken four innocent lives

They never caught the man
He's still on the loose
It seems he has done many many more
Quotes John Milton on the walls in the victim's blood
The police are investigating at tremendous cost
In my house he wrote, 'Red right hand'
That, I'm told, is from Paradise Lost
The wind round here gets wicked cold
But my story is nearly told
I fear the morning will bring quite a frost

And so I've left my home
I drift from land to land
I am upon your step and you are a family man
Outside the vultures wheel
The wolves howl, the serpents hiss
And to extend this small favour, friend
Would be the sum of earthly bliss
Do you reckon me a friend?
The sun to me is dark
And silent as the moon
Do you, sir, have a room?
Are you beckoning me in?

La la la la la la la la la la
La la la la la la la la la la
La la la la la la la la la la
La la la la la la la la la la

Dije por teléfono a la policía
Que habían arrebatado cuatro vidas inocentes

Nunca atraparon al criminal
Anda suelto por ahí
Parece que mató a muchas más
Y con su sangre cita a John Milton en las paredes
La policía investiga sin escatimar medios
En mi casa escribió, «Mano diestra roja»
Que, me dicen, es de Paraíso perdido
El viento por aquí empieza a refrescar
Pero ya voy a terminar
Por la mañana temo una buena helada

Así que me fui de casa
Erré de un paraje a otro
Estoy en su zaguán y usted es padre de familia
Afuera revolotean los buitres
Aúllan los lobos, las serpientes silban
Y contar con su generosidad
Sería la mayor bendición
¿No me ve ya como amigo?
El sol me aparece oscuro
Y mudo como la luna
¿Señor, tiene una habitación?
¿Me está indicando que pase?

La la la la la la la la la la
La la la la la la la la la la
La la la la la la la la la la
La la la la la la la la la la

HENRY LEE

Get down, get down, little Henry Lee
And stay all night with me
You won't find a girl in this damn world
That will compare with me
And the wind did howl and the wind did blow
La la la la la
La la la la lee
A little bird lit down on Henry Lee

I can't get down and I won't get down
And stay all night with thee
For the girl I have in that merry green land
I love far better than thee
And the wind did howl and the wind did blow
La la la la la
La la la la lee
A little bird lit down on Henry Lee

She leaned herself against a fence
Just for a kiss or two
And with a little pen-knife held in her hand
She plugged him through and through
And the wind did roar and the wind did moan
La la la la la
La la la la lee
A little bird lit down on Henry Lee

Come take him by his lily-white hands
Come take him by his feet
And throw him in this deep deep well
Which is more than one hundred feet

And the wind did howl and the wind did blow
La la la la la

202

HENRY LEE

Bájate, bájate, Henry Lee
Y pasa la noche conmigo aquí
No encontrarás una chica en este maldito mundo
Que pueda compararse a mí
Y el viento soplaba y aullaba
La la la la la
La la la la li
Un pajarito se posó sobre Henry Lee

No puedo bajarme ni lo haré
Para pasar la noche contigo
Pues la chica en aquella tierra verde y feliz
La quiero mucho más que a ti
Y el viento soplaba y aullaba
La la la la la
La la la la li
Un pajarito se posó sobre Henry Lee

Ella se reclinó contra un vallado
Para un besito o dos
Y con una navaja que sostenía en mano
Le rebanó por la mitad
Y soplaba el viento y gemía
La la la la la
La la la la li
Un pajarito se posó sobre Henry Lee

Ven, agárralo de sus manitas blancas
Y de los pies también
Y le arrojamos al pozo
Son treinta metros de hondo

Y el viento soplaba y aullaba
La la la la la

La la la la lee
A little bird lit down on Henry Lee

Lie there, lie there, little Henry Lee
'Til the flesh drops from your bones
For the girl you have in that merry green land
Can wait for ever for you to come home
And the wind did howl and the wind did moan
La la la la la
La la la la lee
A little bird lit down on Henry Lee

LOVELY CREATURE

There she stands, this lovely creature
There she stands, there she stands
With her hair full of ribbons
And green gloves on her hands

So I asked this lovely creature
Yes, I asked. Yes, I asked
Would she walk with me a while
Through this night so fast

She took my hand, this lovely creature
'Yes,' she said. 'Yes,' she said
'Yes, I'll walk with you a while'
It was a joyful man she led

Over hills, this lovely creature
Over mountains, over ranges
By great pyramids and sphinxes
We met drifters and strangers

La la la la li
Un pajarito se posó sobre Henry Lee

Estate ahí, estate ahí, Henry Lee
Hasta que las carnes se desprendan
Pues tu chica de la tierra verde y feliz
Te puede esperar la vida entera
Y el viento soplaba y aullaba
La la la la la
La la la la li
Un pajarito se posó sobre Henry Lee

ADORABLE CRIATURA

Ahí está, esta adorable criatura
Ahí está ella, ahí está
Con cintas en los cabellos
Y en las manos guantes verdes

Y le pedí a la adorable criatura
Sí, le pedí. Yo le pedí
Si pasearía conmigo un rato
Por esta noche acelerada

Me tomó de la mano, adorable criatura
Dijo, «Sí». «Sí», me dijo
«Vamos a pasear un rato»
Un hombre feliz iba a su lado

Por las colinas, con la adorable criatura
Por montañas, por las sierras
Ante pirámides y esfinges
Dimos con vagabundos y extraños

O the sands, my lovely creature
And the mad, moaning winds
At night the deserts writhed
With diabolical things

Through the night, through the night
The wind lashed and it whipped me
When I got home, my lovely creature
She was no longer with me

Somewhere she lies, this lovely creature
Beneath the slow drifting sands
With her hair full of ribbons
And green gloves on her hands

WHERE THE WILD ROSES GROW

They call me The Wild Rose
But my name was Elisa Day
Why they call me it I do not know
For my name was Elisa Day

From the first day I saw her I knew that she
    was the one
As she stared in my eyes and smiled
For her lips were the colour of the roses
That grew down the river, all bloody and wild

When he knocked on my door and entered the room
My trembling subsided in his sure embrace
He would be my first man, and with a careful hand
He wiped at the tears that ran down my face

They call me The Wild Rose
But my name was Elisa Day

Ah, las dunas, mi adorable criatura
Y los vientos quejumbrosos, locos
De noche en los desiertos se revuelven
Alimañas endemoniadas

En la noche, en la noche
Arreciaba el viento, me azotaba
Cuando llegué a casa, la adorable criatura
Conmigo ya no estaba

La adorable criatura yace en alguna parte
Bajo la lentas dunas errantes
Con las cintas en el pelo
Y en las manos guantes verdes

DONDE CRECEN LAS ROSAS SILVESTRES

Me llaman la Rosa silvestre
Aunque mi nombre era Elisa Day
No sé por qué así me llaman
Pues mi nombre era Elisa Day

Desde el día en que la vi supe que era ella
Cuando me miró a los ojos y sonrió
Con sus labios del color de las rosas
Que crecen junto al río, salvajes y encarnadas

Cuando él llamó a la puerta y entró en la sala
Mi temblor cedió bajo su firme abrazo
Era mi primer novio, y con su mano atenta
Secó las lágrimas de mis mejillas

Me llaman la Rosa silvestre
Aunque mi nombre era Elisa Day

Why they call me it I do not know
For my name was Elisa Day

On the second day I brought her a flower
She was more beautiful than any woman I'd seen
I said, 'Do you know where the wild roses grow
So sweet and scarlet and free?'

On the second day he came with a single red rose
Said, 'Will you give me your loss and your sorrow?'
I nodded my head, as I lay on the bed
He said, 'If I show you the roses, will you follow?'

They call me The Wild Rose
But my name was Elisa Day
Why they call me it I do not know
For my name was Elisa Day

On the third day he took me to the river
He showed me the roses and we kissed
And the last thing I heard was a muttered word
As he stood smiling above me with a rock in his fist

On the last day I took her where the wild roses grow
And she lay on the bank, the wind light as a thief
As I kissed her goodbye, I said, 'All beauty
    must die'
And lent down and planted a rose between
    her teeth

They call me The Wild Rose
But my name was Elisa Day
Why they call me it I do not know
For my name was Elisa Day

No sé por qué así me llaman
Pues mi nombre era Elisa Day

Al segundo día le llevé una flor
Era la más hermosa de todas las mujeres
Dije, «¿Sabes dónde crecen las rosas silvestres
Tan dulces, coloradas y libres?»

Al segundo día se vino con una rosa roja
Dijo, «¿Me entregarás tu pérdida y tu dolor?»
Asentí con un gesto, tendida en la cama
Dijo, «Si te muestro las rosas, ¿seguirás?»

Me llaman la Rosa silvestre
Aunque mi nombre era Elisa Day
No sé por qué así me llaman
Pues mi nombre era Elisa Day

Al tercer día me llevó al río
Me mostró las rosas y nos besamos
Al final le oí mascullar algo
Cuando se irguió ante mí con una roca en la mano

El último día la llevé donde crecen las rosas
    silvestres
Y se sentó en la orilla, donde soplaba un viento
    liviano
«Toda belleza debe morir», le dije con un beso
    de adiós
Y me agaché y le planté una rosa entre los dientes

Me llaman la Rosa silvestre
Aunque mi nombre era Elisa Day
No sé por qué así me llaman
Pues mi nombre era Elisa Day

THE CURSE OF MILLHAVEN

I live in a town called Millhaven
And it's small and it's mean and it's cold
But if you come around just as the sun goes down
You can watch the whole town turn to gold
It's around about then that I used to go a-roaming
Singing La la la la, la la la lie
All God's children, they all gotta die

My name is Loretta but I prefer Lottie
I'm closing in on my fifteenth year
And if you think you have seen a pair of eyes
    more green
Then you sure didn't see them round here
My hair is yellow and I'm always a-combing
La la la la, la la la lie
Mama often told me, we all have to die

You must have heard about the Curse of Millhaven
How last Christmas Bill Blake's little boy didn't
    come home
They found him next week in One Mile Creek
His head bashed in and his pockets full of stones
Well, just imagine the wailing and moaning
La la la la, la la la lie
Even little Billy Blake, he had to die.

Then Professor O'Rye from Millhaven High
Found nailed to his door his prize-winning terrier
The next day the old fool brought little Biko to school
And we all had to watch as he buried her
His eulogy to Biko had all the tears a-flowing

LA MALDICIÓN DE MILLHAVEN

Vivo en un pueblo que se llama Millhaven
Que es pequeño, mísero y frío
Pero si te presentas a la puesta del sol
Podrás ver como se vuelve de oro
Y es hacia esa hora que yo salía a rondar
Cantando la la la la, la la la li
Los niños de Dios, todos deben morir

Me llamo Loretta, pero prefiero Lottie
Y estoy a punto de cumplir los quince
Y si crees haber visto unos ojos más verdes
Seguro que no los viste por aquí
Mi pelo es amarillo y lo peino siempre
La la la la, la la la li
Ya me decía mamá que todos debemos morir

Habrán oído hablar de Millhaven y su maldición
Cómo por Navidad el chico de Bill Blake ya
    no volvió
Al cabo de una semana le hallaron en One
    Mile Creek
Con la cabeza aplastada y los bolsillos llenos
    de piedras
Figúrense, cuántos quejidos y gemidos
La la la la, la la la li
Hasta el pequeño Billy Blake tuvo que morir

Luego el profesor O'Rye del instituto local
Halló clavada en la puerta a su terrier
    galardonada
Y el viejo loco trajo a la escuela a su pequeña Biko
Y todos debimos mirar cómo la sepultaba
Con su elegía por Biko lloramos a moco tendido

La la la la, la la la lie
Even God's little creatures, they have to die

Our little town fell into a state of shock
A lot of people were saying things that made little
    sense
Then the next thing you know the head of
    Handyman Joe
Was found in the fountain of the Mayor's residence
Foul play can really get a small town going
La la la la, la la la lie
All God's children, all have to die

Then, in a cruel twist of fate, old Mrs Colgate
Was stabbed but the job was not complete
The last thing she said before the cops pronounced
    her dead
Was, 'My killer is Loretta and she lives across
    the street!'
Twenty cops burst through my door without
    even phoning
La la la la, la la la lie
The young ones, the old ones, they all gotta die

Yes, it is I, Lottie, the Curse of Millhaven
I've struck horror in the heart of this town
Like my eyes ain't green and my hair ain't yellow
It's more like the other way around
I gotta a pretty little mouth underneath all the
    foaming
La la la la, la la la lie
Sooner or later we all gotta die

Since I was no bigger than a weevil they've been
    saying I was evil
That if 'bad' was a boot then I'd fit it

La la la la, la la la li
También las criaturitas de Dios deben morir

El pueblo se sumió en la mayor conmoción
Y mucha gente soltaba cosas sin ton ni son
Luego, ya ves, en casa del alcalde, en la fuente
Descubren la cabeza del fontanero Joe
Con tanto misterio la gente no calla ni así
La la la la, la la la li
Los niños de Dios todos deben morir

Luego la Sra. Colgate, en un vuelco cruel del
    destino
Fue apuñalada, aunque la faena se ejecutara
    sin tino
Y antes de que la pronunciaran muerta, pudo decir
«¡Mi asesina es Loretta y vive enfrente de aquí!»
Veinte polis se abalanzaron a mi puerta sin
    llamar
La la la la, la la la li
Jóvenes, viejos, todos deben morir

Sí, soy yo, Lottie, la maldición de Millhaven
Donde he hecho cundir el horror
Y mi pelo no es amarillo ni los ojos son verdes
Quizá es más bien al revés
Si me quitas las babas tengo una boquita bonita
La la la la, la la la li
Antes o después, todos debemos morir

Desde que era un retaco ya decían que era mala
Que si la maldad fuera un traje sería mi talla

That I'm a wicked young lady, but I've been trying
    hard lately
O fuck it! I'm a monster! I admit it!
It makes me so mad, my blood really starts a-going
La la la la, la la la lie
Mama always told me that we all gotta die

Yeah, I drowned the Blakey kid, stabbed Mrs
    Colgate, I admit
Did the handyman with his circular saw in his
    garden shed
But I never crucified little Biko, that was two
    junior high
school psychos
Stinky Bohoon and his friend with the pumpkin-
    sized head
I'll sing to the lot, now you got me going
La la la la, la la la lie
All God's children have all gotta die

There were all of the others, all our sisters and
    brothers
You assumed were accidents, best forgotten
Recall the children who broke through the ice
    on Lake Tahoo?
Everyone assumed the 'Warning' signs had
    followed them to
the bottom
Well, they're underneath the house where I do
    quite a bit of stowing
La la la la, la la la lie
Even twenty little chilren, they had to die

And the fire of ' 91 that razed the Bella Vista slum
There was the biggest shit-fight this country's
    ever seen

Aunque me esforcé últimamente, soy una
    jovencita malvada
¡A la mierda! ¡Soy un monstruo! ¡Lo admito!
Me pongo tan mala que me hierve la sangre
La la la la, la la la li
Mamá dijo siempre que todos vamos a morir

Sí, yo ahogué al niño Blakey, apuñalé a la Sra.
    Colgate, admito
Me cargué al fontanero con la sierra radial en
    su cobertizo
Aunque jamás crucifiqué a la pequeña Biko,
Que eso fueron dos tarados del instituto
Stinky Bohoon y su amigo el cabezón
Y canto por todos ellos, ya estoy en vena
La la la la, la la la li
Los niños de Dios deben todos morir

Y hubo otros muchos, chavales todos del lugar
Archivados como accidentes, que era mejor
    olvidar
¿Recuerdan los chicos que en el lago Tahoo se
    les quebró el hielo?
Todos pensaron que los avisos de «Alerta»
    cayeron al fondo con ellos
Pues están debajo de la casa donde almaceno
    mis trastos
La la la la, la la la li
Hasta veinte chiquillos debieron morir

Y el incendio del 91 que arrasó el arrabal
    Bella Vista
Ahí se armó una como nunca se había visto antes

Insurance companies ruined, landlords getting
   sued
All 'cause of a wee little girl with a can of gasoline
Those flames really roared when the wind started
   blowing
La la la la, la la la lie
Rich man, poor man, all got to die
Well, I confessed to all these crimes and then they
   put me on trial
I was laughing when they took me away
Off to the asylum in an old Black Maria
It ain't home, but you know, it's fucking better
   than jail
It ain't such a bad old place to have a home in
La la la la, la la la lie
All God's children, they all gotta die

Now I got shrinks that will not rest with their
   endless Rorschach tests
I keep telling them they're out to get me
They asked me if I feel remorse and I answer,
   'Why of course!
There is so much more I could have done if
   they'd let me!'
So it's Rorschach and Prozac and everything
   is groovy
Singing La la la la, la la la lie
All God's children have all gotta die
La la la la, la la la lie
I'm happy as a lark and everything is fine
Singing La la la la, la la la lie
Yeah, everything is groovy and everything is fine
Singing La la la la, la la la lie
All God's children, they all gotta die

Aseguradoras en quiebra, caseros en pleitos
Y todo por una niñita menuda con una lata
   de gasolina
Cuando se puso el viento a soplar, las llamas
   rugían
La la la la, la la la li
Ricos y pobres, todos van a morir

Pues nada, confesé esos delitos y me llevaron
   a juicio
Cuando se me llevaron, yo me iba riendo
En la vieja lechera para el manicomio
No es un hogar, pero joder, mucho mejor que
   prisión
Ni es tan mal lugar para instalar tu pensión
La la la la, la la la li
Todos los niños de Dios deben morir

Y ando con loqueros que no paran con sus tests
   de Rorschach
Yo sigo diciendo que no me van a pillar
Preguntan si remordimientos tengo, y yo digo
   «¡Pues sí!
Si me hubieran dejado podría haber hecho mucho
   más!»
Y así va, con Rorschach y Prozac, menudo buen
   rollo
Cantando la la la la, la la la li
Todos los niños de Dios deben morir
La la la la, la la la li
Todo bien guay, como unas pascuas, feliz
Cantando la la la la, la la la li
Menudo buen rollo, todo me va bien así
Cantando la la la la, la la la li
Todos los niños de Dios deben morir

THE KINDNESS OF STRANGERS

They found Mary Bellows 'cuffed to the bed
With a rag in her mouth and a bullet in her head
O poor Mary Bellows

She'd grown up hungry, she'd grown up poor
So she left her home in Arkansas
O poor Mary Bellows
She wanted to see the deep blue sea
She drove across Tennessee
O poor Mary Bellows

She met a man along the way
He introduced himself as Richard Slade
O poor Mary Bellows

Poor Mary thought that she might die
When she saw the ocean for the first time
O poor Mary Bellows

She checked into a cheap little place
Richard Slade carried in her old suitcase
O poor Mary Bellows

'I'm a good girl, sir,' she said to him
'I couldn't possibly permit you in'
O poor Mary Bellows

Slade tipped his hat and winked his eye
And turned away without goodbye
O poor Mary Bellows

She sat on her bed and thought of home
With the sea breeze whistling, all alone
O poor Mary Bellows

LA GENTILEZA DE LOS EXTRAÑOS

A Mary Bellows la hallaron esposada a la cama
Con un trapo en la boca y en la cabeza una bala
Ay, pobre Mary Bellows

Creció pobre y con hambre
Y abandonó su casa en Arkansas
Ay, pobre Mary Bellows
Quería ver el mar profundo y azul
Y cruzó Tennessee al volante
Ay, pobre Mary Bellows

Conoció a un hombre por el camino
Que se presentó como Richard Slade
Ay pobre Mary Bellows

La pobre Mary se sintió desfallecer
Cuando vio el océano por primera vez
Ay, pobre Mary Bellows

Se registró en un hotel de mierda
Richard Slade cargaba con su maleta
Ay, pobre Mary Bellows

Ella dijo, «Señor, soy una chica buena»
«Y no puedo dejarle entrar»
Ay, pobre Mary Bellows

Slade asintió con su sombrero y un guiño
Se volvió sin decirle adiós
Ay, pobre Mary Bellows

Se sentó en su cama y pensó en su casa
Allí tan sola, la brisa marina soplaba
Ay, pobre Mary Bellows

In hope and loneliness she crossed the floor
And undid the latch on the front door
O poor Mary Bellows

They found her next day 'cuffed to the bed
A rag in her mouth and a bullet in her head
O poor Mary Bellows

So mothers keep your girls at home
Don't let them journey out alone
Tell them this world is full of danger
And to shun the company of strangers
O poor Mary Bellows
O poor Mary Bellows

CROW JANE

Crow Jane, Crow Jane, Crow Jane
Horrors in her head
That her tongue dare not name
Lived all alone by the river
The rolling rivers of pain
Crow Jane, Crow Jane, Crow Jane, ah hah huh

There is one shining eye on a hard-hat
Company closed down the mine
Winking on the waters they came
Twenty hard-hats, twenty eyes
In her clapboard shack
Just six foot by five
They killed all her whiskey
Poured their pistols dry
Crow Jane, Crow Jane, Crow Jane, ah hah huh

Sola y esperanzada, cruzó la estancia
Y abrió el candado de la entrada
Ay, pobre Mary Bellows

Al día siguiente la hallaron esposada a la cama
Un trapo en la boca y en la cabeza una bala
Ay, pobre Mary Bellows

Así que madres, mantengan a las niñas en casa
No las dejen viajar solas
Digan que el mundo es un nido de víboras
Y que eviten la compañía de extraños
Ay, pobre Mary Bellows
Ay, pobre Mary Bellows

JANE LA CORNEJA

Jane la corneja, Jane la corneja,
Cunden horrores en su cabeza
Que su lengua no osa nombrar
Vivía sola junto al río
Los impetuosos ríos del dolor
Jane la corneja, Jane la corneja, ah oh qué

En un casco un ojo brilla
La empresa cerró la mina
Centelleaban en las aguas
Veinte cascos, veinte ojos
En su barracón de tablillas
De un metro y medio por dos
Trasegaron todo su whiskey
Y dejaron sus pistolas secas
Jane la corneja, Jane la corneja, ah oh qué

Seems you've remembered
How to sleep, how to sleep
The house dogs are in your turnips
And your yard dogs are running all over the streets
Crow Jane, Crow Jane, Crow Jane, ah hah huh
'O Mr Smith and Mr Wesson
Why you close up shop so late?'
Just fitted out a girl who looked like a bird
Measured.32, .44, .38
Asked that gal which road she was taking
Said she was walking the road of hate
But she hopped on a coal-trolley up to New Haven
Population: 48
Crow Jane, Crow Jane, Crow Jane, ah hah huh

Your guns are drunk and smoking
They have followed you to the gate
Laughing all the way back from the new town
Population, now: 28
Crow Jane, Crow Jane, Crow Jane, ah hah huh

―――

O'MALLEY'S BAR

I am tall and I am thin
Of an enviable height
And I've been known to be quite handsome
From a certain angle and in a certain light

Well, I entered into O'Malley's
Said, 'O'Malley, I have a thirst'
O'Malley merely smiled at me
Said, 'You wouldn't be the first'

I knocked on the bar and pointed
To a bottle on the shelf

Parece que ya recuerdas
Cómo dormir, cómo dormir
Los perros falderos andan por el huerto
Y los perros guardianes se echaron a las calles
Jane la corneja, Jane la corneja, ah oh qué
«Oh, Sr. Smith y Sra. Wesson
¿Por qué cierran tan tarde?»
Es que a una nena que parecía un pájaro
La armamos con calibres .32, .38 y .44.
Le preguntamos cuál era su camino
La senda del odio, nos dijo
Se subió para New Haven en un vagón de carbón
48 personas es su población
Jane la corneja, Jane la corneja, ah oh qué

Tus pistolas están ebrias y humeantes
Te han seguido hasta las puertas
Riendo por todo el camino de vuelta
De ahí donde viven 28
Jane la corneja, Jane la corneja, ah oh qué

―――

EL BAR DE O'MALLEY

Soy alto y delgado
De notable estatura
Y se me tiene por bastante guapo
Bajo cierta luz y cierto ángulo

Así que entré en el bar de O'Malley
Dije, «O'Malley, estoy sediento»
O'Malley me sonrió, dijo
«Pues claro, toma asiento»

Golpeé la barra y señalé
Una botella en el anaquel

And as O'Malley poured me out a drink	Y mientras O'Malley me daba de beber
I sniffed and crossed myself	Suspiré y me santigüé
My hand decided that the time was nigh	Mi mano decidió que estaba lista
And for a moment it slipped from view	Y por un momento se ocultó a la vista
And when it returned, it fairly burned	Y cuando reapareció, casi quemaba
With confidence anew	De confianza renovada
Well, the thunder from my steely fist	Atronó mi puño de acero
Made all the glasses jangle	E hizo tintinear los vasos
When I shot him, I was so handsome	Cuando le disparé, me vi tan guapo
It was the light, it was the angle	Con buena luz y con buen ángulo
Huh! Hmmmmm	¡Ajá! Hmmmmm
'Neighbours!' I cried. 'Friends!' I screamed	«¡Vecinos!», grité. «¡Amigos!», aullé
I banged my fist upon the bar	Pegué un puñetazo en la barra
'I bear no grudge against you!'	«¡No tengo nada contra ustedes!»
And my dick felt long and hard	Y se me puso larga y enhiesta
'I am the man for which no God waits	«Soy el hombre al que ningún dios espera
For which the whole world yearns	Por el que suspira el mundo entero
I'm marked by darkness and by blood	Estoy marcado por la oscuridad y la sangre
And one thousand powder-burns'	Y por mil quemaduras de pólvora»
Well, you know those fish with the swollen lips	¿Saben de esos peces con carnosos labios
That clean the ocean floor?	Que barren el fondo de los mares?
When I looked at poor O'Malley's wife	Pues cuando miré a la pobre viuda de O'Malley
That is exactly what I saw	Eso es justamente lo que vi
I jammed the barrel under her chin	Le puse el cañón bajo el mentón
And her face looked raw and vicious	Era cruel y tosca su expresión
Her head it landed in the sink	La cabeza aterrizó en el fregadero
With all the dirty dishes	Con todos los platos por lavar

Her little daughter Siobhan
Pulled beers from dusk 'til dawn
And amongst the townfolk, she was a bit of a joke
But she pulled the best beers in town

I swooped magnificent upon her
As she sat shivering in her grief
Like the Madonna painted on the church-house wall
In whale's blood and banana leaf

Her throat it crumbled in my fist
And I spun heroically around
To see Caffrey rising from his chair
I shot that motherfucker down

Mmmmmmmmm, yeah yeah yeah

'I have no free will,' I sang
As I flew about the murder
Mrs Richard Holmes, she screamed
You really should have heard her

I sang and I laughed, I howled and I wept
I panted like a pup
I blew a hole in Mrs Richard Holmes
And her husband, he stood up

And he screamed, 'You are an evil man'
And I paused a while to wonder
'If I have no free will then how can I
Be morally culpable, I wonder'

I shot Richard Holmes in the stomach
And gingerly he sat down
And he whispered weirdly, 'No offence'
And lay upon the ground

Su hija pequeña Siobhan
Servía cerveza de la noche a la mañana
Y era un poco el hazmerreír del bar
Aunque era la mejor cerveza en la ciudad

Me abalancé raudo sobre ella
Mientras temblaba por la desdicha
Como la virgen pintada en la iglesia
Con hoja de banano y sangre de ballena

Su cuello se deshizo en mi mano
Y heroicamente me volví
Para ver que Caffrey se incorporaba
Y al hijoputa le di con bala

Mmmmmmmm, sí sí sí

Canté, «No tengo libre albedrío»
Antes de darme el piro
Y la Sra. Holmes gritaba
Valía la pena escucharla

Canté y reí, aullé y lloré
Jadeaba como un cachorrillo
A la Sra. Holmes la perforé
Y su esposo se puso en pie

Gritó, «Es usted un hombre malo»
Y por un momento me pregunté
«Si no tengo libre albedrío,
Cómo puedo ser culpable»

Disparé a Richard Holmes en la barriga
Y él con cuidado se sentó
Extrañamente, susurró, «No se ofenda»
Y se cayó al suelo

'None taken,' I replied to him	«Pierda cuidado», repliqué
With which he gave a little cough	Y ahí tosió levemente
With blazing wings I neatly aimed	Con alas de fuego le apunté certero
And blew his head completely off	Y le volé la cabeza del cuerpo
I've lived in this town for thirty years	He vivido treinta años en la ciudad
And to no one am I a stranger	Y a todos les soy familiar
And I put new bullets in my gun	Puse más balas en la pistola
Chamber upon chamber	Un cargador y otro, toma
And when I turned my gun on the bird-like Mr Brookes	Y cuando apunté al Sr. Brookes, tan pajarillo
I thought of Saint Francis and his sparrows	Pensé en los gorriones de San Francisco
And as I shot down the youthful Richardson	Y al abatir al joven Richardson
It was Sebastian I thought of, and his arrows	San Sebastián y sus flechas me asaetearon
Hhhhhhhhhhh	Hhhhhhhhhhh
Mmmmmmmm	Mmmmmmmm
I said, 'I want to introduce myself	Dije, «Quiero presentarme
And I am glad that you all came'	Y me alegro que estéis todos»
And I leapt upon the bar	Salté sobre la barra
And shouted out my name	Y aullé mi nombre
Well, Jerry Bellows, he hugged his stool	Jerry Bellows se agarró al taburete
Closed his eyes and shrugged and laughed	Cerró los ojos, se encogió de hombros y se rió
And with an ashtray as big as a fucking big brick	Y con un cenicero como un ladrillo de grande
I split his head in half	Le partí la cabeza en dos
His blood spilled across the bar	Su sangre se vertió por el bar
Like a steaming scarlet brook	Como riachuelo humeante escarlata
And I knelt at its edge on the counter	Y me arrodillé junto a la barra
Wiped the tears away and looked	Me sequé las lágrimas mientras miraba
Well, the light in there was blinding	La luz era allí deslumbrante
Full of God and ghosts and truth	Llena de espíritus, Dios, la verdad
I smiled at Henry Davenport	Le sonreí a Henry Davenport
Who made no attempt to move	Quieto, sin deseo aparente de irse

Well, from the position I was standing
The strangest thing I ever saw
The bullet entered through the top of his chest
And blew his bowels out on the floor

Well, I floated down the counter
Showing no remorse
I shot a hole in Kathleen Carpenter
Recently divorced

But remorse I felt and remorse I had
It clung to every thing
From the raven hair upon my head
To the feathers on my wings

Remorse squeezed my hand in its fraudulent claw
With its golden hairless chest
And I glided through the bodies
And killed the fat man Vincent West

Who sat quietly in his chair
A man become a child
And I raised the gun up to his head
Executioner-style

He made no attempt to resist
So fat and dull and lazy
'Do you know I live in your street?' I cried
And he looked at me as though I were crazy

'O,' he said, 'I had no idea'
And he grew as quiet as a mouse
And the roar of the pistol when it went off
Near blew the hat right off the house

Y desde donde yo estaba
Vi la cosa más extraña
La bala le entró por el pecho
Y desparramó sus tripas por el suelo

Proseguí bordeando la barra
Sin remordimiento aparente
Le pegué un tiro a Kathleen Carpenter
Divorciada reciente

Pero tenía remordimientos
Que lo impregnaban todo
Desde el pelo azabache en mi cabeza
A las plumas de mis alas

El remordimiento apretaba mi mano con
engañosa garra
Y su dorado pecho implume
Y sobrevolé los cadáveres
Y maté al gordo Vincent West

En su silla y en silencio
Parecía otra vez un crío
Y mi pistola le apuntó
Al estilo ejecutor

No trató de resistir
Patán perezoso y gordo
«¿Sabes que somos vecinos?», inquirí
Y me miró como si fuera loco

«Vaya, no lo sabía», dijo
Y calló como un ratoncito
El rugido de la pistola al detonar
Lanzó su sombrero fuera del bar

Well, I caught my eye in the mirror
And gave it a long and loving inspection
'There stands some kind of man,' I roared
And there did, in the reflection

My hair combed back like a raven's wing
My muscles hard and tight
And curling from the business end of my gun
Was a query-mark of cordite

Well, I spun to the left, I spun to the right
And I spun to the left again
'Fear me! Fear me!'
But no one did 'cause they were dead

Huh! Hmmmmmmmm

And then there were the police sirens wailing
And a bull-horn squelched and blared
'Drop your weapon and come out
With your hands held in the air'

Well, I checked the chamber of my gun
Saw I had one final bullet left
My hand, it looked almost human
As I held it to my head

'Drop your weapon and come out!
Keep your hands above your head!'
Well, I had one long hard think about dying
And did exactly what they said

There must have been fifty cops out there
In a circle around O'Malley's bar
'Don't shoot,' I cried. 'I'm a man unarmed!'
So they put me in their car

Entonces me vi en el espejo
Y me observé con cariño un rato
Rugí, «He ahí un hombre como está mandado»
Y ahí estaba, su reflejo

Mi peinado como ala de cuervo
Mis músculos firmes y recios
Y sinuosa desde la punta del cañón
La pólvora trazaba una interrogación

Me volví a la izquierda y a la derecha
Y otra vez a la izquierda
«¡Temedme! ¡Temedme!»
Pero la gente ya estaba muerta

¡Ajá! Hmmmmmmmm

Y luego ulularon las sirenas
Y con estrépito bramaba el megáfono
«Suelta el arma y sal
Con las manos en alto»

Supervisé el cargador como si nada
Vi que quedaba una bala
Mi mano, casi parecía humana
Al sostenerla contra la cabeza

«¡Suelta el arma y sal
Con las manos encima de la cabeza!»
Pensé largo rato en morir
E hice lo que querían de mí

Debía de haber cincuenta polis allí
Rodeando el bar de O'Malley
«No disparen. ¡Voy desarmado!», grité
Y me metieron en el coche

And they sped me away from that terrible scene
And I glanced out of the window
Saw O'Malley's bar, saw the cops and the cars
And started counting on my fingers

Aaaaaaaaah one, aaaaaaaah two, aaaaaaah three,
    aaaah four
O'Malley's bar, O'Malley's bar

THE BALLAD OF ROBERT MOORE AND BETTY COLTRANE

There was a thick-set man with frog-eyes who
    was standing at the door
And a little bald man with wing-nut ears was
    waiting in the car
Well, Robert Moore passed the frog-eyed man as
    he walked into the bar
And Betty Coltrane she jumped under her table

'What's your pleasure?' asked the barman, he had
    a face like boiled meat
'There's a girl called Betty Coltrane that I have
    come to see'
'But I ain't seen that girl round here for more
    than a week'
And Betty Coltrane she hid beneath the table

Well, then in came a sailor with mermaids tattooed
    on his arms
Followed by the man with wing-nut ears who was
    waiting in the car
Well, Robert Moore sensed trouble, he'd seen it
coming from afar
And Betty Coltrane she gasped beneath the table

Salieron disparados de la escena fatídica
Yo miré por la ventanilla
Vi los polis, los coches, el bar
Y con los dedos me puse a contar

Eeeeeeh uno, eeeeeeh dos, eeeeeeh tres,
    eeeeeh cuatro
El bar de O'Malley, el bar de O'Malley

LA BALADA DE ROBERT MOORE Y BETTY COLTRANE

*De pie en la puerta había un tipo fornido con
    ojos de rana*
*Y en el coche esperaba un hombrecito calvo con
    orejas de soplillo*
*Al entrar en el bar, Robert Moore pasó ante ojos
    de rana*
Y Betty Coltrane se metió bajo la mesa

*«¿Qué le apetece?» preguntó un camarero con
    cara de carne hervida*
*«He venido a ver a una chica que se llama Betty
    Coltrane»*
«Pues no la he visto por aquí en toda la semana»
Y Betty Coltrane bajo la mesa se escondía

*Entonces entró un marino con los brazos
    tatuados de sirenas*
*Seguido por orejas de soplillo que había esperado
    en el coche*
*Y Robert Moore presintió movida, lo veía venir
    de lejos*
Y Betty Coltrane suspiró bajo la mesa

Well, the sailor said, 'I'm looking for my wife! They call her Betty Coltrane'
And the frog-eyed man said, 'That can't be! That's my wife's maiden name!'
And the man with the wing-nut ears said, 'Hey, I married her back in Spain'
And Betty Coltrane crossed herself beneath the table

Well, Robert Moore stepped up and said, 'That woman is my wife'
And he drew a silver pistol and a wicked Bowie knife
And he shot the man with the wing-nut ears straight between the eyes
And Betty Coltrane she moaned under the table

Well, the frog-eyed man jumped at Robert Moore who stabbed him in the chest
As Mr Frog-eyes died, he said, 'Betty, you're the girl that I loved best'
Then the sailor pulled a razor and Robert blasted him to bits
And said, 'Betty, I know you're under the table!'

'Well, have no fear' said Robert Moore 'I do not want to hurt you
Never a woman did I love near half as much as you
You are the blessed sun to me, girl, and you are the sacred moon'
And Betty shot his legs out from under the table

Well, Robert Moore went down heavy with a crash upon the floor
And over to his thrashing body Betty Coltrane she did crawl

Y dijo el marinero, «¡Estoy buscando a mi esposa! Se llama Betty Coltrane»
Y dijo ojos de rana, «¡Imposible! ¡Se llamaba así mi esposa de soltera!»
Y orejas de soplillo dijo, «Ey, yo me casé en España con ella»
Y Betty Coltrane se santiguó bajo la mesa

Robert Moore dio un paso al frente y dijo, «Esa es mi mujer»
Y sacó una pistola plateada y un cuchillo de caza
Le disparó a orejas de soplillo justo entre los ojos
Y Betty Coltrane gimió bajo la mesa

Ojos de rana se abalanzó sobre Robert Moore que le apuñaló en el pecho
Mientras el Sr. Ojos de rana fenecía, dijo, «Betty, tú eres a la que más quise»
Luego el marino sacó una navaja y Robert la hizo añicos
Y dijo, «¡Betty, sé que estás bajo la mesa!»

«Venga, no tengas miedo», dijo Robert Moore, «no quiero hacerte daño
Nunca amé a una mujer ni la mitad de lo que te amo a ti
Eres el sol bendito, nena, y la luna sagrada, para mí»
Y desde bajo la mesa Betty le disparó a las piernas

Robert Moore se desplomó con gran impacto al suelo

She put the gun to the back of his head and pulled
    the trigger once more
And blew his brains out all over the table

Well, Betty stood up and shook her head and waved
    the smoke away
Said, 'I'm sorry, Mr Barman, to leave your place
    this way'
As she emptied out their wallets, she said, 'I'll
    collect my severance pay'
Then she winked and threw a dollar on the table

THERE IS A LIGHT

Hey there, Sugar, where ya gunna go
I'm going downtown, Daddy-O
What ya gunna do when you get there, girl?
I'm gunna get messed up in a God-shaped hole
Hey, Mr Hophead, what ya gunna do?
I'm going downtown for some bad ju-ju
Ya going downtown too, Mr Gigolo?
Damn right I am, Daddy-O

There is a light that shines over this city tonight
There is a light that shines over this city tonight
Let it shine

O Mr High-Roller, where you gunna go?
Where the real high-rolling rollers roll real dough
Hey, Mr Killer-Man, what you gunna do?
Me and Mr Death are going downtown too
Ain't there one God-fearing citizen about?
They're holed up and they ain't coming out

Y sobre su cuerpo aún vivo Betty se encaramó
Le puso la pistola en la nuca, disparó de nuevo
Y sobre la mesa sus sesos desparramó

Betty se levantó, meneó la cabeza y despejó el humo
Dijo, «Lo siento, Sr. Mozo, dejé el bar hecho unos
    zorros»
Mientras vaciaba sus carteras, añadió, «Recojo
    mi finiquito»
Arrojó un dólar a la mesa y le guiñó el ojito

HAY UNA LUZ

Ey, reina, para dónde vas
Me bajo al centro, guaperas
¿Y qué vas a hacer allí, chata?
La voy a pillar buena en mi centro espiritual
Ey, Sr. Drogata, ¿qué vas a hacer tú?
Me bajo al centro para un mal colocón
¿Y también se baja al centro el Sr. Gigoló?
Tú verás, guaperas ¡Cómo no!

Hay una luz brillando esta noche sobre la ciudad
Hay una luz brillando esta noche sobre la ciudad
Que brille nomás

Eh, Sr. Tahúr, ¿dónde vas a ir?
A las timbas de tahúres que manejan pasta a granel
Ey, Sr. Ejecutor, ¿qué vas a hacer tú?
Yo y la Sra. Muerte nos vamos al centro también
¿No hay por aquí un solo ciudadano temeroso
    de Dios?
Andan atrincherados y no van a salir

What about Mr Preacher to forgive our sins?
Not that carrion crow with blood on his chin
And Mr Politician, can't he lend a hand?
He's too busy sucking on the guts of this town
And what about God and this Armageddon?
He's all blissed-out, man, up in Heaven
Ain't there nowhere to run, ain't there nowhere to go?
Ain't there nowhere to run, ain't there nowhere to go?
Ain't there nowhere to run, ain't there nowhere to go?
Yeah, look to the sky, Daddy-O

There is a light that shines over this city tonight
There is a light that shines over this city tonight
Let it shine, let it shine, let it shine
What are the little kids gunna do, man?
The little kids are all standing around
What are the kids doing, do you know?
They are looking to the sky, Daddy-O

TIME JESUM TRANSEUNTUM ET NON REVERTENTUM

We were called to the forest and we went down
A wind blew warm and eloquent
We were searching for the secrets of the universe
And we rounded up demons
And forced them to tell us what it all meant
We tied them to trees and broke them down one
   by one
On a scrap of paper they wrote these words
And as we read them the sun broke through the trees
'Dread the passage of Jesus for He will not return'
Then we headed back to our world and left the
   forest behind

*¿Y qué pasa con el Sr. Predicador que perdona
   los pecados?*
Ese es un carroñero de mentón ensangrentado
¿Y el Sr. Político, nos podría echar una mano?
Ese anda lucrándose con las entrañas de la ciudad
¿Y qué pasa con Dios y este Armagedón?
Esta en los cielos, tío, extasiado de lo más
¿No hay sitio donde ir, lugar al que acudir?
¿No hay sitio donde ir, lugar al que acudir?
¿No hay sitio donde ir, lugar al que acudir?
¿No hay sitio donde ir, lugar al que acudir?
Sí, guaperas, mira al cielo

Hay una luz brillando esta noche sobre la ciudad
Hay una luz brillando esta noche sobre la ciudad
Pues que brille, brille, brille
¿Y, tío, que van a hacer los niños?
Los niños andan por aquí
¿Y qué hacen, lo sabes tú?
Guaperas, están mirando al cielo

MALAVENTURADO EL QUE NO ADVIERTA LA LLEGADA DE JESÚS, PORQUÉ NO REGRESARÁ

Nos reclamaron en el bosque y acudimos
Un viento soplaba cálido y elocuente
Buscábamos los secretos del universo
Y arrinconamos a los demonios
Forzándoles a contarnos qué significa todo
Les atamos a los árboles y vencimos su resistencia
En un trozo de papel escribieron unas palabras
Y mientras las leíamos el sol brilló entre las ramas
«Temed el paso de Jesús pues Él no va a volver»
*Y así nos volvimos a nuestro mundo y dejamos
   atrás el bosque*

Our hearts singing with all the knowledge of love
But somewhere, somehow we lost the message
along the way
And when we got home we bought ourselves a house
And we bought a car that we did not use
And we bought a cage and two singing birds
And at night we'd sit and listen to the canaries' song
For we'd both run right out of words
Now the stars they are all angled wrong
And the sun and the moon refuse to burn
But I remember a message in a demon's hand
Dread the passage of Jesus for He does not return

*Nuestros corazones cantaban con todo el saber
del amor*
*Pero de algún modo, en algún lugar extraviamos
el mensaje*
Y al llegar a casa nos compramos otra casa
Y compramos un coche que no hacía falta
Y una jaula con dos pájaros cantarines
*Y de noches nos sentábamos a escuchar el trino
de los canarios*
Pues ya no nos quedaban palabras
Las estrellas ya no están en su sitio
Y el sol y la luna se niegan a brillar
*Pero yo recuerdo un mensaje en la mano de un
demonio*
Temed el paso de Jesús pues Él no vuelve ya

THE BOATMAN'S CALL (1997)

INTO MY ARMS/	*EN MIS BRAZOS/*
LIME-TREE ARBOUR/	*A LA SOMBRA DE LOS TILOS/*
PEOPLE AIN'T NO GOOD/	*QUÉ MALA ES LA GENTE/*
BROMPTON ORATORY/	*ORATORIO DE BROMPTON/*
THERE IS A KINGDOM/	*HAY UN REINO/*
(ARE YOU) THE ONE THAT I'VE	*¿(ERES TÚ) AQUELLA A QUIÉN HABÍA*
BEEN WAITING FOR?/	*ESTADO ESPERANDO?/*
WHERE DO WE GO NOW BUT	*¿ADÓNDE VAMOS AHORA SINO A*
NOWHERE?/	*NINGUNA PARTE?/*
WEST COUNTRY GIRL/	*CHICA DEL OESTE/*
BLACK HAIR/	*PELO NEGRO/*
IDIOT PRAYER/	*PLEGARIA IDIOTA/*
FAR FROM ME/	*LEJOS DE MÍ/*
GREEN EYES/	*OJOS VERDES/*
LITTLE EMPTY BOAT/	*EL BARQUITO VACÍO/*
COME INTO MY SLEEP/	*ENTRA EN MI SUEÑO/*
RIGHT NOW, I AM A-ROAMING/	*AHORA MISMO, VAGABUNDEO/*
BABE, I GOT YOU BAD/	*NENA, ME PIRRO POR TI/*
THE BRIDLE PATH/	*CAMINO DE HERRADURA/*
WIFE/	*ESPOSA/*
OPIUM TEA/	*TÉ DE OPIO/*
THE SWEETEST EMBRACE/	*EL ABRAZO MÁS DULCE/*
LITTLE WATER SONG/	*CANCIONCILLA DEL AGUA/*
STILL YOUR FACE COMES SHINING	*TU CARA SIGUE BRILLANDO/*
THROUGH/	*DULCE SUEÑECITO/*
SWEET LITTLE SLEEP/	*LAS OVEJAS PUEDEN PACER EN PAZ*
SHEEP MAY SAFELY GRAZE	

INTO MY ARMS

I don't believe in an interventionist God
But I know, darling, that you do
But if I did I would kneel down and ask Him
Not to intervene when it came to you
Not to touch a hair on your head
To leave you as you are
And if He felt He had to direct you
Then direct you into my arms

Into my arms, O Lord
Into my arms, O Lord
Into my arms, O Lord
Into my arms

And I don't believe in the existence of angels
But looking at you I wonder if that's true
But if I did I would summon them together
And ask them to watch over you
To each burn a candle for you
To make bright and clear your path
And to walk, like Christ, in grace and love
And guide you into my arms

Into my arms, O Lord
Into my arms, O Lord
Into my arms, O Lord
Into my arms

But I believe in Love
And I know that you do too
And I believe in some kind of path
That we can walk down, me and you
So keep your candles burning
And make her journey bright and pure

EN MIS BRAZOS

No creo en un Dios intervencionista
Aunque ya sé, cariño, que tú sí
Pero si creyera, me arrodillaría y le pediría
Que no interviniera en lo tocante a ti
Que no tocara un pelo de tu cabeza
Te dejara como eres
Y caso de sentir que debía guiarte
Que te guiara entre mis brazos

Entre mis brazos, Señor
Entre mis brazos, Señor
Entre mis brazos, Señor
Entre mis brazos

Y no creo que existan los ángeles
Aunque mirarte me hace dudar
Pero si creyera, a todos les convocaría
Y les pediría que te protegieran
Que cada uno encendiera por ti una vela
Para iluminar tu camino y despejarlo
Y como Jesús, caminar en la gracia y el amor
Y conducirte entre mis brazos

Entre mis brazos, Señor
Entre mis brazos, Señor
Entre mis brazos, Señor
Entre mis brazos

Pero creo en el amor
Y sé que tú también crees
Y creo que existe una senda
Que podemos recorrer tú y yo
Así que mantén las velas ardiendo
Y que su viaje sea puro y cándido

That she will keep returning
Always and evermore

Into my arms, O Lord
Into my arms, O Lord
Into my arms, O Lord
Into my arms

LIME-TREE ARBOUR

The boatman calls from the lake
A lone loon dives upon the water
I put my hand over hers
Down in the lime-tree arbour

The wind in the trees is whispering
Whispering low that I love her
She puts her hand over mine
Down in the lime-tree arbour

Through every breath that I breathe
And every place I go
There is a hand that protects me
And I do love her so

There will always be suffering
It flows through life like water
I put my hand over hers
Down in the lime-tree arbour

The boatman he has gone
And the loons have flown for cover
She puts her hand over mine
Down in the lime-tree arbour

Tal que ella siga volviendo
Por siempre jamás

Entre mis brazos, Señor
Entre mis brazos, Señor
Entre mis brazos, Señor
Entre mis brazos

A LA SOMBRA DE LOS TILOS

El barquero llama desde el lago
Un somorgujo se sumerge en el agua
Poso mi mano en la suya
A la sombra de los tilos

El viento susurra entre los árboles
Susurra quedo que la quiero
Ella posa su mano en la mía
A la sombra de los tilos

En cada bocanada de aire
Y en todo lugar que visito
Hay una mano que me protege
A mí que la quiero tanto

Siempre habrá sufrimiento
Como agua fluye por la vida
Poso mi mano en la suya
A la sombra de los tilos

Se ha ido ya el barquero
Y también los somorgujos en pos de cobijo
Ella posa su mano en la mía
A la sombra de los tilos

Through every word that I speak
And every thing I know
There is a hand that protects me
And I do love her so

En cada palabra que digo
Y cada cosa que sé
Hay una mano que me protege
A mí que la quiero tanto

PEOPLE AIN'T NO GOOD

LA GENTE NO MOLA

People just ain't no good
I think that's well understood
You can see it everywhere you look
People just ain't no good

La gente no mola
Hay poco más que decir
Se ve donde quiera que mires
La gente no mola

We were married under cherry trees
Under blossom we made our vows
All the blossoms come sailing down
Through the streets and through the playgrounds

Nos casamos bajo los cerezos
Bajo las flores nos prometimos
Y nos llovieron flores a mares
Por las calles y los parques

The sun would stream on the sheets
Awoken by the morning bird
We'd buy the Sunday newspapers
And never read a single word

El sol se vertía en las sábanas
Despiertos por el pájaro de la mañana
Comprábamos los diarios del domingo
Sin leer una palabra

People they ain't no good
People they ain't no good
People they ain't no good

La gente no mola
La gente no mola
La gente no mola

Seasons came, seasons went
The winter stripped the blossoms bare
A different tree now lines the streets
Shaking its fists in the air

Las estaciones van y vienen
El invierno desnudó las ramas
Y otros árboles bordean las calles
Sacudiendo sus puños al aire

The winter slammed us like a fist
The windows rattling in the gales
To which she drew the curtains
Made out of her wedding veils

El invierno nos sacudió como un puño
Y los vientos azotaron las ventanas
Ella corrió los visillos
Hechos de sus velos nupciales

People they ain't no good
People they ain't no good
People they ain't no good

To our love send a dozen white lilies
To our love send a coffin of wood
To our love let all the pink-eyed pigeons coo
That people they just ain't no good
To our love send back all the letters
To our love a valentine of blood
To our love let all the jilted lovers cry
That people they just ain't no good

It ain't that in their hearts they're bad
They can comfort you, some even try
They nurse you when you're ill of health
They bury you when you go and die
It ain't that in their hearts they're bad
They'd stick by you if they could
But that's just bullshit, baby

People just ain't no good
People they ain't no good
People they ain't no good
People they ain't no good
People they ain't no good

La gente no mola
La gente no mola
La gente no mola

A nuestro amor manda doce lirios blancos
A nuestro amor manda un ataúd de madera
Que nuestro amor las palomas de ojo rosa arrullen:
«La gente no mola»
A nuestro amor devuelve todas las cartas
A nuestro amor manda una ofrenda de sangre
Que nuestro amor lloren los amantes dolidos
Lloren la gente no mola

No es que sean malos con ganas
Hasta pueden consolarte, y lo intentan
Te atienden si tu salud se resiente
Te entierran si vas y te mueres
No es que sean malos adrede
Si pudieran te harían compañía
Pero, nena, todo eso son boludeces

La gente no mola
La gente no mola
La gente no mola
La gente no mola
La gente no mola

BROMPTON ORATORY

Up those stone steps I climb
Hail this joyful day's return
Into its great shadowed vault I go
Hail the Pentecostal morn

The reading is from Luke 24
Where Christ returns to his loved ones
I look at the stone apostles
Think that it's all right for some

And I wish that I was made of stone
So that I would not have to see
A beauty impossible to define
A beauty impossible to believe

A beauty impossible to endure
The blood imparted in little sips
The smell of you still on my hands
As I bring the cup up to my lips

No God up in the sky
No Devil beneath the sea
Could do the job that you did
Of bringing me to my knees

Outside I sit on the stone steps
With nothing much to do
Forlorn and exhausted, baby
By the absence of you

ORATORIO DE BROMPTON

Por esos escalones de piedra me subo
Saludo el regreso de este día gozoso
Me adentro en su gran bóveda oscura
Saludo la mañana pentecostal

La lectura es de Lucas 24
Cuando Jesús vuelve con sus seres amados
Contemplo los apóstoles de piedra
Pienso que algunos lo ven bien así

Ojalá yo también fuera de piedra
Y así no tendría que ver
Una belleza que no se puede definir
Una belleza que no se puede creer

Una belleza que no puede durar
La sangre suministrada en sorbitos
Tu olor que perdura en mis manos
Cuando acerco la copa a los labios

Ningún Dios arriba en el cielo
Ningún Diablo bajo la mar
Podrían conseguir lo que tú
Tenerme postrado a tus pies

Me siento en los escalones de piedra
Con más bien poco que hacer
Desolado y exhausto, nena
Por tu ausencia

THERE IS A KINGDOM

Just like a bird that sings up the sun
In a dawn so very dark
Such is my faith for you
Such is my faith
And all the world's darkness can't swallow up
A single spark
Such is my love for you
Such is my love

There is a kingdom
There is a king
And He lives without
And He lives within

The starry heavens above me
The moral law within
So the world appears
So the world appears
This day so sweet
It will never come again
So the world appears
Through this mist of tears

There is a kingdom
There is a king
And He lives without
And He lives within
And He is everything

HAY UN REINO

Como un pájaro que le canta al sol
En el amanecer más oscuro
Tal es mi fe en ti
Tal es mi fe
Y toda la oscuridad no puede apagar
Una sola chispa
Tal es mi amor por ti
Tal es mi amor

Hay un reino
Hay un rey
Y vive afuera
Y vive dentro

Los cielos estrellados encima de mí
La ley moral que hay aquí
Así se muestra este mundo
Así se muestra este mundo
En este día tan dulce
Que nunca más se volverá a ver
Así se muestra este mundo
Entre esta bruma de lágrimas

Hay un reino
Hay un rey
Y vive afuera
Y vive dentro
Y lo es todo

229

(ARE YOU) THE ONE THAT I'VE BEEN WAITING FOR?

I've felt you coming, girl, as you drew near
I knew you'd find me, 'cause I longed you here
Are you my destiny? Is this how you'll appear?
Wrapped in a coat with tears in your eyes?
Well take that coat, babe, and throw it on the floor
Are you the one that I've been waiting for?

As you've been moving surely toward me
My soul has comforted and assured me
That in time my heart it will reward me
And that all will be revealed
So I've sat and I've watched an ice-age thaw
Are you the one that I've been waiting for?

Out of sorrow entire worlds have been built
Out of longing great wonders have been willed
They're only little tears, darling, let them spill
And lay your head upon my shoulder
Outside my window the world has gone to war
Are you the one that I've been waiting for?

O we will know, won't we?
The stars will explode in the sky
O but they don't, do they?
Stars have their moment and then they die

There's a man who spoke wonders though I've
    never met him
He said, 'He who seeks finds and who knocks
    will be let in'

¿(ERES TÚ) AQUELLA A QUIÉN HE ESTADO ESPERANDO?

Mientras te acercabas, chica, sentí que ya venías
Y supe que me encontrarías porque te quería
    aquí
¿Eres mi destino? ¿Me aparecerás así?
¿Con lágrimas en los ojos envuelta en un abrigo?
Quítatelo, nena, y arrójalo al suelo
¿Eres tú aquella a quién he estado esperando?

A medida que avanzabas con firmeza hacia mí
Mi alma me consolaba y me aseguraba
Que llegado el momento el corazón me colmaría
Y se revelaría todo
Así que me senté y observé el deshielo de una
    era glacial
¿Eres tú aquella a quién he estado esperando?

Sobre el dolor se construyeron mundos enteros
Grandes maravillas se proyectaron por deseo
No son más que lágrimas, cariño, deja que se
    derramen
Y posa tu cabeza sobre mi hombro
Ante mi ventana, el mundo ha entrado en guerra
¿Eres tú aquella a quién he estado esperando?

Ah, lo sabremos, ¿no es verdad?
Las estrellas explotarán en el cielo
Oh, pero no, ¿lo harán?
Las estrellas viven su momento, y mueren

Hay un hombre que contaba maravillas aunque
    no le conocí
Dijo, «El que busca encuentra y al que llama se
    le abrirá»

I think of you in motion and just how close you
    are getting
And how every little thing anticipates you
All down my veins my heart-strings call
Are you the one that I've been waiting for?

WHERE DO WE GO NOW BUT NOWHERE?

I remember a girl so very well
The carnival drums all mad in the air
Grim reapers and skeletons and a missionary bell
O where do we go now but nowhere

In a colonial hotel we fucked up the sun
And then we fucked it down again
Well, the sun comes up and the sun goes down
Going round and around to nowhere

The kitten that padded and purred on my lap
Now swipes at my face with the paw of a bear
I turn the other cheek and you lay into that
O where do we go now but nowhere

O wake up, my love, my lover, wake up
O wake up, my love, my lover, wake up

Across clinical benches with nothing to talk
Breathing tea and biscuits and the Serenity Prayer
While the bones of our child crumble like chalk
O where do we go now but nowhere

Te pienso en tu camino y en lo cerca que ya estás
Y en cómo tantas cosas revelan tu llegada
Las cuerdas del corazón pulsan todas mis venas
¿Eres tú aquella a quién estuve esperando?

¿ADÓNDE VAMOS AHORA SINO A NINGUNA PARTE?

Recuerdo tan bien a esa chica
Los tambores enloquecidos de las comparsas
    festivas
Las parcas y esqueletos y la campana de la misión
Ah, dónde vamos ya a estas alturas

En un hotel colonial follamos hasta el alba
Y chingamos luego hasta el crepúsculo
El sol sale y el sol se pone, ya sabes
Dando vueltas a ningún lugar

El gatito que pateaba y ronroneaba en mi regazo
Ahora me asesta zarpazos de oso
Le pongo la otra mejilla y se ceba con saña
Ah, dónde vamos ya a estas alturas

Ah, despierta mi amor, mi amante, despierta
Ah, despierta mi amor, mi amante, despierta

Por asépticos banquillos sin nada de qué hablar
Respirando té y galletas y el rezo de la Serenidad
Mientras los huesos de nuestro hijo se desmenuzan
    como yeso
Ah, dónde vamos ya a estas alturas

I remember a girl so bold and so bright	Recuerdo a una chica tan radiante y audaz
Loose-limbed and laughing and brazen and bare	Ágil, risueña, transparente y osada
Sits gnawing her knuckles in the chemical light	Bajo una luz química mordía sus nudillos, sentada
O where do we go now but nowhere	Ah, dónde vamos ya a estas alturas
You come for me now with a cake that you've made	Viniste a por mí con un pastel que habías hecho
Ravaged avenger with a clip in your hair	Vengador devastado con un clip en el pelo
Full of glass and bleach and my old razor blades	Cargando cristales, lejía y cuchillas
O where do we go now but nowhere	Ah, dónde vamos ya a estas alturas
O wake up, my love, my lover, wake up	Ah, despierta mi amor, mi amante, despierta
O wake up, my love, my lover, wake up	Ah, despierta mi amor, mi amante, despierta
If they'd give me my clothes back then I could go home	Si me devuelven la ropa me podré ir a casa
From this fresh, this clean, antiseptic air	Desde este aire limpio, fresco, antiséptico
Behind the locked gates an old donkey moans	Detrás de las verjas un viejo asno rebuzna
O where do we go now but nowhere	Ah, dónde vamos ya a estas alturas
Around the duck pond we grimly mope	En torno al estanque de los patos estamos seriamente abatidos
Gloomily and mournfully we go round again	Y damos otra vuelta, desolados y tristes
And one more doomed time and without much hope	Y otra vez más, condenados, sin esperanza
Going round and around to nowhere	Pegando vueltas y vueltas a ninguna parte
From the balcony we watched the carnival band	Desde el balcón contemplamos el carnaval
The crack of the drum a little child did scare	La percusión del tambor que asustó a un chaval
I can still feel his tiny fingers pressed in my hand	Siento aún sus deditos a mi mano prendidos
O where do we go now but nowhere	Ah, dónde vamos ya a estas alturas
If I could relive one day of my life	Si pudiera revivir un día de mi vida
If I could relive just a single one	Si pudiera revivir solo un día
You on the balcony, my future wife	Te vería en el balcón, mi futura esposa
O who could have known, but no one	Ay, quién iba a saberlo, nadie podía
O wake up, my love, my lover, wake up	Ah, despierta mi amor, mi amante, despierta
O wake up, my love, my lover, wake up	Ah, despierta mi amor, mi amante, despierta

WEST COUNTRY GIRL

With a crooked smile and a heart-shaped face
Comes from the West Country where the birds
    sing bass
She's got a house-big heart where we all live
And plead and counsel and forgive
Her widow's peak, her lips I've kissed
Her glove of bones at her wrist
That I have held in my hand
Her Spanish fly and her monkey gland
Her Godly body and its fourteen stations
That I have embraced, her palpitations
Her unborn baby crying, 'Mummy'
Amongst the rubble of her body
Her lovely lidded eyes I've sipped
Her fingernails, all pink and chipped
Her accent which I'm told is 'broad'
That I have heard and has been poured
Into my human heart and filled me
With love, up to the brim, and killed me
And rebuilt me back anew
With something to look forward to
Well, who could ask much more than that?
A West Country girl with a big fat cat?
That looks into her eyes of green
And meows, 'He loves you,' then meows again

BLACK HAIR

Last night my kisses were banked in black hair
And in my bed, my lover, her hair was midnight
    black
And all her mystery dwelled within her black hair
And her black hair framed a happy heart-shaped face

CHICA DEL OESTE

Con su sonrisa torva y su faz de corazón
Viene del oeste y sus pájaros que trinan graves
Su gran corazón a todos nos hospeda
Allí se implora, perdona y aconseja
Su despejada frente, los labios besados
Su muñeca enguantada de huesos
Que he sostenido en mi mano
Sus afrodisíacos y afeites
El cuerpo divino y su vía crucis
Que recorrí, sus palpitaciones
Su bebé nonato que llora «mami»
Entre los despojos de su cuerpo
Sus ojos-párpados adorables que sorbí
Sus uñas rosas rotas
Su acento «arrastrado» según dicen
Que yo escuché, que se vertió
En mi corazón y me rebosó
De amor, y me mató
Pero me rehízo
Con algo a lo que aspirar
¿Se puede pedir más?
Una chica del oeste con su gato gordo
Que mira sus ojos verdes
Y maúlla, «Te quiere», y maúlla otra vez

PELO NEGRO

Anoche mis besos se apilaron bajo su pelo negro
Y en la cama, mi amante, su pelo era negro
    azabache
Y todo su misterio se alojaba en el pelo negro
Que enmarcaba una cara como un corazón feliz

And heavy-hooded eyes inside her black hair
Shined at me from the depths of her hair of
    deepest black
While my fingers pushed into her straight black
hair
Pulling her black hair back from her happy
    heart-shaped face
To kiss her milk-white throat, a dark curtain
    of black hair
Smothered me, my lover with her beautiful
    black hair
The smell of it is heavy. It is charged with life
On my fingers the smell of her deep black hair
Full of all my whispered words, her black hair
And wet with tears and goodbyes, her hair of
    deepest black
All my tears cried against her milk-white throat
Hidden behind the curtain of her beautiful
    black hair
As deep as ink and black, black as the deepest sea
The smell of her black hair upon my pillow
Where her head and all its black hair did rest
Today she took a train to the West
Today she took a train to the West
Today she took a train to the West

IDIOT PRAYER

They're taking me down, my friend
And as they usher me off to my end
Will I bid you adieu?
Or will I be seeing you soon?
If what they say around here is true
Then we'll meet again
Me and you

234

Y los ojos encapuchados en su negro pelo
Me brillaban desde las profundidades del más
    hondo pelo negro
Mientras mis dedos mesaban su pelo negro
    y lacio
Despeinando el negro pelo de su cara como un
    corazón feliz
Para besar su garganta láctea, un oscuro telón
    de negro pelo
Me sepultaba, mi amante con su hermoso pelo
    negro
Y su olor denso. Impregnado de vida
El olor de su hondo pelo negro en mis dedos
Lleno de mis susurros, su pelo negro
Y húmedo de lágrimas y adioses, su pelo
    negrísimo
Y mis lágrimas lloraron contra su garganta láctea
Escondida tras el telón de hermoso pelo negro
Denso como la tinta y negro, negro como el mar
    más profundo
El olor de su pelo negro en mi almohada
Donde su cabeza con todo su negro pelo reposaba
Hoy tomó un tren al oeste
Hoy tomó un tren al oeste
Hoy tomó un tren al oeste

PLEGARIA IDIOTA

Me van a liquidar, mi amiga
Y mientras me encaminan hacia el final
¿Nos perderemos de vista?
¿O pronto nos volveremos a ver?
Si es cierto lo que por aquí se dice
Tú y yo
Nos veremos otra vez

My time is at hand, my dove
They're gunna pass me to that house above
Is Heaven just for victims, dear?
Where only those in pain go?
Well, it takes two to tango
We will meet again, my love
I know

If you're in Heaven, then you'll forgive me, dear
Because that's what they do up there
But if you're in Hell, then what can I say
You probably deserved it anyway
I guess I'm gunna find out any day
For we will meet again
And there'll be Hell to pay
Your face comes to me from the depths, dear
Your silent mouth mouths, 'Yes,' dear
Dark red and big with blood
They're gunna shut me down, my love
They're gunna launch me into the stars
Well, all things come to pass
Yeah, Glory Hallelujah

This prayer is for you, my love
Sent on the wings of a dove
An idiot prayer of empty words
Love, dear, is strictly for the birds
We each get what we deserve
My little snow white dove
Rest assured

Mi hora se acerca, paloma
Me van a trasladar arriba
¿El cielo es para víctimas solo, querida?
¿Adonde solo van los afligidos?
Para bailar se necesitan dos
Nos veremos otra vez, mi amor
Lo sé

Si estás en el cielo, me perdonarás, querida
Porque es lo que se hace allá arriba
Pero si estás en el infierno, qué puedo decir
Que quizá te lo ganaste
Supongo que algún día lo sabré
Pues nos veremos otra vez
Y se armará la gorda
Tu rostro viene a mí desde las profundidades,
    querida
Tu boca muda formula un «sí», querida
Boca encarnada y gruesa, ensangrentada
Me van a cancelar, amor
Proyectarme hasta las estrellas
Bueno, todo debe pasar
Sí, gloria aleluya

Esta plegaria es para ti, mi amor
La mando sobre las alas de una paloma
Una plegaria idiota de palabras huecas
El amor, querida, es solo para pájaros
Nosotros dos tenemos lo que merecemos
Mi palomita nívea
Ya te digo

FAR FROM ME

For you, dear, I was born
For you I was raised up
For you I've lived and for you I will die
For you I am dying now
You were my mad little lover
In a world where everybody fucks everybody
    else over
You who are so
Far from me
So far from me
Way across some cold neurotic sea
Far from me

I would talk to you of all manner of things
With a smile you would reply
Then the sun would leave your pretty face
And you'd retreat from the front of your eyes
I keep hearing that you're doing your best
I hope your heart beats happy in your infant breast
You are so far from me
Far from me
Far from me

There is no knowledge but I know it
There's nothing to learn from that vacant voice
That sails to me across the line
From the ridiculous to the sublime
It's good to hear you're doing so well
But really, can't you find somebody else that you
    can ring and tell?
Did you ever care for me?
Were you ever there for me?
So far from me

LEJOS DE MÍ

Por ti, querida, yo nací
Por ti, me sobrepuse
Por ti viví y voy a morir por ti
Por ti ya estoy muriendo
Eras mi amante loquita
En un mundo donde todos joden al prójimo
Tú que estás
Tan lejos de mí
Tan lejos de mí
En la otra orilla de algún mar frío y neurótico
Lejos de mí

Contigo hablaba de todas las cosas
Respondías con una sonrisa
Luego el sol se retiraba de tu cara bonita
Y te escondías tras tu mirada
Oigo decir que las cosas van bien
Espero que palpite feliz tu pecho infantil
Estás tan lejos de mí
Lejos de mí
Lejos de mí

Sin saberlo yo ya sé
Nada se aprende de esa voz vacía
Que navega hasta mí por la línea
Que va de lo ridículo a lo sublime
Es bueno saber que todo va bien
Pero, ¿no tienes a nadie más a quien llamar y
    contarle?
¿De verdad te importé alguna vez?
¿Alguna vez te ocupaste de mí?
Tan lejos de mí

You told me you'd stick by me
Through the thick and through the thin
Those were your very words
My fair-weathered friend
You were my brave-hearted lover
At the first taste of trouble went running back
   to mother
So far from me
Far from me
Suspended in your bleak and fishless sea
Far from me
Far from me

GREEN EYES

Kiss me again, re-kiss me and kiss me
Slip your frigid hands beneath my shirt
This useless old fucker with his twinkling cunt
Doesn't care if he gets hurt

Green eyes, green eyes
Green eyes, green eyes

If it were but a matter of faith
If it were measured in petitions and prayer
She would materialize, all fleshed out
But it is not, nor do I care

Green eyes, green eyes
Green eyes, green eyes

So hold me and hold me, don't tell me your name
This morning will be wiser than this evening is
Then leave me to my enemied dreams

Dijiste que estarías junto a mí
A las duras y a las maduras
Esas fueron tus palabras exactas
Amiga en los tiempos propicios
Fuiste mi intrépida amante
Y cuando el viento cambió te volviste ya con
   tu madre
Tan lejos de mí
Lejos de mí
Suspendida en tu mar inhóspito, muerto
Lejos de mí
Lejos de mí

OJOS VERDES

Bésame otra vez, re-bésame y bésame
Desliza tus gélidas manos bajo mi camisa
A este mamón viejo e inútil con su coño rutilante
Poco le importa si le lastiman

Ojos verdes, ojos verdes
Ojos verdes, ojos verdes

Si fuera una cuestión de fe
Si se resolviera en súplicas y plegarias
Ella se materializaría, encarnada
Pero no es así, ni me importa

Ojos verdes, ojos verdes
Ojos verdes, ojos verdes

Así que agárrame, agárrame, no me digas tu
   nombre
La mañana será más sabia que la noche presente
Abandóname luego a mis sueños hostiles

And be quiet as you are leaving, Miss

Green eyes, green eyes
Green eyes, green eyes

LITTLE EMPTY BOAT

You found me at some party
You thought I'd understand
You barrelled over to me
With a drink in each hand
I respect your beliefs, girl
And I consider you a friend
But I've already been born once
I don't wanna be born again
Your knowledge is impressive
And your argument is good
But I am the resurrection, babe
And you're standing on my foot

But my little boat is empty
It don't go!
And my oar is broken
It don't row, row, row!
My little boat is empty
It don't go!
And my oar is broken
It don't row, row, row!

Your tiny little face
Keeps yapping in the gloom
Seven steps behind me
With your dustpan and broom
I can't help but imagine you

Y vete en silencio, Señora

Ojos verdes, ojos verdes
Ojos verdes, ojos verdes

EL BARQUITO VACÍO

Me encontraste en una fiesta
Creíste que lo entendería
Cuando me soltaste los perros
Con una copa en cada mano
Respeto tus creencias, guapa
Y te considero una amiga
Pero ya nací una vez
No quiero renacer ahora
Impresionan tus conocimientos
Y tu razonamiento funciona
Pero yo soy la resurrección, nena
Y tú me estás pisando el pie

Pero mi barquito está vacío
¡No tira!
Y mi remo está roto
¡No rema, rema, rema!
Mi barquito está vacío
¡No tira!
Y mi remo está roto
¡No rema, rema, rema!

Tu rostro diminuto
Sigue parloteando en la penumbra
Siete pasos por detrás
Con tu recogedor y la escoba
No puedo más que imaginarte

All postured and prone
But there's a little guy on my shoulder
Says I should go home alone
But you keep leaning in on me
And you're looking pretty pissed
That grave you've dug between your legs
Is hard to resist

But my little boat is empty
It don't go!
And my oar is broken
It don't row, row, row!
My little boat is empty
It don't go!
And my oar is broken
It don't row, row, row!

Give to God what belongs to God
And give the rest to me
Tell our gracious host to fuck himself
It's time for us to leave

But my little boat is empty
It don't go!
And my oar is broken
It don't row, row, row!
My little boat is empty
It don't go!
And my oar is broken
It don't row, row, row!

Zalamera y dispuesta
Pero hay un tipejo en mi hombro
Dice que me voy a casa solo
Aunque te me sigues arrimando
Y se te ve algo puteada
No es fácil resistirse
A la tumba que cavaste en tu entrepierna

Pero mi barquito está vacío
¡No tira!
Y mi remo está roto
¡No rema, rema, rema!
Mi barquito está vacío
¡No tira!
Y mi remo está roto
¡No rema, rema, rema!

Dad a Dios lo que es de Dios
Y el resto me lo dais a mí
Que se joda el anfitrión
Ya es hora de irse

Pero mi barquito está vacío
¡No tira!
Y mi remo está roto
¡No rema, rema, rema!
Mi barquito está vacío
¡No tira!
Y mi remo está roto
¡No rema, rema, rema!

COME INTO MY SLEEP

Now that mountains of meaningless words
And oceans divide us
And we each have our own set of stars
To comfort and guide us
Come into my sleep
Come into my sleep
Dry your eyes and do not weep
Come into my sleep

Swim to me through the deep blue sea
Upon the scattered stars set sail
Fly to me through this love-lit night
From one thousand miles away
And come into my sleep
Come into my sleep
As midnight nears and shadows creep
Come into my sleep

Bind my dreams up in your tangled hair
For I am sick at heart, my dear
Bind my dreams up in your tangled hair
For all sorrow it will pass, my dear

Take your accusations, your recriminations
And toss them into the ocean blue
Leave your regrets and impossible longings
And scatter them across the sky behind you
And come into my sleep
Come into my sleep
For my soul to comfort and keep
Come into my sleep
Dry your eyes and come into my sleep

ENTRA EN MI SUEÑO

Ahora que montañas de palabras sin sentido
Y océanos nos dividen
Y cada cual cuenta con su propia serie de estrellas
Para consolarnos y guiarnos
Entra en mi sueño
Entra en mi sueño
Seca tus ojos, no llores
Entra en mi sueño

Nada hacia mí por el hondo mar azul
Zarpa según las estrellas indiquen
Vuela hacia mí por esta noche que ilumina el amor
Recorre mil millas
Y entra en mi sueño
Entra en mi sueño
Mientras se acerca medianoche y avanzan
    las sombras
Entra en mi sueño

Enlaza mis sueños con tu pelo revuelto
Pues mi corazón está herido, querida
Enlaza mis sueños con tu pelo revuelto
Porque todo dolor pasará, querida

Tus acusaciones y reproches
Arrójalos al océano
Deja tus pesares e imposibles anhelos
Y espárcelos por el cielo a tu espalda
Y entra en mi sueño
Entra en mi sueño
Para consolar mi alma y salvarla
Entra en mi sueño
Seca tus ojos y entra en mi sueño

RIGHT NOW, I AM A-ROAMING

When I get home
I'm gunna clean up my house
When I get home
I'm gunna kick out that mouse
When I get home
I'm gunna put things in order
But right now, right right now
Right now, I am a-roaming

When I get home
I'm gunna make that call
When I get home
I'm gunna talk it through
When I get home
I'm gunna straighten it out
But right now, right now
Right now, I am a-roaming

When I get home
I'm gunna give up the booze
When I get home
I'm gunna eat some food
When I get home
I'm gunna kick them drugs
But right now, right now
Right now, I am a-roaming

When I get home
I'm gunna call my mother
When I get home
I'm gunna cook her some dinner
When I get home
I'm gunna invite my brothers
But right now, right right now
Right now, I am a-roaming

AHORA MISMO, VAGABUNDEO

Cuando llegue a casa
La voy a limpiar
Cuando llegue a casa
Voy a echar al ratón
Cuando llegue a casa
Voy a poner orden
Pero ahora mismo, ahora mismo
Ahora mismo, vagabundeo

Cuando llegue a casa
Haré esa llamada
Cuando llegue a casa
Lo soltaré todo
Cuando llegue a casa
Lo voy a arreglar
Pero ahora mismo, ahora mismo
Ahora mismo, vagabundeo

Cuando llegue a casa
Dejaré la priva
Cuando llegué a casa
Algo comeré
Cuando llegue a casa
Me quitaré de las drogas
Pero ahora mismo, ahora mismo
Ahora mismo, vagabundeo

Cuando llegue a casa
Llamaré a mi madre
Cuando llegue a casa
Prepararé algo de cena
Cuando llegue a casa
Invitaré a mis hermanos
Pero ahora mismo, ahora mismo
Ahora mismo, vagabundeo

When I get home
I'm gunna see my little boy
When I get home
I'm gunna buy him a toy
When I get home
He's gunna jump for joy
But right now, right right now
Right now, I am a-roaming

When I get home
I'm gunna unpack my bags
When I get home
I'm gunna wash these dirty rags
When I get home
I'm gunna pack them up again
And I'm gunna go, I'm gunna go
Right back a-roaming

Cuando llegue a casa
Veré a mi hijito
Cuando llegué a casa
Le haré un regalito
Cuando llegué a casa
Va a saltar de alegría
Pero ahora mismo, ahora mismo
Ahora mismo, vagabundeo

Cuando llegue a casa
Desharé las maletas
Cuando llegue a casa
Haré la colada
Cuando llegue a casa
Empacaré de nuevo
Y voy a salir, a salir
Otra vez de vagabundeo

BABE, I GOT YOU BAD

Babe, I got you bad
Dreaming blood-wet dreams
Only madmen have
Babe, I got you bad
I wish to God I never had
It makes me so damn sad
O babe, I got you bad
Yeah babe, I got you bad

I long for your kiss
The turn of your mouth
Your body is a long thing
Heading South
And I don't know what I'm talking about

NENA, ME PIRRO POR TI

Nena, me pirro por ti
Y sueño ensangrentados sueños
Que solo sueñan los locos
Nena, me pirro por ti
Ojalá no fuera así
Tan triste me hace sentir
Ay, nena, me pirro por ti
Sí, nena, me pirro por ti

Anhelo tu beso
El contorno de tu boca
Tu cuerpo es una cosa larga
Dirigiéndose al sur
Y no sé de qué hablo

All my words have gone mad
O babe, I got you bad

The seasons have gone wrong
And I lay me down in a bed of snow
Darling, since you been gone
My hands, they don't know where to go
And all my teeth are bared
I got you so much I'm scared
O baby, I got you bad

With a sweep of my hand
I undid all the plans
That exploded the moment I kissed you
On your small hot mouth
And your caramel limbs
Which are hymns to the glory that is you
Look at me darling, it's sad sad sad
Look at me darling, it's sad sad sad
Baby, I got you bad

Smoke billowing from the bridges
And the rivers we swam in are boiling
My hands are reaching for you everywhere
But you're not there, or you're recoiling
A weary moon dangles from a cloud
O honey, I know it's not allowed
To say I got you bad

Mis palabras han enloquecido
Ay, nena, me pirro por ti

Las estaciones se han embarullado
Y yo me tiendo sobre un lecho de nieve
Cariño, desde que te fuiste
Mis manos no saben dónde ir
Y ando enfurruñado
Me asusta pirrarme así
Ay, nena, me pirro por ti

Con un gesto de la mano
Deshice mis planes
Que estallaron al besarte
En tu ardiente boquita
Y tus miembros de caramelo
Que son himnos a la gloria que tú eres.
Mirarme, cariño, es triste, bien triste
Mirarme, cariño, es triste, bien triste
Nena, me pirro por ti

El humo ondea desde los puentes
Y hierven los ríos en que nadamos
Mis manos tienden a ti en todas partes
Pero no estás allí, o te estás yendo
Una luna agotada se mece en una nube
Ay, amor, sé que no se permite
Decir que me pirro por ti

THE BRIDLE PATH

Luck kissed my brow and held me close
Said, 'I can no longer stay
My brother will watch over you
While I'm gone away'

'You two will get on fine,' he said
But he really did not convince
The sun turned grey as he rode away
And I haven't seen him since

'I didn't catch your name,' I said
Luck's brother answered so
'My name is Love,' he said to me
'I'm sad to see my brother go'

His teeth were straight and pearly white
His eyes the clearest blue
And when he spoke a second time
His voice was rich and smooth
'Look yonder,' said Love and pointed
Then gave a winning little laugh
I saw the prettiest young thing, with a wedding ring
Walk down the bridle path

———

WIFE

Here she comes, my wife
See her down on the street
Well, yeah, she's mine, supine
Or up on her feet

Yeah, here she comes
Through the dog-breath heat

CAMINO DE HERRADURA

Suerte me besó en la frente y me retuvo
Dijo, «No puedo quedarme más
En mi ausencia
Mi hermano te vigilará»

«Os llevaréis muy bien», dijo
Pero no fue muy convincente
Al partir, el sol se volvió gris
Y ya no la he visto más

«No entendí tu nombre», dije
Y el hermano de Suerte respondió
«Me llamo Amor,
Lástima que se vaya mi hermano»

Tenía los dientes rectos y blancos como perlas
Sus ojos eran del azul más celeste
Y cuando habló por segunda vez
Su voz sonó profunda y calma
«Mira allí», dijo Amor y señaló
Con una risita triunfante
Entonces vi a la cosita más bella con anillo nupcial
Marchando por el camino de herradura

———

ESPOSA

Ahí viene, es mi mujer
Mírala calle abajo
Pues sí, es mía, tanto boca arriba
Como puesta en pie

Sí, ahí viene
Bajo este bochorno atroz

With her concertina spine	*Con su espinazo de acordeón*
And her ballerina feet	*Y sus pies de bailarina*
Under a punishing sun	*Bajo un sol castigador*
Under a red and green umbrella	*Bajo un paraguas rojiverde*
Call her name and beat the drum	*Llámala y que su nombre suene*
Through the condominiums and the favelas	*Entre bloques de pisos y favelas*
God is gone. We got to get a new one	*Dios se fue. Hay que pillar otro nuevo*
Not lock Him down in cathedrals and cages	*Sin encerrarle en jaulas ni catedrales*
I found the eternal woman	*Hallé a la eterna mujer*
The fire that leapt from Solomon's pages	*Las llamas que ardían en las páginas de Salomón*
O baby, here she comes	*Oh, nena, ahí viene*
My righteous, ringless bride	*Mi novia sin anillo, tan buena*
She is the soul of an ailing continent	*Es el alma de un continente decaído*
She is Latin America's pride	*El orgullo de América Latina*
There she runs, through the rain	*Viene corriendo, bajo la lluvia*
Through cities of packed dirt and bone	*Por ciudades plagadas de mierda y huesos*
She's prepared to accept the burden of the world's great pain	*Está dispuesta a aceptar la carga del gran dolor del mundo*
Provided you accept the burden of your own	*Siempre que tú aceptes la carga del tuyo*
Ah, here she comes	*Ah, ahí viene*
I will love her for all time	*La amaré para siempre*
In her little, small floral skirt, so short	*Con su faldita floral, tan corta*
Defying rhythm, defying rhyme	*Desafiando el ritmo y la rima*
The cats are crying like babies	*Los gatos lloran como nenes*
Up and down the alleys	*Rondando por los callejones*
The kids are howling like cats	*Los chicos como gatos aúllan*
With not enough in their bellies	*Gatos de barrigas huecas*
Here, she's gaily tripping through the streets	*Mira, ahí va brincando feliz por las calles*
Cats and kids stop to stare	*Gatos y niños se detienen a verla*

The kids all bang their guitars
They shoot their guns into the air

She don't carry no gun
Her lips are loaded up with kisses
She got kisses all around her hips
She got them criss-crossing her breasts

Keep playing that song
Don't let the band go home
I tell you God is gone
We are on our own

Yeah, here she comes
In a dress of red and yellow
Up the steps to our home
I got something to tell her

I say, I say, b-b-b-b-b-baby!
Ye-e-e-e-ah! Yea-a-a-a-h! Uh-huh!
O b-b-b-baby!
A-a-a-ah here she comes!

OPIUM TEA

Here I sleep the morning through
Until the call to prayer awakes me
And there is nothing to do but rise
And follow the day wherever it takes me
I stand at the window and look at the sea
Then I make me a pot of opium tea

Down at the port I watch the boats come in
Watching boats come in can do something to you
And the kids gather round with outstretched hand

Los niños aporrean sus guitarras
Disparan sus pistolas al aire

Ella no lleva arma alguna
Sus labios van cargados de besos
Y los besos rodean sus caderas
También se entrecruzan en sus pechos

Sigue tocando ese tema
No dejes que la banda se vaya
Te dije que Dios se fue
Nos hemos quedado solos

Sí, ahí viene ella
En un vestido rojo y amarillo
Por los escalones de casa
Le tengo que decir una cosa

Digo, digo, ¡n-n-n-n-nena!
¡Sí-í-í-í! ¡Sí-í-í-í! ¡Ey!
¡Ay, n-n-n-nena!
¡A-a-ahí viene ella!

TÉ DE OPIO

Aquí duermo la mañana entera
Hasta que me despierta la llamada a la oración
Y no hay más que hacer sino levantarse
Y seguir las horas donde quiera que lleven
Estoy junto a la ventana y miro el mar
Luego me preparo una infusión de opio

En el puerto contemplo los barcos que arriban
Surte cierto efecto ver cómo los barcos entran
Y los chavales se apiñan alargando las manos

And I toss them a dirham or two
And I wonder if my children are thinking of me
For I am what I am and what will be will be
I wonder if my kids are thinking of me
And I smile and I sip my opium tea

At night the sea lashes the rust red ramparts
And the shapes of hooded men move past me
And the mad moaning wind, it laughs and it laughs
At the strange lot that fate has cast me
And the cats on the rampart sing merrily
That I am what I am and what will be will be
The cats on the rampart sing merrily
And I sit and I drink my opium tea

I'm a prisoner here, I can never go home
There is nothing here to win or to lose
There are no choices needing to be made at all
Not even the choice of having to choose
I am a prisoner, yes, but I am also free
'Cause I am what I am and what will be will be
I'm a prisoner here, yes, but I'm also free
And I smile and I sip my opium tea

THE SWEETEST EMBRACE

Our time is done, my love
We've laid it all to waste
One thousand moonlit kisses
Can't sweeten this bitter taste
My desire for you is endless
And I'll love you 'til we fall
I just don't want you no more
And that's the sweetest embrace of all

Y les arrojo un dírham o dos
Me pregunto si mis hijos están pensando en mí
Porque yo soy lo que soy y lo que sea será
Me pregunto si mis hijos piensan en mí
Y sonrío y sorbo mi té de opio

De noche la mar azota los murallones oxidados
Y ante mí pasan sombras de hombres encapuchados
Y el gemido del viento enloquecido ríe y ríe
Por la extraña suerte que el destino me asigna
Y los gatos de la muralla cantan alegremente
Que yo soy lo que soy y lo que sea será
Los gatos en la muralla cantan alegremente
Y yo me siento y me bebo mi té de opio

Soy aquí un prisionero, no puedo volver
No hay nada aquí que ganar o perder
Ni decisiones tampoco que deba tomar
Ni siquiera la opción de tener que elegir
Soy un reo, sí, pero libre también
Porque soy lo que soy y lo que sea será
Soy un reo, sí, pero libre también
Que sonríe y sorbe su té de opio

EL ABRAZO MÁS DULCE

Se acabó nuestro tiempo, mi amor
Lo hemos echado a perder
Mil besos bajo la luna
No pueden endulzar esta amargura
Mi deseo por ti es infinito
Y te amo hasta la rendición
Solo que ya no te quiero conmigo
Y ese es el abrazo más dulce

To think we can find happiness	*Pensar que podemos hallar la felicidad*
Hidden in a kiss	*Escondida en un beso*
Ah, to think we can find happiness	*Ah, pensar que podemos hallar la felicidad*
That's the greatest mistake there is	*Ahí está el gran error*
There is nothing left to cling to, babe	*No hay ya nada a qué agarrarse, nena*
There is nothing left to soil	*No hay nada más que ensuciar*
I just don't want you no more	*Ya no te quiero conmigo*
And that's the sweetest embrace of all	*Y ese es el abrazo más dulce*
O where did it begin	*Ay, dónde empezó todo*
When all we did was lose	*Cuando nos dedicábamos solo a perder*
There's nothin' left to win	*Nada queda por ganar*
So lay your weapons down	*Así que rinde tus armas*
They serve no purpose in your hands	*No hacen nada en tus manos*
And if you wanna hold me	*Y si quieres sujetarme*
Then go ahead and hold me	*Adelante, sujétame*
I won't upset your plans	*No voy a malograr tus planes*
If it's revenge you want	*Si es venganza lo que quieres*
Then take it, babe	*A por ella, nena*
Or you can walk right out the door	*O puedes salir por la puerta*
I just don't want you anymore	*Que ya no te quiero conmigo*
And that's the sweetest embrace of all	*Y ese es el abrazo más dulce*
O where did it begin	*Ay, dónde empezó todo*
When all we did was lose	*Cuando nos dedicábamos solo a perder*
There's nothin' left to win	*Nada queda por ganar*
It's over, babe	*Se acabó, nena*
And it really is a shame	*De verdad que es una lástima*
We are losers you and me, babe	*Nena, somos unos fracasados*
In a rigged and crooked game	*En una timba de tramposos*
My desire for you is endless	*Mi deseo por ti es infinito*
And I love you most of all	*Y te amo más que a todo*
I just don't want you no more	*Solo que ya no te quiero conmigo*
And that's the sweetest embrace of all	*Y ese es el abrazo más dulce*

LITTLE WATER SONG
(WITH BRUNO PISEK)

Under here, you just take my breath away
Under here, the water flows over my head
I can hear the little fishes

Under here whispering your most terrible name
Under here, they've given me starfish for eyes
And your head is a big red balloon

Under here, your huge hand is heavy on my chest
Ah, under here, Sir, your lovely voice retreats
And yes, you take my breath away

Look at my hair, as it waves and waves
Sir, under here, I have such pretty hair
Silver, it is, and filled with silver bubbles
And under here, my blood will be a cloud
And my dreams are made of water
And, Sir, you just take my breath away
For under here, my pretty breasts are piled high
With stones and I cannot breathe
And tiny fishes enter me

Under here, I am made ready
Under here, I am washed clean
And I glow with the greatness of my hate for you

CANCIONCILLA DEL AGUA
(CON BRUNO PISEK)

Aquí abajo, no me dejas respirar
Aquí abajo, el agua fluye sobre mi cabeza
Y puedo oír a los pececitos

Aquí abajo susurro tu nombre más aterrador
Aquí abajo, llevo estrellas de mar en los ojos
Y tu cabeza es un gran globo rojo

Aquí abajo, tu tremenda mano pesa sobre mi pecho
Ay, aquí abajo, Señor, se aleja su adorable voz
Y sí, no me deja respirar

Mira mi pelo, que ondea, ondea
Señor, aquí abajo, es tan hermoso mi pelo
Plateado, y coronado de burbujitas
Y aquí abajo, mi sangre será una nube
Y mis sueños son de agua
Y, Señor, no me deja respirar
Pues aquí abajo, mis senos se apretujan
Con piedras y no puedo respirar
Y pececitos me penetran

Aquí abajo, ya estoy lista
Aquí abajo, bien limpita
Y brillo con la grandeza de mi odio hacia ti

STILL YOUR FACE COMES SHINING THROUGH

I've learned from you
A thing or two
About the fine art of peeling grapes
Down on the floor
Where I worship and adore
You up in your litter
With your ivory and apes

Still your face comes shining through
Still your face comes shining through
Still your face comes shining through
Still your face comes shining through

I light a cigarette
And try to forget
But through my window that melody sails
A lone violin
Playing some fucking thing
From Ireland or Scotland or Wales

Still your face comes shining through
Still your face comes shining through
Still your face comes shining through
Still your face comes shining through

I look at you
You look at me too
And deep in our hearts we know it
I read it the news
You weren't much of a muse
But then I weren't much of a poet

TU CARA SIGUE BRILLANDO

Aprendí de ti
Una cosa o dos
Sobre el lindo arte de pelar uvas
En el suelo
Donde te venero y adoro
A ti, de pie en tu catre
Con tu marfil y tus monos

Y tu cara se ilumina aún
Y tu cara se ilumina aún
Y tu cara se ilumina aún
Y tu cara se ilumina aún

Enciendo un cigarrillo
Y trato de olvidar
Pero aquella melodía va hasta mi ventana
Suena un violín
Que toca un puto tema
De Irlanda, Gales o Escocia

Y tu cara se ilumina aún
Y tu cara se ilumina aún
Y tu cara se ilumina aún
Y tu cara se ilumina aún

Yo te miro
Tú me miras
Y en nuestros corazones lo sabemos
Lo leí en las noticias
No fuiste una gran musa
Ni yo un poeta de veras

250

Still your face comes shining through
Still your face comes shining through
Still your face comes shining through
Still your face comes shining through

There's a language of love
That rises above
All knowledge and science and art
It doesn't take much
Just a whisper and a touch
To thoroughly demolish a heart

Still your face comes shining through
Still your face comes shining through
Still your face comes shining through
Still your face comes shining through

SWEET LITTLE SLEEP

It's sad
When your eyes look back
Seems that time
Gets tired of everyone
They say that time heals everything
But I'm still crying
You can tell them from me
That they is a liar

Sweet little sleep
Sweet little sleep
Have the years been kind to you?
Or have they broken your heart in two?
Sweet little sleep
Sweet little sleep

Y tu cara se ilumina aún
Y tu cara se ilumina aún
Y tu cara se ilumina aún
Y tu cara se ilumina aún

Existe un lenguaje del amor
Que se eleva por encima
Del conocimiento, la ciencia y el arte
Con bien poco
Solo un contacto o un susurro
Se destruye un corazón

Y tu cara se ilumina aún
Y tu cara se ilumina aún
Y tu cara se ilumina aún
Y tu cara se ilumina aún

DULCE SUEÑECITO

Es triste
Cuando tus ojos miran atrás
Parece que el tiempo
Se cansa de cada cual
Aunque dicen que lo cura todo
Yo sigo llorando
Les puedes decir de mi parte
Que son unos mentirosos

Dulce sueñecito
Dulce sueñecito
¿Los años se portaron bien contigo?
¿O te han partido el corazón en dos?
Dulce sueñecito
Dulce sueñecito

My friends don't come around anymore
Anyway I don't answer the door
Me, I move with the ghosts now
They say there's plenty of fish in the sea
How dare they say that to me?

Sweet little sleep
Sweet little sleep
Have the years been good to you?
Have they broken your heart in two?
Baby
Sweet little sleep

Mis amigos ya no me visitan más
Aunque yo jamás abro la puerta
Ahora vivo en compañía de espectros
Dicen que el mar rebosa de peces
¿Cómo osan decirme algo así?

Dulce sueñecito
Dulce sueñecito
¿Los años se portaron bien contigo?
¿O te han partido el corazón en dos?
Nena
Dulce sueñecito

SHEEP MAY SAFELY GRAZE

Sheep may safely graze
All the wolves have been rounded up and put to bed
Sheep may safely graze
There are only days of happiness up ahead
Sheep may safely graze, my boy
All the crocodiles have been hunted from your dreams
Sheep may safely graze
Woolly lambs are gambolling by the streams
Sheep may safely graze
All the lost children will be found in time
Sheep may safely graze, my boy, close your eyes
Your daddy is by your side
And if by chance you wake at night
And a hollow sorrow that lingers
And you grab at the tails of your dreams
But they scuttle through your fingers
All you can hear outside is the roar of a city
    being razed
That's just the powers that be making it safe
    to graze

LAS OVEJAS PUEDEN PACER EN PAZ

Las ovejas pueden pacer en paz
Los lobos han sido cercados y finados
Las ovejas pueden pacer en paz
Ya solo nos esperan días de felicidad
Hijo, las ovejas pueden pacer en paz
Los cocodrilos de tus sueños, los han cazado
Las ovejas pueden pacer en paz
Los lanosos corderos retozan junto a los arroyos
Las ovejas pueden pacer en paz
Sanos y salvos encontraran a los niños perdidos
Las ovejas pueden pacer en paz, hijo, cierra los ojos
Tu papá está junto a ti
Y si resulta que te despiertas de noche
Y aquel pesar informe que insiste
Y agarras tus sueños por la cola
Pero se te escurren de los dedos
Lo que afuera se escucha es el fragor de una
    ciudad que arrasan
Son los poderes vivos asegurándose que se
    pace en paz

Sheep may safely graze
The bluebirds have chased the vultures from
    the skies
Sheep may safely graze
The day is merely gone now and closed its eyes
Sheep may safely graze, my boy
All the fishes are leaping into the nets
Sheep may safely graze
This, my darling, is as good as it gets
Sheep may safely graze
All the lost children will be found in time
Sheep may safely graze, my boy, close your eyes
Your daddy is by your side

If you should wake tomorrow and the fences are
    all torn down
The woods are full of howling beasts and there
    ain't nobody around
And everything seems foreign to your little ways
That's just the gods above making it safe to graze
The fox has its home, the bird has its nest
But the son of man has no place to lay his head
    and rest

Las ovejas pueden pacer en paz
Los azulillos han echado a los buitres de los cielos
Las ovejas pueden pacer en paz
El día terminó y ya cerró sus ojos
Hijo, las ovejas pueden pacer en paz
Todos los peces van brincando a sus redes
Las ovejas pueden pacer en paz
Hijo mío, mejor no puede ser
Las ovejas pueden pacer en paz
Sanos y salvos encontrarán a los niños perdidos
Las ovejas pueden pacer en paz, hijo mío, cierra
    los ojos
Tu papá está junto a ti

Si te despertaras mañana y aparecieran
    derribadas las vallas
Sin nadie alrededor y las bestias del bosque
    campando a sus anchas
Y todo resulta ajeno a lo que estás habituado
Son solo los dioses asegurándose que se pace
    en paz
El pájaro tiene su nido y el zorro su zorrera
Pero el hijo del hombre no tiene donde reposar
    la cabeza

NO MORE SHALL WE PART (2001)

AS I SAT SADLY BY HER SIDE/
AND NO MORE SHALL WE PART/
HALLELUJAH/
LOVE LETTER/
FIFTEEN FEET OF PURE WHITE SNOW/
GOD IS IN THE HOUSE/
O MY LORD/
SWEETHEART COME/
WE CAME ALONG THIS ROAD/
THE SORROWFUL WIFE/
GATES TO THE GARDEN/
DARKER WITH THE DAY/

LITTLE JANEY'S GONE/
A GRIEF CAME RIDING/
A GOOD, GOOD DAY/
BLESS HIS EVER-LOVING HEART

MIENTRAS ME SENTABA TRISTE A SU LADO/
YA NO NOS SEPARAREMOS MÁS/
ALELUYA/
CARTA DE AMOR/
QUINCE PIES DE PURA NIEVE/
DIOS ESTÁ EN LA CASA/
OH, DIOS MÍO/
VEN, CORAZÓN MÍO/
VINIMOS POR ESTE CAMINO/
LA ESPOSA AFLIGIDA/
PUERTAS AL JARDÍN/
MÁS OSCURO CON EL DÍA/

SE FUE LA PEQUEÑA JANEY/
UNA PENA CABALGANDO VINO/
UN DÍA BUENO DE VERDAD/
BENDICE SU AMANTÍSIMO CORAZÓN

AS I SAT SADLY BY
HER SIDE

As I sat sadly by her side
At the window, through the glass
She stroked a kitten in her lap
And we watched the world as it fell past
Softly she spoke these words to me
And with brand-new eyes, open wide
We pressed our faces to the glass
As I sat sadly by her side

She said, 'Father, mother, sister, brother
Uncle, aunt, nephew, niece
Soldier, sailor, physician, labourer
Actor, scientist, mechanic, priest
Earth and moon and sun and stars
Planets and comets with tails blazing
All are there forever falling
Falling lovely and amazing'

Then she smiled and turned to me
And waited for me to reply
Her hair was falling down her shoulders
As I sat sadly by her side

As I sat sadly by her side
The kitten she did gently pass
Over to me and again we pressed
Our different faces to the glass
'That may be very well,' I said
'But watch that one falling in the street
See him gesture to his neighbours
See him trampled beneath their feet
All outward motion connects to nothing
For each is concerned with their immediate need

MIENTRAS ME SENTABA
TRISTE A SU LADO

Mientras me sentaba triste a su lado
Junto a la ventana, tras el cristal
Acariciaba un gatito en su regazo
Y contemplábamos el mundo que caía ante nosotros
Me dijo suavemente unas palabras
Y con ojos nuevos, como platos
Apretamos las caras contra el cristal
Mientras me sentaba triste a su lado

Dijo, «Padre, madre, hermana, hermano
Tío, tía, sobrino, sobrina
Soldado, marino, médico, obrero
Actor, científico, mecánico, cura
Tierra y luna y sol y estrellas
Planetas y cometas de ardientes colas
Todos ahí cayendo para siempre
Cayendo adorablemente, qué espectáculo»

Luego sonrió y se volvió hacia mí
Y esperó a que respondiera
El pelo que le caía por los hombros
Mientras me sentaba triste a su lado

Mientras me sentaba triste a su lado
Suavemente me tendió el gatito
Y de nuevo apretamos las caras
Diversas contra el cristal
«Puede muy bien ser así», dije
«Pero mira a aquel que se cae por la calle
Cómo gesticula a sus vecinos
Cómo le pisotean
Todo movimiento exterior es inconexo
Pues cada cual se ocupa de su necesidad primera

Witness the man reaching up from the gutter
See the other one stumbling on who does not see'

With trembling hand I turned toward her
And pushed the hair out of her eyes
The kitten jumped back to her lap
As I say sadly by her side

Then she drew the curtains down
And said, 'When will you ever learn
That what happens there beyond the glass
Is simply none of your concern?
God has given you but one heart
You are not a home for the hearts of your brothers
And God does not care for your benevolence
Any more than he cares for the lack of it in others
Nor does he care for those who sit
At windows in judgement of the world He created
While sorrows pile up around him
Ugly, useless and over-inflated'

At which she turned her head away
Great tears leaping from her eyes
I could not wipe the smile from my face
As I sat sadly by her side

Contempla al tipo tender la mano de la alcantarilla
Y mira al otro que tropieza con quien no ve»

Con mano temblorosa me volví hacia ella
Y aparté el pelo de su rostro
El gatito saltó de nuevo en su regazo
Mientras me sentaba triste a su lado

Entonces bajó las cortinas
Y dijo, «¿Cuándo aprenderás
Que lo que pasa tras el cristal
Simplemente no va contigo?
Dios te dio un solo corazón
No eres un albergue de los corazones hermanos
Y a Dios no le importa tu bondad
Más de lo que le importa que otros no tengan
Ni le importan quienes están sentados
En las ventanas juzgando el mundo que creó Él
Mientras los pesares se acumulan a su alrededor
Feos, inútiles y exagerados»

Y así ella volvió su cabeza
Chorreando lagrimones
Yo no pude borrar la sonrisa en mi cara
Mientras me sentaba triste a su lado

AND NO MORE SHALL WE PART

And no more shall we part
It will no longer be necessary
No more will I say, dear heart
I am alone and she has left me

And no more shall we part

The contracts are drawn up, the ring is locked
    upon the finger
Never again will my letters start
Sadly, or in the depths of winter
And no more shall we part
All the hatchets have been buried now
And the birds will sing to your beautiful heart
Upon the bough

And no more shall we part
Your chain of command has been silenced now
And all of those birds would have sung to your
    beautiful heart
Anyhow

Lord, stay by me
Don't go down
I will never be free
If I'm not free now

Lord, stay by me
Don't go down
I never was free
What are you talking about?
For no more shall we part
And no more shall we part

YA NO NOS SEPARAREMOS MÁS

Ya no nos separaremos más
Ya no será necesario
Ya no repetiré más, corazón
Estoy solo y me dejó

Ya no nos separaremos más

Los contratos están listos, el anillo ciñe el dedo
Ya jamás mis cartas comenzarán
Tristemente, o en lo más duro del invierno
Ya no nos separaremos más
Las hachas ya están enterradas
Y los pájaros cantarán por tu noble corazón
Sobre la rama

Ya no nos separaremos más
Tu cadena de mando ha sido acallada
Pero igualmente
Todos esos pájaros habrían cantado por tu noble
    corazón
Sea como fuere

Señor, quédate a mi lado
No te vayas
Nunca seré libre
Si no lo soy ahora

Señor, quédate a mi lado
No te vayas
Nunca he sido libre
¿De qué hablas?
Pues ya no nos separaremos más
Ya no nos separaremos más

HALLELUJAH

On the first day of May I took to the road
I'd been staring out the window most of the
    morning
I'd watched the rain claw at the glass
And a viscous wind blew hard and fast
I should have taken that as a warning
As a warning As a warning
As a warning

I'd given my nurse the weekend off
My meals were ill prepared
My typewriter had turned mute as a tomb
And my piano crouched in the corner of my room
With all its teeth bared
All its teeth bared All its teeth bared
All its teeth bared

Hallelujah Hallelujah
Hallelujah Hallelujah

I left my house without my coat
Something my nurse would not have allowed
And I took the small roads out of town
I passed a cow, the cow was brown
And my pyjamas clung to me like a shroud
Like a shroud Like a shroud
Like a shroud

There rose before me a little house
With all hope and dreams kept within
And a woman's voice close to my ear
Said, 'Why don't you come in here?

ALELUYA

El 1 de mayo salí a la carretera
Durante la mañana había estado mirando por
    la ventana
Observando la lluvia que arañaba el cristal
Y un viscoso viento arremetía duro
Me tendría que haber servido de aviso
De aviso de aviso
De aviso

La enfermera libró el fin de semana
Las comidas estaban mal hechas
La máquina de escribir enmudeció como una
    tumba
Y el piano se agazapaba en un rincón de la
    habitación
Mostrando todos sus colmillos
Todos sus colmillos Todos sus colmillos
Todos sus colmillos

Aleluya Aleluya
Aleluya Aleluya

Salí de casa sin abrigo
Algo que mi enfermera no habría permitido
Y salí de la ciudad por carreteras secundarias
Pasé ante una vaca, que era marrón
Y el pijama se me pegaba como una mortaja
Como una mortaja Como una mortaja
Como una mortaja

Ante mí se erguía una casita
Que albergaba esperanza y sueños
Y una voz de mujer junto a mi oído
Dijo, «¿Por qué no entras aquí?

You looked soaked to the skin'
Soaked to the skin Soaked to the skin
Soaked to the skin

Hallelujah Hallelujah
Hallelujah Hallelujah

I turned to the woman, the woman was young
I extended a hearty salutation
But I knew if my nurse had been there
She would never in a thousand years
Permit me to accept that invitation
Invitation That invitation
Invitation

Now, you might think it wise to risk it all
To throw caution to the reckless wind
But with her hot cocoa and medication
My nurse had been my one salvation
So I turned back home
I turned back home I turned back home
Singing my song

Hallelujah
The tears are welling in my eyes again
Hallelujah
I need twenty big buckets to catch them in
Hallelujah
And twenty pretty girls to carry them down
Hallelujah
And twenty deep holes to bury them in
Hallelujah
The tears are welling in my eyes again
Hallelujah
I need twenty big buckets to catch them in
Hallelujah

Se te ve calado hasta los huesos»
Calado hasta los huesos Calado hasta los huesos
Calado hasta los huesos

Aleluya Aleluya
Aleluya Aleluya

Me volví hacia la mujer, que era joven
Y cordialmente la saludé
Pero sabía que si hubiera estado mi enfermera
Nunca en la vida habría permitido
Que aceptara la invitación
Invitación Esa invitación
Invitación

Bien, quizá os parezca buena idea
Desprenderse de toda prudencia
Pero con sus tazas de cacao y sus medicinas
Mi enfermera había sido mi salvación
De modo que me volví a casa
Me volví a casa Me volví a casa
Cantando mi canción

Aleluya
Las lágrimas manan otra vez de mis ojos
Aleluya
Necesito veinte cubos para recogerlas
Aleluya
Y veinte chicas monas para cargar con ellos
Aleluya
Y veinte hoyos hondos para enterrarlas
Aleluya
Las lágrimas manan otra vez de mis ojos
Aleluya
Necesito veinte cubos para recogerlas
Aleluya

And twenty pretty girls to carry them down
    Hallelujah
And twenty deep holes to bury them in

LOVE LETTER

I hold this letter in my hand
A plea, a petition, a kind of prayer
I hope it does as I have planned
Losing her again is more than I can bear
I kiss the cold, white envelope
I press my lips against her name
Two hundred words. We live in hope
The sky hangs heavy with rain

Love Letter Love Letter
Go get her Go get her
Love Letter Love Letter
Go tell her Go tell her

A wicked wind whips up the hill
A handful of hopeful words
I love her and I always will
The sky is ready to burst
Said something I did not mean to say
Said something I did not mean to say
Said something I did not mean to say
It all came out the wrong way

Love Letter Love Letter
Go get her Go get her
Love Letter Love Letter
Go tell her Go tell her

Y veinte chicas monas para cargar con ellos
    Aleluya
Y veinte hoyos para enterrarlas

CARTA DE AMOR

Sostengo esta carta en la mano
Una súplica, una petición, como un rezo
Ojalá cumpla con mis deseos
No podría soportar perderla una vez más
Beso el sobre frío y blanco
Presiono los labios sobre su nombre
Doscientas palabras. Vivimos de esperanza
Se cierne el cielo, cargado de lluvia

Carta de amor Carta de Amor
Ve a por ella Ve a por ella
Carta de Amor Carta de Amor
Ve y cuéntale Ve y cuéntale

Un viento avieso azota la loma
Un puñado de palabras esperanzadas
La quiero y siempre la querré
El cielo está por estallar
Dije algo sin querer
Dije algo sin querer
Dije algo sin querer
Y salió todo del revés

Carta de Amor Carta de Amor
Ve a por ella Ve a por ella
Carta de Amor Carta de Amor
Ve y cuéntale Ve y cuéntale

Rain your kisses down upon me
Rain your kisses down in storms
And for all who'll come before me
In your slowly fading forms
I'm going out of my mind
Will leave me standing in
The rain with a letter and a prayer
Whispered on the wind

Come back to me
Come back to me
O baby please come back to me

FIFTEEN FEET OF PURE WHITE SNOW

Where is Mona?
She's long gone
Where is Mary?
She's taken her along
But they haven't put their mittens on
And there's fifteen feet of pure white snow

Where is Michael?
Where is Mark?
Where is Matthew
Now it's getting dark?
Where is John? They are all out back
Under fifteen feet of pure white snow

Would you please put down that telephone
We are under fifteen feet of pure white snow

I waved to my neighbour
My neighbour waved to me

Lluéveme besos encima
Lluéveme besos a cántaros
Y por todas las que vendrán ante mí
En tus formas evanescentes
Se me está yendo la cabeza
Me quedaré de pie, parado
En la lluvia con la carta y el rezo
Susurrado en el viento

Vuelve conmigo
Vuelve conmigo
Oh, nena, vuelve por favor

QUINCE PIES DE PURA NIEVE

¿Dónde está Mona?
Se fue hace tiempo
¿Dónde está Mary?
Se la llevó con ella
Pero es que no se han puesto los mitones
Y hay quince pies de pura nieve

¿Dónde está Michael?
¿Dónde está Mark?
¿Dónde está Matthew?
¿Ya anochece?
¿Dónde está John? Están todos fuera
Bajo quince pies de pura nieve

Te importaría colgar el teléfono
Que estamos bajo quince pies de pura nieve

Saludé a mi vecino
Me saludó el vecino

But neighbour	Pero el vecino
Is my enemy	Es mi enemigo
I kept waving my arms	Seguí agitando los brazos
Till I could not see	Hasta que no pude ver
Under fifteen feet of pure white snow	Bajo quince pies de pura nieve
Is anybody	¿Hay alguien
Out there please?	Ahí, por favor?
It's too quiet in here	Todo está muy calmo
And I'm beginning to freeze	Y empiezo a congelarme
I've got icicles hanging	Cuelgan estalactitas
From my knees	De mis rodillas
Under fifteen feet of pure white snow	Bajo quince pies de pura nieve
Is there anybody here who doesn't know?	¿Hay alguien aquí que no sepa
We're under fifteen feet of pure white snow	Que estamos bajo quince pies de pura nieve?
Raise your hands up to the sky	Levanta las manos al cielo
Raise your hands up to the sky	Levanta las manos al cielo
Raise your hands up to the sky	Levanta las manos al cielo
Is it any wonder?	¿Es una maravilla acaso?
O my Lord O my Lord	Ay, Señor Ay, Señor
O my Lord O my Lord	Ay, Señor Ay, Señor
Doctor, Doctor	Doctor, doctor
I'm going mad	Me vuelvo loco
This is the worst day	Es el peor día
I've ever had	Que he vivido
I can't remember	No logró recordar
Ever feeling this bad	Sentirme así de mal
Under fifteen feet of pure white snow	Bajo quince pies de pura nieve
Where's my nurse	¿Dónde está mi enfermera?
I need some healing	Necesito sanar
I've been paralysed	La falta de sentimiento
By a lack of feeling	Me paralizó

I can't even find
Anything worth stealing
Under fifteen feet of pure white snow

Is there anyone else who feels this low?
Under fifteen feet of pure white snow
Raise your hands up to the sky
Raise your hands up to the sky
Raise your hands up to the sky
Is it any wonder?
O my Lord O my Lord
O my Lord O my Lord

Save Yourself ! Help Yourself !
Save Yourself ! Help Yourself !
Save Yourself ! Help Yourself !
Save Yourself ! Help Yourself !

GOD IS IN THE HOUSE

We've laid the cables and the wires
We've split the wood and stoked the fires
We've lit our town so there is no
Place for crime to hide
Our little church is painted white
And in the safety of the night
We all go quiet as a mouse
For the word is out
God is in the house
God is in the house
God is in the house
No cause for worry now
God is in the house

Ni siquiera encuentro
Algo que merezca la pena robar
Bajo quince pies de pura nieve

¿Hay alguien más que se sienta tan mal
Bajo quince pies de pura nieve?
Levanta tus manos al cielo
Levanta tus manos al cielo
Levanta tus manos al cielo
¿Es una maravilla acaso?
Ay, Señor Ay, Señor
Ay, Señor Ay, Señor

¡Sálvate! ¡Ayúdate!
¡Sálvate! ¡Ayúdate!
¡Sálvate! ¡Ayúdate!
¡Sálvate! ¡Ayúdate!

DIOS ESTÁ EN LA CASA

Hemos tendido hilos y cables
Hemos partido la leña y avivado los fuegos
Hemos iluminado la ciudad
Y no hay lugar para el delito
Nuestra iglesuela se pintó de blanco
Y en la seguridad de la noche
Somos discretos como ratones
Pues ya corrió la voz
Que Dios está en la casa
Dios está en la casa
Dios está en la casa
No hay de qué preocuparse
Dios está en la casa

Moral sneaks in the White House	*Soplones morales en la Casa Blanca*
Computer geeks in the school house	*Fanáticos informáticos en las aulas*
Drug freaks in the crack house	*Drogatas en el fumadero de crack*
We don't have that stuff here	*Aquí no tenemos esas cosas*
We have a tiny little Force	*Contamos con una pequeña Fuerza*
But we need them of course	*Pero es que nos hace falta*
For the kittens in the trees	*Para los gatitos en los árboles*
And at night we are on our knees	*Y de noche nos postramos*
As quiet as a mouse	*Discretos como ratones*
For God is in the house	*Pues Dios está en la casa*
God is in the house	*Dios está en la casa*
No one's left in doubt	*Nadie vive en la duda*
God is in the house	*Dios está en la casa*
Homos roaming the streets in packs	*Homos en manada rondan las calles*
Queer-bashers with tyre-jacks	*Los azotes de maricas armados con palancas*
Lesbian counter-attacks	*Contraataques de lesbianas*
That stuff is for the big cities	*Todo es cosa de la gran ciudad*
Our town is very pretty	*Nuestra población es bien bonita*
With a pretty little square	*Con su hermosa placita*
We have a woman for a mayor	*Y una mujer en la alcaldía*
Our policy is firm but fair	*Nuestra gestión es firme y justa*
Now that God is in the house	*Ahora que Dios está en la casa*
God is in the house	*Dios está en la casa*
Any day now He'll come out	*Cualquier día va a salir*
God is in the house	*Dios está en la casa*
Well-meaning little therapists	*Terapeutas bien intencionados*
Goose-stepping twelve-stepping Teetotalitarianists	*Marchando al paso fanáticos de la templanza*
The tipsy, the reeling and the drop-down pissed	*Achispados, colocados y borrachos hasta las trancas*
We got no time for that stuff here	*Aquí no se pierde el tiempo con todo eso*
Zero crime and no fear	*No hay delincuencia ni miedo*
We've bred all our kittens white	*Hemos criado todos los gatitos blancos*
So you can see them in the night	*Para que se puedan ver de noche*
And we're all down on our knees	*Y ya estamos todos postrados*

As quiet as a mouse
Since the word got out
From the North down to the South
For no one's left in doubt
There's no fear about
If we all hold hands and very quietly shout
God is in the house

O MY LORD

I thought I'd take a walk today
It's a mistake I sometimes make
My children lay asleep in bed
My wife lay wide awake
I kissed her softly on the brow
I tried not to make a sound
But with stony eyes she looked at me
And gently squeezed my hand
Call it a premonition; call it a crazy vision
Call it intuition, something learned from mother
But when she looked up at me, I could clearly see
The Sword of Damocles hanging directly above her
O Lord O my Lord
O Lord
How have I offended thee?
Wrap your tender arms round me
O Lord O Lord
O My Lord

They called at me through the fence
They were not making any sense
They claimed that I had lost the plot
Kept saying that I was not
The man I used to be
They held their babes aloft

Quedos como ratones
Pues ya corrió la voz
Del norte hasta el sur
Y nadie vive en la duda
Ni cunde temor alguno
Al tomarnos de las manos y gritar plácidamente
Dios está en la casa

OH, DIOS MÍO

Hoy pensé en dar un paseo
Es un error que a veces cometo
Mis hijos duermen en su cama
Mi esposa está despierta
La besé suave en la frente
Traté de no hacer ruido
Pero me miró con ojos pétreos
Y me apretó la mano tiernamente
Llámalo premonición, o una visión demente
Llámalo intuición, algo que aprendí de madre
Pero cuando me miró, a las claras pude ver
La espada de Damocles colgando sobre su cabeza
Oh Dios mío Oh Dios mío
Oh Dios mío
¿De qué modo te ofendí?
Cíñeme en tu tierno abrazo
Oh Dios mío Oh Dios mío
Oh Dios mío

Me llamaban por entre las vallas
Soltando desvaríos
Sostenían que había perdido el hilo
Repetían que ya no era
El hombre que solía
Sostenían a sus bebés en alto

Threw marshmallows at the Security	*Arrojaban chuches a Seguridad*
And said that I'd grown soft	*Y decían que me había reblandecido*
Call it intuition, a creeping suspicion	*Llámalo intuición, una sospecha creciente*
Their words of derision meant they hardly knew me	*Su escarnio significaba que apenas me conocían*
For even I could see in the way they looked at me	*Pues hasta podía ver en su mirada*
The Spear of Destiny sticking right through me	*La lanza del destino que me perforaba*
Now I'm at the hairdresser's	*Ya estoy en la peluquería*
People watch me as they move past	*La gente me mira al pasar*
A guy wearing plastic antlers	*Un tipo con cuernos de plástico*
Presses his bum against the glass	*Enseña el culo por el cristal*
Now I'm down on my hands and knees	*Ahora estoy a cuatro patas*
And it's so fucking hot!	*¡Y el calor es infernal!*
Someone cries, 'What are you looking for?'	*Alguien grita, «¿Qué buscas?»*
I scream, 'The plot, baby, the plot!'	*Y chillo, «¡El hilo, nena, el hilo!»*
I grab my telephone, call my wife at home	*Agarro el teléfono, llamo a mi esposa a casa*
She screams, 'Leave us alone!' I say, 'Hey, it's only me'	*Grita, «¡Déjanos en paz!» Digo, «Ey, soy yo»*
The hairdresser with his scissors holds up the mirror	*El peluquero con tijeras sostiene el espejo*
I look back and shiver; I can't even believe what I can see	*Miro atrás y me estremezco; no puedo creer lo que veo*
O Lord O my Lord	*Oh Dios mío Oh Dios mío*
O Lord	*Oh Dios mío*
How have I offended thee?	*¿De qué modo de ofendí?*
Wrap your tender arms round me	*Cíñeme en tu tierno abrazo*
O Lord O Lord	*Oh Dios mío Oh Dios mío*
O My Lord	*Oh Dios mío*
Be mindful of the prayers you send	*Ojo con las plegarias que entonas*
Pray hard but pray with care	*Reza con fuerza pero con cuidado*
For the tears that you are crying now	*Pues las lágrimas que ahora lloras*
Are just your answered prayers	*Son tus plegarias atendidas*
The ladders of life that we scale merrily	*Las escaleras de la vida que alegremente subimos*
Move mysteriously around	*Se desplazan misteriosamente*
So that when you think you're climbing up	*Y cuando crees que vas subiendo*
In fact you're climbing down	*De hecho vas descendiendo*

Into the hollows of glamour, where with spikes
    and hammer
With telescopic camera, they choose to turn
    the screw
O I hate them, Ma! O I hate them, Pa!
O I hate them all for what they went and did to you
O Lord O my Lord
O Lord
How have I offended thee?
Wrap your tender arms round me
O Lord O Lord
O My Lord

SWEETHEART COME

Come over here, babe
It ain't that bad
I don't claim to understand
The troubles that you've had
But the dogs you say they fed you to
Lay their muzzles in your lap
And the lions that they led you to
Lie down and take a nap
The ones you fear are wind and air
And I love you without measure
It seems we can be happy now
Be it better late than never

Sweetheart, come
Sweetheart, come
Sweetheart, come
Sweetheart, come to me

The burdens that you carry now
Are not of your creation

Al vacío del glamur, donde con martillo y pico

Con cámara telescópica, deciden apretarte las
    tuercas
¡Oh, los odio, mamá! ¡Oh, los odio, papá!
Les odio a todos por lo que te hicieron
Oh Dios mío Oh Dios mío
Oh Dios mío
¿De qué modo de ofendí?
Cíñeme en tu tierno abrazo
Oh Dios mío Oh Dios mío
Oh Dios mío

VEN, CORAZÓN MÍO

Vente aquí, nena
No está tan mal
No pretendo comprender
Los apuros que pasaste
Pero los perros de los que fuiste pasto
Apoyan sus morros en tu regazo
Y los leones a los que te entregaron
Yacen echándose una siesta
Aquellos a los que temes no son más que aire
Y yo te amo sin medida
Parece que ya podemos ser felices
Es mejor tarde que nunca

Ven, corazón mío
Ven, corazón mío
Ven, corazón mío
Ven a mí, corazón mío

Los fardos con que cargas
No son de tu creación

So let's not weep for their evil deeds
But for their lack of imagination
Today's the time for courage, babe
Tomorrow can be for forgiving
And if he touches you again with his stupid hands
His life won't be worth living

Sweetheart, come
Sweetheart, come
Sweetheart, come
Sweetheart, come to me

Walk with me now under the stars
For it's a clear and easy pleasure
And be happy in my company
For I love you without measure
Walk with me now under the stars
It's a safe and easy pleasure
It seems we can be happy now
It's late but it ain't never
It's late but it ain't never
It's late but it ain't never

WE CAME ALONG THIS ROAD

I left by the back door
With my wife's lover's smoking gun
I don't know what I was hoping for
I hit the road at a run
I was your lover
I was your man
There never was no other
I was your friend
Till we came along this road
Till we came along this road

268

No lloremos pues sus maldades
Sino su falta de imaginación
Hoy toca ser valientes, nena
Mañana podrá haber perdón
Y si vuelve a tocarte con sus estúpidas manos
Su vida no valdrá nada

Ven, corazón mío
Ven, corazón mío
Ven, corazón mío
Ven a mí, corazón mío

Camina conmigo bajo las estrellas
Es un gozo fresco y fácil
Y sé feliz en mi compañía
Pues te amo sin medida
Camina conmigo bajo las estrellas
Es un gozo fresco y fácil
Parece que ya podemos ser felices
Es tarde pero no lo es nunca
Es tarde pero no lo es nunca
Es tarde pero no lo es nunca

VINIMOS POR ESTE CAMINO

Me fui por la puerta trasera
Con la pistola humeante del amante de mi esposa
No sé qué es lo que esperaba
Me piré a la carrera
Era tu amante
Era tu hombre
Nunca hubo otro distinto
Era tu amigo
Hasta que vinimos por este camino
Hasta que vinimos por este camino

Till we came along this road
I ain't sent you no letters, Ma
But I'm looking quite a trip
The world spinning beneath me, Ma
Guns blazing at my hip
You were my lover
You were my friend
There never was no other
On whom I could depend
Then we came along this road
We came along this road
We came along this road

THE SORROWFUL WIFE

I married my wife on the day of the eclipse
Our friends awarded her courage with gifts
Now as the nights grow longer and the season shifts
I look to my sorrowful wife
Who is quietly tending her flowers
Who is quietly tending her…

The water is high on the beckoning river
I made her a promise I could not deliver
And the cry of the birds sends a terrible shiver
Through me and my sorrowful wife
Who is shifting the furniture around
Who is shifting the furniture around

Now we sit beneath the knotted Yew
And the bluebells bob up around our shoes
The task of remembering the telltale clues
Goes to my lovely, my sorrowful wife
Who is counting the days on her fingers
Who is counting the days on her…

Hasta que vinimos por este camino
No mandé ninguna carta, nena
Aunque la cosa pinta como un viaje
El mundo pega vueltas a mis pies
Las balas me pasan rozando
Eras mi amante
Eras mi amiga
Nunca hubo otra distinta
En quien pudiera confiar
Y luego vinimos por este camino
Vinimos por este camino
Vinimos por este camino

LA ESPOSA AFLIGIDA

En el día del eclipse me casé con mi mujer
Los amigos premiaron con regalos su valor
Ahora que las noches se alargan y cambia la estación
Miro a mi afligida esposa
Que cuida en silencio de sus flores
Que cuida en silencio de su…

El agua rebosa en el tentador río
Le prometí algo que no pude cumplir
Y el chillido de las aves provoca un horrible
    escalofrío
En mí y en mi afligida esposa
Que cambia los muebles de sitio
Que cambia los muebles de sitio

Nos sentamos bajo el nudoso tejo
Y las campanillas brotan a nuestros pies
La tarea de recordar las pistas reveladoras
Atañe a mi adorable, afligida esposa
Que cuenta los días con los dedos
Que cuenta los días con los…

Come on and help me babe
Come on now
Help me babe
I was blind
The grass here grows long and high
Twists right up to the sky
White clouds roll on by
Come on now and help me babe
I am a fool
I was blind, babe
Come on now

A loose wind last night blew down
Black trees bent to the ground
Their blossoms made such a sound
That I could not hear myself think babe
Come on now
And help me babe
Help me now
I was blind
I was a fool

Ven y ayúdame, nena
Ven ya
Ayúdame nena
Estaba ciego
La hierba crece alta y larga
Se retuerce hasta el cielo
Pasan nubes blancas
Ven ya y ayúdame nena
Soy un idiota
Estaba ciego, nena
Ven enseguida

Un viento desatado derribó anoche
Al suelo árboles negros
Sus flores hicieron tal alboroto
Que no podía oír mis pensamientos
Ven enseguida
Y ayúdame nena
Ayúdame ahora
Estaba ciego
Era un idiota

GATES TO THE GARDEN

Past the ivy-covered windows of The Angel
Down Athenaeum Lane to the cathedral
Through the churchyard I wandered
Sat for a spell there and I pondered
My back to the gates of the garden

Fugitive fathers, sickly infants, decent mothers
Run-a-ways and suicidal lovers
Assorted boxes of ordinary bones
Of aborted plans and sudden shattered hopes
In unlucky rows, up to the gates of the garden

Won't you meet me at the gates
Won't you meet me at the gates
Won't you meet me at the gates
To the garden

Beneath the creeping shadow of the tower
The bell from St Edmunds informs me of the hour
I turn to find you waiting there for me
In sunlight and I see the way you breathe
Alive and leaning on the gates of the garden

Leave these ancient places to the angels
Let the saints attend to the keeping of their
    cathedrals
And leave the dead beneath the ground so cold
For God is in this hand that I hold
As we open up the gates of the garden

Won't you meet me at the gates
Won't you meet me at the gates
Won't you meet me at the gates
To the garden

PUERTAS DEL JARDÍN

Más allá de la yedra en las ventanas de The Angel
Por Athenaeum Lane hasta la catedral
A través del camposanto deambulaba
Y me senté un rato y medité
Con la espalda contra las puertas del jardín

Padres fugitivos, niños enfermizos, madres buenas
Prófugos y amantes suicidas
Cajas variadas de huesos ordinarios
De planes abortados y esperanzas aplastadas
En broncas desgraciadas, hasta las puertas
    del jardín

¿No nos veremos a las puertas?
¿No nos veremos a las puertas?
¿No nos veremos a las puertas
Del jardín?

Bajo la sombra creciente de la torre
La campana de san Edmundo dice la hora
Me vuelvo y veo allí que me esperas
Al sol y veo cómo respiras
Viva y reclinada a las puertas del jardín

Deja estos antiguos enclaves a los ángeles
Deja que los santos cuiden de sus catedrales
Y deja a los muertos bajo el frío suelo
Pues Dios está en la mano que sostengo
Mientras abrimos las puertas del jardín

¿No nos veremos a las puertas?
¿No nos veremos a las puertas?
¿No nos veremos a las puertas
Del jardín?

DARKER WITH THE DAY

As so with that, I thought I'd take a final walk
The tide of public opinion had started to abate
The neighbours, bless them, had turned out to
    be all talk
I could see their frightened faces peering at me
    through the gate

I was looking for an end to this, for some kind
    of closure
Time moved so rapidly, I had no hope of keeping
    track of it
I thought of my friends who had died of exposure
And I remembered other ones who had died from
    the lack of it

And in my best shoes I started falling forward
    down the street
I stopped at a church and jostled through the
    crowd
And love followed just behind me, panting at my
    feet
As the steeple tore the stomach from a lonely little
    cloud

Inside I sat, seeking the presence of a God
I searched through the pictures in a leather-bound
    book
I found a woolly lamb dosing in an issue of blood
And a gilled Jesus shivering on a fisherman's hook

Babe
It seems so long
Since you've been gone away

MÁS OSCURO CON EL DÍA

Y visto lo visto, pensé en dar un último paseo
La marea de la opinión pública empezaba a bajar
Los vecinos, benditos, no hacían más que platicar
Sus caras asustadas por la verja me miraban

Yo iba buscando que esto terminara, una
    conclusión
El tiempo aceleraba, imposible de alcanzar
Pensé en mis amigos muertos por verse
    demasiado expuestos
Y recordé a otros que murieron justo por lo
    opuesto

Y con mis mejores zapatos empecé a tirar calle
    abajo
Me detuve en la iglesia y me abrí paso a
    empellones
Y el amor me pisaba los talones, jadeando a
    mis pies
Mientras el campanario desgarraba la panza de
una nube solitaria

Buscaba la presencia de Dios, y dentro me senté
Escruté las estampas de un libro encuadernado
    en piel
Encontré un lanoso cordero dormitando en
    un flujo de sangre
Y Jesús, con branquias, se agitaba en un anzuelo
    como un pez

Nena
Se hace tan largo
Desde que te fuiste

And I
Just got to say
That it grows darker with the day

Back on the street I saw a great big smiling sun
It was a Good day and an Evil day and all was
    bright and new
And it seemed to me that most destruction was
    being done
By those who could not choose between the two

Amateurs, dilettantes, hacks, cowboys, clones
The streets groan with little Caesars, Napoleons
    and cunts
With their building blocks and tiny plastic phones
Counting on their fingers, with crumbs down
    their fronts

I passed by your garden, saw you with your flowers
The Magnolias, Camellias and Azaleas so sweet
And I stood there invisible in the panicking crowds
You looked so beautiful in the rising heat

I smell smoke, see little fires bursting on the lawns
People carry on regardless, listening to their hands
Great cracks appear in the pavement, the earth
    yawns
Bored and disgusted, to do us down

Babe
It seems so long
Since you've been gone away
And I
Just got to say
That it grows darker with the day

Y yo
Solo quiero decir
Que va oscureciendo con el día

De vuelta a la calle vi un espléndido sol sonriente
Y era un día bueno y uno malo, todo nuevo y
    reluciente
Y me pareció que perpetraban la mayor
    destrucción
Quienes no podían escoger entre los dos

Aficionados, diletantes, fantasmas, vaqueros
    y clones
Las calles gimen con pequeños césares, capullos
    y napoleones
Con sus juguetitos y telefonillos de plástico
Contando con los dedos, y unas migas en sus
    frentes

Pasé ante tu jardín, te vi allí con tus flores
Las magnolias, camelias y las dulces azaleas
Y entre el gentío aterrado me estuve allí invisible
Se te veía tan hermosa bajo el calor creciente

Huele a quemado, veo fogatas en los patios
La gente va a lo suyo, escuchándose las manos
Se abren boquetes en el pavimento, la tierra
    bosteza
Aburrida y asqueada, para engullirnos

Nena
Se hace tan largo
Desde que te fuiste
Y yo
Solo quiero decir
Que va oscureciendo con el día

These streets are frozen now. I come and go
Full of a longing for something I do not know
My father sits slumped in the deepening snow
As I search, in and out, above, about, below

Babe
It's been so long
Since you've been gone away
And I
Just got to say
That it grows darker with the day

LITTLE JANEY'S GONE

Janey's gone now and she won't be back no more
It was only yesterday I went knocking on her door
And now she's gone away
We won't see her no more
Little Janey's gone now Janey's gone now
Janey's gone now Janey's gone
Little Janey's gone now Janey's gone now
Janey's gone away
O yes she's gone away
O man, that's for sure
Little Janey's gone now Janey's gone now
Janey's gone away

Janey's gone. O people! O Lord! Little Janey's
     gone
She was the only one that we all could depend on
And now she's gone away
We won't see her round no more
Little Janey's gone now Janey's gone now

Ahora están las calles congeladas. Voy y vengo
Presa de un anhelo incierto por algo que
     desconozco
Mi padre está medio tirado en la nieve virgen
Mientras yo busco, dentro y fuera, arriba, en
     torno, abajo

Nena
Se hace tan largo
Desde que te fuiste
Y yo
Solo quiero decir
Que va oscureciendo con el día

SE FUE LA PEQUEÑA JANEY

Janey se fue y ya no volverá más
Fue ayer nomás cuando llamé a su puerta
Y ahora ya no está
No la veremos más
Se fue la pequeña Janey, Janey se fue ya
Se fue ya, Janey se fue
Se fue la pequeña Janey, Janey se fue ya
Janey se marchó
Ay, sí, ella se marchó
Sí, tío, dalo por seguro
Se fue la pequeña Janey, Janey se fue ya
Janey se marchó

Janey se fue. ¡Ay, gente! ¡Ay, Señor! Se fue la
     pequeña Janey
Ella era la única de quien nos podíamos fiar
Y ahora se marchó
Por aquí no la veremos más
Se fue la pequeña Janey, Janey se fue ya

Janey's gone now Janey's gone
Little Janey's gone now Janey's gone now
Janey's gone away
Yes she's gone away
O yeah! That's for sure
Little Janey's gone now Janey's gone now
Janey's gone away

Janey's gone now and she won't be back no more
We'll have to find some other place to go and score
'Cause now she's gone, don't you see
They're gunna throw away the key
Little Janey's gone down Janey's gone down
Janey's gone down Janey's gone
Little Janey's gone down Janey's gone down
Janey's gone away

Se fue ya, Janey se fue
Se fue la pequeña Janey, Janey se fue ya
Janey se marchó
Sí, ella se marchó
¡Ay, sí! Dalo por seguro
Se fue la pequeña Janey, Janey se fue ya
Janey se marchó

Janey se fue y ya no volverá
Habrá que hallar otro sitio donde pillar
Porque se fue, que no lo ves
Y van a tirar la llave
Se acabó la pequeña Janey, Janey se acabó
Janey se acabó, no está ya
Se acabó la pequeña Janey, Janey se acabó
Janey se marchó

A GRIEF CAME RIDING

A grief came riding on the wind
Up the sullen River Thames
I was sitting on the bank with my mouth open
And I felt it enter in
I began thinking about our wedding day
And how love was a vow
I was thinking about the chamber door
That only we can enter now
I was thinking about our ancient friends
And of kissing them goodbye
Then the wind blew under Battersea Bridge
And a tear broke from my eye
And I got thinking about London
How nothing good ever came from this town
And if the Thames wasn't so filthy
I'd jump in the river and drown

UNA PENA CABALGANDO VINO

Una pena se vino cabalgando al viento
Por el Támesis sombrío
Estaba sentado a su vera, boquiabierto
Y sentí como se colaba
Me puse a pensar en nuestro día de boda
Y en nuestro voto de amor
Pensaba en la puerta de la estancia
Donde solo podemos entrar nosotros
Pensaba en nuestros viejos amigos
Y en nuestro beso de adiós
Entonces sopló el viento bajo el puente de Battersea
Y una lágrima se me cayó
Y me vi pensando en Londres
Que jamás salió de esta ciudad
Nada bueno, y si no estuviera tan guarro el río
Me arrojaría y me ahogaría

Don't be afraid, babe, come on down
I'm just sitting here thinking aloud

A grief came riding down the wind
Up the river where the bridges crouch
Blowing people back and forth
From the marital bed to the psychiatric couch
Blowing people far apart
Blowing others so they collide
Blowing some poor bastard right out of the water
Blowing another one over the side
Hear the ancient iron bridge
Listen to it groan
With the weight of a thousand people
Leaving or returning home
To their failures, to their boredoms
To their husbands and their wives
Who are carving them up for dinner
Before they even arrive
Don't be afraid, come on down
I'm just sitting here thinking aloud

Now look there just below the water
See the Saviour of the human race
With the fishes and the frogs
Has found his final resting place
Don't be afraid, come on down
I'm just sitting here thinking aloud

No temas, nena, vente acá
Soy solo yo que piensa en voz alta

Una pena se vino cabalgando al viento
Donde se agazapan los puentes río arriba
Soplando gente sin parar
Del tálamo al diván mental
Soplando y separándola
Soplando para hacerla chocar
Soplando a un patán fuera del agua
Y soplando a otro en la orilla
Oye al viejo puente de hierro
Y escucha como gime
Bajo el peso de mil personas
Que salen o vuelven a casa
A sus familias y sus tedios
A sus esposos y esposas
Que ya les van trinchando
Antes de llegar
No temas, vente acá
Soy solo yo que piensa en voz alta

Y ahora mira bajo el agua
Ve al Salvador de la raza humana
Con los peces y las ranas
Halló su lugar de reposo
No temas, vente acá
Soy solo yo que piensa en voz alta

A GOOD, GOOD DAY

See the little cloud up in the sky
It's a good, good day today
See the little cloud pass on by
It's a good, good day today
Mary comes now, let Mary be
Can you see her down on the street?
Mary's laughing, 'cause Mary sees
That she's wearing that dress for me
There can be times
When all things
Come together
And for a moment
Under a clear sky
You can believe
You hold your breath
For this moment
But do not breathe
This day, I know
Is a good day
I know
It's a good day
I know
Today

Hear her feet skipping up the stairs
It's a good, good day today
She is the answer to all of my prayers
It's a good, good day today
Mary comes now, she don't knock
She's running on her own little clock
Mary's laughing, 'cause Mary knows
That this day was made for us
And any fool knows…yeah
And any fool sees

UN DÍA BUENO DE VERDAD

Mira la nubecita allá en el cielo
Hoy es un día bueno de verdad
Mira, la nubecita pasa
Hoy es un día bueno de verdad
Ahora viene Mary, déjala en paz
¿Puedes verla calle abajo?
Mary se ríe porque Mary ve
Que lleva ese vestido y es por mí
En ocasiones
Todas las cosas
Combinan bien
Y por un instante
Bajo el cielo azul
Puedes creer
Aguantas la respiración
En ese instante
Y no respiras
Yo sé que este día
Es un buen día
Lo sé
Es un buen día
Hoy
Lo sé

Oye sus pies escurriéndose escaleras arriba
Hoy es un día bueno de verdad
Es la respuesta a mis plegarias
Hoy es un día bueno de verdad
Mary llega, sin llamar
Funciona con su propio reloj
Mary se ríe porque ella sabe
Que este día se hizo para nosotros
Y cualquier memo sabe…sí
Y cualquier memo ve

That the future…yeah
Is down on its knees
Let 'em cry, let 'em weep
Let the tears roll down their cheeks
'Cause I can believe
In the one that is standing in front of me
On this day, which I know
Is a good day, yeah I know
Is a good day, I know
Today

See her breasts, how they rise and fall
It's a good, good day today
And she knows I've used that line before
It's a good, good day today
Mary's laughing, she don't mind
'Cause she knows she's one of a kind
Mary's happy just to be
Standing next to me
And any fool knows…yeah
That the wind always blows
Something to someone…yeah
Once in a while
So let it rain
Let it pour
Let the wind howl through your door
'Cause right now for this moment
I will for ever be standing next to her
On this good day, yeah
It's a good day, yeah I know
It's a good day, I've told you so
Today

Que el futuro…sí
Está postrado de rodillas
Deja que giman, deja que lloren
Que derramen lágrimas por sus mejillas
Pues yo puedo creer
En quien está ante mí de pie
En este día, que yo sé
Que es un buen día, sí lo sé
Que es un buen día, lo sé
Hoy

Mira sus senos, cómo oscilan
Hoy es un día bueno de verdad
Y sabe que esa frase ya la dije
Hoy es un día bueno de verdad
Mary ríe, qué más le da
Porque sabe que ella es única
Mary es feliz de estar
A mi lado, junto a mí
Y cualquier memo sabe…sí
Que el viento siempre sopla
Algo para alguien…sí
De vez en cuando
Así que hágase la lluvia
A cántaros
Que el viento aúlle por tu puerta
Porque ahora mismo en este instante
Voy a estar siempre junto a ella
En este día tan bueno, sí
Es un buen día, sí, lo sé
Es un buen día, ya te dije
Hoy

BLESS HIS EVER-LOVING HEART

Bless His ever-loving heart
Only He knows who you are
He may seem so very far
But bless His ever-loving heart

And when you're feeling sad
And everywhere you look
You can't believe the things you see
And when it's all come down so hard
And beauty lies exhausted in the street

Hold His ever-loving hand
Even when you do not understand
Sorrow has its natural end
Hold His ever-loving hand

And when you're feeling low
And everyone you meet
You can't believe the things they say
And when there is no place left to go
Where someone isn't moving you
A little further down the way

Bless His ever-loving heart
What you do is what you are
When it's all come down so hard
Bless His ever-loving heart

Hold His ever-loving hand
When it seems you haven't got a friend
Only He knows who you are
Bless His ever-loving heart

BENDICE SU AMANTÍSIMO CORAZÓN

Bendice su amantísimo corazón
Es el único que te conoce
Quizá parezca muy distante
Pero bendice su amantísimo corazón

Y cuando te sientas triste
Y dónde sea que mires
No puedes creer lo que ves
Todo se va a pique
Y la belleza yace exhausta en la calle

Sostén su mano amantísima
Aunque no lo entiendas
La pena cesa al final
Sostén su mano amantísima

Y cuando te sientas mal
Y no puedas creer las palabras
De las personas que te encuentras
Y ya no haya sitio al que ir
Donde alguien no eche una mano
Para arrimarte más al barranco

Bendice su amantísimo corazón
Eres aquello que haces
Cuando todo se viene abajo
Bendice su amantísimo corazón

Sostén su mano amantísima
Cuando parece que no quedan amigos
Es el único que te conoce
Bendice su amantísimo corazón

NOCTURAMA
(2003)

WONDERFUL LIFE/	*VIDA FABULOSA/*
HE WANTS YOU/	*TE DESEA/*
RIGHT OUT OF YOUR HAND/	*DE TU MANO/*
BRING IT ON/	*SÁCALA/*
DEAD MAN IN MY BED/	*HOMBRE MUERTO EN MI CAMA/*
STILL IN LOVE/	*SIGO ENAMORADO/*
THERE IS A TOWN/	*HAY UNA CIUDAD/*
ROCK OF GIBRALTAR/	*PEÑÓN DE GIBRALTAR/*
SHE PASSED BY MY WINDOW/	*PASÓ ANTE MI VENTANA/*
BABE, I'M ON FIRE/	*NENA, ESTOY QUE ARDO/*
SHOOT ME DOWN/	*MALTRÁTAME/*
SWING LOW/	*ASÓMATE/*
EVERYTHING MUST CONVERGE	*TODO DEBE CONVERGER*

WONDERFUL LIFE

Come in, babe
Across these purple fields
The sun has sunk behind you
Across these purple fields
That idiot-boy in the corner
Is speaking deviated truths
Come on, admit it, babe
It's a wonderful life
If you can find it
If you can find it
If you can find it
It's a wonderful life that you bring
Ooh, it's a wonderful thing

Speak our secret into your hands
And hold it in between
Plunge your hands into the water
And drown it in the sea
There will be nothing between us, baby
But the air that we breathe
Don't cry
It's a wonderful, wonderful life
If you can find it
If you can find it
If you can find it
It's a wonderful life that you bring
It's a wonderful, wonderful thing

We can build our dungeons in the air
And sit and cry the blues
We can stomp across this world
With nails hammered through our shoes
We can join that troubled chorus
Who criticize and accuse

VIDA FABULOSA

Vente nena
Por los prados púrpuras
El sol se puso a tu espalda
Más allá de estos prados
En el rincón hay un niño idiota
Que tergiversa la verdad
Venga, admítelo, nena
Es una vida fabulosa
Si la encuentras
Si la encuentras
Si la encuentras
Es fabulosa la vida que aportas
Ooh, qué cosa maravillosa

Recita el secreto entre tus manos
Y guárdalo en ellas
Húndelas en el agua
Y ahógalo en el mar
No habrá nada entre nosotros, nena
Sino el aire que respiramos
No llores
Es una vida fabulosa, es fabulosa
Si la encuentras
Si la encuentras
Si la encuentras
Es fabulosa la vida que aportas
Es una cosa fabulosa, maravillosa

Podemos construir mazmorras en el aire
Sentarnos y llorar nuestra pena
Podemos pisotear por el mundo
Con clavos amartillados en los zapatos
Nos podemos unir al atribulado coro
Que critica y acusa

It don't matter much
We got nothing much to lose
But this wonderful life
If you can find it
And when you find it
And when you find it
It's a wonderful life that you bring
It's a wonderful, wonderful, wonderful thing

Sometimes our secrets are all we've got
With our lives we must defend
Sometimes the air between us, babe
Is unbearably thin
Sometimes it's wise to lay down your gloves
And just give in
Come in, come in
Come in, come in
To this wonderful life
If you can find it
And if you find it
It's a wonderful life that you bring
It's a wonderful, wonderful thing
It's a wonderful life
It's a wonderful life

Poco importa
No tenemos mucho que perder
Pero esta vida fabulosa
Si la puedes encontrar
Y cuando la encuentres
Y cuando la encuentres
Es fabulosa la vida que aportas
Es fabulosa, fabulosa, una cosa maravillosa

A veces solo tenemos nuestros secretos
Que debemos defender con la vida
Nena, el aire que hay entre nosotros
A veces es intolerablemente liviano
A veces es mejor colgar los guantes
Y ceder
Ven, vente
Ven, vente
A esta vida fabulosa
Si la encuentras
Y si la encuentras
Es fabulosa la vida que aportas
Es fabulosa, una cosa maravillosa
Es una vida fabulosa
Una vida fabulosa

HE WANTS YOU

In his boat and through the dark he rowed
Chained to oar and the night and the wind that
    blowed
Horribly round his ears
Under the bridge and into your dreams he soars
While you lie alone in that idea-free sleep of yours
That you've been sleeping now for years

And he wants you
He wants you
He is straight and he is true
Ooh hoo hoo

Beneath the hanging cliffs and under the many
stars where
He will move, all amongst your tangled hair
And deep into the sea
And you will wake and walk and draw the blind
And feel some presence there behind
And turn to see what that may be
Oh, babe, it's me

And he wants you
He wants you
He is straight and he is true
Ooh hoo hoo

TE DESEA

A oscuras remaba en su barca
Encadenado al remo, a la noche y al viento
Que soplaba horriblemente en sus orejas
Bajo el puente y hacia tus sueños se eleva
Mientras tú yaces solo en tu sueño libre de ideas
Que ya llevas años durmiendo

Y él te desea
Te desea
Es honrado y sincero
Ooh hoo hoo

Bajo los peñascos amenazantes y bajo las
    incontables estrellas
Donde se moverá, entre tu pelo enzarzado
Y en lo más hondo del mar
Despertarás y caminarás y correrás la cortina
Y sentirás cierta presencia ahí detrás
Te volverás para ver qué puede ser
Oh, nena, soy yo

Y él te desea
Te desea
Es honrado y sincero
Ooh hoo hoo

RIGHT OUT OF YOUR HAND

Please forgive me
If I appear unkind
But any fool can tell you
It's all in your mind

Down in the meadow
The old lion stirs
Puts his hand 'cross his mouth
He has no use for words

Poor little girl
With your handful of snow
Poor little girl
Had no way to know
And you've got me eating
You've got me eating
You've got me eating
Right out of your hand

I mean you no harm
When I tell you you're blind
Give a sucker an even break
He'll lose it all, every time

The airborne starlings circle
Over the frozen fields
The hollyhocks hang harmlessly
And the old lion yields

And you've got me eating
You've got me eating
You've got me eating
Right out of your hand

DE TU MANO

Perdóname, por favor
Si resulto descortés
Pero te puede decir cualquier memo
Que todo está en tu cabeza

Abajo en el prado
El viejo león se remueve
Se pone la mano en la boca
Nada que decir tiene

Pobre nenita
Con tu puñado de nieve
Pobre nenita
Cómo ibas a saber
Y me tienes comiendo
Me tienes comiendo
Me tienes comiendo
De tu mano

No te quiero ofender
Al decir que eres ciega
Pero dale respiro a un cretino
Que lo desaprovecha sin tino

Los estorninos planean
Sobre los campos helados
La malvarrosa cuelga inerme
Y el viejo león cede

Y me tienes comiendo
Me tienes comiendo
Me tienes comiendo
De tu mano

BRING IT ON

This garden that I built for you
That you sit in now and yearn
I will never leave it, dear
I could not bear to return
And find it all untended
With the trees all bended low
This garden is our home, dear
And I got nowhere else to go

So bring it on
Bring it on
Every little tear
Bring it on
Every useless fear
Bring it on
All your shattered dreams
And I'll scatter them into the sea
Into the sea

The geraniums on your window sill
The carnations, dear, and the daffodil
Well, they're ordinary flowers
But they long for the light of your touch
And of your trembling will
Ah, you're trembling still
And I am trembling too
To be perfectly honest I don't know
Quite what else to do

So bring it on
Bring it on
Every neglected dream
Bring it on
Every little scheme

SÁCALO

Este jardín que construí para ti
Donde te sientas y anhelas
Nunca lo abandonaré, amor
No soportaría volver
Y hallarlo descuidado
Con los árboles doblados
Este jardín, amor, es nuestro hogar
Y no tengo más donde ir

Así que sácala
Sácala
Cada lagrimita
Sácalo
Cada miedo vano
Sácalo
Tus sueños devastados
Y los esparciré por el mar
Por el mar

Los geranios en el alféizar
Amor, los claveles y los narcisos
Son flores comunes
Pero anhelan la luz de tu tacto
De tu voluntad vacilante
Ah, sigues temblando
Como hago yo
A decir verdad no sé
Qué más hacer

Así que sácalo
Sácalo
Todo sueño olvidado
Sácalo
Cada pequeño ardid

Bring it on
Every little fear
And I'll make them disappear

So bring it on, bring it on
Bring it on
Every little thing
Bring it on
Every tiny fear
Bring it on
Every shattered dream
And I'll scatter them into the sea

Sácalos
Todos tus temores
Y haré que se esfumen

Así que sácala, sácala
Sácala
Cada cosita
Sácalo
Cada miedo vano
Sácalos
Tus sueños devastados
Y los esparciré por el mar

DEAD MAN IN MY BED

She sat in a wicker chair, her eyes they were
    downcast
She breathed in the future, by breathing out the past
The die is done, the die is shook, the die is duly cast
There is a dead man in my bed, she said
That smile you see upon his face
It's been there for many days
There's a dead man in my bed

I ain't been feeling that good too much no more,
    she said, I swear
She pointed at the bedroom door and said I ain't
    going in there
She leaped out of her seat and screamed someone's
    not concentrating here
There is a dead man in my bed, she said
I ain't speaking metaphorically
His eyes are open but he cannot see
There's a dead man in my bed

HOMBRE MUERTO EN MI CAMA

Se sentó en una silla de mimbre, bajó la mirada
Respiró el futuro exhalando el pasado
La jugada se consumó, no tiene vuelta atrás
Dijo hay un hombre muerto en mi cama
La sonrisa que ves en su cara
Ya lleva ahí varios días
Hay un hombre muerto en mi cama

Juro que no me he sentido muy bien últimamente,
    dijo ella
Señaló la puerta del dormitorio y soltó yo no
    me meto ahí
Pegó un brinco del asiento y gritó falta
    concentración aquí
Dijo hay un hombre muerto en mi cama
Y no hablo metafóricamente
Tiene abiertos los ojos, pero no puede ver
Hay un hombre muerto en mi cama

The leaves outside the window waved, all brown,
    they were, and falling
Even I could tell the atmosphere in here was
    utterly appalling
The phone it rang incessantly but nobody was calling
There's a dead man in my bed, she said
And though he keeps on taking notes
I swear this ain't some kind of hoax
Dead man in my bed

Now she's in the kitchen, rattling those pots and pans
I'd cook him something nice, she said, but he
    refuses to wash his hands
He used to be so good to me, now he smells
    so fucking bad
There is a dead man in my bed, she said
I keep poking at him with my stick
But his skin is just so fucking thick
There's a dead man in my bed

We've gotta get it all together
We've gotta get it all together
We've gotta get it all together
We've gotta get it all together

STILL IN LOVE

The cops are hanging around the house
The cars outside look like they've got the blues
The moon don't know if it's day or night
Everybody's creeping around with plastic covers
    on their shoes
You're making coffee for everyone concerned
Someone points to this and someone points to that
Everyone is saying that you should lie down

Más allá de la ventana las hojas se agitaron,
    secas, y caían
La situación era abominable, hasta yo lo veía
El teléfono no paraba de sonar y nadie llamaba
Dijo ella hay un hombre muerto en mi cama
Y aunque sigue tomando notas
Juro que no es un broma
Hombre muerto en mi cama

Ahora está en la cocina revolviendo los cacharros
Le cocinaría algo bueno, dice, pero se niega a
    lavarse las manos
Solía ser tan bueno conmigo y ahora apesta a mil
    demonios
Dijo hay un hombre muerto en mi cama
Le atosigo con mi vara
Pero su piel es tan jodidamente gruesa
Hay un hombre muerto en mi cama

A ver si nos centramos
A ver si nos centramos
A ver si nos centramos
A ver si nos centramos

SIGO ENAMORADO

Los polis merodean en torno a la casa
Los coches parecen más bien tristes
La luna no sabe si es día o noche
Todos pululan con fundas de plástico en
    los zapatos
Preparas café para todos
Alguien señala esto y otro señala aquello
Todos dicen que deberías acostarte

But you ain't having none of that
And I say to the sleepy summer rain
With a complete absence of pain
You might think I'm crazy
But I'm still in love with you

Hide your eyes, hide your tears
Hide your face, my love
Hide your ribbons, hide your bows
Hide your coloured cotton gloves
Hide your trinkets, hide your treasures
Hide your neatly scissored locks
Hide your memories, hide them all
Stuff them in a cardboard box
Or throw them into the street below
Leave them to the wind and the rain and the snow
For you might think I'm crazy
But I'm still in love with you

Call me up, baby, and I will answer your call
Call me up but remember I am no use to you at all
Now, you're standing at the top of the stairs
One hand on the banister, a flower in your hair
The other one resting on your hip
Without a solitary care
I fall to sleep in the summer rain
With no single memory of pain
And you might think I'm crazy
But I'm still in love with you

Pero como si dijeran misa
Y le digo yo a la soñolienta lluvia estiva
Sin sufrir dolor alguno
Aunque creas que estoy loco
De ti sigo enamorado

Esconde tus ojos y tus lágrimas
Esconde el rostro, amor mío
Esconde las cintas y los lazos
Esconde los guantes coloreados
Esconde tus baratijas y tesoros
Esconde tus rizos bien cortados
Esconde tus recuerdos, todos
Mételos en una caja de cartón
O arrójalos a la calle
Abandonados a la intemperie
Aunque creas que estoy loco
De ti sigo enamorado

Llámame nena, y responderé
Pero recuerda que de nada te sirvo
Estás en lo alto de las escaleras
Una mano en la barandilla, en el pelo una flor
La otra en tu cadera
Sin la menor preocupación
Me adormilo bajo la lluvia estiva
Sin recordar ningún dolor
Y aunque creas que estoy loco
De ti sigo enamorado

THERE IS A TOWN

There is a town
Where I was born
Far far away
Across the sea

And in that town
Where I was born
I would dream
That one day
I would leave
And cross the sea

And so it goes
And so it seems
That God lives only in our dreams
In our dreams
And now I live
In this town
I walk these dark streets
Up and down, up and down
Under a dark sky
And I dream
That one day
I'll go back home

And so it goes
And so it seems
That God lives only in our dreams
In our dreams

HAY UNA CIUDAD

Hay una ciudad
Donde nací
Allende el mar
Lejos de aquí

Y en la ciudad
Donde nací
Yo iba a soñar
Que un buen día
Partiría
Cruzando el mar

Y así va todo
Según parece
Que Dios vive solo en nuestros sueños
En nuestros sueños
Y ahora vivo
En esta ciudad
Pateo sus calles oscuras
Arriba y abajo, sin parar
Bajo un oscuro cielo
Yo sueño
Que algún día
Volveré

Y así va todo
Según parece
Que Dios vive solo en nuestros sueños
En nuestros sueños

ROCK OF GIBRALTAR

Let me say this to you
I'll be steadfast and true
And my love will never falter

The sea would crash about us
The waves would lash about us
I'll be your Rock of Gibraltar

Sometimes it's hard
And we're both caught off guard
But there's nothing I would ever alter

The wind could howl round our ears
For the next thousand years
I'd still be your Rock of Gibraltar

The best thing I done
Was to make you the one
Who I'd walk with down to the altar
You'd stand by me
And together we'd be
That great, steady Rock of Gibraltar

Under the big yellow moon
On our honeymoon
I took you on a trip to Malta

And all through the night
You held me so tight
Your great, steady Rock of Gibraltar

Could the powers that be
Ever foresee
That things could so utterly alter?

PEÑÓN DE GIBRALTAR

Déjame que te diga esto
Seré sincero y resuelto
Y mi amor no fallará

A nuestro entorno romperá el mar
Nos atizarán las olas
Seré tu Peñón de Gibraltar

Es duro a veces
Y no vamos muy seguros
Pero no hay nada que cambiar

El viento podría aullarnos en los oídos
Durante el próximo milenio
Y seguiría siendo tu Peñón de Gibraltar

Lo mejor que hice
Fue elegirte
Para caminar juntos al altar
Estarás junto a mí
Y juntos seremos
El firme Peñón de Gibraltar

Bajo la gran luna amarilla
En nuestra luna de miel
Te llevé de viaje a Malta

Y durante toda la noche
Me abrazaste fuerte
Tu firme y gran Peñón de Gibraltar

¿Podían los poderosos
Prever jamás
Que tanto cambiaría todo?

All the plans that we laid
Could soon be betrayed
Betrayed like the Rock of Gibraltar

SHE PASSED BY MY WINDOW

She passed by my window
Her eyes were all aglow
And bent to pick her glove she'd dropped
From the bright and brittle snow

Nature had spoken it in the Spring
With apple, plum and brand new pear
Have you time for my company?
No, I said, I have none to spare

You gotta sanctify my love
You gotta sanctify my love
You gotta sanctify my love
I ain't no lover-boy

For apple, plum and brand new pear
Soon wither on the ground
She slapped the snow from off her glove
And moved on without a sound

You gotta sanctify my love
You gotta sanctify my love
You gotta sanctify my love
I ain't no lover-boy

Los planes que trazamos
Ya se podrían traicionar
Como al Peñón de Gibraltar

PASÓ ANTE MI VENTANA

Ella pasó ante mi ventana
Con la mirada encendida
Y se inclinó a recoger el guante
Caído en la nieve quebradiza

La naturaleza hablaba en primavera
Con manzanas, ciruelas y peras nuevas
¿Te va bien estar conmigo?
No, dije, no tengo tiempo para contigo

Debes santificar mi amor
Debes santificar mi amor
Debes santificar mi amor
No soy un perrito faldero

Pues manzanas, ciruelas y peras nuevas
Se malogran pronto en la tierra
Se sacudió la nieve del guante
Y sin más tiró adelante

Debes santificar mi amor
Debes santificar mi amor
Debes santificar mi amor
No soy un perrito faldero

BABE, I'M ON FIRE

Father says it, Mother says it
Sister says it, Brother says it
Uncle says it, Auntie says it
Everyone at the party says
Babe, I'm on fire
Babe, I'm on fire

The horse says it, the pig says it
The judge in his wig says it
The fox and the rabbit
And the nun in her habit says
Babe, I'm on fire
Babe, I'm on fire

My mate Bill Gates says it
The President of the United States says it
The slacker and the worker
The girl in her burqa says
Babe, I'm on fire
Babe, I'm on fire

The general with his tank says it
The man at the bank says it
The soldier with his rocket
And the mouse in my pocket says
Babe, I'm on fire
Babe, I'm on fire

The drug-addled wreck
With a needle in his neck says it
The drunk says it, punk says it
The brave Buddhist monk says
Babe, I'm on fire
Babe, I'm on fire

NENA, ESTOY QUE ARDO

Lo dice padre y lo dice madre
Lo dicen mi hermana y mi hermano
Lo dicen el tío y la tía
Todos en la fiesta dicen
Nena, estoy que ardo
Nena, estoy que ardo

Lo dice el caballo y lo dice el cerdo
Y el juez con su peluca
El zorro y el conejo
Y la monja en su hábito dice
Nena, estoy que ardo
Nena, estoy que ardo

También lo dice Bill Gates, mi amigo
Y el presidente de Estados Unidos
El gandul y el trabajador
La niña en su burka dice
Nena, estoy que ardo
Nena, estoy que ardo

Lo dice el general en su tanque
El tipo del banco lo dice
El soldado con su cohete
Y el ratón en mi bolsillo dice
Nena, estoy que ardo
Nena, estoy que ardo

El drogadicto desahuciado
Lo dice con la aguja al cuello
Lo dicen el borracho y el mamarracho
Y el valiente monje budista dice
Nena, estoy que ardo
Nena, estoy que ardo

Hit me up, baby, and knock me down
Drop what you're doing and come around
We can hold hands till the sun goes down
'Cause I know
That you
And I
Can be
Together
'Cause I love you

The blind referee says it
The unlucky amputee says it
The giant killer bee
Landing on my knee says
Babe, I'm on fire
Babe, I'm on fire

The cop with his breathalyzer
The paddy with his fertilizer
The man in the basement
That's getting a taste for it says
Babe, I'm on fire
Babe, I'm on fire

The fucked-up Rastafarian says it
The dribbling libertarian says it
The sweet little goth
With the ears of cloth says
Babe, I'm on fire
Babe, I'm on fire

The cross-over country singer says it
The hump-backed bell ringer says it
The swinger, the flinger
The outraged right-winger says

Pégame, nena, y derríbame
Deja lo que estés haciendo y vente
Podemos tomarnos de la mano hasta que el sol
    se ponga
Pues yo sé
Que tú
Y yo
Podemos estar
Juntos
Porque te amo

Lo dice el árbitro ciego
Y el amputado infortunado
El abejorro asesino
Posándose en mi rodilla dice
Nena, estoy que ardo
Nena, estoy que ardo

El poli con su alcoholímetro
El irlandés con su fertilizante
El hombre en el sótano
Que le está tomando gusto
Dice nena, estoy que ardo
Nena, estoy que ardo

Lo dice el rasta que va ciego
Lo dice el libertario que babea
La gótica nenita
Medio sorda dice
Nena, estoy que ardo
Nena, estoy que ardo

Lo dice el ecléctico cantante country
Con el campanero jorobado
El ligón y el libertino
El ultrajado derechista dice

Babe, I'm on fire
Babe, I'm on fire

The man going hiking says it
The misunderstood Viking says it
The man at the rodeo
And the lonely old Eskimo says
Babe, I'm on fire
Babe, I'm on fire

Hit me up, baby, and knock me down
Drop what you're doing and come around
We can hold hands till the sun goes down
'Cause I know
That you
And I
Can be
Together
'Cause I love you

The mild little Christian says it
The wild Sonny Liston says it
The pimp and the gimp
And the guy with the limp says
Babe, I'm on fire
Babe, I'm on fire

The blind piano tuner says it
The Las Vegas crooner says it
The hooligan mooner
Holding a schooner says
Babe, I'm on fire
Babe, I'm on fire

The Chinese contortionist says it
The backyard abortionist says it

Nena, estoy que ardo
Nena, estoy que ardo

Lo dice el que sale de excursión
Lo dice el vikingo incomprendido
El hombre en el rodeo
Y el esquimal viejo y solo dice
Nena, estoy que ardo
Nena, estoy que ardo

Pégame, nena, y derríbame
Deja lo que estés haciendo y vente
Podemos tomarnos de la mano hasta que el sol
    se ponga
Pues yo sé
Que tú
Y yo
Podemos estar
Juntos
Porque te amo

Lo dice el cristiano pacato
Lo dice el bruto de Sonny Liston
El macarra y el tullido
Y el tipo que cojea dice
Nena, estoy que ardo
Nena, estoy que ardo

El afinador ciego de pianos
El cantante de Las Vegas
El vándalo que enseña el culo
Sosteniendo su jarra dice
Nena, estoy que ardo
Nena, estoy que ardo

Lo dice el contorsionista chino
Lo dice el abortista furtivo

The poor Pakistani
With his lamb biriani says
Babe, I'm on fire
Babe, I'm on fire

The hopeless defendant says it
The toilet attendant says it
The pornographer, the stenographer
The fashion photographer says
Babe, I'm on fire
Babe, I'm on fire

The college professor says it
The vicious cross-dresser says it
Grandma and Grandpa
In the back of the car says
Babe, I'm on fire
Babe, I'm on fire

Hit me up, baby, and knock me down
Drop what you're doing and come around
We can hold hands till the sun goes down
'Cause I know
That you
And I
Can be
Together
'Cause I love you

The hack at the doorstep says it
The midwife with her forceps says it
The demented young lady
Who is roasting her baby
On the fire
Babe, I'm on fire

El pobre paquistaní
Con su byriani de cordero dice
Nena, estoy que ardo
Nena, estoy que ardo

Lo dice el acusado irredimible
Y la asistenta en los aseos
El pornógrafo, el estenógrafo
El fotógrafo de moda dice
Nena, estoy que ardo
Nena, estoy que ardo

Lo dice el profesor universitario
Lo dice el travesti depravado
La abuela y el abuelo
En la trasera del coche dicen
Nena, estoy que ardo
Nena, estoy que ardo

Pégame, nena, y derríbame
Deja lo que estés haciendo y vente
Podemos tomarnos de la mano hasta que el sol
    se ponga
Pues yo sé
Que tú
Y yo
Podemos estar
Juntos
Porque te amo

Lo dice el gacetillero en el zaguán
Lo dice con sus fórceps la partera
La chiflada damisela
Que está asando al bebé
Al fuego
Nena, estoy que ardo

The athlete with his hernia says it
Picasso with his *Guernica* says it
My wife with her furniture
Everybody!
Babe, I'm on fire
Babe, I'm on fire

The laughing hyena says it
The homesick Polish cleaner says it
The man from the Klan
With a torch in his hand says
Babe, I'm on fire
Babe, I'm on fire

The Chinese herbologist says it
The Christian apologist says it
The dog and the frog
Sitting on a log says
Babe, I'm on fire
Babe, I'm on fire

The fox-hunting toff says it
The horrible moth says it
The doomed homosexual
With the persistent cough says
Babe, I'm on fire
Babe, I'm on fire

Hit me up, baby, and knock me down
Drop what you're doing and come around
We can hold hands till the sun goes down
'Cause I know
That you
And I
Can be

Lo dice el atleta con su hernia
Lo dice Picasso con su Guernica
Mi esposa y su mobiliario
¡El mundo entero!
Nena, estoy que ardo
Nena, estoy que ardo

Lo dicen la hiena que se carcajea
Y el nostálgico barrendero polaco
El hombre del Klan
Con su antorcha en mano dice
Nena, estoy que ardo
Nena, estoy que ardo

Lo dice el herborista chino
Lo dice el apologeta cristiano
El perro y la rana
Dice en un tronco sentada
Nena, estoy que ardo
Nena, estoy que ardo

Lo dicen el ricachón que caza zorros
Y la polilla horripilante
El homosexual condenado
Con tos crónica dice
Nena, estoy que ardo
Nena, estoy que ardo

Pégame, nena, y derríbame
Deja lo que estés haciendo y vente
Podemos tomarnos de la mano hasta que el sol
    se ponga
Pues yo sé
Que tú
Y yo
Podemos estar

296

Together
'Cause I love you

The Papist with his soul says it
The rapist on a roll says it
Jack says it, Jill says it
As they roll down the hill
Babe, I'm on fire
Babe, I'm on fire

The clever circus flea says it
The sailor on the sea says it
The man from the Daily Mail
With his dead refugee says
Babe, I'm on fire
Babe, I'm on fire

The hymen-busting Zulu says it
The proud kangaroo says it
The koala, the echidna
And the platypus too says
Babe, I'm on fire
Babe, I'm on fire

The disgraced country vicar says it
The crazed guitar picker says it
The beatnik, the peacenik
The apparatchik says
Babe, I'm on fire
Babe, I'm on fire

The deranged midnight stalker says it
García Lorca says it
The hit man, Walt Whitman
And the halitotic talker says
Babe, I'm on fire
Babe, I'm on fire

Juntos
Porque te amo

Lo dice el papista con su alma
Lo dice el violador en racha
Lo dice Jack, lo dice Jill
Mientras ruedan colina abajo
Nena, estoy que ardo
Nena, estoy que ardo

Lo dicen la pulga vivaz circense
Y el marinero a la mar
El hombre del Daily Mail
Con su refugiado muerto dice
Nena, estoy que ardo
Nena, estoy que ardo

El zulú que se carga el himen
Lo dice y el orgulloso canguro
El koala, el equidna
Y también el ornitorrinco dice
Nena, estoy que ardo
Nena, estoy que ardo

Lo dice el pobre vicario de pueblo
Y el rasgueador de guitarra ido
El beatnik, el pacifista
El apparatchik dice
Nena, estoy que ardo
Nena, estoy que ardo

El acosador loco de medianoche
Lo dice y García Lorca
El sicario, Walt Whitman dicen
Y el bocas de aliento infecto
Nena, estoy que ardo
Nena, estoy que ardo

Hit me up, baby, and knock me down
Drop what you're doing and come around
We can hold hands till the sun goes down
'Cause I know
That you
And I
Can be
Together
'Cause I love you

The wine taster with his nose says it
The fireman with his hose says it
The pedestrian, the equestrian
The tap-dancer with his toes says
Babe, I'm on fire
Babe, I'm on fire

The beast in the beauty pageant
The pimply real estate agent
The beach-comber, the roamer
The girl in a coma says
Babe, I'm on fire
Babe, I'm on fire

The old rock 'n' roller
With his two-seater stroller
And the fan in the van
With the abominable plan says
Babe, I'm on fire
Babe, I'm on fire

The menstruating Jewess says it
The nervous stewardess says it
The hijacker, the backpacker
The cunning safe-cracker says

Pégame, nena, y derríbame
Deja lo que estés haciendo y vente
Podemos tomarnos de la mano hasta que el sol
* se ponga*
Pues yo sé
Que tú
Y yo
Podemos estar
Juntos
Porque te amo

Con su nariz el catador lo dice
Y el bombero con la manguera
El peatón, el jinete
El bailarín con sus pies lo dice
Nena, estoy que ardo
Nena, estoy que ardo

Lo dice la bestia en el concurso de belleza
Y el agente inmobiliario con granos
El playero y el errabundo
La chica comatosa dice
Nena, estoy que ardo
Nena, estoy que ardo

El viejo roquero
Con su cochecito de gemelos
Y el fan en la camioneta
Dice con su plan majareta
Nena, estoy que ardo
Nena, estoy que ardo

Lo dice la judía menstruante
Lo dice la azafata nerviosa
El secuestrador, el mochilero dicen
Y el que revienta cajas fuertes

Babe, I'm on fire
Babe, I'm on fire

The sports commentator says it
The old alligator says it
The tennis pro with his racket
The loon in the straitjacket
Babe, I'm on fire
Babe, I'm on fire

Hit me up, baby, and knock me down
Drop what you're doing and come around
We can hold hands till the sun goes down
'Cause I know
That you
And I
Can be
Together
'Cause I love you

The butcher with his cleaver says it
The mad basket weaver says it
The jaded boxing writer
And the glass-jawed fighter says
Babe, I'm on fire
Babe, I'm on fire

The old town crier says it
The inveterate liar says it
The pilchard, the bream
And the trout in the stream
Babe, I'm on fire
Babe, I'm on fire

Nena, estoy que ardo
Nena, estoy que ardo

Lo dice el comentarista deportivo
Lo dice el caimán viejo
El tenista con su raqueta
El mochales en camisa de fuerza
Nena, estoy que ardo
Nena, estoy que ardo

Pégame, nena, y derríbame
Deja lo que estés haciendo y vente
Podemos tomarnos de la mano hasta que el sol
    se ponga
Pues yo sé
Que tú
Y yo
Podemos estar
Juntos
Porque te amo

Lo dice el carnicero con el cuchillo
Lo dice el cestero loco
El encallecido escritor de boxeo
Y el púgil que mal encaja
Nena, estoy que ardo
Nena, estoy que ardo

Lo dice el pregonero del barrio viejo
Lo dice el mentiroso inveterado
La sardina, el besugo
Y la trucha en el riachuelo
Nena, estoy que ardo
Nena, estoy que ardo

The war correspondent says it
The enthused and the despondent says it
The electrician, the mortician
And the man going fishin' says
Babe, I'm on fire
Babe, I'm on fire

The cattleman from Down Under says it
The patriot with his plunder says it
Watching a boat full of refugees
Sinking into the sea
Babe, I'm on fire
Babe, I'm on fire

The silicone junky says it
The corporate flunky says it
The Italian designer
With his rickshaw in China says
Babe, I'm on fire
Babe, I'm on fire

Hit me up, baby, and knock me down
Drop what you're doing and come around
We can hold hands till the sun goes down
'Cause I know
That you
And I
Can be
Together
'Cause I love you

The trucker with his juggernaut says it
The lost astronaut says it
The share cropper, the bent copper

Lo dice el corresponsal de guerra
Lo dicen el entusiasta y el pesimista
El electricista, el embalsamador
Y el hombre que sale a pescar dice
Nena, estoy que ardo
Nena, estoy que ardo

Lo dice el ganadero australiano
Lo dice el patriota con su saqueo
Contemplando un bote de refugiados
Hundiéndose en la mar
Nena, estoy que ardo
Nena, estoy que ardo

Lo dice la yonqui de la silicona
Lo dice el lacayo corporativo
El diseñador italiano
En China con su rickshaw dice
Nena, estoy que ardo
Nena, estoy que ardo

Pégame, nena, y derríbame
Deja lo que estés haciendo y vente
Podemos tomarnos de la mano hasta que el sol
    se ponga
Pues yo sé
Que tú
Y yo
Podemos estar
Juntos
Porque te amo

Lo dice el camionero con su tráiler
Lo dice el astronauta perdido
El temporero, el agente obsequioso

The compulsive shopper says
Babe, I'm on fire
Babe, I'm on fire

The Viennese vampire says it
The cowboy round his campfire says it
The game show panellist
The Jungian analyst says
Babe, I'm on fire
Babe, I'm on fire

Warren says it, Blixa says it
The lighting guy and mixer says it
Mick says it, Marty says it
Everyone at the party says
Babe, I'm on fire
Babe, I'm on fire

Hit me up, baby, and knock me down
Drop what you're doing and come around
We can hold hands till the sun goes down
'Cause I know
That you
And I
Can be
Together
'Cause I love you

La compradora compulsiva dice
Nena, estoy que ardo
Nena, estoy que ardo

El vampiro vienés lo dice
Y el vaquero ante su fogata
El azafato del programa concurso
Y el analista jungiano dicen
Nena, estoy que ardo
Nena, estoy que ardo

Lo dice Warren y lo dice Blixa
El técnico de luces y el de sonido
Mick y Marty lo dicen
En la fiesta lo dicen todos
Nena, estoy que ardo
Nena, estoy que ardo

Pégame, nena, y derríbame
Deja lo que estés haciendo y vente
Podemos tomarnos de la mano hasta que el sol
    se ponga
Pues yo sé
Que tú
Y yo
Podemos estar
Juntos
Porque te amo

SHOOT ME DOWN

On those sentimental nights
You hold me in your sights
And shoot me down

And though there ain't no enemy here
You keep me very near
And shoot me down
Shoot me down

Your hands, they flutter up
Armed and dangerous, my buttercup
And shoot me down
In flames

Stand back, baby, stand back and let me breathe
I think I'm falling out of here
I can hear the grass grow, I can hear the melting
    snow
I can feel your breath against my ear
I might just disappear
Wouldn't that be nice
Wouldn't that be nice
Well, wouldn't that be nice

I look into your eyes
And it comes as no great surprise
You're gonna shoot me down
Shoot me down

I know that when you smile
It'll only be just a short, little while
Shoot me down
In flames
Shoot me down

302

MALTRÁTAME

En las noches sentimentaloides
Me tienes ante ti
Y me maltratas

Y aunque aquí no hay enemigos
Me vigilas de cerca
Y me maltratas
Me maltratas

Tus manos revolotean, armadas y peligrosas
Alrededor de mi ranúnculo
Y me rechazan
En llamas

Atrás, nena, atrás, dame un respiro
Creo que de aquí me caigo
Puedo oír como la hierba crece, como la nieve
    se derrite
Siento tu aliento en mi oreja
Quizá desaparezca
Qué bueno sería
Qué bueno sería
Tú, qué bueno seria

Te miro a los ojos
Y para nada me sorprende
Que me vaya a maltratar
Y me maltratas

Sé que cuando sonríes
Es tan solo por un instante
Y me maltratas
En llamas
Me maltratas

In flames
Shoot me down
In flames

SWING LOW

How is little Thomas Magee?
Thomas Magee, he swallowed a key
Did he die, little Thomas Magee?
Hardly… hardly… just let him be
He's wiser now, little Thomas Magee

I called this cat on the telephone
My heart was beating in my chest
I'd eaten something I could not digest
But the phone kept ringing, there's no one home

I ran to his house, rapped on the window
My blood was pumping much too fast
As I stuck my fingers through the glass
I heard strange music playing on the radio

Swing low
Swing low
Swing low
Swing low
Way down low
And carry me home

Pray like Peter, preach like Paul
Jesus died to save us all
I climbed through the window, I crawled on the floor
I ripped apart the furniture
But I still couldn't find what I was looking for

En llamas
Me maltratas
En llamas

ASÓMATE

¿Cómo está el peque Thomas Magee?
Thomas Magee se tragó una llave
¿Murió el peque Thomas Magee?
Casí, casi… déjale en paz
Ya es más sabio, el peque Thomas Magee

Llamé a este tío por teléfono
Me latía fuerte el corazón
Algo comí sin digerir
Pero el aparato sonaba, y nadie en casa

Corrí a su casa, llamé a la ventana
Mi sangre bombeaba a todo gas
Mientras metía la mano por el cristal
Se oía en la radio música extraña

Asómate
Asómate
Asómate
Asómate
Más
Y llévame a casa

Reza como Pedro, predica como Pablo
Jesús murió para salvarnos
Trepé por la ventana, me arrastré por el suelo
Destrocé los muebles
Y lo que buscaba no encontré

The problems, dear, we claim as our own	*Los problemas, querida, que consideramos nuestros*
Cannot be solved, they must be outgrown	*No se solventan, atrás se dejan*
The bottomless knowledge that cannot be known	*El conocimiento insondable que no está al alcance*
And the empty ringing of the telephone	*Y el ring-ring hueco del teléfono*
And the strange music playing on the radio	*Y la música extraña de la radio*
Swing low	*Asómate*
Swing low	*Asómate*
Swing low	*Asómate*
Swing low	*Asómate*
Way down low	*Más*
And carry me home	*Y llévame a casa*
Where did you go?	*¿Dónde fuiste?*
Where did you go?	*¿Dónde fuiste?*
Swing low, baby, save my soul	*Nena, asómate, salva mi alma*
Where did you go?	*¿Dónde fuiste?*
Where did you go?	*¿Dónde fuiste?*
Swing low, baby, save my soul	*Nena, asómate, salva mi alma*
Swing low	*Asómate*
Swing low	*Asómate*
Swing low	*Asómate*
And carry me home	*Y llévame a casa*

EVERYTHING MUST CONVERGE

Everything must converge	*Con el tiempo*
In time	*Todo debe converger*
And so it goes	*Así funciona*
By and by	*A la larga*

TODO DEBE CONVERGER

Everything must converge	*Todo debe converger*
Some day	*Algún día*
Some how	*De algún modo*
Some way	*A su manera*
Everything must converge	*Con el tiempo*
In time	*Todo debe converger*
So it seems	*Así funciona*
By and by	*A la larga*
Every little thing must converge	*Cada cosita debe converger*
It's true	*Es verdad*
By and by	*A la larga*
So they say	*Según dicen*
Like the river that runs to the sea	*Como el río que desemboca en el mar*
Like the sun going down on me	*Como el sol que se pone en mí*
Everything must converge	*Todo debe converger*
One day	*Un día*
I hope	*Espero*
I pray	*Y rezo*
Everything must converge	*Todo debe converger*
It's true	*Es cierto*
In time	*Con el tiempo*
Me and you	*Tú y yo*
Like the river that runs to the sea	*Como el río que desemboca en el mar*
Like the sun going down on me	*Como el sol que se pone en mí*
Everything must converge	*Todo debe converger*
Everything must converge	*Todo debe converger*
Everything must converge	*Todo debe converger*

ABATTOIR BLUES/ THE LYRE OF ORPHEUS (2004)

GET READY FOR LOVE/
CANNIBAL'S HYMN/
HIDING ALL AWAY/
MESSIAH WARD/
THERE SHE GOES, MY BEAUTIFUL WORLD/
NATURE BOY/
ABATTOIR BLUES/
LET THE BELLS RING/
FABLE OF THE BROWN APE/
THE LYRE OF ORPHEUS/
BREATHLESS/
BABE, YOU TURN ME ON/
EASY MONEY/
SUPERNATURALLY/
SPELL/
CARRY ME/
O CHILDREN/

SHE'S LEAVING YOU/
UNDER THIS MOON

PREPÁRATE PARA EL AMOR/
HIMNO CANÍBAL/
ME ESCONDÍA/
SALA DEL MESÍAS/
AHÍ VA, MI HERMOSO MUNDO/
CHICO SILVESTRE/
BLUES DEL MATADERO/
QUE TOQUEN LAS CAMPANAS/
FÁBULA DEL MONO PARDO/
LA LIRA DE ORFEO/
SIN ALIENTO/
NENA, ME PONES/
DINERO FÁCIL/
SOBRENATURAL/
HECHIZO/
LLÉVAME/
AY, NIÑOS/

TE VA A DEJAR/
BAJO ESTA LUNA

GET READY FOR LOVE

Get ready for love! Praise Him!
Get ready for love! Praise Him!
Get ready for love! Get ready!

Well, most of all nothing much ever really happens
And God rides high up in the ordinary sky
Until we find ourselves at our most distracted
And the miracle that was promised creeps quietly by

Calling every boy and girl
Calling all around the world
Calling every boy and girl
Calling all around the world

Get ready for love! Praise Him!
Get ready for love! Praise Him!

The mighty wave their hankies from their
high-windowed palace
Sending grief and joy down in supportable doses
And we search high and low without mercy or
malice
While the gate to the Kingdom swings shut and
closes

Calling every boy and girl
Calling all around the world
Calling every boy and girl
Calling all around the world

Praise Him till you've forgotten what you're
praising Him for
Praise Him till you've forgotten what you're
praising Him for

PREPÁRATE PARA EL AMOR

¡Prepárate para el amor! ¡Ensálzalo!
¡Prepárate para el amor! ¡Ensálzalo!
¡Prepárate para el amor! ¡Prepárate!

Ante todo, nunca suele pasar casi nada
Y Dios cabalga arriba en el cielo acostumbrado
Hasta que en el momento menos pensado
El milagro prometido se va revelando

Llama a los niños y a las niñas
Y llama a todos en el mundo
Llama a los niños y a las niñas
Y llama a todos en el mundo

¡Prepárate para el amor! ¡Ensálzalo!
¡Prepárate para el amor! ¡Ensálzalo!

Los poderosos agitan pañuelos desde los
ventanales de palacio
Administrando dolor y gozo en dosis tolerables
Sin piedad ni malicia, nosotros buscamos
por todas partes
Cuando las puertas de palacio se cierran
de golpe

Llama a los niños y a las niñas
Y llama a todos en el mundo
Llama a los niños y a las niñas
Y llama a todos en el mundo

Ensálzalo hasta olvidar porqué lo ensalzas
Ensálzalo hasta olvidar porqué lo ensalzas

Then praise Him a little bit more
Praise Him a little bit more
Praise Him till you've forgotten what you're
    praising Him for
Praise Him till you've forgotten what you're
    praising Him for
Praise Him a little bit more
Yeah, praise Him a little bit more

Get ready for love! Praise Him!
Get ready for love! Get ready!

I searched the Seven Seas and I've looked under
    the carpet
And browsed through the brochures that govern
    the skies
Then I was just hanging around, doing nothing and
looked up to see
His face burned in the retina of your eyes

Calling every boy and girl
Calling all around the world
Calling every boy and girl
Calling all around the world

Get ready for love! Praise Him!
Get ready for love! Praise Him!

CANNIBAL'S HYMN

You have a heart and I have a key
Lie back and let me unlock you
Those heathens you hang with down by the sea
All they want to do is defrock you
I know a river where we can dream

Y ensálzalo un rato más
Sí, ensálzalo un rato más
Ensálzalo hasta olvidar porqué lo ensalzas
Ensálzalo hasta olvidar porqué lo ensalzas
Y ensálzalo un rato más
Sí, ensálzalo un rato más

¡Prepárate para el amor! ¡Ensálzalo!
¡Prepárate para el amor! ¡Prepárate!

Rastreé los siete mares y miré bajo la alfombra
Y ojeé los folletos que gobiernan los cielos
Luego hice poco más, alcé la vista para ver
Su cara quemada en tu retina

Llama a los niños y a las niñas
Y llama a todos en el mundo
Llama a los niños y a las niñas
Y llama a todos en el mundo

¡Prepárate para el amor! ¡Ensálzalo!
¡Prepárate para el amor! ¡Ensálzalo!

HIMNO CANÍBAL

Tienes un corazón y yo una llave
Túmbate y déjame abrirte
Esos infieles con quien departes junto al mar
Quieren librarte de tu misión
Conozco un río donde podemos soñar

It will swell up, burst its banks, babe, and rock you
But if you're gonna dine with them cannibals
Sooner or later, darling, you're gonna get eaten
But I'm glad you've come around here with your
  animals
And your heart that is bruised but unbeaten
And beating like a drum

I will sit like a bird on a fence
Sing you songs with a happy ending
Swoop down and tell you that it don't make sense
To attack the very thing you're defending
Didn't I just buy that dress for you?
That pink paper pinafore that you keep mending
Well, if you're gonna dine with the cannibals
Sooner or later, darling, you're gonna get eaten
But I'm glad you've come around here with your
  animals
And your heart that is banging and bleating
And banging like a gong

I can see that they've hurt you, dear
Here is some moonlight to cloak us
And I will never desert you here
Unpetalled among the crocus
Allow me, my love, to allay your fear
As I swim, in and out of focus
But if you're gonna dine with the cannibals
Sooner or later, darling, you're gonna get eaten
But I'm glad you've come around here with
  your animals
And your heart that is bruised but bleating
And bleeding like a lamb
Banging like a gong
Beating like a drum

Crecerá, se desbordará, nena, y te mecerá
Aunque si vas a cenar con los caníbales
Antes o después, cariño, te van a devorar
Pero me alegra que vinieras con tus animales
Y que tu corazón sigua lastimado e invicto
Batiendo como un tambor

Me sentaré como un pájaro en la cerca
Te cantaré canciones que acaban bien
Planearé y te diré que no tiene sentido
Atacar lo mismo que defiendes
¿No te acabo de regalar ese vestido?
Ese mandil de papel rosa que remiendas
  sin parar
Cariño, si vas a cenar con caníbales
Antes o después te van a devorar
Pero me alegra que vinieras con tus animales
Y que tu corazón gimotee y golpee
Golpea como un gong

Querida, ya veo que te han herido
Aquí nos envuelve la luz de la luna
Y jamás te voy a dejar
Sin pétalos entre el azafrán
Permíteme, amor, aliviar tu miedo
Mientras nado, ya enfocado o desenfocado
Pero si vas a cenar con caníbales
Antes o después, cariño, te van a devorar
Aunque me alegra que vinieras con los animales
Y que tu corazón sigua lastimado e invicto
Y sangre como un cordero
Golpeando como un gong
Batiendo como un tambor

HIDING ALL AWAY

You went looking for me, dear
Down by the sea
You found some little silver fish
But you didn't find me
I was hiding, dear, hiding all away
I was hiding, dear, hiding all away

You went to the museum
You climbed a spiral stair
You searched for me all among
The knowledgeable air
I was hidden, babe, hiding all away
I was hiding, dear, hiding all away

You entered the cathedral
When you heard the solemn knell
I was not sitting with the gargoyles
I was not swinging from the bell
I was hiding, dear, I was hiding all away
I was hiding, dear, hiding all away

You asked an electrician
If he'd seen me round his place
He touched you with his fingers
Sent sparks zapping out your face
I was hidden, dear, hiding all away
I was not there, dear, hiding all away

You went and asked your doctor
To get some advice
He shot you full of pethidine
And then he billed you twice
But I was hiding, dear, hiding all away
But I was hiding, dear, hiding all away

ME ESCONDÍA

Querida, me fuiste a buscar
Junto al mar
Encontraste unos pececitos plateados
Pero no me encontraste a mí
Querida, me escondí bien escondido
Querida, me escondí bien escondido

Acudiste al museo
Subiste por la escalera espiral
Me buscaste
Entre aquella atmosfera de enterados
Nena, me escondía bien escondido
Querida, me escondía bien escondido

Entraste en la catedral
Y oíste el tañido ceremonial
No estaba allí con las gárgolas
Ni colgando de la campana
Querida, me escondí bien escondido
Querida, me escondí bien escondido

Le preguntaste a un electricista
Si me había visto por su casa
Te tocó con los dedos
Y las chispas cruzaron tu cara
Querida, estaba bien escondido
No estaba, querida, me escondía bien escondido

Fuiste a consultar al médico
Para recibir consejo
Te dio un chute de petidina
Y te cobró por partida doble
Pero yo me escondí, querida, bien escondido
Pero yo me escondí, querida, bien escondido

You approached a high court judge
You thought he'd be on the level
He wrapped a rag around your face
And beat you with his gavel
I was hiding, babe, hiding all away
I was hidden, dear, hiding all away

You asked at the local constabulary
They said, he's up to his same old tricks
They leered at you with their baby blues
And rubbed jelly on their sticks
I had to get out of there, babe, hiding all away
I had to get out of there, dear, hiding all away

You searched through all my poets
From Sappho through to Auden
I saw the book fall from your hands
As you slowly died of boredom
I had been there, dear, but I was not there anymore
I had been there, now I'm hiding all away

You walked into the hall of fame
And approached my imitators
Some were stuffing their faces with caviar
Some were eating cold potatoes
I was hiding, dear, hiding all away
I was hiding, dear, hiding all away

You asked a famous cook if he'd seen me
He opened his oven wide
He basted you with butter, babe
And made you crawl inside
I was not in there, dear, hiding all away
I was not in there, dear, hiding all away

Acudiste a un juez del Tribunal Supremo
Pensando que era legal
Te envolvió con un trapo la cara
Y te atizó con el martillo
Yo me escondí, nena, bien escondido
Yo me escondí, querida, bien escondido

Preguntaste a la policía local
Dijeron, ya vuelve a las andadas
Te miraron ávidos con sus ojos claros
Y untaron con gelatina sus porras
Tuve que huir, nena, y esconderme bien
Tuve que huir, querida, y esconderme bien

Rebuscaste entre mis poetas
Desde Safo hasta Auden
Vi el libro caer de tus manos
Mientras morías de hastío
Había estado ahí, nena, pero ya no estaba
Había estado, ahora ando fugado

Entraste en el salón de la fama
Y te acercaste a mis imitadores
Algunos se atiborraban de caviar
Otros engullían patatas frías
Yo me escondía, querida, bien escondido
Me escondía, querida, bien escondido

Preguntaste por mí a un chef famoso
Abrió su horno de par en par
Te untó de mantequilla, nena
Y te hizo entrar
Allí no estaba, querida, me escondía
Allí no estaba, querida, me escondía

You asked the butcher
Who lifted up his cleaver
Stuck his fist up your dress
Said he must've been mad to leave you
But I had to get away, dear hiding all away
I had to get away, dear, I was hidden all away

Some of us, we hide away
Some of us, we don't
Some will live to love another day
And some of us won't
But we all know there is a law
And that law, it is love
And we all know there's a war coming
Coming from above

There is a war coming
There is a war coming

MESSIAH WARD

I hope you're sitting comfortably
I saved you the best seat in the house
Right up in the front row
The stars have been torn down
The moon is locked away
And the land is banked in frozen snow

You are a force of nature, dear
Your breath curls from your lips
As the trees bend down their branches
And touch you with their fingertips
They're bringing out the dead, now

Preguntaste al carnicero
Que levantó su cuchillo
Metió el puño en tu vestido
Dijo que menudo loco quien te dejó
Pero yo debía huir, querida, esconderme bien
Debía huir, querida, escondido bien

Algunos nos escondemos
Otros no lo hacemos
Algunos viven para adorar el nuevo día
A otros no les tira
Pero sabemos todos que hay una ley
Y que esa ley es el amor
Y todos sabemos que una guerra se acerca
Se acerca desde arriba

Una guerra se acerca
Una guerra se acerca

SALA DEL MESÍAS

Espero que estés cómodamente sentada
Te guardé el mejor asiento de la sala
Justo en primera fila
Las estrellas han sido derribadas
Han enjaulado a la luna
Y en la tierra se apila la nieve congelada

Querida, eres una fuerza de la naturaleza
Desde la boca se riza tu aliento
Y los árboles doblan sus ramas
Y te tocan con las puntas de los dedos
Ahora están sacando a los muertos

It's easy just to look away
They are bringing out the dead, now
It's been a strange, strange day

We could navigate our position by the stars
But they've taken out the stars
The stars have all gone
I'm glad you've come along
We could comprehend our condition by the moon
But they've ordered the moon not to shine
Still, I'm glad you've come along
I was worried out of my mind
'Cause they keep bringing out the dead
It's easy just to look away
They're bringing out the dead, now
And it's been a long, strange day

You can move up a little closer
I will throw a blanket over
We can weigh all the tears in one hand
Against the laughter in the other
We could be hanging around here for centuries
Trying to make sense of this, my dear
While the planets try to get organized
Way above the stratosphere
But they keep bringing out the dead, now
It's easy if we just walk away
They keep bringing out the dead, now
It's been a long, long day

Look away
Look away

Es fácil apartar la mirada
Ahora están sacando a los muertos
Qué día más extraño

Podríamos orientarnos por las estrellas
Pero las estrellas las han quitado
Han desaparecido
Me alegro que hayas venido
Por la luna podríamos comprender nuestro estado
Pero tiene prohibido brillar
Me alegro que hayas venido
Estaba muerto de angustia
Porque siguen sacando a los muertos
Es fácil apartar la mirada
Ahora están sacando a los muertos
Y qué día tan largo y extraño

Puedes acercarte algo más
Te echaré por encima una manta
Podemos sopesar en una mano
Las lágrimas, y la risa en la otra
Podríamos pulular por aquí varios siglos
Tratando de encontrarle un sentido
Mientras los planetas miran de organizarse
Muy por encima de la estratosfera
Pero aún siguen sacando a los muertos
Es fácil si nos vamos nomás
Aún siguen sacando a los muertos
Menudo día más largo

No mires
No mires

THERE SHE GOES, MY BEAUTIFUL WORLD

The wintergreen, the juniper
The cornflower and the chicory
All the words you said to me
Still vibrating in the air
The elm, the ash and the linden tree
The dark and deep, enchanted sea
The trembling moon and the stars unfurled

There she goes, my beautiful world
There she goes, my beautiful world
There she goes, my beautiful world
There she goes, my beautiful world
There she goes again

John Wilmot penned his poetry riddled with
    the pox
Nabukov wrote on index cards, at a lectern, in
    his socks
St John of the Cross did his best stuff imprisoned
    in a box
And Johnny Thunders was half alive when he
    wrote 'Chinese Rocks'

Well, me, I'm lying here, with nothing in my ears
Me, I'm lying here, with nothing in my ears
Me, I'm lying here, for what seems years
I'm just lying on my bed with nothing in my head

Send that stuff on down to me
Send that stuff on down to me
Send that stuff on down to me
Send that stuff on down to me

AHÍ VA, MI HERMOSO MUNDO

La gaulteria, el enebro
El aciano y la achicoria
Todas las palabras que me dijiste
Siguen vibrando en el aire
El olmo, el fresno y el tilo
El mar oscuro y hondo, hechizado
La luna temblorosa y las estrellas abiertas

Ahí va ella, mi hermoso mundo
Ahí va ella, mi hermoso mundo
Ahí va ella, mi hermoso mundo
Ahí va ella, mi hermoso mundo
Ahí va de nuevo ella

John Wilmot redactó su poesía devastado por
    la sífilis
Nabokov escribía en fichas, descalzo, sobre
    un atril
Lo mejor de san Juan de la Cruz lo creó en una
    ratonera
Y Johnny Thunders vivía a medias cuando
    escribió «Chinese Rocks»

Y yo estoy tendido aquí, sin nada en los oídos
Yo estoy tendido aquí, sin nada en los oídos
Tendido aquí, que parece que llevo años
Estoy tendido en la cama, sin nada en la cabeza

Mándame todo eso para acá
Mándame todo eso para acá
Mándame todo eso para acá
Mándame todo eso para acá

There she goes, my beautiful world
There she goes, my beautiful world
There she goes, my beautiful world
There she goes again

Karl Marx squeezed his carbuncles while writing
    Das Kapital
And Gaugin, he buggered off, man, and went all
    tropical
While Philip Larkin stuck it out in a library in Hull
And Dylan Thomas died drunk in St Vincent's
    hospital

I will kneel at your feet
I will lie at your door
I will rock you to sleep
I will roll on the floor
And I'll ask for nothing
Nothing in this life
I'll ask for nothing
Give me everlasting life

I just want to move the world
I just want to move the world
I just want to move the world
I just want to move

There she goes, my beautiful world
There she goes, my beautiful world
There she goes, my beautiful world
There she goes again

So if you got a trumpet, get on your feet, brother,
    and blow it
If you've got a field that don't yield, well, get up
    and hoe it

Ahí va ella, mi hermoso mundo
Ahí va ella, mi hermoso mundo
Ahí va ella, mi hermoso mundo
Ahí va de nuevo ella

Karl Marx se reventaba granos al escribir
    El capital
Gauguin se dio el piro y se lo montó en plan
    tropical
Y Philip Larkin pringó y aguantó en su biblioteca
    de Hull
Dylan Thomas murió borracho en el hospital
    de San Vicente

Me postraré a tus pies
Me quedaré en el portal
Te acunaré en el sueño
Me arrastraré en el suelo
Y no pediré nada
Nada en esta vida
No pediré nada
Dame la vida eterna

Solo quiero mover el mundo
Solo quiero mover el mundo
Solo quiero mover el mundo
Solo quiero mover

Ahí va ella, mi hermoso mundo
Ahí va ella, mi hermoso mundo
Ahí va ella, mi hermoso mundo
Ahí va de nuevo ella

Si tienes una trompeta, levántate hermano
    y tócala
Si tienes un cultivo improductivo, ponte a cavar

I look at you and you look at me and deep in
    our hearts know it
That you weren't much of a muse, but then I
    weren't much of a poet

I will be your slave
I will peel you grapes
Up on your pedestal
With your ivory and apes
With your book of ideas
With your alchemy
O come on
Send that stuff on down to me

Send that stuff on down to me
Send that stuff on down to me
Send that stuff on down to me
Send that stuff on down to me
Send it all around the world
'Cause here she comes, my beautiful girl

There she goes, my beautiful world
There she goes, my beautiful world
There she goes, my beautiful world
There she goes again

Yo te miro y tú me miras y sabemos de corazón
Que como musa eras poca cosa, y como poeta
    yo no era gran cosa

Seré tu esclavo
Te pelaré las uvas
Arriba en tu pedestal
Con tu marfil y tus monos
Con tu libro de ideas
Con tu alquimia
Venga va
Mándame todo eso para acá

Mándame todo eso para acá
Mándame todo eso para acá
Mándame todo eso para acá
Mándame todo eso para acá
Mándalo alrededor del mundo
Porque ahí viene, mi niña hermosa

Ahí va ella, mi hermoso mundo
Ahí va ella, mi hermoso mundo
Ahí va ella, mi hermoso mundo
Ahí va de nuevo ella

NATURE BOY

I was just a boy when I sat down
To watch the news on TV
I saw some ordinary slaughter
I saw some routine atrocity
My father said, don't look away
You got to be strong, you got to be bold, now
He said that in the end it is beauty
That is going to save the world, now

And she moves among the sparrows
And she floats upon the breeze
She moves among the flowers
She moves something deep inside of me

I was walking around the flower show like a leper
Coming down with some kind of nervous hysteria
When I saw you standing there, green eyes, black hair
Up against the pink and purple wisteria
You said, hey, nature boy, are you looking at me
With some unrighteous intention?
My knees went weak, I couldn't speak, I was
    having thoughts
That were not in my best interests to mention

And she moves among the flowers
And she floats upon the smoke
She moves among the shadows
She moves me with just one little look

You took me back to your place
And dressed me up in a deep-sea diver's suit
You played the patriot, you raised the flag
And I stood at full salute

CHICO SILVESTRE

No era más que un chico cuando me sentaba
A ver las noticias en televisión
Vi alguna masacre rutinaria
Vi alguna atrocidad cotidiana
Mi padre dijo, «no apartes la mirada
Tienes que ser fuerte, osado»
Dijo que la belleza al final
Es lo que va a salvar el mundo

Y ella se mueve entre gorriones
Y flota con la brisa
Se mueve entre las flores
Y me remueve muy adentro

Por la exposición de flores, caminaba yo como
    un leproso
Y pillé como un nerviosismo loco
Cuando te vi allí, pelo negro, verdes ojos
Contra la glicinia rosa y morada
Dijiste, «Ey, chico silvestre, ¿me estás mirando
Con intenciones deshonestas?»
Me flojearon las piernas, no podía hablar,
    pensaba cosas
Que no convenía mencionar

Y se mueve entre las flores
Y flota sobre el humo
Se mueve entre las sombras
Me conmueve echándome un vistazo

Me llevaste de vuelta a tu casa
Y me disfrazaste de buzo
Interpretaste al patriota, izaste la bandera
Y yo me puse firmes

Later on we smoked a pipe that struck me dumb
And made it impossible to speak
As you closed in, in slow motion
Quoting Sappho, in the original Greek

She moves among the shadows
She floats upon the breeze
She moves among the candles
And we moved through the days and through
  the years
Years passed by, we were walking by the sea
Half delirious
You smiled at me and said, babe
I think this thing is getting kind of serious
You pointed at something and said
Have you ever seen such a beautiful thing?
It was then that I broke down
It was then that you lifted me up again

She moves among the sparrows
And she walks across the sea
She moves among the flowers
And she moves something deep inside of me

She moves among the sparrows
And she floats upon the breeze
She moves among the flowers
And she moves right up close to me

La pipa que fumamos me noqueó
Y no fue posible hablar
Mientras, al ralentí, te acercabas
Citando a Safo, en griego clásico

Se mueve entre las sombras
Flota con la brisa
Se mueve entre candelas
Y nos desplazamos por los días y los años
Pasaron los años, caminamos junto al mar
Medio ida
Me sonreíste y dijiste, guapo
Me da que esto se pone serio
Señalaste algo y dijiste
¿Viste acaso cosa más hermosa?
Fue entonces cuando me quebré
Y cuando tú me levantaste otra vez

Se mueve entre gorriones
Y camina por el mar
Se mueve entre las flores
Y me remueve muy adentro

Se mueve entre gorriones
Y flota con la brisa
Se mueve entre las flores
Y se viene junto a mí

ABATTOIR BLUES

The sun is high up in the sky and I'm in my car
Drifting down into the abattoir
Do you see what I see, dear?

The air grows heavy. I listen to your breath
Entwined together in this culture of death
Do you see what I see, dear?

Slide on over here, let me give you a squeeze
To avert this unholy evolutionary trajectory
Can you hear what I hear, babe?
Does it make you feel afraid?

Everything's dissolving, babe, according to plan
The sky is on fire, the dead are heaped across
    the land
I went to bed last night and my moral code got
    jammed
I woke up this morning with a Frappuccino in
    my hand

I kissed you once. I kissed you again
My heart it tumbled like the stock exchange
Do you feel what I feel, dear?

Mass extinction, darling, hypocrisy
These things are not good for me
Do you see what I see, dear?

The line the God throws down to you and me
Makes a pleasing geometry
Shall we leave this place now, dear?
Is there some way out of here?

BLUES DEL MATADERO

El sol está alto en el cielo y yo llevo mi coche
De camino al matadero
Querida, ¿ves lo que yo veo?

El aire es opresivo. Te escucho respirar
Mezclados en esta cultura de muerte
Querida, ¿ves lo que yo veo?

Pasa junto a mí, que te doy un achuchón
Para evitar esta impía evolución
Querida, ¿puedes oír lo que yo?
¿No te da miedo?

Todo se disuelve según lo acordado, nena
El cielo arde, los muertos se apilan en la tierra
Me acosté anoche y se atascó mi código moral
Desperté esta mañana con un frappuccino en
    la mano

Te besé una vez. Te besé de nuevo
Mi corazón dio un vuelco como el mercado
    de valores
Querida, ¿sientes lo que yo siento?

Exterminio de masas, cariño, hipocresía
Esas cosas no me sientan bien
¿Puedes ver lo que yo, querida?

El cable que Dios nos echa a ti y a mí
Traza una bonita geometría
¿No vamos de aquí, querida?
¿Se puede salir de aquí?

I wake with the sparrows and I hurry off to work
The need for validation, babe, gone completely
    berserk
I wanted to be your Superman but I turned out
    such a jerk
I got the abattoir blues
I got the abattoir blues
I got the abattoir blues
Right down to my shoes

Me despierto con los gorriones y me apresuro
    para ir al trabajo
La necesidad de aprobación, nena, se ha
    ido de madre
Quería ser tu Superman, pero resulté ser
    un cretino
Estoy con el blues del matadero
Estoy con el blues del matadero
Estoy con el blues del matadero
Hasta las trancas

LET THE BELLS RING

C'mon, kind Sir, let's walk outside
And breathe the autumn air
See the many that have lived and died
See the unending golden stair
See all of us that come behind
Clutching at your hem
All the way from Arkansas
To your sweet and last amen

Let the bells ring
He is the real thing
Let the bells ring
He is the real, real thing

Take this deafening thunder down
Take this bread and take this wine
Your passing is not what we mourn
But the world you left behind
Well, do not breathe, nor make a sound
And behold your mighty work
That towers over the uncaring ground
Of a lesser, darker world

QUE TOQUEN LAS CAMPANAS

Gentil Señor, salgamos a pasear
Y respiremos el aire otoñal
Vea a los muchos que mintieron y murieron
Vea la infinita escalera de oro
Vea a todos los que venimos detrás
Agarrados a sus faldones
Desde Arkansas
Para su dulce y postrer amén

Que toquen las campanas
Él es el de verdad
Que toquen las campanas
Es él, el de verdad

Ahí va este trueno ensordecedor
Tomad de este pan y de este vino
Nuestro luto no es por su defunción
Sino por el mundo que dejó atrás
No respire ni haga ruido
Contemple su gran obra
Que señorea sobre el suelo indiferente
De un mundo inferior y más oscuro

Let the bells ring
He is the real thing
Let the bells ring
He is the real, real thing

There are those of us not fit to tie
The laces of your shoes
Must remain behind to testify
Through an elementary blues
So, let's walk outside, the hour is late
Through your crumbs and scattered shells
Where the awed and the mediocre wait
Barely fit to ring the bells

Let the bells ring
He is the real thing
Let the bells ring
He is the real, real thing

FABLE OF THE BROWN APE

Farmer Emmerich went into his barn
And found a cow suckling a serpent
And a brown ape clanking a heavy chain
Said Farmer Emmerich to the ape
Never ask me to come into this barn again
So long
Farewell
So long

Farmer Emmerich caught the serpent
And the brown ape in a cage
And took them into his house
He fed the snake a vat of milk
And when the ape rattled its chain

Que toquen las campanas
Él es el de verdad
Que toquen las campanas
Es él, el de verdad

Estamos aquellos que no están para atar
Los cordones de sus zapatos
Debemos quedarnos para testificar
Con un blues elemental
Ya es tarde, vamos a pasear
Entre sus migas y las cáscaras
Donde esperan los atónitos y mediocres
Incapaces de tocar las campanas

Que toquen las campanas
Él es el de verdad
Que toquen las campanas
Es él, el de verdad

FÁBULA DEL MONO PARDO

El granjero Emmerich fue al granero
Y halló una serpiente mamando de la vaca
Y un mono pardo sacudiendo una cadena
El granjero Emmerich le dijo al mono
No me pidas que vuelva más a este granero
Hasta la vista
Adiós
Hasta la vista

El granjero Emmerich encerró a la serpiente
Y al mono pardo en una jaula
Y los llevó a casa
Nutrió a la serpiente con un cazo de leche
Y cuando el mono sacudió la cadena

He tossed the ape a mouse
So long
Goodbye
Farewell

The villagers found out that Farmer Emmerich
Was nurturing a serpent
And descended upon his farm
All rabid in their blindness
They dragged the snake outside

Chopped it open with an axe
And the ground soaked
In the milk of human kindness
So long
Farewell
So long
But the brown ape escaped
And was heard to roam the ranges
Clanking its heavy chain
Down in the valley it sang to its friend
Whom he may never see again

THE LYRE OF ORPHEUS

Orpheus sat gloomy in his garden shed
Wondering what to do
With a lump of wood, a piece of wire
And a little pot of glue
O Mamma O Mamma

He sawed at the wood with half a heart
And glued it top to bottom
He strung a wire in between
He was feeling something rotten
O Mamma O Mamma

Le arrojó un ratón al mono
Hasta la vista
Adiós
Nos vemos

Los lugareños descubrieron que el granjero Emmerich
Alimentaba a una serpiente
Y se precipitaron hacia su granja
Cegados por la ira
Arrastraron la sierpe afuera

Y la tajaron con un hacha
Y el suelo se empapó
Con la leche de la bondad humana
Hasta la vista
Adiós
Hasta la vista
Pero el mono pardo huyó
Y se le oyó rondando la sierra
Haciendo sonar la gruesa cadena
Y abajo en el valle le cantó a su amigo
Al que quizá ya no verá más

LA LIRA DE ORFEO

Orfeo se sentó, con ánimo sombrío, en el cobertizo
Preguntándose qué hacer
Con un trozo de alambre, un taco de madera
Y un frasquito de cola
Oh nena, tía buena

Serró la madera algo remiso
Y la encoló de arriba abajo
Pasó el alambre de por medio
Percibía algo podrido
Oh nena, tía buena

Orpheus looked at his instrument
And he gave the wire a pluck
He heard a sound so beautiful
He gasped and said, O my God
O Mamma O Mamma

He rushed inside to tell his wife
He went racing down the halls
Eurydice was still asleep in bed
Like a sack of cannonballs
O Mamma O Mamma

Look what I've made, cried Orpheus
And he plucked a gentle note
Eurydice's eyes popped from their sockets
And her tongue burst through her throat
O Mamma O Mamma

O God, what have I done, he said
As her blood pooled in the sheets
But in his heart he felt a bliss
With which nothing could compete
O Mamma O Mamma

Orpheus went leaping through the fields
Strumming as hard as he did please
Birdies detonated in the sky
Bunnies dashed their brains out on the trees
O Mamma O Mamma

Orpheus strummed till his fingers bled
He hit a G minor
He woke up God from a deep, deep sleep
God was a major player in heaven
O Mamma O Mamma

Orfeo miró a su instrumento
Y dio al alambre un punteo
Oyó un sonido tan hermoso
Que jadeó diciendo, Dios mío
Oh nena, tía buena

Se apresuró a contárselo a su mujer
Corriendo por los pasillos
Eurídice seguía en cama dormida
Como un saco de patatas
Oh nena, tía buena

«¡Mira qué he hecho!», gritó Orfeo
Y punteó una nota suave
Los ojos de Eurídice se salieron de sus cuencas
Y en la garganta le estalló la lengua
Oh nena, tía buena

«¡Dios mío, qué he hecho!», dijo
Las sábanas chorreaban sangre
Pero en el corazón sentía una dicha
Que nada podía igualar
Oh nena, tía buena

Orfeo salió a brincar por los campos
Rasgueando como un poseso
Los pajarillos estallaban en el aire
Los conejos se daban en los árboles de cabeza
Oh nena, tía buena

Orfeo rasgueó hasta sangrar sus dedos
Tocó un acorde de sol menor
Despertó a Dios de un sueño pétreo
Dios, que era un gran músico en los cielos
Oh nena, tía buena

God picked up a giant hammer
And He threw it with a thunderous yell
It smashed down hard on Orpheus' head
And knocked him down a well
O Mamma O Mamma

The well went down very deep
Very deep went down the well
The well went down so very deep
Well, the well went down to hell
O Mamma O Mamma

Poor Orpheus woke up with a start
All amongst the rotting dead
His lyre tucked safe under his arm
His brains all down his head
O Mamma O Mamma

Eurydice appeared brindled in blood
And she said to Orpheus
If you play that fucking thing down here
I'll stick it up your orifice!
O Mamma O Mamma

This lyre lark is for the birds, said Orpheus
It's enough to send you bats
Let's stay down here, Eurydice, dear
And we'll have a bunch of screaming brats
O Mamma O Mamma

Orpheus picked up his lyre for the last time
He was on a real low-down bummer
And stared deep into the abyss and said
This one is for Mamma

Dios agarró un martillo enorme
Y lo arrojó con grito atronador
Le pegó duro en la cabeza a Orfeo
Y en un pozo le noqueó
Oh nena, tía buena

El pozo era de lo más hondo
Bien hondo que era aquel pozo
Hasta tal punto era hondo
Que llegaba hasta el averno
Oh nena, tía buena

El pobre Orfeo se despertó sobresaltado
Allí entre muertos que se podrían
Con la lira metida bajo el brazo
Y sus sesos derramándose
Oh nena, tía buena

Eurídice apareció salpicada en sangre
Y le dijo a Orfeo
Si tocas la puta lira aquí abajo
¡Te la meto por el ano!
Oh nena, tía buena

Lo de la lira es para pájaros,
Dijo Orfeo, y te vuelve majara
Quedémonos aquí, Eurídice, guapa
Y tengamos un puñado de zagales
Oh nena, tía buena

Por última vez Orfeo agarró la lira
Tenía un bajón de miedo
Fijó la mirada en el abismo y dijo
Esta es para mi nena

O Mamma O Mamma
O Mamma O Mamma
O Mamma O Mamma
O Mamma O Mamma

Oh nena, tía buena
Oh nena, tía buena
Oh nena, tía buena
Oh nena, tía buena

BREATHLESS

It's up in the morning and on the downs
Little white clouds like gambolling lambs
And I am breathless over you
And the red-breasted robin beats his wings
His throat it trembles when he sings
For he is helpless before you
The happy hooded bluebells bow
And bend their heads all a-down
Heavied by the early-morning dew
At the whispering stream, at the bubbling brook
The fishes leap up to take a look
For they are breathless over you
Still your hands
And still your heart
For still your face comes shining through
And all the morning glows anew
Still your mind
Still your soul
For still, the fire of love is true
And I am breathless without you

The wind circles among the trees
And it bangs about the new-made leaves
For it is breathless without you
The fox chases the rabbit round
The rabbit hides beneath the ground
For he is defenceless without you

SIN ALIENTO

Por la mañana en las colinas
Nubecitas blancas como retozones corderos
Y yo por ti estoy sin aliento
Y aletea el petirrojo
Cuando canta su garganta tiembla
Porque está indefenso contigo
Las campanillas encapuchadas y dichosas
Agachan la cabeza hasta el suelo
Por el peso del rocío
En el arroyo susurrante, en el riachuelo
    espumeante
Los peces saltan a mirar
Boquiabiertos ante ti
Aquieta las manos
Aquieta el corazón
Pues aún brilla tu cara
Y la mañana luce otra vez
Aquieta la mente
Aquieta el alma
Pues es cierto el amor, su fuego
Y yo sin ti estoy sin aliento

El viento circula entre los árboles
Y tropieza en las hojas tiernas
Pues sin ti le falta aliento
El zorro persigue al conejo
Que se esconde bajo tierra
Pues sin ti está indefenso

The sky of daytime dies away
And all earthly things, they stop to play
For we are all breathless without you
I listen to my juddering bones
The blood in my veins and the wind in my lungs
And I am breathless without you
Still your hands
And still your heart
For still your face comes shining through
And all the morning glows anew
Still your soul
Still your mind
Still, the fire of love is true
And I am breathless without you

El cielo del día desaparece
Y las cosas terrenas cesan
Pues sin ti nos falta aliento
Escucho mis huesos temblones
La sangre en las venas y el viento en los pulmones
Y sin ti estoy sin aliento
Aquieta tus manos
Y el corazón
Pues tu cara brilla aún
Y la mañana luce otra vez
Aquieta la mente
Aquieta el alma
El fuego del amor es cierto
Y yo sin ti estoy sin aliento

BABE, YOU TURN ME ON

NENA, ME PONES

Stay by me, stay by me
You are the one, my only true love

Junto a mí, quédate junto a mí
Eres mi único, verdadero amor

The butcher bird makes its noise
And asks you to agree
With its brutal nesting habits
And its pointless savagery
Now, the nightingale sings to you
And raises up the ante
I put one hand on your round ripe heart
And the other down your panties

El verdugo hace su ruido
Y te pide aceptar
Sus brutales hábitos de nidificar
Y su crueldad sin sentido
Y el ruiseñor te canta a ti
Y extrema sus exigencias
Pongo una mano en tu corazón maduro
Y la otra bajo tus bragas

Everything is falling, dear
Everything is wrong
It's just history repeating itself
And babe, you turn me on

Todo se desmorona, amor
Todo está mal
Es la historia que se repite
Y nena, tú me pones

Like a light bulb
Like a song

You race naked through the wilderness
You torment the birds and the bees
You leaped into the abyss, but find
It only goes up to your knees
I move stealthily from tree to tree
I shadow you for hours
I make like I'm a little deer
Grazing on the flowers

Everything is collapsing, dear
All moral sense has gone
It's just history repeating itself
And babe, you turn me on

Like an idea
Like an atom bomb

We stand awed inside a clearing
We do not make a sound
The crimson snow falls all about
Carpeting the ground

Everything is falling, dear
All rhyme and reason gone
It's just history repeating itself
And babe, you turn me on

Like an idea
Like an atom bomb

Como una bombilla
Como una canción

Corres desnuda por el campo
Atormentas a abejas y pájaros
Saltaste al abismo y resulta
Que solo llegaba a la rodilla
Acecho entre los árboles
Te sigo durante horas
Como si fuera un cervatillo
Paciendo entre las flores

Todo se derrumba, amor
No hay ninguna moral
Solo la historia que se repite
Y nena, tú me pones

Como una idea
Como la bomba atómica

Asombrados en un claro
No hacemos ningún ruido
Cae la nieve roja
Y va alfombrando la tierra

Todo se desploma, amor
No hay ya rima ni razón
Solo la historia que se repite
Y nena tú me pones

Como una idea
Como una bomba atómica

EASY MONEY

It's difficult. It's very tough
I said to the man who'd been sleeping rough
To sit within a fragrant breeze
All among the nodding trees
That hang heavy with the stuff

He threw his arms around my neck
He brushed the tear from my cheek
And held my soft white hand
He was an understanding man
He did not even barely hardly speak

Easy money
Rain it down on the wife and the kids
Rain it down on the house where we live
Rain until you got nothing left to give
And rain that ever-loving stuff down on me
All the things for which my heart yearns
Gives joy in diminishing returns
He kissed me on the mouth
His hands they headed south
And my cheek, it burned

Money, man, it is a bitch
The poor, they spoil it for the rich
With my face pressed in the clover
I wondered when this would be over
And at home we are all so guilty-sad

Easy money
Pour it down the open drain
Pour it all through my veins
Pour it down, yeah, let it rain
And pour that ever-loving stuff down on me

328

DINERO FÁCIL

Es difícil. Es muy duro
Le dije al hombre que dormía al raso
Sentarse en la fragante brisa
Entre los árboles que asienten
Y se encorvan bajo su carga

Me arrojó los brazos al cuello
Me secó una lágrima en la mejilla
Y sostuvo mi mano blanca y suave
Era un hombre comprensivo
Que apenas hablaba

Dinero fácil
Que llueva sobre esposa e hijos
Que llueva en la casa donde vivimos
Que llueva hasta que se agote
Y que me llueva esa bendita cosa
Todas las cosas que mi corazón anhela
Rinden alegría en menor medida
Me besó en la boca
Metió mano abajo
Y me ardió la mejilla

Menuda puta es el dinero
Los pobres derrochan para los ricos
Y con mi cara pegada al trébol
Me pregunté cuándo esto acabaría
En la familia nos sentimos culpables y tristes

Dinero fácil
Que se derrame por el desagüe
Que se derrame por mis venas
Que se derrame, sí, que llueva
Que se derrame la bendita cosa en mí

Now, I'm sitting pretty down on the bank
Life shuffles past at a low interest rate
In the money-coloured meadows
And all the interesting shadows
They leap up, then dissipate

Easy money
Easy money
Easy money
Rain it down on the wife and the kids
Rain it down on the house where we live
Rain it down until you got nothing left to give
And rain that ever-loving stuff down on me

SUPERNATURALLY

Through the windswept coastal trees
Where the dead come rising from the sea
With a teddy-bear clamped between her knees
She says, where can my loverman be?
Well, I'm down here, babe, with the Eskimos
With the polar bears and the Arctic snow
With a party of penguins who do not know
How I can get back to thee
Well, I'm gonna ask you, babe
Hey! Ho!
Oh baby, don't you go
Hey! Ho!
Oh no no no
Hey! Ho!
Oh baby, don't you go
All supernatural on me
Supernaturally

Me siento abatido en el terraplén
Pasa la vida a un tipo de interés bajo
En los prados del color del dinero
Y todas las sombras curiosas
Brincan y se disipan

Dinero fácil
Dinero fácil
Dinero fácil
Que llueva sobre esposa e hijos
Que llueva en la casa donde vivimos
Que llueva hasta que se agote
Que me llueva esa bendita cosa

SOBRENATURAL

Entre los árboles costeros azotados por el viento
Donde los muertos se yerguen de la mar
Con un osito preso entre las rodillas
Dice ella, ¿mi amante dónde estará?
Y yo ando por aquí, nena, entre los esquimales
Con la nieve ártica y los osos polares
Y un atajo de pingüinos que no saben
Cómo puedo volver a ti
Pues te lo voy a preguntar, nena
¡Hala pues!
Oh, nena, no me vayas
¡Venga tú!
Oh, no no no
¡Venga va!
Oh, nena no me vayas
De rollo sobrenatural
En plan sobrenatural

Once I was your heart's desire
Now I'm the ape hunkered by the fire
With my knuckles dragging through the mire
You float by so majestically
You're my north, my south, my east, my west
You are the girl that I love best
With an army of tanks bursting from your chest
I wave my little white flag at thee

Can you see it, babe?
Hey! Ho!
Oh baby, don't you go
Hey! Ho!
Oh no no no
Hey! Ho!
Oh baby, don't you go
All supernatural on me
Supernaturally

Now I've turned the mirrors to wall
I've emptied out the peopled halls
I've nailed shut the windows and locked the doors
There is no escape, you see
I chase you up and down the stairs
Under tables and over chairs
I reach out and I touch your hair
And it cuts me like a knife
For there is always some other little thing you gotta do
Hey! Ho!
Oh baby, don't you go
Hey! Ho!
Oh baby, no no no
Hey! Ho!
Oh don't you go
All supernatural on me
Supernaturally

Antaño fui el deseo de tu corazón
Ahora soy el mono agachado junto al fuego
Que arrastra los nudillos por el barro
Y tú flotas majestuosa
Eres mi norte y sur, este y oeste
Eres la chica que más quiero
Con un escuadrón de tanques que estalla en tu pecho
Ondeo para ti mi bandera blanca

¿Lo ves, nena?
¡Hala pues!
Oh, nena, no me vayas
¡Venga tú!
Oh, no no no
¡Venga va!
Oh, nena no me vayas
De rollo sobrenatural
En plan sobrenatural

Ya le di la vuelta a los espejos
Vacié las salas pobladas
He atrancado las ventanas y cerrado bien las puertas
No hay salida, tú ya ves
Te persigo arriba y abajo por las escaleras
Bajo las mesas sobre las sillas
Te alcanzo y te toco el pelo
Y me corta como una navaja
Pues hay siempre algo más que hacer
¡Hala pues!
Oh, nena no me vayas
¡Venga tú!
Oh, nena, no no no
¡Venga va!
Oh, no me vayas
De rollo sobrenatural
En plan sobrenatural

SPELL

Through the woods and frosted moors
Past the snow-caked hedgerows I
Bed down upon the drifting snow
Sleep beneath the melting sky
I whisper all your names
I know not where you are
But somewhere, somewhere, somewhere here
Upon this wild abandoned star

And I'm full of love
And I'm full of wonder
And I'm full of love
And I'm falling under
Your spell

I have no abiding memory
No awakening, no flaming dart
No word of consolation
No arrow through my heart
Only a feeble notion
A glimmer from afar
That I cling to with my fingers
As we go spinning wildly through the stars

And I'm full of love
And I'm full of wonder
And I'm full of love
And I'm falling under
Your spell

The wind lifts me to my senses
I rise up with the dew
The snow turns to streams of light
The purple heather grows anew

HECHIZO

Entre los bosques y helados páramos
Más allá de los setos nevados
Me acuesto sobre nieve que revolotea
Me duermo bajo cielos en deshielo
Susurro todos tus nombres
Y no sé dónde estás
En algún lugar, en algún lugar de aquí
Sobre esta estrella agreste y desolada

Y estoy lleno de amor
Estoy lleno de asombro
Estoy lleno de amor
Y voy cayendo bajo
Tu hechizo

No tengo un recuerdo fiable
Ni una revelación, una flecha llameante
Ni una palabra de consuelo
Ni una saeta en el corazón
Solo una vaga noción
Un atisbo lejano
Al que me aferro con los dedos
Mientras entre estrellas giramos enloquecidos

Y estoy lleno de amor
Estoy lleno de asombro
Estoy lleno de amor
Y voy cayendo bajo
Tu hechizo

El viento me aviva el sentido
Me levanto con el rocío
La nieve se torna en haces de luz
El brezo púrpura crece de nuevo

331

I call you by your name
I know not where you are
But somehow, somewhere, sometime soon
Upon this wild abandoned star

And I'm full of love
And I'm full of wonder
And I'm full of love
And I'm falling under
Your spell

CARRY ME

I lay down by the river
The shadows moved across me, inch by inch
And all I heard
Was the war between the water and the bridge
Turn to me, turn to me, turn to me
Turn and drink of me
Or look away, look away, look away
And never more think of me

Carry me
Carry me

I heard the many voices
Speaking to me from the depths below
This ancient wound
This catacomb
Beneath the whited snow
Come to me, come to me, come to me
Come and drink of me
Or turn away, turn away, turn away
And never more think of me

Te llamo por tu nombre
Y no sé dónde estás
En algún lugar, de aquí un momento
Sobre esta estrella agreste y desolada

Y estoy lleno de amor
Estoy lleno de asombro
Estoy lleno de amor
Y voy cayendo bajo
Tu hechizo

LLÉVAME

Me eché junto al río
Las sombras pausadas me sobrevolaban
Y todo lo que oía
Era la guerra entre el agua y el puente
Vuelve a mí, vuelve a mí, vuelve a mí
Vuelve y bebe de mí
O mira allá, mira allá, mira allá
Y no pienses más en mí

Llévame
Llévame

Oí las muchas voces
Que me hablaban desde las profundidades
Esta vieja herida
Esta catacumba
Bajo la nieve emblanquecida
Ven a mí, ven a mí, ven a mí
Ven y bebe de mí
O vuélvete, vuélvete, vuélvete
Y no pienses más en mí

Carry me	*Llévame*
Carry me away	*Llévame lejos*
Who will lay down their hammer?	*¿Quién rendirá su martillo?*
Who will put up their sword?	*¿Quién depondrá su espada?*
And pause to see	*Para detenerse a mirar*
The mystery	*El misterio*
Of the Word	*De la Palabra*
Carry me	*Llévame*
Carry me	*Llévame*
Carry me	*Llévame*
Carry me away	*Llévame lejos*
Carry me	*Llévame*
Carry me	*Llévame*
Carry me	*Llévame*
Carry me away	*Llévame lejos*

O CHILDREN / *AY, NIÑOS*

Pass me that lovely little gun	*Pásame la adorable pistolita*
My dear, my darling one	*Cariño, corazón mío*
The cleaners are coming, one by one	*Uno a uno, ya vienen los limpiadores*
You don't even want to let them start	*No quieres ni dejarles que empiecen*
They are knocking now upon your door	*Ya están llamando a la puerta*
They measure the room, they know the score	*Miden la habitación, saben lo que pasó*
They're mopping up the butcher's floor	*Andan fregando el suelo del carnicero*
Of your broken little hearts	*De vuestros corazoncitos rotos*
O children	*Ay, niños*

Forgive us now for what we've done
It started out as a bit of fun
Here, take these before we run away
The keys to the gulag

O children
Lift up your voice, lift up your voice
Children
Rejoice, rejoice

Here comes Frank and poor old Jim
They're gathering round with all my friends
We're older now, the light is dim
And you are only just beginning

O children

We have the answer to all your fears
It's short, it's simple, it's crystal clear
It's round about, it's somewhere here
Lost amongst our winnings

O children
Lift up your voice, lift up your voice
Children
Rejoice, rejoice

The cleaners have done their job on you
They're hip to it, man, they're in the groove
They've hosed you down, you're good as new
They're lining up to inspect you

O children

Perdonadnos lo que hemos hecho
Empezó como una diversión
Toma, coged antes que nos fuguemos
Las llaves del gulag

Ay, niños
Subid la voz, subid la voz
Niños
Gozad, gozad

Ahí vienen Frank y el pobre Jim
Se están reuniendo con mis amigos
La luz es tenue, ya somos más viejos
Y para vosotros es solo el comienzo

Ay, niños

Tenemos la respuesta a vuestros miedos
Breve, sencilla y cristalina
Anda por aquí, en algún lugar
Perdida entre nuestras ganancias

Ay, niños
Subid la voz, subid la voz
Niños
Gozad, gozad

Los limpiadores ya han hecho su trabajo
Les mola, tío, les va la onda
Han pasado la manguera, estáis como nuevos
Y se juntan para inspeccionaros

Ay, niños

Poor old Jim's white as a ghost
He's found the answer that was lost
We're all weeping now, weeping because
There ain't nothing we can do to protect you

O children
Lift up your voice, lift up your voice
Children
Rejoice, rejoice

Hey, little train! We are all jumping on
The train that goes to the Kingdom
We're happy, Ma, we're having fun
And the train ain't even left the station

Hey, little train! Wait for me!
I once was blind but now I see
Have you left a seat for me?
Is that such a stretch of the imagination?

Hey, little train! Wait for me!
I was held in chains but now I'm free
I'm hanging in there, don't you see
In this process of elimination
Hey, little train! We are all jumping on
The train that goes to the Kingdom
We're happy, Ma, we're having fun
It's beyond my wildest expectation

Hey, little train! We are all jumping on
The train that goes to the Kingdom
We're happy, Ma, we're having fun
And the train ain't even left the station

Blanco como un fantasma, el pobre Jim
Halló la respuesta que se había perdido
Y ahora lloramos todos, lloramos porque
Ya no os podemos proteger

Ay, niños
Alzad la voz, alzad la voz
Niños
Gozad, gozad

¡Ey, trenecito! Nos subimos todos
Al tren que lleva al Reino
Somos felices, madre, nos divertimos
Aunque ni siquiera salió de la estación

¡Ey, trenecito! ¡Espérame!
Yo era ciego pero ahora veo
¿Tienes sitio para mí?
¿O es mucho pedir?

¡Ey, trenecito! ¡Espérame!
Estuve encadenado pero ya soy libre
Me las apaño, ¿no lo ves?
En este proceso de exterminio
¡Ey, trenecito! Nos subimos todos
Al tren que lleva al Reino
Somos felices, madre, nos divertimos
Como nunca habríamos imaginado

¡Ey, trenecito! Nos subimos todos
Al tren que lleva al Reino
Somos felices, madre, nos divertimos
Aunque ni siquiera salió de la estación

SHE'S LEAVING YOU

You were planning to stay in, you had it carefully
    planned
Your coat was hanging in the hall, your hat was
    in your hand
You walked over to your woman, your pale
    distracted love
Who was trying to put the wrong hand into the
    wrong glove

Are you leaving, dear? Are you leaving, dear?
Are you leaving, dear? Are you leaving, dear?

So you start reading all her books, all her magazines
Just to get a better understanding
Your brain feels like it's dead
Your eyes are hanging out your head
You were hoping for something less demanding
Well what you see staring out at you from a photo
    book
A man with an eyepatch and a bent, bloody hook
You wished to God that you never went and took
    a look
Cause it's in that moment that you know that

She's leaving you
Yeah she's leaving you

Well now she's taking you to bed
Her legs wrapped round your head
You're losing her to some crazy kind of motion
You keep coming up for air
You look around and stare
Find you're swimming in two completely different
    oceans

TE VA A DEJAR

Tenías previsto quedarte, lo planeaste con
    esmero
El abrigo colgaba en el pasillo, el sombrero de
    tu mano
Te acercaste a tu mujer, tu pálido distraído
    amor
Que intentaba meter la mano en el guante
    equivocado

¿Te vas, querida? ¿Te vas, querida?
¿Te vas, querida? ¿Te vas, querida?

Y te pones a leer todos sus libros y revistas
Para mejorar tu comprensión
Sientes que se te agota el cerebro
Los ojos te cuelgan de la cabeza
No esperabas material tan exigente
Y lo que ves contemplándote desde las entrañas
    de un álbum de fotos
Un hombre con un parche y un garfio ensangrentado
Rogarías a Dios no haber ido nunca y haberle
    echado el ojo
Pues es entonces cuando sabes

Que te va a dejar
Sí, te va a dejar

Ahora te lleva hasta la cama
Sus piernas te envuelven la cabeza
La estás perdiendo con un movimiento ido
Sigues boqueando, te falta el aire
Observas, miras en torno
Y ves que nadas en dos océanos completamente
distintos

You're wondering if she's thinking about some
    other man
She says, 'C'mon, baby, you know you are my
    loverman'
You're going nuts you don't know exactly what to say
She says, 'Don't worry, baby, this is just my little way'

Of leaving you
Oh, man, she's leaving you

She keeps saying, 'Hey, don't hate me'
She keeps saying, 'Hate is just some kind of failure
    of the imagination'
She keeps saying things like this
Now she's giving you a kiss
Now she's got you driving her to the station
The sun just slipped out of the sky, this is a black
    letter day
Her train is moving down the platform, and it is
    drawing away
You're crying buckets, she gives her glove a wave
She says 'Oh, c'mon, baby, that's no way to behave
when I'm leaving you'

Oh yeah, she's leaving you
Oh yeah, she's leaving you
Yeah, she's leaving you
She's leaving you
Yeah, she's leaving you
Yeah, she's leaving you
Yeah, she's leaving you

Te preguntas si ella está pensando en otro
    hombre
Dice, «Venga, nene, que tú sabes que eres mi
    amante»
No sabes qué decir, te volverás majara
Dice ella, «No temas, nene, esta es solo mi manera»

De dejarte
Ay, tío, te va a dejar

Ella dice, «No me odies»
Y repite, «El odio no es más que un fallo de
    la imaginación»
Y suelta más cosas así
Ahora te da un beso
Y te ves llevándola a la estación
El sol ya se esfumó en este día ominoso
Su tren se aleja por el andén
Lloras sin consuelo, ella agita el guante
Y dice, «Venga, nene, no es manera de actuar
Cuando te voy a dejar»

Ay, sí, te va a dejar
Ay, sí, te va a dejar
Sí, te va a dejar
Te va a dejar
Sí, te va a dejar
Sí, te va a dejar
Sí, te va a dejar

UNDER THIS MOON

It's been a pleasure, dear
To find your treasure here
And scatter it across the sand

Heaps of coins and ruby rings
And a yellow bird that sings
Songs of sorrow
To your man

Well stand back from that window sill
I'm not holding you here against your will

Well I'm just trying my best to heal
This crazy old moon

It's alright under this moon tonight
With you, dear
It's alright under this moon tonight

Your mouth is a crimson boat
In which my kisses float
In silence to the sea
Oh well I love your touch
I love it very much
Deliriously

Your lover just called
He's on the phone
I'm telling him kindly
That you're not alone
Your smiling eyes
Shine like precious stones
Falling from the sky

BAJO ESTA LUNA

Ha sido un placer, querida
Hallar tu tesoro aquí
Y esparcirlo por la arena

Montones de monedas y rubíes
Un canario cantarín
Y canciones dolientes
Para tu hombre

Nos apartaremos del alféizar
No te retengo contra tu voluntad

Solo hago cuanto está en mi mano
Para sanar a esta vieja luna loca

Esta noche se está bien bajo la luna
Contigo, querida
Esta noche se está bien bajo la luna

Tu boca es una barca carmesí
Donde mis besos flotan
En silencio a la mar
Qué bueno, amo tu tacto
Lo amo tanto
Con delirio

Tu amante recién llamó
Al teléfono está
Y le digo, cordial
Que no estás sola
Tus risueños ojos
Brillan como piedras preciosas
Cayendo del cielo

It's alright under these stars tonight
With you, baby, it's alright
Under these stars tonight

Let's get it on
And furthermore and in conjunction
And in some other time and space
Well, all joy will come
To you to me to everyone
Oh, babe, didn't we have it made?

Well love is sweet it is agreed
As we float in the shallows in the deep
And on a bed of seaweed sleep
Among the pebbles and the sand

Well it's alright
Under this moon tonight
With you, it's alright
Under this moon tonight

Esta noche se está bien bajo las estrellas
Contigo, nena, se está bien
Esta noche bajo las estrellas

Vamos a enrollarnos
Y además y en conjunción
Y en algún otro tiempo y espacio
La alegría se vendrá
A ti y a mí y a todos
Oh, nena, ¿no estaba a pedir de boca?

Sí, el amor es dulce, según dicen
Mientras flotamos en los bajíos y en lo más hondo
Y sobre un lecho de sueño de algas
Entre guijarros y la arena

Bueno, se está bien
Esta noche bajo la luna
Contigo, se está bien
Esta noche bajo la luna

MUSIC FROM *THE PROPOSITION* (SOUNDTRACK FROM THE FILM, 2005)

MÚSICA DE LA PROPUESTA *(BANDA SONORA DE* LA PELÍCULA, 2005)

THE RIDER/
CLEAN HANDS, DIRTY HANDS

EL JINETE/
MANOS LIMPIAS, MANOS SUCIAS

THE RIDER

PART 1

'When?' said the moon to the stars in the sky
'Soon,' said the wind that followed him home
'Who?' said the cloud that started to cry
'Me,' said the rider as dry as a bone
'How?' said the sun that melted the ground
'Why?' said the river that refused to run
'Where?' said the thunder without a sound
'Here,' said the rider and took up his gun

PART 2

'No,' said the stars to the moon in the sky
'No,' said the trees that started to moan
'No,' said the dust that blinded his eyes
'Yes,' said the rider as white as a bone
'No,' said the moon that rose from his sleep
'No,' said the shriek of the dying sun
'No,' said the planets that started to weep
'Yes,' said the rider and pointed his gun

PART 3

'Goodnight,' said the shadows that started to creep
'Goodnight,' said the sparrow in its bed it did make
'Goodnight,' said the roses that folded asleep
'Goodnight,' said the rider all wide awake
'Good day,' said the bird in the branch of a tree
'Hello,' said a snake to the damp night
'Hello,' said the fish in their river of sleep
'Goodbye,' said the rider. 'Goodbye and goodnight'

EL JINETE

PARTE 1

«¿Cuándo?», preguntó la luna a las estrellas
«Pronto», dijo el viento que le siguió hasta casa
«¿Quién?», preguntó la nube que se puso a llorar
«Yo», dijo el jinete seco como la mojama
«¿Cómo?», preguntó el sol que derretía el piso
«¿Por qué?», preguntó el río que rehusaba fluir
«¿Dónde?», dijo el trueno sin ruido alguno
«Aquí», dijo el jinete y cogió su fusil

PARTE 2

«No», dijeron las estrellas a la luna en el cielo
«No», dijeron los árboles empezando a gemir
«No», dijo el polvo que cegaba sus ojos
«No», dijo el jinete seco como la mojama
«No», dijo la luna que despertó de su sueño
«No», dijo el chillido del sol al ponerse
«No», dijeron los planetas empezando a llorar
«Sí», dijo el jinete apuntando su arma

PARTE 3

«Buenas noches», dijeron las sombras asomando
«Buenas noches», dijo el gorrión en su lecho
«Buenas noches», dijeron las rosas al dormirse
«Buenas noches», dijo el jinete despierto y atento
«Buenos días», dijo el pájaro en la rama del árbol
«Hola», dijo la serpiente a la húmeda noche
«Hola», dijo el pez en el río del sueño
«Adiós», dijo el jinete. «Adiós y buenas noches»

CLEAN HANDS, DIRTY HANDS

Clean hands and dirty hands, brown eyes and blue
Pale cheeks and rosy cheeks, Jesus loves you
If you come to Him today, He will wash your tears
    away
Clean hands and dirty hands, brown eyes and blue

MANOS LIMPIAS, MANOS SUCIAS

Manos limpias y manos sucias, ojos castaños
    y azules
Mejillas pálidas y mejillas rosadas, Jesús te ama
Si hoy acudieras a Él, te secaría las lágrimas
Manos limpias y manos sucias, ojos castaños
    y azules

GRINDERMAN
(2007)

GET IT ON/
NO PUSSY BLUES/
ELECTRIC ALICE/
GRINDERMAN/
DEPTH CHARGE ETHEL/
GO TELL THE WOMEN/
(I DON'T NEED YOU TO) SET ME FREE/
HONEY BEE (LET'S FLY TO MARS)/
MAN IN THE MOON/
WHEN MY LOVE COMES DOWN/
LOVE BOMB/

CHAIN OF FLOWERS

A FOLLAR/
BLUES SIN COÑO/
ELÉCTRICA ALICE/
PICHABRAVA/
CARGA DE PROFUNDIDAD ETHEL/
VE Y DILE A LAS MUJERES/
(NO NECESITO QUE) ME LIBERES/
DULZURA (VOLEMOS A MARTE)/
HOMBRE EN LA LUNA/
CUANDO MI AMOR SE VENGA/
BOMBA DE AMOR/

CADENA DE FLORES

GET IT ON

I've got to get up to get down and start all over
    again
Head on down to the basement and shout
Kick those white mice and black dogs out
Kick those white mice and baboons out
Kick those baboons and other motherfuckers out
And get it on
Get it on
On the day that you got born

They had to dig him from the ground
They chipped him from the frozen snow
They dug his monkey fingers
But he had nowhere to go
They dug his pink hair curlers
They dug his sequinned gown
They dug his Stratocaster
They dug his pornographic crown
He's got some words of wisdom
I got some words of wisdom
He's got some words of wisdom
I got some words of wisdom
Get it on
Get it on
On the day that you got born

He crawled out of the ooze
He defied evolution
He had green flippers and sang the blues
He caused a revolution
He got in the British weeklies
He got in the dailies too
He drank panther piss

A FOLLAR

Debo levantarme, bajar y empezar de nuevo
Bajar al sótano y gritar
Sacar a patadas a los ratones blancos y a los
    perros negros
Sacar a patadas a los ratones blancos y a los babuinos
Sacar a patadas a los babuinos y demás hijoputas
Y a follar
A follar
En el día en que naciste

Le tuvieron que sacar de la tierra
Y desprender toda la nieve helada
Sacaron sus dedos de mono
Pero no tenía adónde ir
Sacaron sus rulos rosas
Sacaron su vestido de lentejuelas
Sacaron su Stratocaster
Y su pornográfica corona
Sabe algunas palabras sabias
Sé algunas palabras sabias
Sabe algunas palabras sabias
Sé algunas palabras sabias
A follar
A follar
En el día que naciste

Salió reptando del cieno
Desafió a la evolución
Tenía verdes manazas y blues cantaba
Provocó una revolución
Salió en los semanarios británicos
Y luego en los diarios
Bebía alcohol de garrafón

344

And fucked the girls you're probably married to	*Y se follaba a las tías que quizá habéis desposado*
He's got some words of wisdom	*Sabe palabras sabias*
I got some words of wisdom	*Yo sé palabras sabias*
He's got some words of wisdom	*Sabe palabras sabias*
I got some words of wisdom	*Yo sé palabras sabias*
Get it on	*A follar*
Get it on	*A follar*
On the day that you got born	*En el día en que naciste*
Get it on	*A follar*
Get it on	*A follar*
Get it on	*A follar*
You gotta do the Vaughan	*Tienes que hacer un Vaughan*
Well, Papa's down	*Ya, Papá anda mustio*
Yes Sweets is sweet	*Sweets es dulce*
And Tex is on	*Y Tex se pone*
Then one day he went away	*Y un buen día se largó*
His neighbour claimed he'd shot him	*Su vecino decía que le habría disparado*
If he hadn't have disappeared	*Si no se hubiera esfumado*
The taxman would have got him	*El recaudador le habría pillado*
And so before I leave	*Y así antes de partir*
I call out from the storm	*Yo invoco desde la tormenta*
For those who gave their lives	*A quienes entregaron sus vidas*
So we could get it on	*Para que pudiéramos pillar*
Get it on	*A follar*
Get it on	*A follar*
On the day that you got born	*En el día que tú naciste*

NO PUSSY BLUES

My face is finished
My body's gone
And I can't help but think standing up here in all
    this applause
And gazing down at all the young and the beautiful
With their questioning eyes
That I must above all things love myself
That I must above all things love myself
That I must above all things love myself

I saw a girl in the crowd
I ran over, I shouted out
I asked if I could take her out
But she said that she didn't want to

I changed the sheets on my bed
I combed the hairs across my head
I sucked in my gut and still she said
That she just didn't want to

I read her Eliot, I read her Yeats
I tried my best to stay up late
I fixed the hinges on her gate
But still she just never wanted to

I bought her a dozen snow-white doves
I did her dishes in rubber gloves
I called her Honey Bee, I called her Love
But she just still didn't want to
She just never wants to

Damn!

BLUES SIN COÑO

Tengo la cara deshecha
El cuerpo que no vale
Por más que lo intente, no puedo evitar pensar,
    de pie en plena ovación
Mirar a los jóvenes y a los guapos
Con sus ojos inquisitivos
Que ante todo debo quererme a mí
Que ante todo debo quererme a mí
Que ante todo debo quererme a mí

Vi a una chica entre el gentío
Corrí para allá, grité
Le pregunté si saldría conmigo
Pero dijo que no quería

Cambié las sábanas de la cama
Me peiné bien la melena
Saqué pecho y aún dijo ella
Que es que no le apetecía

Le leí a Eliot, le leí a Yeats
Hice cuanto pude para trasnochar
Arreglé las bisagras de su verja
Pero seguía sin querer jamás

Le compré doce palomas como la nieve
Le lavé los platos con guantes
La llamé Dulzura, la llamé mi Amor
Pero seguía con que no
Es que no quiere, no

¡Mierda!

I sent her every type of flower
I played her guitar by the hour
I patted her revolting little Chihuahua
But still she just didn't want to

I wrote a song with a hundred lines
I picked a bunch of dandelions
I walked her through the trembling pines
But she just even then didn't want to
She just never wants to

I thought I'd try another tack
I drank a litre of cognac
I threw her down upon her back
But she just laughed
And said she just didn't want to

I thought I'd have another go
I called her my little ho
I felt like Marcel Marceau must feel
When she said that she just never wanted to
She just didn't want to

I got the no pussy blues
I got the no pussy blues
I got the no pussy blues
Wo! Damn!

Le mandé todas las flores del mundo
Le tocaba la guitarra a todas horas
Acariciaba su chihuahua repelente
Pero seguía con que no quería

Le escribí una canción de cien versos
Agarré un puñado de dientes de león
La paseé entre los temblorosos pinos
Pero ni siquiera entonces quiso
Es que nunca le apetece

Pensé en cambiar de plan
Me bebí un litro de coñac
La empujé de espaldas
Se rió
Y dijo que no quería, no

Pensé en probar de nuevo
La llamé zorrita mía
Me sentí como Marcel Marceau
Cuando ella dijo que jamás quería
No quería, no

Estoy con el blues sin coño
Estoy con el blues sin coño
Estoy con el blues sin coño
¡Hostia! ¡Joder!

ELECTRIC ALICE

Don't the stars look good tonight?
Thought Electric Alice in the pale moonlight
Don't the moon look big and bright?
Thought Electric Alice in the pale moonlight

I think I hear a baby cry
Thought Electric Alice as she passed by
Makes me feel like I'm a little child again
Thought Electric Alice in the silver rain

GRINDERMAN

I'm the Grinderman
In the silver rain
In the pale moonlight
I am open late
Yes I'm the Grinderman
Seven days a week
In the pale moonlight
In the silver rain
I'm the Grinderman
Any way I can
In the silver rain
In the pale moonlight
Yes I'm the Grinderman
Yes I am
In the silver rain
In the pale moonlight
I am open late
Yes I'm the Grinderman, yes I am
In the silver rain
In the pale moonlight
I am open late

ELÉCTRICA ALICE

¿No se ven hermosas las estrellas?
Pensó Eléctrica Alice a la pálida luz de la luna
La luna, ¿no se ve grande y brillante?
Pensó Eléctrica Alice a la pálida luz de la luna

Creo que oigo llorar a un nene
Pensó Eléctrica Alice al pasar
Me hace sentir una cría otra vez
Pensó Eléctrica Alice bajo la lluvia de plata

PICHABRAVA

Soy el pichabrava
Bajo la lluvia plateada
A la pálida luz de la luna
Y abro hasta bien tarde
Sí, soy el pichabrava
Siete días a la semana
A la pálida luz de la luna
Bajo la lluvia plateada
Soy el pichabrava
Tanto como puedo
Bajo la lluvia plateada
A la pálida luz de la luna
Sí, soy el pichabrava
Lo soy
Bajo la lluvia plateada
A la pálida luz de la luna
Abro hasta tarde
Sí, soy el pichabrava, lo soy
Bajo la lluvia plateada
A la pálida luz de la luna
Abro hasta tarde

Yes I'm the Grinderman, yes I am
Any way I can
Yes I am

Sí, soy el pichabrava, lo soy
Tanto como puedo
Lo soy

DEPTH CHARGE ETHEL

I entered the room and the canned laughter
Ethel was angled across some dude's knee
I offered to clothe her, to feed and bath her
If she would give me a little exclusivity
Yeah Depth Charge Ethel
Is something special
Yeah Depth Charge Ethel
Is special to me

Ethel is a woman that a river runs through
She is famous throughout the land
People come and bathe in her, yeah, you know I do
But lately it's getting right out of hand
Yeah Depth Charge Ethel
Is something special
Yeah Depth Charge Ethel
Is something special to me

To kiss Ethel is like drinking the stars
But to not kiss her can make you come unglued
So if you want a piece of her you better get in
     there fast
Right now there is a ticket box and a queue
Depth Charge Ethel
Is something special
Yeah Depth Charge Ethel
Is something special to me

CARGA DE PROFUNDIDAD ETHEL

Entré en la estancia de las risas enlatadas
Ethel estaba sentada en la rodilla de un fulano
Me ofrecí a vestirla, alimentarla, bañarla
Si me regalaba cierta exclusividad
Sí Ethel, carga de profundidad
Es algo especial
Sí Ethel, carga de profundidad
Es especial para mí

Ethel es una mujer por donde fluye un río
Es famosa en toda la región
La gente viene y ahí se baña, sí, sabes que yo
     también
Pero la cosa ya se estaba saliendo de madre
Sí Ethel, carga de profundidad
Es algo especial
Sí Ethel, carga de profundidad
Es especial para mí

Besar a Ethel es como sorber las estrellas
Y no hacerlo te podría desquiciar
Te conviene entrar deprisa si quieres algo de ella
Ahora mismo hacen cola en la taquilla
Sí Ethel, carga de profundidad
Es algo especial
Sí Ethel, carga de profundidad
Es especial para mí

Depth Charge Ethel thinks we should all just take
  a chance
We should all love one another, it could be special
I'm in the back of the taxi cab with ants in my
  pants
(I can't sit still), I know they're going to send me

Depth Charge Ethel
She's something special
Yeah Depth Charge Ethel is something special
Yeah Depth Charge Ethel is heavy metal
Yeah Heavy Metal
Yeah Depth Charge Ethel is something special to me

Ethel, carga de profundidad, cree que todos
  deberíamos intentarlo
Amarnos unos a otros, podría ser especial
Yo voy en un taxi y voy desquiciado a tope
(No me puedo estar quieto), sé que me van a
  despachar

Ethel, carga de profundidad
Es algo especial
Sí, Ethel, carga de profundidad es algo especial
Sí, Ethel, carga de profundidad es heavy metal
Sí, heavy metal
Sí, Ethel, carga de profundidad es algo especial
  para mí

GO TELL THE WOMEN

We've done our thing
We have evolved
We're up on our hind legs
The problem's solved
We are artists
We are mathematicians
Some of us hold extremely
High positions
But we are tired
We're hardly breathing
And we're free
Go tell the women that we're leaving

We're sick and tired
Of all this self-serving grieving
All we wanted was a little consensual rape in
  the afternoon
And maybe a bit more in the evening

VE Y DILE A LAS MUJERES

Hicimos lo que tocaba
Hemos evolucionado
Andamos sobre las patas traseras
El problema está solucionado
Somos artistas
Somos matemáticos
Algunos detentamos
Cargos muy elevados
Pero estamos cansados
Apenas respiramos
Y somos libres
Ve y dile a las mujeres que lo dejamos

Estamos hartos y fatigados
De todo este pesar interesado
Todo lo que queríamos era una breve violación
  consensuada por la tarde
Y quizá un poco más de noche

We are scientists
We do genetics
We leave religion
To the psychos and fanatics
But we are tired
We've got nothing to believe in
We are lost
Go tell the women that we are leaving

We've done our thing
We're hip to the sound
Of six billion people
Going down
We are magicians
We are deceiving
We're free and we're lost
Go tell the women that we're leaving

Come on back now to the fray
Come on back now to the fray

(I DON'T NEED YOU TO)
SET ME FREE

I saw you walking down on the street
I called out from my window but you didn't hear me
I lay down and I try to sleep
I waited for you to walk on by again
I don't need you to set me free
I don't want you to set me free

Well every time I see you I get sick
And every time I think of you I get sick
And every time I dream of you I get sick
And every time I cry for you I get sick

Somos científicos
Genetistas
La religión la dejamos
Para dementes y fanáticos
Pero estamos cansados
No tenemos nada en qué creer
Andamos extraviados
Ve a decir a las mujeres que nos vamos

Hicimos lo que tocaba
Nos mola el zumbido
De 6.000 millones de personas
Yendo a pique
Somos magos
Engañosos
Somos libres y estamos perdidos
Ve a decir a las mujeres que nos vamos

Y ahora vuelve a la refriega
Y ahora vuelve a la refriega

(NO NECESITO QUE)
ME LIBERES

Te vi caminando calle abajo
Te llamé desde la ventana pero no me oíste
Me acosté y traté de dormir
Esperé a que pasaras de nuevo
No necesito que me liberes
No quiero que me liberes

Cada vez que te veo me pongo enfermo
Y cada vez que te pienso me pongo enfermo
Y cada vez que te sueño me pongo enfermo
Y siempre que te lloro me pongo enfermo

I don't want you to set me free
I don't need you to set me free

Set me free
Set me free
Set me free
Set me free

———

HONEY BEE (LET'S FLY TO MARS)

Mad mullahs and dirty bombs
Alert the coastal command
Ack-ack positions everyone
She's my honey bee and here she comes
Cancer, rabies, SARS
Hairy beards and hurtling stars
Won't somebody touch me?
Won't somebody touch me?
Honey bee let's fly to Mars
Honey bee let's fly to Mars
Honey bee let's fly to Mars
Honey bee let's fly to Mars
Buzz Buzz

There's a kid laying on the lawn
The neighbour's on the telephone
The dispatcher asked 'what's goin on?'
'Please sir, what's going on?'
The kid is laying on the lawn
He's been giving me shit for years
He rides his bike across the lawn
Now he's laying on the lawn
Won't somebody touch me?
Honey bee let's fly to Mars
Honey bee let's fly to Mars

No quiero que me liberes
No necesito que me liberes

Libérame
Libérame
Libérame
Libérame

———

DULZURA (VOLEMOS A MARTE)

Mulás dementes y bombas sucias
Aviso al mando costero
Todos a las defensas antiaéreas
Ella es mi abejita y ahí viene
Cáncer, rabia, SARS
Barbas peludas y estrellas disparadas
¿No me va a tocar nadie?
¿No me va a tocar nadie?
Dulzura, volemos a Marte
Dulzura, volemos a Marte
Dulzura, volemos a Marte
Dulzura, volemos a Marte
Zumbando

Hay un niño tendido en el pasto
El vecino está al teléfono
El transportista preguntó, «¿qué pasa?»
«Por favor, señor, ¿qué pasa?»
El niño está tendido en el pasto
Ha estado años tocándome los huevos
Pisándome el pasto con la bici
Ahora está tendido allí
¿No me va a tocar nadie?
Dulzura, volemos a Marte
Dulzura, volemos a Marte

Honey bee let's fly to Mars
Honey bee let's fly to Mars
Buzz Buzz

Scud missiles, Asian flu
The easily offended
We are the undefended
We are the undefended
Won't somebody touch us?
There's a virus come to town
Won't somebody give me a kiss?
He's been giving me shit for years
Honey bee let's fly to Mars
Honey bee let's fly to Mars
Honey bee let's fly to Mars
Honey bee let's fly to Mars
Honey bee
Honey bee
Buzz Buzz

————

MAN IN THE MOON

My daddy was an astronaut
That's what I was often taught
My daddy went away too soon
Now he's living on the moon
Hang onto me people
We're going down
Down among the fishes
In an absence of sound
It's the presence of distance
And it's floating in time
It's lack and it's longing
And it's not very kind
Sitting here scratching

Dulzura, volemos a Marte
Dulzura, volemos a Marte
Zumbando

Mísiles Scud, gripe asiática
Los susceptibles
Somos los desprotegidos
Somos los desprotegidos
¿No nos va a tocar nadie?
Un virus se viene a la ciudad
¿Nadie me va a dar un beso?
Ha estado años tocándome los huevos
Dulzura, volemos a Marte
Dulzura, volemos a Marte
Dulzura, volemos a Marte
Dulzura, volemos a Marte
Dulzura
Dulzura
Zumbemos

————

HOMBRE EN LA LUNA

Mi papi fue un astronauta
Es lo que solían decirme
Mi papi se largó muy pronto
Y ahora vive en la luna
Aferraos a mí, gente
Que nos bajamos
Abajo entre los peces
En una ausencia de sonido
Es la presencia de la distancia
Y flota en el tiempo
Es carencia y es anhelo
Y no es muy delicado
Sentarse aquí rascándose

In this rented room
Scratching and a tapping
To the man in the moon
About all the things
That I've been taught
My daddy was an astronaut

WHEN MY LOVE COMES DOWN

When my love comes down to meet you
When my love comes down to meet you again
When my love comes down to meet you
When my love comes down to meet you again

Your mouth is a hologram
Made of spider's bones
Your fingers little soldiers drumming
On their way back home
I thought I saw a thundercloud
On the avenue
Lightning rattled through the streets
That little storm was you

When my love comes down to meet you
When my love comes down to meet you again

Your skin is like the falling snow
Your hair is like the rising sun
Your tongue is like a Kalashnikov
Or some other foreign gun
I see you standing there
Way down upon the street
Marching victorious
With your banners of defeat

En este cuarto alquilado
Rascándome y golpeteando
Al hombre en la luna
De entre todas las cosas
Que me enseñaron
Mi papi fue astronauta

CUANDO MI AMOR SE VENGA

Cuando mi amor se venga a conocerte
Cuando mi amor se venga a conocerte otra vez
Cuando mi amor se venga a conocerte
Cuando mi amor se venga a conocerte otra vez

Tu boca es un holograma
Hecha de huesos de araña
Tus dedos soldaditos redoblando
Camino de vuelta a casa
Creí ver un nubarrón
En la avenida
Un relámpago vibró en las calles
Y la tormenta eras tú

Cuando mi amor se venga a conocerte
Cuando mi amor se venga a conocerte otra vez

Tu piel es como la nieve cayendo
Tu pelo como el sol naciente
Tu lengua como un Kalashnikov
U otra arma extranjera
Te veo allí de pie
Abajo en la calle
Marchando victoriosa
Con tus estandartes de la derrota

When my loves comes down to meet you
When my love comes down to meet you again
When my love comes down to meet you
When my love comes down to meet you again

When my love comes down to meet you
When my love comes down to meet you again
When my love comes down to meet you
When my love comes down to meet you again

Cuando mi amor se venga a conocerte
Cuando mi amor se venga a conocerte otra vez
Cuando mi amor se venga a conocerte
Cuando mi amor se venga a conocerte otra vez

Cuando mi amor se venga a conocerte
Cuando mi amor se venga a conocerte otra vez
Cuando mi amor se venga a conocerte
Cuando mi amor se venga a conocerte otra vez

LOVE BOMB

I read the book from back to front
It made a deep impression
Yeah, twenty thousand pages baby
And I hoped for some direction
I stood before the mirror
And I stared at my reflection
I'd almost disappeared
And I made no impression
I went down to my baby's house
And I sat down on the stair
Said two thousand years of Christian history baby
And you ain't learned to love me yet
My baby looked me in the eye
My nails were bitten to the quick
She said you used to love me all night long
But you've gotten so thin and sick

Gonna send you
A love bomb
Gonna send you
A love bomb

BOMBA DE AMOR

Leí el libro de cabo a rabo
Me produjo honda impresión
Sí, veinte mil páginas, nena
Y deseé cierta orientación
Me planté ante el espejo
Y observé mi reflejo
Ya casi no existía
Ni causé impresión alguna
Bajé a casa de mi nena
Me senté en la escalera
Dos mil años de historia, nena
Y aún no me has aprendido a amar
La nena me miró a los ojos
Mis uñas en carne viva
Dijo que solías amarme la noche entera
Pero estás tan flaco y enfermo

Voy a mandarte
Una bomba de amor
Voy a mandarte
Una bomba de amor

I read the book from back to front	*Leí el libro de cabo a rabo*
Looking for some inspiration	*En busca de inspiración*
I been listening to the radio	*Estuve escuchando la radio*
Trying to find some self-expression	*Tratando de hallar mi expresión*
I been listening to the Woman's Hour	*Escuchando el magacín femenino*
I been listening to Gardeners' Question Time	*Y «La hora del jardinero»*
But everything I try to grow	*Y aunque cultivo de todo*
I can't even grow a dandelion	*Ni un diente de león florece*
I been watching the MTV	*Estuve mirando MTV*
I been watching the BBC	*Estuve mirando la BBC*
I been searching on the Internet	*Estuve mirando Internet*
I'm getting so thin and sick	*Y así estoy de flaco y enfermo*
I'm gonna send you	*Voy a mandarte*
A love bomb	*Una bomba de amor*
I'm gonna send you	*Voy a mandarte*
A love bomb	*Una bomba de amor*
I went to my baby's house	*Me fui a casa de mi nena*
I sat down on the step	*Me senté en el escalón*
I went down to my baby's house	*Me bajé a la casa de mi nena*
And I lay down on her step	*Y me tendí en el escalón*
She said what are you doing here?	*Dijo, ¿y tú qué haces aquí?*
I said I been trying to make some sense	*Dije trato de aclararme*
But every action that I try to take	*Pero todo cuanto emprendo*
Is of absolutely no consequence	*Es un despropósito*
My baby said you can't sit there	*Dijo, «no puedes sentarte ahí»*
She reached down with her fingers	*Y me tocó con sus dedos*
Her fingers went right through me	*Sus dedos me atravesaron*
I screamed my head off	*Grité como un poseso*
I was so thin and sick	*Tan enfermo y flaco estaba*
I'm gonna send you	*Voy a mandarte*
A love bomb	*Una bomba de amor*
I'm gonna send you	*Voy a mandarte*
A love bomb	*Una bomba de amor*

CHAIN OF FLOWERS

I know you're hanging around outside my door
I know you've been here six times today, or maybe
    more
I know you're hesitating
But I'm here waiting
Don't you know it'll be alright
Don't you know it'll be alright

Maybe you can become a friend of mine
Every time you come around here you leave a
    dandelion
And I've been sitting here for hours
Making a chain of flowers
Don't you know it'll be alright
Don't you know it'll be alright

The chains of flowers are fragile things
They break in time
But the chains of love are the chains of love are
    the chains that bind
The chains of flowers are fragile things
They break in time
But the chains of love are the chains of love are
    the chains of love

People keep telling me I'm lonely
That I'd be happy if you'd only
Throw that door open wide
And step inside
And everything will be alright
And everything will be alright
Yeah, everything will be alright

CADENA DE FLORES

Ya sé que andas merodeando ante mi puerta
Que hoy estuviste aquí seis veces, quizá más
Ya sé que estás dudando
Pero yo estoy aquí esperando
¿Que no ves que saldrá bien?
¿Que no ves que saldrá bien?

Quizá podamos ser amigos
Siempre que pasas por aquí dejas un diente
    de león
Y aquí he estado sentado durante horas
Haciendo una cadena de flores
¿Que no ves que saldrá bien?
¿Que no ves que saldrá bien?

Las cadenas de flores son frágiles
Se quiebran con el tiempo
Pero las cadenas del amor son las cadenas del
    amor son las cadenas que atan
Las cadenas de flores son frágiles
Se quiebran con el tiempo
Pero las cadenas del amor son las cadenas del
amor son las cadenas del amor

La gente me sigue diciendo que estoy solo
Que yo sería feliz con que tú solo
Abrieras la puerta de par en par
Y entraras
Y todo estaría bien
Y todo estaría bien
Sí, todo estaría bien

DIG, LAZARUS, DIG!!! (2008)

DIG, LAZARUS, DIG !!!/	*CAVA, LÁZARO, CAVA!!!/*
TODAY'S LESSON/	*LA LECCIÓN DE HOY/*
MOONLAND/	*TIERRA LUNAR/*
NIGHT OF THE LOTUS EATERS/	*NOCHE DE LOTÓFAGOS/*
ALBERT GOES WEST/	*ALBERT SE VA AL OESTE/*
WE CALL UPON THE AUTHOR/	*APELAMOS AL AUTOR/*
HOLD ON TO YOURSELF/	*AFERRARME A TI/*
LIE DOWN HERE (& BE MY GIRL)/	*ÉCHATE AQUÍ (Y SÉ MI CHICA)/*
JESUS OF THE MOON/	*JESÚS DE LA LUNA/*
MIDNIGHT MAN/	*HOMBRE DE LA MEDIANOCHE/*
MORE NEWS FROM NOWHERE	*MÁS NOTICIAS DE NINGUNA PARTE*

DIG, LAZARUS, DIG!!!

dig yourself, LAZARUS!!!!!!
DIG YOURSELF, LAZARUS!!!!!!!!!!!!!!!!!!!!!
dig yourself, LAZARUS!!!!!!!!
(dig yourself back in that hole)
Larry made his nest up in the autumn branches
       built from nothing but high hopes & thin air
   he collected up some BABY-BLASTED mothers
they took their chances
          & for a while lived quite happily up there
he came from NEW YORK CITY , but he couldn't
   take the pace
     (thought it was like DOGGY-DOG-WORLD)
then he went to SAN FRANCISCO
       (spent a year in outer space)
  w/ a sweet little san franciscan girl
I can hear my mother wailing
& a whole lot of scraping of chairs!!!!!!!!
I don't know what it is
but there is defi nitely something going on upstairs
dig yourself, LAZARUS!!!!!!
DIG YOURSELF, LAZARUS!!!!!!!!!!!!!!!!!!!!!
dig yourself, LAZARUS!!!!!!!!
(dig yourself back in that hole)
I!!!! WANT!!!!! Y/!!!!!!!! TO!!!!!!!! DIG!!!!!!!!!!!!!!!!!!!!
yeah, NEW YORK CITY, he had to get out of there
& san francisco, well, I don't know
& then to LA , where he spent about a day
he thought even the pale sky-stars
were smart enough to keep well away
from LA!!!!!!
meanwhile Larry made up names for the ladies, like
      MISS BOO!!!! & MISS QUICK!!!!!!!
he stockpiled weapons & took pot shots at the air

CAVA, LÁZARO, CAVA!!!

¡¡¡¡¡¡Cava, LÁZARO!!!!!!
¡¡¡¡¡¡¡¡¡¡¡ENTIÉRRATE, LÁZARO!!!!!!!!!!!!!!
¡¡¡¡¡¡Entiérrate, LÁZARO!!!!!!
(entiérrate en el agujero otra vez)
Larry hizo su nido en las ramas otoñales
     con nada más que esperanzas y aire
    acaparó madres CASTIGADAS DE
MATERNIDAD asumieron sus riesgos
       y por un tiempo vivieron allí felizmente
él era de NUEVA YORK, pero no podía seguir
   aquel ritmo
      (le parecía un MUNDO DESPIADADO)
entonces se fue a San Francisco
       (pasó un año en el espacio exterior)
   con una dulce lugareña chiquita
Puedo oír a mi madre gimiendo
¡¡¡y un gran chirrido de sillas!!!
No sé de qué va
pero sin duda algo está pasando allá arriba
¡¡¡Entiérrate, LÁZARO!!!
¡¡¡¡¡¡¡¡¡¡¡ENTIÉRRATE, LÁZARO!!!!!!!!!!!!!!
¡¡¡¡¡¡Entiérrate, LÁZARO!!!!!!
(entiérrate en el agujero otra vez)
¡¡¡¡QUIERO!!!! ¡¡¡¡QUE!!!! ¡¡¡CAVES!!!
sí, Nueva York, tuvo que huir de ahí
y san francisco, bueno, qué sé yo
y luego a LA, donde pasó como un día
y pensó que hasta las pálidas estrellas
eran lo bastante listas como para guardar
las distancias de ¡¡¡¡¡¡LA!!!!!!
mientras, Larry inventó nombres para las
damas, como
    ¡¡¡¡MISS ABUCHEO!!!! y ¡¡¡¡¡¡MISS VELOZ!!!!!!
acumuló armas y pegaba tiros al aire

he feasted on their lovely bodies like a lunatic
wrapped himself up in their soft yellow hair

I can hear chants & incantations
& some guy is mentioning me in his prayers!!!!!
I don't know what it is
but there is defi nitely something going on upstairs
dig yourself, LAZARUS!!!!!!
DIG YOURSELF, LAZARUS!!!!!!!!!!!!!!!!!!!!
dig yourself, LAZARUS!!!!!!!!
(dig yourself back in that hole)
    I!!!! WANT!!!!! Y/!!!!!!!! TO!!!!!!!! DIG!!!!!!!!!!!!!!!!!!!!
well NEW YORK CITY , man
SAN FRANCISCO, LA (I don't know)
Larry grew increasingly neurotic & obscene!!!!!!!!
    HE NEVER ASKED TO BE RAISED UP FROM
        THE TOMB !!!
no one ever actually asked him to forsake his
    DREAMS !!!
anyway, to cut a long story short
fame finally found him
                    mirrors became his torturers
cameras snapped him at every chance
    the women all went back to their homes
& their husbands
        (secret smiles in the corners of their mouths)
he ended up like so many of them do
        back on the streets of
NEW YORK CITY!!!!!!!!! (crowd)!!!!!!!!!!!!!!!!!!!!!!
        in a soup queue/
            a dope fi end/ (a slave)
                    then prison/ then the madhouse/
then the grave

se cebaba con sus adorables cuerpos como
    un demente
se envolvía con su pelo amarillo y suave

¡¡¡¡¡Puedo oír cantos y hechizos
y a un tipo que me menciona en sus rezos!!!!!
No sé de qué va
pero sin duda algo está pasando allá arriba
¡¡¡¡¡¡Entiérrate, LÁZARO!!!!!!
¡¡¡¡¡¡¡¡¡¡ENTIÉRRATE, LÁZARO!!!!!!!!!!!!
¡¡¡¡¡¡Entiérrate, LÁZARO!!!!!!
(entiérrate en el agujero otra vez)
        ¡¡¡¡QUIERO!!!! ¡¡¡QUE!!!! ¡¡¡CAVES!!!
ya, NUEVA YORK, tío
SAN FRANCISCO, LA (qué sé yo)
¡¡¡¡¡Larry se volvió cada vez más neurótico y
    obsceno!!!!!!!
        ¡¡¡NUNCA PIDIÓ QUE LE SACARAN DE LA
    TUMBA!!!
¡¡¡Nadie le pidió nunca que renunciara a sus
    SUEÑOS!!!
pero bueno, para abreviar
la fama le atrapó por fin
                los espejos fueron sus verdugos
    a cada rato le disparaban las cámaras
        las mujeres se fueron todas a sus casas
y a sus esposos
        (sonrisas secretas en las comisuras de
        sus bocas)
acabó como tantos de ellos
            de vuelta a las calles de
¡¡¡¡¡¡¡¡NUEVA YORK!!!!!!!!! ¡¡¡¡¡(gentío)!!!!!
        en la cola de un comedor social
            toxicómano/ (un esclavo)
                luego la cárcel/ y la loquería/
y la tumba por fin

O POOR LARRY!!!!!!!!!!!!!!!!!!!!!!!!!!!!!!!!!
but what do we really know of the dead
& who actually cares?????????!!!!!
I don't know what it is
but there is defi nitely something going on upstairs
dig yourself, LAZARUS!!!!!!

DIG YOURSELF, LAZARUS!!!!!!!!!!!!!!!!!!!
dig yourself, LAZARUS!!!!!!!!
(dig yourself back in that hole)
I!!!! WANT!!!!! Y/!!!!!!!! TO!!!!!!!! DIG!!!!!!!!!!!!!!!!!!

_____

TODAY'S LESSON

Little Janie she wakes up from a dream
    a gun like a jawbone down the waist & of her
    jeans
mr Sandman can recite today's lesson in his sleep
he says
    (there oughta be a law against me going down
    on the street)
little Janie pipes up & she says!!!!!
       we're GONNA HAVE A REAL COOL TIME
       TONITE!!!!
down the back of Janie's jeans she had the jawbone
    of an ass
       mr Sandman runs around the corner
trying to head her off at the pass
he sticks his head over the fence and yells
something way too fast
                (it's today's lesson)
something about the
       CORRUPTION OF THE WORKING
    CLASS!!!!
little Janie wakes up on the fl oor & she says!!!!

¡¡¡¡¡¡¡¡¡¡¡¡¡¡¡¡¡¡¡¡¡¡AY POBRE LARRY!!!!!!!!!!!!!!!!!!!!!!
pero qué sabemos en verdad de los muertos
¡¡¡¡¡¡¡dddddd y a quién le importa?????????!!!!!!
No sé de qué va
pero sin duda algo está pasando allá arriba
¡¡¡¡¡¡Entiérrate, LÁZARO!!!!!!

¡¡¡¡¡¡¡¡¡¡¡ENTIÉRRATE, LÁZARO!!!!!!!!!!!!!
¡¡¡¡¡¡Entiérrate, LÁZARO!!!!!!
(entiérrate en el agujero otra vez)
¡¡¡¡QUIERO!!!! ¡¡¡¡QUE!!!! ¡¡¡CAVES!!!

_____

LA LECCIÓN DE HOY

La pequeña Janie se despierta de un sueño
    un arma como una quijada cintura abajo por
    sus vaqueros
el Sr. Sandman puede recitar dormido la lección
de hoy dice
    (tendría que haber una ley impidiéndome
    salir a la calle)
la pequeña Janie mete baza y dice,
¡¡¡¡¡Vamos a PASAR UNA NOCHE DE MUERTE!!!!!
por detrás de los vaqueros Janie llevaba una
    quijada de un asno
    el Sr. Sandman corre dando la vuelta a la
    esquina
tratando de interceptarla cuando pase
asoma la cabeza por la valla y grita
algo demasiado deprisa
                (es la lección de hoy)
algo acerca de
     ¡¡¡¡LA CORRUPCIÓN DE LA CLASE
    OBRERA!!!!
la pequeña Janie se despierta en el suelo y dice,

we're GONNA HAVE A REAL COOL TIME
    TONITE!!!!
(Janie says we are all such a crush of want half-mad
w/ loss we are
violated in our sleep & we weep & we toss & we
turn & we burn we are
hypnotised we are cross-eyed we are pimped we
are bitched we are told such monstrous lies---)

Janie wakes up & she says
    we're GONNA HAVE A REAL COOL TIME
    TONITE!!!!
mr Sandman has a certain appetite for Janie in
repose
    he digs her pretty knees & that she is completely
naked underneath all her clothes
he likes to congregate around the intersection of
Janie's jeans

mr Sandman the inseminator
    opens her up like a love-letter & enters her
    dreams
little Janie wakes up & she says!!!!
    we're GONNA HAVE A REAL good TIME
    TONITE!!!!
o yeah little Janie wakes up & she says!!!!
    we're GONNA HAVE A REAL good TIME
    TONITE!!!!
TONITE!!!! TONITE!!!! TONITE!!!!! CMON!!!!
CMON!!!!
    CMON!!!!
CMON!!!!!
    CMON!!!!!!!

¡¡¡¡¡Vamos a PASAR UNA NOCHE DE MUERTE!!!!!
(Janie dice que somos una molienda de carencias
medio locos por la pérdida que somos
violados en nuestro sueño y lloramos y nos
revolvemos y meneamos y ardemos
estamos hipnotizados somos bizcos nos chulean
nos atosigan nos cuentas mentiras
tan monstruosas---)

Janie se despierta y dice,
¡¡¡¡¡Vamos a PASAR UN NOCHE DE MUERTE!!!!!
el Sr. Sandman siente cierto apetito por Janie en
reposo
    le gustan sus hermosas rodillas y que está
completamente desnuda bajo sus ropas
le gusta congregarse en torno a la intersección
de los vaqueros de Janie

el Sr. Sandman el inseminador
    la abre como una carta de amor y entra
    en sus sueños
la pequeña Janie se despierta y dice,
¡¡¡¡¡Vamos a PASAR UN NOCHE DE MUERTE!!!!!
oh sí la pequeña Janie se despierta y dice,
¡¡¡¡¡Vamos a PASAR UN NOCHE DE MUERTE!!!!!
¡¡¡¡ESTA NOCHE!!!! ¡¡¡¡ESTA NOCHE!!!! ¡¡¡ESTA
NOCHE!!!!
    ¡¡¡¡VENGA!!!!
¡¡¡¡VAMOS!!!!
    VENGA!!!!
¡¡¡¡VAMOS!!!!
    ¡¡¡¡VENGA!!!!

MOONLAND

when I came up from out of the meat-locker
the city was gone
the sky was full of lights
the snow provides a silent cover
in moonland, under the stars
under the s&, I followed this car
& I followed that car, through the s&
through the snow, I turn on the radio
I listen to the deejay, & it must feel nice
it must feel nice to know, that somebody needs you
& everything moves slow, under the stars
under the ash, through the s&
& the night drifts in, the snow provides a silent cover
& I'm not your favourite lover, I turn on the radio
& it must feel nice
o very very nice to know, that somebody needs you
& the chilly winds blow, under the snow
under the stars, the whispering deejay
on the radio, the whispering deejay
on the radio, I'm not yr favourite lover
I'm not yr favourite lover, & It must feel nice
to leave no trace (no trace at all)
but somebody needs you, and that somebody is me
under the stars, under the snow
(yr eyes were closed
you were playing w/ the buttons on yr coat
in the back of that car)
in moonl&, under the stars
in moonl&, & I followed that car

TIERRA LUNAR

cuando salí de la cámara frigorífica
la ciudad había desaparecido
el cielo estaba lleno de luces
la nieve aporta un manto silencioso
en la tierra lunar, bajo las estrellas
bajo la arena, seguí a ese coche
y seguí a ese coche, por la arena
por la nieve, puse la radio
escuché al DJ, y debe sentar bien
debe sentar bien saber, que alguien te necesita
y todo se mueve pausado, bajo las estrellas
bajo la ceniza, por la arena
y la noche se cierne, la nieve aporta un manto
silencioso
y yo no soy tu amante favorito, pongo la radio
y debe de sentar bien
oh muy muy bien saber, que alguien te necesita
y soplan los vientos gélidos, bajo la nieve
bajo las estrellas, el susurrante pinchadiscos
en la radio, el susurrante pinchadiscos
en la radio, no soy tu amante favorito
no soy tu amante favorito, y debe de sentar bien
no dejar rastro (ni rastro)
pero alguien te necesita, y ese alguien soy yo
bajo las estrellas, bajo la nieve
(tus ojos estaban cerrados
estabas jugando con los botones del abrigo
en la trasera del coche)
en la tierra lunar, bajo las estrellas
en la tierra lunar, y seguí a ese coche

NIGHT OF THE LOTUS EATERS

sapped & stupid
I lie upon the stones and I swoons
the darling little dandelions have done their thing
& changed from suns into moons
the dragons roam the shopping malls
I hear theyre gonna eat our guts
if I had the strength I might pick up my sword
& make some attempt to resist
get ready to shield yourself!!!!!!!!!
grab yr sap & yr heaters
get ready to shield yourself!!!!!!!!!
on the night of the lotus eaters
mmmmmmmm don't you love my baby
mmmmmmmm & don't you love my baby anymore
they gilded my scales/ they fi sh-bowled me
& they toured me round the old aquariums
they come in their hordes to tap at the glass
the philistines and barbarians
I like
       floating
            here (it's nice)
theyve hung seaweed round my hips
& I do the
        <<hula>>
            for the hungry ones
& the lames all throw me tips
get ready to shield yourself!!!!!!!!!
grab yr sap & yr heaters
get ready to shield yourself!!!!!!!!!
on the night of the lotus eaters
mmmmmmmm don't you love my baby
mmmmmmmm & don't you love my baby anymore

NOCHE DE LOTÓFAGOS

atontado y cretino
me echo sobre las piedras y me embeleso
los adorables dientecitos de león ya se han
       trasmutado
de soles en lunas
los dragones rondan por los centros comerciales
oigo que se nos van a comer las tripas
si tuviera fuerzas podría agarrar mi espada
y tratar de resistir
prepárate para escudarte!!!!!!!!
cárgate de energía y pistolas
prepárate para escudarte!!!!!!!!
en la noche de los lotófagos
mmmmmmmm no quieres a mi nena
mmmmmmmm y ya no quieres más a mi nena
doraron mis escamas / me metieron en una pecera
y me pasearon por los viejos acuarios
acuden en hordas a golpear el cristal
los filisteos y bárbaros
me gusta
       flotar
           aquí (es agradable)
han colgado algas de mis caderas
y hago el
        <<hula>>
            para los hambrientos
y los tullidos todos me arrojan propinas
¡¡¡¡¡¡¡prepárate para escudarte!!!!!!!!
cárgate de energía & pistolas
¡¡¡¡¡¡¡prepárate para escudarte!!!!!!!!
en la noche de los lotófagos
mmmmmmmm no quieres a mi nena
mmmmmmmm y ya no quieres más a mi nena

get ready to shield yourself!!!!!!!!
from our catastrophic leaders

get ready to shield yourself!!!!!!!!
grab yr sap & yr heaters
on the night of the lotus eaters
now hit the streets!!!!!!!
Now
  HIT
    the
      streets!!!!!!!!!!!!!!!!!!!!!!!!!!!!

ALBERT GOES WEST

albert he goes west / he crossed
the vast indifferent deserts of Arizona

he had a psychotic episode on a dude ranch
that involved a bottle of ammonia

henry he went south & lost his way
deep in the weeping forests of le vulva

he grew so wan / he grew so sick
he ended up in a bungalow/ sucking a revolver

the light upon yr rainy streets
offers many refl ections

& I wont be held responsible
for my actions

bobby he goes north/ then goes east
then over to new Hampshire
bobby is a cautious man/ he walked into

¡¡¡¡¡¡¡prepárate para escudarte!!!!!!!!
de nuestros líderes catastróficos

cárgate de energía & pistolas
¡¡¡¡¡¡¡prepárate para escudarte!!!!!!!!
en la noche de los lotófagos
¡¡¡¡¡¡¡y échate a las calles!!!!!!!
¡¡¡¡¡¡¡¡¡¡¡¡¡¡¡¡¡¡¡¡¡¡¡échate
  YA
    a las
      calles!!!!!!!!!!!!!!!!!!!!!!

ALBERT SE VA AL OESTE

albert se va al oeste / cruzó
los vastos e indiferentes desiertos de Arizona

tuvo un brote psicótico en un rancho de vacaciones
donde intervino un frasco de amoníaco

henry se fue al sur y perdió el camino
extraviado en las húmedas selvas de la vulva

se debilitó / enfermó tanto
que acabó chupando revólver / en un bungaló

la luz sobre tus lluviosas calles
brinda muchos reflejos

y no se me hará responsable
de mis acciones

bobby se va al norte / luego al este
luego a Nuevo Hampshire
bobby es un tipo cauto / se metió

a Concord dive/ to drink a beer

do you wanna dance????!!!!
do you wanna move????!!!!

do you wanna dance????!!!!
do you wanna GROOVE ????!!!!

the world is full of
endless abstractions

& I wont be held responsible
for my actions

me/ I aint going anywhere
just sit & watch the sun come up/ I like it here!!!

I watch the people go ticking past/ I go hey hey hey
you know I gotta say/ I like it here!!!

sha-la-la-la   sha la-la-la   sha-la-la-la-la-la-la-la!!!
sha-la-la-la   sha la-la-la   sha-la-la-la-la-la-la-la!!!

WE CALL UPON THE AUTHOR

what we once thought we had we didnt
      & what we have now will never be that
      way again
    so WE CALL UPON THE AUTHOR TO
EXPLAIN!!!
doop doop doop doop doop doop doop &tc
our myxomatoid kids spraddle the streets
      weve shunned them from the greasy-grind
(the poor little things)

---

en un antro de Concord/ a tomar una cerveza

¡¡¡¿¿¿quieres bailar????!!!!
¡¡¡¿¿¿quieres bailar????!!!!

¡¡¡¿¿¿quieres bailar????!!!!
¡¡¡¿¿¿quieres MENEARTE????!!!!

el mundo está lleno de
abstracciones infinitas

y no se me hará responsable
de mis acciones

lo que es yo/ no voy a ninguna parte
me sentaré a ver el sol que sale/ ¡¡¡eso me gusta!!!

observo a la gente pasar aprisa/ y digo ey ey ey
ya saben que debo decir/ ¡¡¡eso me gusta!!!

¡¡¡sha-la-la-la sha-la-la-la sha-la-la-la-la-la-la-la!!!
¡¡¡sha-la-la-la sha-la-la-la sha-la-la-la-la-la-la-la!!!

APELAMOS AL AUTOR

no teníamos lo que pensamos que antaño teníamos
      y lo que tenemos ahora nunca
volverá a ser lo mismo
    así que, ¡¡¡APELAMOS AL AUTOR PARA
QUE SE EXPLIQUE!!!
dup dup dup dup dup dup dup dup y etc
nuestros niños aquejados de mixomatosis
      invaden las calles
les hemos alejado de los empollones
(los pobrecillos)

they look so sad & old
as they mount us from behind
I ask them to desist
        & to
              REFRAIN!!!!!!!!!!!!!!!!!
      then WE CALL UPON THE AUTHOR TO
EXPLAIN!!!
doop doop doop doop doop doop doop &tc
(rosary clutched in his h&
he died w/ tubes up his nose
& a cabal of angels w/ finger cymbals
chanted his name in code)
we shook our fi sts at the punishing rain
      & WE CALLED UPON THE AUTHOR TO
      EXPLAIN !!!!!
doop doop doop doop doop doop doop &tc
he said --- everything is messed up round here /
everything is banal and jejune / there is a planetary
conspiracy / against the likes of you & me / in this
idiot constituency of the moon---
          (well, he knew exactly who to blame!!!!)
      & WE CALL UPON THE AUTHOR TO
EXPLAIN!!!!!
doop doop doop doop doop doop doop &tc
PROLIX!!!!
      PROLIX!!!!
          NOTHING A PAIR OF SCISSORS
          CAN 'T FIX!!!!
doop doop doop doop doop doop doop &tc
    doop doop doop doop doop doop
    doop &tc
I go guruing down the street
    young people gather round my feet
        ask me things—but I don't know where
    to start

se les ve tan tristes y viejos
cuando nos montan por detrás
les pido que lo dejen
    y que
      ¡¡¡¡¡¡¡¡¡¡ABSTÉNGANSE!!!!!!!!!!!!
Luego, ¡¡¡APELAMOS AL AUTOR PARA
QUE SE EXPLIQUE!!!
dup dup dup dup dup dup dup dup y etc
(el rosario agarrado en su mano
Murió entubado
y una camarilla de ángeles con/ chinchines
entonaban su nombre en código)
sacudimos los puños contra la lluvia castigadora
    Y ¡¡¡¡APELAMOS AL AUTOR PARA QUE SE
    EXPLIQUE!!!
dup dup dup dup dup dup dup dup y etc
dijo --- todo está embrollado por aquí / todo es banal
e inmaduro / hay una conspiración planetaria /
contra tipos como tú y yo / en este idiotizante
distrito lunar---
    (sí, él sabía exactamente a quien acusar!!!!)
    Y ¡¡¡¡APELAMOS AL AUTOR PARA QUE
    SE EXPLIQUE!!!
dup dup dup dup dup dup dup dup y etc
¡¡¡¡PROLIJO!!!!
    ¡¡¡¡PROLIJO!!!!
      ¡¡¡¡CON UN PAR DE TIJERAS LO FIJO!!!!
dup dup dup dup dup dup dup dup y etc
    dup dup dup dup dup dup dup dup
    y etc
me lo monto de gurú en plena calle
    los jóvenes se apiñan a mis pies
      me preguntan cosas—pero no sé dónde
    empezar

they ignite the powder-trail ssssstraight to my
father's heart!!!!! & once again
                    I CALL UPON THE AUTHOR TO EX
                    PLAIN!!!!!!!
doop doop doop doop doop doop doop &tc
                    (we call upon the author to explain)
who is this great burdensome slavering dog-thing
that mediocres my every thought???
I feel like a VACUUM CLEANER!!! A COMPLETE
SUCKER !!!!
                    (it's fucked up & he is a fucker!)
but what an enormous & encyclopaedic
brain!!!!!!!!!!
          I CALL UPON THE AUTHOR TO EX-
PLAIN!!!!!!
doop doop doop doop doop doop &tc
               (mmm yeah)
          doop doop doop doop doop
          doop doop &tc
                    (we call upon the author to explain)
o rampant discrimination/ mass poverty/ third
world debt/infectious disease/ global inequality and
deepening socio-economic divisions---
(it does in your brain!!!)
WE CALL UPON THE AUTHOR TO EXPLAIN!!!!!!!
doop doop doop doop doop doop doop &tc
now hang on!!! my friend Doug is tapping on the
window
               (hey Doug, how you
               been????????????????????)

          brings me a book on holocaust poetry
-----complete with pictures-----
then tells me to get ready for the rain
     and WE CALL UPON THE AUTHOR TO
     EXPLAIN!!!!!!!

encienden el reguero de pólvora dddirecto al
corazón de mi padre!!!!!
y de nuevo
          APELO AL AUTOR PARA QUE SE EXPLIQUE
dup dup dup dup dup dup dup dup y etc
          (apelamos al autor que se explique)
¿¿¿quién es este peñazo esclavizador que
banaliza mis pensamientos???
¡¡¡me siento como una ASPIRADORA!!! ¡¡¡¡UN
PUTO MAMÓN!!!!
          (está jodido y es una jodienda)
¡¡¡¡¡¡pero qué cerebro inmenso y enciclopédico!!!!!!
          APELO AL AUTOR PARA QUE SE EXPLIQUE
dup dup dup dup dup dup dup dup y etc
          (mmmm sí)
          dup dup dup dup dup dup dup dup
          y etc
          (apelamos al autor para que se explique)
oh discriminación feroz/ masas empobrecidas/
deuda del tercer mundo /
enfermedades infecciosas / desigualdad global y
crecientes diferencias
socio-económicas---
(¡¡¡sucede en tu cabeza!!!)
¡¡¡APELAMOS AL AUTOR PARA QUE SE EXPLIQUE!!!
dup dup dup dup dup dup dup dup y etc
oye espera!!! Mi amigo Doug golpea la ventana
          (ey, Doug, ¿¿¿¿¿¿¿¿¿qué tal todo??????????)

          me trae un libro sobre poesía del
          holocausto
-----con dibujos y todo-----
luego me dice que me prepare para la lluvia
          ¡¡¡Y APELAMOS AL AUTOR PARA QUE
          SE EXPLIQUE!!!

doop doop doop doop doop doop doop &tc
PROLIX !!!!

    PROLIX !!!!

      SOMETHING A PAIR OF SCISSORS CAN
    FIX !!!!!!!!
Bukowski was a jerk!!!!!!!!!!!!!!!

           Berryman was best!!!!!!!!!!!!
he wrote like wet papier mache/ went the Hemming-
way/ weirdly on wings & with MAXIMUM PAIN !!!
    WE CALL UPON THE AUTHOR TO
    EXPLAIN !!!!!
doop doop doop doop doop doop doop &tc
    (I call upon the author to explain!)
down in my bolthole I see they've published
    another volume of unreconstructed
    rubbish
'the waves, the waves were soldiers moving'
      thank you! thank you! thank you!
    & again!
      I CALL UPON THE AUTHOR TO EXPLAIN!!!!!
doop doop doop doop doop doop doop &tc
  WE CALL UPON THE AUTHOR TO EXPLAIN!!!
doop doop doop doop doop doop doop &tc
  WE CALL UPON THE AUTHOR TO EXPLAIN!!!!
doop doop doop doop doop doop doop &tc
PROLIX!!!!

    PROLIX!!!!

      NOTHING A PAIR OF SCISSORS CAN 'T
    FIX !!!!!!!!

dup dup dup dup dup dup dup dup y etc
¡¡¡¡PROLIJO!!!!

    ¡¡¡¡PROLIJO!!!!

      ¡¡¡¡CON UN PAR DE TIJERAS LO FIJO!!!!
¡¡¡¡¡¡¡¡¡Bukowski era un gilipollas!!!!!!!!!!

      ¡¡¡¡¡¡¡¡¡Berryman era mejor!!!!!!!!!!
escribía como papel maché mojado/ se lo montó
en plan Hemmingway/ torpemente
alado y ¡¡¡con DOLOR MÁXIMO!!!
    ¡¡¡APELAMOS AL AUTOR PARA QUE SE
    EXPLIQUE!!!
dup dup dup dup dup dup dup dup yetc
    (apelo al autor para que se explique)
en mi escondite puedo ver que han publicado
    otro volumen de basura consistente
«las olas, las olas eran soldados avanzando»
    ¡gracias! ¡gracias! ¡gracias! ¡y de nuevo!
    ¡¡¡APELO AL AUTOR PARA QUE SE
    EXPLIQUE!!!!
dup dup dup dup dup dup dup dup y etc
¡¡¡¡APELO AL AUTOR PARA QUE SE EXPLIQUE!!!!
dup dup dup dup dup dup dup dup yetc
¡¡¡¡APELO AL AUTOR PARA QUE SE EXPLIQUE!!!!
dup dup dup dup dup dup dup dup yetc
¡¡¡¡PROLIJO!!!!

    ¡¡¡¡PROLIJO!!!!

      ¡¡¡¡CON UN PAR DE TIJERAS LO FIJO!!!!

HOLD ON TO YOURSELF

(I'm so far away from you)
        I'm pacing up & down my room
            does Jesus only love a man who loses?
I turn on the radio--------
       there's some cat on the saxophone
            laying down a litany of excuses
there's madhouse longing in my baby's eyes
       she rubs the lamp between her thighs
          & hopes the genie comes out singing
she lives in some forgotten song
      & moves like she is zombie-strong
          breathes steady as the pendulum---
keeps swinging
      oooooooo you better hold on to yourself
well cities rust & fall to ruin
      factories close & cars go cruising
          in around the borders of
          her vision
she says o o o o o o o o o
      as Jesus make the fl owers grow
          all around the scene of
          her collision
     o you know I would / I'd hold on to yourself
in the middle of the night

     I try my best to chase outside
         the phantoms & the ghosts &
         fairy-girls
on 1001 nights likes these
she mutters open sesame
       & Ali Baba & the forty thieves
launch her off the face of the world
     o you know/one day I'll come back/& hold
     on to yourself

AFERRARME A TI

(Estoy tan lejos de ti)
       Paseo arriba y abajo por mi habitación
         ¿Jesús ama solo a los perdedores?
Enciendo la radio---------
      un tipo toca el saxofón
         exponiendo una letanía de excusas
hay una morriña de manicomio en los ojos de
mi nena
      frota la lámpara entre sus muslos
        y espera que salga cantando el genio
ella vive en una canción olvidada
       y se mueve con la fuerza de un zombi
        Respira queda como un péndulo---
sigue oscilando
      Ooooooooooooh mejor que te mantengas
      firme
las ciudades se oxidan y decaen
      las fábricas cierran y los coches salen
      de viaje
         en los contornos de su visión
dice ella ooooooooooooooooh
      mientras Jesús hace que las flores crezcan
        en torno a la escena de su colisión
     oh ya sabes que lo haría / me aferraría a ti
en mitad de la noche

     trato al máximo de ahuyentar
       los fantasmas y los espectros y
       las hadas
en 1001 noches como esta
ella musita ábrete sésamo
      y Alí Babá y los cuarenta ladrones
la proyectan sobre la faz del mundo
     ay ya sabes/un día volveré/y me aferraré a ti

o baby I'm a 1000 miles away
      I just don't know what to say
           cause Jesus only loves a man
           who bruises
but darling we can clearly see

      it's all life & fire & lunacy
           & excuses & excuses & excuses
if I could, I would/ I'd lie right down/& hold on to
yourself
      one day I'll come back to you & I'll lie down &
      I'll hold on to yourself

LIE DOWN HERE (& BE MY GIRL)

well y/ lost a foe &
y/ found yrself a friend
      (lie down here & be my girl)
I'm back now/ baby / that man
he won't be coming round here again
      (lie down here & be my girl)
I'm trying to tread careful/ baby
yr as brittle as the wishbone of a bird
      (lie down here & be my girl)
we've been scribbled in the margins
of a story that is patently absurd
      (lie down here & be my girl)
& let it all come down
tonight
(& shine & shine)
& let it all come down
(be my girl/ be my girl)
it's a matter of some urgency
o darling can't y/ see/ I can't hold back the tide
      (lie down here & be my girl)

oh nena estoy a 1000 millas de distancia
      no sé qué decir
           porque Jesús solo ama al hombre que
           hiere
pero cariño claramente podemos ver

      que todo es la vida y el fuego y la locura
           y excusas y excusas y excusas
su pudiera, lo haría/ yacería/ y me aferraría a ti
      un día volveré a ti y yaceré
      y me aferraré a ti

ÉCHATE AQUÍ (Y SÉ MI CHICA)

sí, perdiste a un rival y
diste con un amigo
      (échate aquí y sé mi chica)
ya estoy de vuelta/ nena/ aquel hombre
no volverá a venir por aquí
      (échate aquí y sé mi chica)
trato de caminar con tiento/ nena
eres frágil como la espoleta de un pájaro
      (échate aquí y sé mi chica)
hemos sido garabateados en los márgenes
de un relato que es decididamente absurdo
      (échate aquí y sé mi chica)
y suéltalo todo
esta noche
(y brilla & brilla)
y suéltalo todo
(sé mi chica/ sé mi chica)
es una cuestión de cierta urgencia
oh querida no ves/ que no puedo retener la marea
      (échate aquí y sé mi chica)

& stop yr frantic little fi ngers trying to collect
the years that pour from the hole in my side
                    (lie down here & be my girl)
o don't worry baby/ this old snake
banging at yr door has got a few skins left to shed
                    (lie down here & be my girl)
o y/ look so good/ y/ look so so good
the rest is better left unsaid
                    (lie down here & be my girl)
let it all come down
tonight
(& shine & we can shine)
let it all come down
tonight (be my girl)

one day I'll buy a factory & I'll assemble y/
on a production line
                    (lie down here & be my girl)
I'd build a million of y/ baby
& every single one of them will be mine
                    (lie down here & be my girl)
I will fi ll the house w/ y/ stack y/ up
in every room/ we'll have a real good time
                    (lie down here & be my girl)
but right now/ I'm sitting here
on my own/ going out of my mind
                    (lie down here & be my girl)
let it all come down
tonight
(& shine & shine)
tonight
tonight (be my girl)
y/ look so good
y/ look so good
&tc &tc &tc

y detener tus deditos frenéticos que tratan de
recoger los años que se derraman del orificio en mi
    costado
                    (échate aquí y sé mi chica)
oh no te preocupes nena/ a esta vieja serpiente
que aporrea a tu puerta aún le quedan pieles por
    mudar
                    (échate aquí y sé mi chica)
ay/ qué guapa estás/ qué guapa estás
y lo demás mejor es callar
                    (échate aquí y sé mi chica)
suéltalo todo
esta noche
(y brilla y podemos brillar)
suéltalo todo
esta noche (sé mi chica)

un día compraré una fábrica y te produciré
en una cadena de montaje
                    (échate aquí y sé mi chica)
construiré un millón como tú/ nena
& y cada una de ellas será mía
                    (échate aquí y sé mi chica)
llenaré la casa de ti/ os apilaré
en cada estancia/ lo pasaremos bomba
                    (échate aquí y sé mi chica)
pero ahora mismo/ estoy aquí sentado
a solas/ que se me va la cabeza
                    (échate aquí y sé mi chica)
suéltalo todo
esta noche
(y brilla y brilla)
esta noche
esta noche (sé mi chica)
qué guapa estás
qué guapa estás
y etc y etc y etc

JESUS OF THE MOON

I stepped out of the St. James Hotel
I'd left y/ behind curled up like a child
well, a change is gonna come
& as the door whispered shut
I walked on down the high-windowed hall

y/ lay sleeping on the unmade bed
the weatherman on the television
in the St. James Hotel said
that the rains are gonna come
& I stepped out on the streets/ all sparkling clean
w/ the early morning dew

maybe it was y/ or maybe it was me?
y/ came on like a punch in the heart
y/ lying there w/ the light on yr hair
like a jesus of the moon
a jesus of the planets & the stars

well I kept thinking about what the weatherman
    said
& if the voices of the living can be heard by the
    dead
well the day is gonna come
when we find out & in some kinda way
I take a little comfort from that (now & then)

cause people often talk about being scared of change
but for me I'm more afraid of things staying the
    same
cause the game is never won
by standing in any one place for too long

JESÚS DE LA LUNA

Salí del hotel St. James
te dejé ovillada como un crío
bueno, se va a producir un cambio
y mientras la puerta susurraba al cerrarse
me encaminé por el corredor de los ventanales

yacías dormida en la cama deshecha
por televisión el hombre del tiempo
dijo en el hotel St. James
que las lluvias están por venir
y salí a las calles/ todas relucientes
del rocío matinal

¿quizá fuiste tú o fui quizá yo?
te apareciste como un gancho al corazón
yaciendo allí con la luz en el pelo
como un jesús de la luna
un jesús de los planetas y estrellas

seguí pensando en lo que el hombre del tiempo
    anunció
y si las voces de los vivos las pueden escuchar
    los muertos
va a llegar el día
en que lo averigüemos y en cierto modo
eso me consuela (de vez en cuando)

pues la gente habla a menudo que los cambios
    la asustan
pero que todo siga igual me asusta más
ya que nada se gana
estando por mucho tiempo en el mismo lugar

maybe it was y/ or maybe it was me
but there was a chord in y/ I could not fi nd to strike
y/ lying there w/ all the light in your hair
like a jesus of the moon
a jesus of the planets & the stars
I see the many girls walking down the empty
    streets
& maybe once or twice one of them smiles at me
y/ can't blame anyone
for saying hello/ I say hey/ I say hello/ I say hello

will it be me or will it be y/?
one must stay & one must depart
y/ lying there in a St. James hotel bed
like a Jesus of the moon
a Jesus of the planets & the stars

I say hello/ hello/ hello

MIDNIGHT MAN

hold that chrysalis in yr palm
see it split & change
it won't do you any harm
it's just trying to rearrange
it was born to live a day
now it fl ies up from yr h&
(it's beautiful)
it's the one they call
yr ever-loving man

wolves have carried yr babies away
o yr kids drip from their teeth
the nights are long & the day
is bitter cold beyond belief

quizá fuiste tú o fui quizá yo
pero había en ti una fibra que no logré tocar
tú que yacías con la luz en el pelo
como un jesús de la luna
un jesús de los planetas y estrellas
veo a todas esas chicas paseándose por las calles
    vacías
y quizá alguna de ellas alguna vez me sonríe
no puedes culpar a nadie
por decir hola/ yo digo ey/ digo hola/ digo hola

¿seré yo o serás tú?
hay que quedarse y hay que marchar
tú que yacías en una cama del hotel St. James
como un jesús de la luna
un jesús de los planetas y estrellas

y digo hola/ hola/ hola

HOMBRE DE LA MEDIANOCHE

sostén la crisálida en tu palma
mira cómo se abre y cambia
no te hará daño alguno
solo trata adaptarse
nació para vivir un día
y ahora vuela de tu mano
(qué hermoso)
es aquel al que llaman
tu amante supremo

los lobos se llevaron a tus bebés
ay tus niños cuelgan de sus dientes
las noches son largas y el día
terriblemente frío

you spread yourself like a penitent
upon the mad vibrating s&
& through yr teeth
arrange to meet
yr midnight man

everybody's coming round to my place!!!
everybody's coming round to my place!!!
everybody's coming round!!!
o baby don't y/ see
everybody wants to be
yr midnight man!!!!!

don't disturb me as I sleep
treat me gentle when I wake
don't disturb me as I sleep
even though yr body aches
even though yr body aches
to serve at his comm&
betwn the wars
she still adores
her ever-loving man

close yr eyes, sleep in him
dream of yr lost sons & daughters
me, I'll raise up the dorsal fi n
& glide up & down the waters
I'll glide up & down the waters
then I'll walk upon the l&
& call em out
the ones who doubt
yr midnight man

everybody's coming round to my place!!!
everybody's coming round to my place!!!

te tiendes como una penitente
sobre la arena desquiciada
y a regañadientes
te dispones a citar
a tu hombre de la medianoche

¡¡¡todos se pasan por mi casa!!!
¡¡¡todos se pasan por mi casa!!!
¡¡¡todos se vienen!!!
oh nena no lo ves
que todos quieren ser
¡¡¡¡¡tu hombre de la medianoche!!!!!

no molestes cuando duermo
sé afable cuando despierto
no molestes cuando duermo
aunque tu cuerpo duela
aunque tu cuerpo duela
por acatar sus órdenes
de entreguerras
ella aún adora
a su amante supremo

cierra los ojos, duerme en él
sueña con tus hijos perdidos
yo, levantaré la aleta dorsal
y me deslizaré por las aguas
luego marcharé sobre la tierra
y les llamaré
a los que dudan
de tu hombre de medianoche

¡¡¡todos se pasan por mi casa!!!
¡¡¡todos se pasan por mi casa!!!

everybody's coming round!!!
o darling don't y/ see
everybody wants to be
yr midnight man!!!!!

it's early in the morning
& I don't know what to do
it's early in the morning
& I can't believe it's true
it's early in the morning
& it's happening again
I called y/ once
I called y/ twice
ain't I yr midnight man

everybody's coming round to my place!!!
everybody's coming round to my place!!!
everybody's coming round!!!
they want y/
they love y/
they need to be
yr midnight man!!!

everybody's coming round
everybody's coming round
everybody's coming round
everybody's coming round
to be yr midnight man!!!
to be yr midnight man!!!

¡¡¡todos se vienen!!!
oh querida no lo ves
que todos quieren ser
¡¡¡¡¡tu hombre de medianoche!!!!!

es temprano por la mañana
y no sé qué hacer
es temprano por la mañana
y no me creo que sea cierto
es temprano por la mañana
y ya vuelve a suceder
te llamé una vez
te llamé dos
o es que no soy tu hombre de medianoche

¡¡¡¡todos se pasan por mi casa!!!
¡¡¡todos se pasan por mi casa!!!
¡¡¡todos se vienen!!!
te desean
te quieren
necesitan ser
¡¡¡tu hombre de la medianoche!!!

todos se vienen
todos se vienen
todos se vienen
todos se vienen
para ser tu hombre de la medianoche
para ser tu hombre de la medianoche

MORE NEWS FROM NOWHERE

I walk into the corner of my room
see my friends in high places
I dont know which is which or who is whom
theyve stolen each others faces
Janet is there w/ her hi-hatting hair
full of bedroom feathers
Janet is known to make dead men groan
in any kind of weathers
I crawl over to her
I say —hey baby I say —hey Janet
—you are the one/ you are the sun
& I'm yr dutiful planet—
but she aint down w/ any of that
shes heard that shit before
I say —ah ha o yeah youre right
cause I see Betty X standing by the door
w/ more news from nowhere
more news from nowhere
& its getting strange in here
yeah it gets stranger every year
more news from nowhere
more news from nowhere

now Betty X is like Betty Y
minus that fatal chromosome
her hair is like the wine dark sea
on which sailors come home
I say —hey baby— I say –hey Betty X
(I lean close up to her throat)
—this light you are carrying is like a lamp
hanging from a distant boat
—It is my light— said Betty X
Betty X says —this light aint yours!!!
& so much wind blew through her words

MÁS NOTICIAS DE NINGUNA PARTE

voy hasta el rincón del cuarto
veo a mis amigos en elevadas posiciones
no sé cuál es cuál ni quién es quién
se han robado las caras mutuamente
Janet está allí con su peinado exquisito
lleno de plumas del dormitorio
a Janet se la conoce por hacer gemir a hombres
    muertos
haga el tiempo que haga
me arrastro hasta ella
digo —ey nena digo —ey Janet
—tú eres la única/ tú eres el sol
y yo soy tu solícito planeta—
pero ella no se lo traga
ya oyó antes esas pavadas
digo —ah ha oh sí tienes razón—
pues veo a Betty X parada junto a la puerta
con más noticias de ninguna parte
más noticias de ninguna parte
y aquí la cosa se pone rara
sí, cada año más rara
más noticias de ninguna parte
más noticias de ninguna parte

y Betty X es como Betty Y
salvo por ese cromosoma fatal
su pelo es como el oscuro mar color de vino
por el que arriban los marineros
digo—ey nena— digo—ey Betty X
(me inclino hacia su cuello)
—esa luz que llevas es como el farol
que cuelga de un bote distante
—es mi luz —dijo Betty X
Betty X dice —¡¡¡¡esta luz no es tuya!!!!
y entre sus palabras sopló tal vendaval

that I went rolling down the hall
for more news from nowhere
more news from nowhere
& its strange in here
yeah it gets stranger every year
more news from nowhere
more news from nowhere

I turn another corner/ I go down a corridor
& I see this guy
he must be about 100 foot tall
& he only has one eye
he asks me for my autograph
I write —nobody— & then
I wrap myself up in my woolly coat
& blind him w/ my pen
cause someone must of stuck something in my
    drink
everything was getting strange looking
½ the people had turned into squealing pigs
that the other ½ were cooking
—let me out of here!!!—I cried
& I went pushing past
& I saw Miss Polly!!! singing with some girls
I cried, —strap me to the mast!!!!!—
for more news from nowhere
more news from nowhere
its getting strange in here
& it gets stranger every year
more news from nowhere
more news from nowhere

then a black girl w/ no clothes on
danced across the room
we charted the progress of the planets

que salí rodando por el pasillo
a por más noticias de ninguna parte
más noticias de ninguna parte
y qué raro por aquí
sí, cada año más raro
más noticias de ninguna parte
más noticias de ninguna parte

doblo en otra esquina/ tiro por un pasillo
y me veo a este tío
como de unos treinta metros
y solo tiene un ojo
me pide un autógrafo
escribo —nadie— y entonces
me envuelvo en mi zamarra
y le ciego con mi boli
pues alguien habrá echado algo en mi copa
todo pillaba un aire extraño
½ de la gente se había convertido en puercos
    chillones
que la otra ½ estaba asando
—¡¡¡dejadme salir de aquí!!!— grité
y me abrí paso a empellones
y ¡¡¡vi a Miss Polly!!! cantando con algunas chicas
grité —¡¡¡atadme al mástil!!!!—
a por más noticias de ninguna parte
más noticias de ninguna parte
aquí la cosa se pone rara
y cada año más rara
más noticias de ninguna parte
más noticias de ninguna parte

luego una chica negra sin ropa
bailó por la estancia
trazamos la progresión de los planetas

around that boogie-woogie moon
I called her my nubian princess
I gave her some sweet-back bad-ass jive
I spent the next seven yrs between her legs
pining for my wife
but by and by it all went wrong
I felt all washed-up on the shore
she stared down at me from up in the storm
as I sobbed upon the fl oor
for more news from nowhere
more news from nowhere
& dont it make you feel alone
& dont it make you wanna get right-on home
more news from nowhere
more news from nowhere

here comes Alina w/ two black eyes
she's given herself a transfusion
she's fi lled herself w/ panda blood
to avoid all the confusion
I said —the sun rises & falls w/ you—
& various things about love
but a rising violence in me
cut all my circuits off
Alina she starts screaming
her cheeks are full of psychotropic leaves
her extinction was nearly absolute
when she turned her back on me
for more news from nowhere
more news from nowhere
& its getting strange in here
yeah it gets stranger every year
more news from nowhere
more news from nowhere
I bumped bang crash into Deanna
hanging pretty in the door frame

en torno a esa luna de boogie-woogie
la llamé mi princesa nubia
y me lo monté en plan negrata guay
me pasé en su entrepierna siete años más
extrañando a mi mujer
pero pasado un tiempo todo salió mal
me vi arrastrado a la orilla
me observó desde la cumbre de la tormenta
mientras yo gimoteaba en tierra
sin más noticias de ninguna parte
más noticias de ninguna parte
y no hace que te sientas solo?
y con ganas de ir directo a casa?
más noticias de ninguna parte
más noticias de ninguna parte

ahí viene Alina con sus ojos negros
se ha hecho una transfusión
y se llenó con sangre de panda
para evitar toda confusión
dije —el sol sale y se pone contigo—
y varias cosas sobre el amor
pero en mí una violencia creciente
me corta todos los circuitos
alina empieza a gritar
sus mejillas rebosan hojas psicotrópicas
su extinción fue casi total
cuando me dio la espalda
a por más noticias de ninguna parte
más noticias de ninguna parte
y aquí la cosa se pone rara
más rara cada año que pasa
más noticias de ninguna parte
más noticias de ninguna parte
me di de bruces contra Deanna
que colgaba, tan mona, de la puerta

all the horrors that have befallen me
well Deanna is to blame
every time I see you babe
you make me feel so all alone
& I wept my face into her dress
long after she'd gone home
w/ more news from nowhere
more news from nowhere
& dont it make you feel alone
dont it make you wanna get right back home
more news from nowhere
more news from nowhere

dont it make you feel so sad
dont the blood rush to yr feet
to think that everything you do today
tomorrow is obsolete
technology & women
& little children too
dont it make you feel blue
dont it make you feel blue
for more news from nowhere
more news from nowhere
dont it make you feel alone
dont it make you wanna get right back home
more news from nowhere
more news from nowhere

goodbye /goodbye/goodbye

todos los horrores que me han sucedido
pues son culpa de Deanna
cada vez que te veo nena
me haces sentir tan solo
y mi cara lloraba en su vestido
mucho después que se fue a casa
con más noticias de ninguna parte
más noticias de ninguna parte
¿y no hace que te sientas solo?
¿y con ganas de volver directo a casa?
más noticias de ninguna parte
más noticias de ninguna parte

¿no te hace sentir muy triste?
¿no afluye la sangre a tus pies
al pensar que todo lo que haces hoy
mañana será obsoleto
tecnología y mujeres
y los niñitos también?
¿no te hacen sentir mustio?
¿no te hacen sentir mustio?
pues más noticias de ninguna parte
más noticias de ninguna parte
¿no hacen que te sientas solo?
¿con ganas de volver directo a casa?
más noticias de ninguna parte
más noticias de ninguna parte

adiós /adiós/adiós

GRINDERMAN 2
(2010)

MICKEY MOUSE AND
THE GOODBYE MAN/
WORM TAMER/
HEATHEN CHILD/
WHEN MY BABY COMES
WHAT I KNOW/
EVIL/
KITCHENETTE/
PALACES OF MONTEZUMA/
BELLRINGER BLUES

*MICKEY MOUSE Y
EL HOMBRE ADIÓS/
LA DOMADORA DE GUSANOS/
NIÑA PAGANA/
CUANDO VENGA MI NENA/
LO QUE SÉ/
MALDAD/
COCINA/
PALACIOS DE MOCTEZUMA/
EL BLUES DEL CAMPANERO*

MICKEY MOUSE AND
THE GOODBYE MAN

I woke up this morning and I thought what am
    I doing
Yeah what am I doing here
I woke up this morning and I thought what am
    I doing
Yeah what am I doing here
Well my brother, he starts raging!
Watch him rising! See him howling!
And he sucked her and he sucked her and he
    sucked her dry
And he bit at me and bit at me and said goodbye
Up on the twenty-ninth fl oor! Up on the twen-
ty-ninth fl oor!
Aoooooow! Aoooooow!

Well, I was lying there with just my brother
We could hear someone rattling the locks
I was lying there with just my brother
He said do you think that might be the cops?
And we sucked her and we sucked her and we
    sucked her dry
And we sucked her and we sucked her and we
    sucked her dry
I was Mickey Mouse! He was the big bad wolf!

Next thing you know I'm looking down below
See a lupine child with her hair on fi re
Little burning girl! She's looking up at me!
Running to the elevator! Getting in the elevator!
Sixth fl oor, seventh fl oor, eighth fl oor, nine
Come on baby, gonna blow my mind!
Ooooooow!

MICKEY MOUSE Y
EL HOMBRE ADIÓS

Esta mañana me he levantado y he pensado,
    ¿qué estoy haciendo?
Sí, ¿qué estoy haciendo aquí?
Esta mañana me he levantado y he pensado
    ¿qué estoy haciendo?
Sí, qué estoy haciendo aquí
¡Vaya hermano, empieza a enfurecerse!
¡Mira cómo se eleva! ¡Mira cómo aúlla!
Y la sorbió, y la sorbió, y la sorbió hasta dejarla
    seca
Y me mordió, y me mordió y me dijo adiós
¡Subamos a la planta veintinueve! ¡Subamos
    a la planta veintinueve!
¡Auuuuuuu! ¡Auuuuuuu!

Yo estaba ahí tendido solo con mi hermano
Oímos a alguien forzando la cerradura
Estaba ahí tendido solo con mi hermano
Dijo, «¿Crees que será la poli?»
Y la sorbimos, y la sorbimos, y la sorbimos hasta
    dejarla seca
Y la sorbimos, y la sorbimos, y la sorbimos hasta
    dejarla seca
¡Yo era Mickey Mouse! ¡Él era el lobo feroz!

Y al momento estoy mirando hacia abajo
Veo una niña lupina con el pelo en llamas
¡Pequeña niña en llamas! ¡Me está mirando!
¡Corre hasta el ascensor! ¡Se mete en el ascensor!
Sexta planta, séptima planta, octava planta, nueve
Venga, nena, ¡vas a volverme loco!
¡Auuuuuuuu!

Well, I woke up this morning and he was gone
There were posters in the airports and the stations
We took shelter
We took shelter
Under her body
Under her body
We sucked her and we sucked her and we sucked
    her dry
We sucked her and we sucked her and we shaved
    her dry
He kissed me and kissed me and said goodbye
He kissed me and kissed me and said goodbye
Alright!

Well, no time at all, she's walking down the hall
She's a bat-faced girl with dynamite curls
Ringing the bell-bell, banging on the door
Walking down the travelator! Walking down the
travelator!
Twenny-two twenny-four twenny-six twenny-nine
Come on baby and blow my mind!
Ooooooow! Oooooooooooow! Yeah!

WORM TAMER

You know they call my girl The Snake Charmer
Here she comes rising with the yellow dawn
You know I would do nothing to ever harm her
I guess that I've loved you for too long

Esta mañana me he levantado y él se había ido
Había carteles en los aeropuertos y en las
    estaciones
Nos refugiamos
Nos refugiamos
Bajo su cuerpo
Bajo su cuerpo
Y la sorbimos, y la sorbimos, y la sorbimos hasta
    dejarla seca
Y la sorbimos, y la sorbimos, y la sorbimos hasta
    dejarla seca
Él me besó y me besó y me dijo adiós
Él me besó y me besó y me dijo adiós
¡Muy bien!

Enseguida ella recorre el pasillo
Es una chica con cara de murciélago y unos rizos
que son dinamita
Llama al timbre, aporrea la puerta
¡Recorre el pasillo mecánico! ¡Recorre el pasillo
mecánico!
Veintidós veinticuatro veintiséis veintinueve
¡Vamos nena y vuélveme loco!
¡Auuuuuu! ¡Auuuuuuuuuuuu! ¡Sí!

LA DOMADORA DE GUSANOS

Sabes que llaman a mi chica La Encantadora
    de Serpientes
Mira cómo se levanta con el amanecer amarillo
Sabes que nunca le haría daño
Supongo que te he querido demasiado tiempo

You know they call my girl The Worm Tamer
She cracks lightning like a vipers tongue
She leaves me every night and who can blame her
I guess that I've loved you for too long

For too long!
For too long!

You know they call my girl The Serpent Wrangler
Eating inchworms down the bill-a-bong
I spent all last night trying to untangle her
I guess that I've loved you for too long

For too long!
For too long!

You know they call my baby The Mambo Rider
I cry storms of tears till the rising of the dawn
You know I'm only happy when I'm inside her
I guess that I've just loved you for too long

For too long!
For too long!

Well my baby calls me the Loch Ness Monster
Two great big humps and then I'm gone
But actually I am the Abominable Snowman
And I guess I've loved you for too long

*Sabes que llaman a mi chica La Domadora de
    Gusanos*
Restalla relámpagos como la lengua de una víbora
Me deja cada noche y quién puede culparla
Supongo que te he querido demasiado tiempo

¡Demasiado tiempo!
¡Demasiado tiempo!

*Sabes que llaman a mi chica La Vaquera
    de Serpientes*
Come orugas por el galacho
Me pasé toda la noche intentando desenredarla
*Supongo que te he querido durante demasiado
    tiempo*

¡Demasiado tiempo!
¡Demasiado tiempo!

*Sabes que llaman a mi nena La Amazona
    del Mambo*
Lloro tormentas de lágrimas hasta que llega el alba
*Sabes que solo soy feliz cuando estoy dentro
    de ella*
*Supongo que te he querido durante demasiado
    tiempo*

¡Demasiado tiempo!
¡Demasiado tiempo!

Mi nena me llama el Monstruo del Lago Ness
Dos enormes jorobas y desaparezco
Aunque de hecho soy el Hombre de las Nieves
*Y supongo que te he querido durante demasiado
    tiempo*

HEATHEN CHILD

Hey little Moo Moo
Light as a rainbow
Happy as an asteroid
Crashed in the bathtub
Yeah sitting in the bathtub
Full of her fingers
Full of her fingers
Sitting in the bathtub
Says I'm scared and lonely
Never see no one
Says I'm scared and lonely
Here come the Wolfman
Saying hey little Moo Moo
Saying hey little Moo Moo
Sitting in the bathtub

My heathen child
She's a heathen child
She's a heathen child
She's a real wild child

She gotta little powder
She gotta little gun
She gotta little poison, gotta little gun
Sitting in the bathtub sucking her thumb
Says I don't care about Buddha
I don't care about Krishna
I don't care about Allah
I don't care about any of them
Just sitting in the bathtub sucking her thumb

Cause she's a heathen child
She's a heathen child
She's a heathen child
Yeah she's a real wild child

NIÑA PAGANA

Hey pequeña Moo Moo
Ligera como un arcoíris
Feliz como un asteroide
Desplomada en la bañera
Sí, sentada en la bañera
Llena de sus dedos
Llena de sus dedos
Sentada en la bañera
Dice que se siente sola y asustada
Nunca ve a nadie
Dice que se siente sola y asustada
Ahí viene el Hombre Lobo
Diciendo hey pequeña Moo Moo
Diciendo hey pequeña Moo Moo

Mi niña pagana
Es una niña pagana
Es una niña pagana
Es una niña salvaje de verdad

Tiene un poco de pólvora
Tiene una pequeña pistola
Tiene un poco de veneno, tiene una pequeña
*   pistola*
Sentada en la bañera chupándose el pulgar
Dice, «Buda me da igual
Krishna me da igual
Alá me da igual»
Le dan todos lo mismo
Se sienta en la bañera chupándose el pulgar

Porque es una niña pagana
Es una niña pagana
Es una niña pagana
Sí es una niña salvaje de verdad

Poor little Moo Moo
Papped and Monroed
She's gotta little powder, gotta lil gun
Sitting in the bathtub having some fun
She was raised by beasts
Photographed by vultures
Here come the Wolfman!
The Abominable Snowman!
Gotta little poison
Gotta little gun
Sitting in the bathtub
Waiting for the Wolfman to come

You think your great big husband will protect you
You are wrong
You think your little wife will protect you
You are wrong
You think your children will protect you
You are wrong
You think your government will protect you
You are wrong
She don't care about Allah
She is the Allah
She don't care about Buddah
She is the Buddah

She's a heathen child
She's a heathen child
She's a heathen child
She's a real wild child

Down child! Down child!

Pobre pequeña Moo Moo
Paparazziada y monroeada
Tiene un poco de pólvora, tiene una pequeña
    pistola
Sentada en la bañera, pasándoselo bien
Criada por bestias
Fotografiada por buitres
¡Ahí viene el Hombre Lobo!
¡El abominable Hombre de las Nieves!
Tiene un poco de veneno
Tiene una pequeña pistola
Sentada en la bañera
Esperando a que venga el Hombre Lobo

Crees que tu enorme marido va a protegerte
Estás equivocada
Crees que tu pequeña mujer va a protegerte
Estás equivocada
Crees que tus hijos van a protegerte
Estás equivocada
Crees que tu gobierno va a protegerte
Estás equivocada
A ella Alá le da igual
Ella es Alá
A ella Buda le da igual
Ella es Buda

Es una niña pagana
Es una niña pagana
Es una niña pagana
Es una niña salvaje de verdad

¡Abajo niña! ¡Abajo niña!

WHEN MY BABY COMES

Thank God we don't get all our hurts
At once that would be a really really bad thing
When my baby comes
Thank God we don't get all our olds at the one time
O listen to me talking in my hospital gown!
When my baby comes
Best thing about this place are the showers
Worst thing is the visiting hours
Hey, careful of the carpet
When my baby comes
They had pistols and they had guns
They threw me on the ground and they entered
    into me
I was only fi fteen
When my baby comes

Just how long you gonna be, my baby?
Just how long you gonna be, my baby?
Until you come?
Just how long you gonna be, my baby?
Just how long you gonna be, my baby?
Until you come?

She got hands as white as milk
And she weaves a loop of spider's silk that glistens
When my baby comes
There is an ancient question behind her eyes
That I can't even begin to describe
Hey, listen don't do that on the carpet!
When my baby comes
Has anyone out there wasted their lives?
On booze and drugs and husbands and wives and
making money?

CUANDO VENGA MI NENA

Gracias a Dios que no recibimos todas nuestras
    heridas
A la vez eso sería algo terrible, terrible
Cuando venga mi nena
Gracias a Dios que no todo nos envejece a la vez
¡Oh, escúchame hablo vestido con mi bata
    de hospital!
Cuando venga mi nena
Lo mejor de este lugar son las duchas
Lo peor son las horas de visita
Hey, ten cuidado con la moqueta
Cuando venga mi nena
Tenían revólveres y tenían pistolas
Me tiraron al suelo y me penetraron
Tenía solo quince años
Cuando venga mi nena

¿Cuánto tiempo va a pasar, cariño mío?
¿Cuánto tiempo va a pasar, cariño mío?
¿Hasta que vengas?
¿Cuánto tiempo va a pasar, cariño mío?
¿Cuánto tiempo va a pasar, cariño mío?
¿Hasta que vengas?

Sus manos son blancas como la leche
Y va tejiendo una reluciente telaraña
Cuando venga mi nena
Tras sus ojos hay una vieja duda
Que no puedo ni empezar a describir
¡Eh, oye no hagas eso en la moqueta!
Cuando venga mi nena
¿Hay alguien ahí que haya desperdiciado su vida?
¿En drogas y alcohol y maridos y esposas y
    ganando dinero?

387

When my baby comes
Well, they had pistols and they had guns, my skirt
    above my head
Well, I was so much older when I crawled out
From under their mushroom cloud

Just how long you gonna be, my baby?
Just how long you gonna be, my baby?
Until you come?
Just how long you gonna be, my baby?
Just how long you gonna be, my baby?
Until you come?
Just how long you gonna be, my baby?
Just how long you gonna be, my baby?
Until you come?
When she comes
When she comes

WHAT I KNOW

Yes, I know
I know
I know it
From the day
That I was born
Yes, I know
From the time
I went to school
Yes, I know
From the time
I was teenager
I know, I know
From the time
I got married

Cuando venga mi nena
Pues tenían revólveres y tenían pistolas, mi falda
    por encima de mi cabeza
Pues yo era mucho más viejo cuando salí
    arrastrándome
De debajo de su hongo nuclear

¿Cuánto tiempo va a pasar, cariño mío?
¿Cuánto tiempo va a pasar, cariño mío?
¿Hasta que vengas?
¿Cuánto tiempo va a pasar, cariño mío?
¿Cuánto tiempo va a pasar, cariño mío?
¿Hasta que vengas?
¿Cuánto tiempo va a pasar, cariño mío?
¿Cuánto tiempo va a pasar, cariño mío?
¿Hasta que vengas?
Cuando venga
Cuando venga

LO QUE SÉ

Sí, lo sé
Sé
Lo sé
Desde el día
En que nací
Sí, lo sé
Desde el momento
En el que fui a la escuela
Sí, lo sé
Desde que
Era adolescente
Lo sé, lo sé
Desde que
Me casé

Hey, I know
A million things
Are gonna happen to me
In rooms that are much like this
But it will never be enough
It will never ever be enough
So you better come over here
So you better come over here
So you better come over here
So you better come over here
Cause yeah I know
I know
Never
Ever
No

EVIL

O baby, baby, baby!
O my precious baby!

O baby, baby, baby!
Who needs the stars? You are my star!
Who needs the moon? You are my moon!
O baby, baby, baby!

Evil! Evil! Evil! Evil!

Cling to me, baby, in this rented room
Who needs the TV ? You are my TV !
Who needs a record player? You are my record
    player!
O cling to me baby in this rented room

Hey, sé
Que un millón de cosas
Iban a pasarme a mí
En habitaciones que se parecen mucho a esta
Pero nunca será suficiente
Nunca será suficiente
Así que será mejor que vengas hacia aquí
Así que será mejor que vengas hacia aquí
Así que será mejor que vengas hacia aquí
Así que será mejor que vengas hacia aquí
Porque sé, sí,
Sé
Nunca
Jamás
No

MALDAD

¡Oh nena, nena, nena!
¡Oh, mi adorable nena!

¡Oh nena, nena, nena!
¿Quién necesita las estrellas? ¡Tú eres mi
    estrella!
¿Quién necesita la luna? ¡Tú eres mi luna!
¡Oh nena, nena, nena!

¡Maldad! ¡Maldad! ¡Maldad! ¡Maldad!

Aférrate a mí, nena, en esta habitación de alquiler
¿Quién necesita la TV? ¡Tú eres mi TV!
¿Quién necesita un tocadiscos? ¡Tú eres mi
    tocadiscos!
Oh, aférrate a mí, nena, en esta habitación
    de alquiler

Evil! Evil! Evil! Evil!

Hear the ringing on the telephone
A voice from a hundred miles away
Its breath is heavy and you're all alone
It's got something that it wants to say
It's got something that it wants to say
Its breath is heavy and you're all alone
A voice so clear you can feel its breath
Coming down the telephone

Evil! Evil! Evil! Evil!

O my precious baby
Now is the time that we must speak
They have divided us from our children
And they've tossed them on the heap

Who needs children? You are my child!
Who needs children? My little lamb!
Who needs children! You are my child!
Crying like a demon in your daddy's arms!

Evil! Evil! Evil! Evil!

O cling to me baby in this broken dream
You are the moon! Who needs the moon?
You are the stars! Who needs the stars?
O cling to me little baby in this broken dream
And let me protect you from this evil

Evil! Evil! Evil! Evil!

¡Maldad! ¡Maldad! ¡Maldad! ¡Maldad!

Oigo sonar el teléfono
Una voz a cien millas
Su respiración es pesada y tú estás sola
Tiene algo que decirte
Tiene algo que decirte
Su respiración es pesada y tú estás sola
Una voz tan clara que puedes sentir su aliento
Derramándose a través del teléfono

¡Maldad! ¡Maldad! ¡Maldad! ¡Maldad!

Oh, mi adorable nena
Ahora tenemos que hablar
Nos han separado de nuestros niños
Y los han arrojado con los demás

¿Quién necesita críos? ¡Tú eres mi niña!
¿Quién necesita críos? ¡Mi corderita!
¡Quién necesita criaturas! ¡Tú eres mi niña!
¡Llorando como un demonio en los brazos
    de tu papá!

¡Maldad! ¡Maldad! ¡Maldad! ¡Maldad!

Oh, aférrate a mí, nena, en este sueño roto
¡Tú eres mi luna! ¿Quién necesita a la luna?
¡Tú eres mis estrellas! ¿Quién necesita a las estrellas?
Oh, aférrate a mí, nenita, en este sueño roto
Y deja que te proteja de esta maldad

¡Maldad! ¡Maldad! ¡Maldad! ¡Maldad!

KITCHENETTE

I keep hanging around your kitchenette
And I'm gonna get a pot to cook you in
I stick my fi ngers in your biscuit jar
And crush all your gingerbread men
Cause I want you
Yeah, I want you to be my friend
Yeah, I want you
Yeah, I want to be your solitary man

Try not to wake the executioner
He's sleeping with a fi reman's axe
He leaves his glass eye on the pillow, babe
And his dentures fl oating there in a glass
Makes it hard to relax!
Makes it hard to relax!
When I want you
I want you to be my friend

Ah it's getting hard to relax!
It's getting hard to get my act together!

What's this husband of yours ever given to you
Oprah Winfrey on a plasma screen
And a brood of jug-eared buck-toothed imbeciles
The ugliest kids I've ever seen
Oh baby I want you
I want you to be my girlfriend

Maybe we could send those kids to play down
    on the street
Hey, shouldn't you put shoes on their feet?
It's getting hard to relax
It's getting hard to relax

COCINA

Sigo dando vueltas por tu cocina
Y voy a coger una cacerola para cocinarte a
    ti en ella
Meto los dedos en tu tarro de galletas
Y aplasto todos tus hombrecitos de jengibre
Porque quiero
Sí, quiero que seas mi amiga
Sí, te deseo
Sí, quiero ser tu hombre solitario

Intenta no despertar al verdugo
Está durmiendo con un hacha de bombero
Deja su ojo de cristal sobre la almohada, nena
Y su dentadura postiza flotando en un vaso
¡Cómo me cuesta relajarme!
¡Cómo me cuesta relajarme!
Cuando te deseo
Quiero que seas mi amiga

¡Ah, me está costando relajarme!
¡Me está costando organizarme!

¿Qué te ha dado ese marido que tienes?
Oprah Winfrey en una tele de plasma
Y una camada de imbéciles con dientes de conejo
    y orejas de soplillo
Los niños más feos que he visto jamás
Oh nena, te deseo
Quiero que seas mi novia

Quizás podríamos mandar a esos niños a jugar
    a la calle
Hey, ¿no deberías ponerles zapatos?
Me está costando relajarme
Me está costando relajarme

Gonna open up the window
Who's that coming up the back stairs?
Tippy-toe tippy-toe tippy-toe tippy-toe
Coming up the back stairs

I can see that you don't really dig him
And I can see that you want it to quit
But if you want to get your hand out of the cookie jar
You gonna have to let go of the biscuit
O babe I want you
I want you to be my girlfriend
Yeah, I want you
Yeah, I want to be your solitary man
I wanna be that man!

PALACES OF MONTEZUMA

Psychedelic invocations
Of Mata Hari at the station
I give to you
A Java princess of Hindu birth
A woman of fl esh, a child of the earth
I give to you
The hanging gardens of Babylon
Miles Davis, the black unicorn
I give to you
The Palaces of Montezuma
And the gardens of Akbar's Tomb
I give to you
The Spider Goddess and the Needle Boy
And the slave-dwarves that they employ
I give to you
A custard-coloured super-dream
Of Ali McGraw and Steve McQueen
I give to you

Voy a abrir la ventana
¿Quién es ese que sube por la escalera de atrás?
De puntillas, de puntillas, de puntillas, de puntillas
Subiendo la escalera de atrás

Es evidente que no te gusta de verdad
Y veo que quieres que se vaya
Pero si quieres sacar la mano del tarro de galletas
Vas a tener que soltar la galleta
Oh nena te deseo
Quiero que seas mi amiga
Sí, te deseo
Sí, quiero ser tu hombre solitario
¡Quiero ser ese hombre!

PALACIOS DE MOCTEZUMA

Invocaciones psicodélicas
De Mata Hari en la estación
Te doy
Una princesa de Java de origen hindú
Una mujer de carne, una hija de la tierra
Te doy
Los jardines colgantes de Babilonia
Miles Davis, el unicornio negro
Te doy
El Palacio de Moctezuma
Y los jardines de la Tumba de Akbar
Te doy
La Diosa Araña y el Niño Aguja
Y los enanos esclavos que utilizan
Te doy
Un supersueño de color crema
De Ali McGraw y Steve McQueen
Te doy

C'mon baby, let's get out of the cold
And gimme gimme gimme your precious love
For me to hold

The Epic of Gilgamesh
A pretty little black A-line dress
I give to you
The spinal cord of JFK
Wrapped in Marilyn Monroe's negligee
I give to you
I want nothing in return
Just the softest little breathless word
I ask of you
A word contained in a grain of sand
That can barely walk, can't even stand
I ask for you

C'mon baby, let's get out of the cold
And gimme gimme gimme your precious love
For me to hold
C'mon baby, come out of the cold
And gimme gimme gimme your precious love
For me to hold

Venga, nena, escapa del frío
Y dame, dame, dame tu preciado amor
Para que lo abrace

La Epopeya de Gilgamesh
Un pequeño vestido negro acampanado
Te doy
La columna vertebral de JFK
Envuelta en el negligé de Marilyn Monroe
Te doy
No quiero nada a cambio
Tan solo la palabra más suave, menuda y
    entrecortada
Te pido
Una palabra contenida en un grano de arena
Que apenas pueda andar, que no pueda ni
    tenerse en pie
Pido para ti

Venga nena, escapemos del frío
Y dame dame dame tu preciado amor
Para que lo abrace
Venga, nena, escapemos del frío
Y dame, dame, dame tu preciado amor
Para que lo abrace

BELLRINGER BLUES

I saw my old friend Gabriel
Down the perimeter ringing a bell
I said hello
Hey man is there something wrong?
Where has everybody gone?
I don't know
Well, I put my hand across my mouth
And I went out
Yeah, moving slow
What are you doing he said to me
I'm looking for my company
He said don't bother, no

Well, next thing you know when I took a look
Gabe was trying to sell me a book
But I got no dough
He said check it out, it's going cheap
Check it out, it's going cheap
I'll give it a go
Well, I read that book, every page
And then I put it away
Said I don't think so
It makes slaves of all of womankind
And corpses of the men
And I just don't know

And we care a little bit
And we get scared a little bit
Of those two cold dead eyes that stare a little bit
And we cry a little bit
And we get by a little bit
Let your tears all come falling down
Put me on a big white steed

EL BLUES DEL CAMPANERO

Vi a mi viejo amigo Gabriel
En la cerca tañendo una campana
Le dije hola
Hey tío ¿qué está pasando?
¿Adónde ha ido todo el mundo?
No lo sé
Me tapé la boca con la mano
Y salí
Sí, moviéndome lentamente
«¿Qué estás haciendo?», me dijo
Estoy buscando a mi gente
Él dijo, no te molestes, no

Y antes de que poder darme cuenta
Gabe trataba de venderme un libro
Pero yo no tenía pasta
Él dijo mira, es muy barato
Mira, es muy barato
Le echaré un vistazo
Leí ese libro, cada página
Y luego lo aparté
Le dije no creo
Convierte a todas las mujeres en esclavas
Y a los hombres en cadáveres
Y la verdad es que no sé

Y nos importa un poquito
Y nos asustamos un poquito
De ese par de fríos ojos muertos que se nos
*   miran un poquito*
Y lloramos un poquito
Y vamos tirando un poquito
Deja que broten todas tus lágrimas
Colócame sobre un enorme corcel blanco

Ride it up and down your street
Wrapped up in a crimson coat
Sail me in a great big boat
I'll sail around the waters for you
Kill your sons and daughters for you
Put me on a big white horse
Send me down to Banbury Cross

It's okay Joe it's time to go!
It's okay Joe it's time to go!
It's okay Joe it's time to go!
It's okay Joe it's time to go!

Móntalo por tu calle arriba y abajo
Envuelta en un abrigo carmesí
Hazme navegar en un enorme barco
Navegaré por todas los mares por ti
Mataré a tus hijos por ti
Colócame sobre un enorme caballo blanco
Mándame a Banbury Cross

¡Está bien, Joe, es hora de irse!
¡Está bien, Joe, es hora de irse!
¡Está bien, Joe, es hora de irse!
¡Está bien, Joe, es hora de irse!

PUSH THE
SKY AWAY
(2013)

WE NO WHO U R/
WIDE LOVELY EYES/
WATER'S EDGE/
JUBILEE STREET/
MERMAIDS/
WE REAL COOL/
FINISHING JUBILEE STREET/
HIGGS BOSON BLUES/
PUSH THE SKY AWAY/
NEEDLE BOY/
LIGHTNING BOLTS

SABEMOS QUIÉN ERES/
ANCHOS Y HERMOSOS OJOS/
EL BORDE DEL AGUA/
JUBILEE STREET/
SIRENAS/
SOMOS COJONUDOS/
AL ACABAR JUBILEE STREET/
EL BLUES DEL BOSÓN DE HIGGS/
APARTA EL CIELO/
CHICO AGUJA/
RAYOS

WE NO WHO U R

The tree don't care what the little bird sings
We go down with the dew in the morning
The tree don't know what the little bird brings
We go down with the dew in the morning

And we breathe it in
There is no need to forgive
Breathe it in
There is no need to forgive

The trees will stand like pleading hands
We go down with the dew in the morning light
The trees all stand like pleading hands
We go down with the dew in the morning

And we breathe it in
There is no need to forgive
Breathe it in
There is no need to forgive

The trees will burn like blackened hands
We return with the light of the evening
The trees will burn like blackened hands
There's nowhere to rest, there's nowhere to land

And we know who you are
And we know where you live
And we know there's no need to forgive

And we know who you are
And we know where you live
And we know there's no need to forgive

SABEMOS QUIÉN ERES

Al árbol no le importa lo que canta el pájaro
Bajamos con el rocío en la mañana
El árbol no sabe lo que canta el pájaro
Bajamos con el rocío en la mañana

Y lo aspiramos
No hace falta perdonar
Y lo aspiramos
No hace falta perdonar

Los árboles se alzarán como manos suplicantes
Bajamos con el rocío a la luz de la mañana
Los árboles se alzarán como manos suplicantes
Bajamos con el rocío en la mañana

Y lo aspiramos
No hace falta perdonar
Y lo aspiramos
No hace falta perdonar

Los árboles arderán como manos ennegrecidas
Regresamos con la luz de la tarde
Los árboles arderán como manos ennegrecidas
No hay donde descansar, no hay donde posarse

Y sabemos quién eres
Y sabemos dónde vives
Y sabemos que no hace falta perdonar

Y sabemos quién eres
Y sabemos dónde vives
Y sabemos que no hace falta perdonar

And we know who you are
And we know where you live
And we know there's no need to forgive

And we know who you are
And we know where you live
And we know there's no need to forgive

———

WIDE LOVELY EYES

You wave at the sky with wide lovely eyes
Waves and waves of love goodbye
Through the garden with your secret key
Down the tunnel that leads to the sea
Step onto the beach
Beneath the iron skies

You wave and wave with your wide lovely eyes
Crystal waves and waves of love
You wave and say goodbye
Your dress sighs with your wide lovely strides
All along the street and lately the stories abound
They've dismantled the funfair
And shut down the rides
And they've hung the mermaids from the street
lights by their hair
With wide lovely eyes you wave at the sky
And me at the high window watching you ride
The waves of blue and the waves of love
You wave and say goodbye

The night expands I am expanding
I watch your hands like butterfl ies landing

Y sabemos quién eres
Y sabemos dónde vives
Y sabemos que no hace falta perdonar

Y sabemos quién eres
Y sabemos dónde vives
Y sabemos que no hace falta perdonar

———

ANCHOS Y HERMOSOS OJOS

Saludas al cielo con tus anchos y hermosos ojos
Olas y olas de amor adiós
A través del jardín con tu llave secreta
Por el túnel que conduce hasta el mar
Pisa la playa
Bajo los cielos color hierro

Saludas y saludas con tus anchos y hermosos ojos
Cristalinas olas y olas de amor
Saludas y dices adiós
Vistes suspiros con tus anchas y hermosas
    zancadas
Por toda la calle y últimamente abundan las
    historias
Han desmantelado la feria
Y cerrado todas las atracciones
Y de las farolas han colgado a las sirenas por
    el pelo
Con tus anchos y hermosos ojos saludas al cielo
Y a mí en el ventanal mientras te veo pasar
Las olas de azul y las olas de amor
Saludas y dices adiós

La noche se expande yo me expando
Veo tus manos como mariposas que se posan

All among the myths and the legends we create
And all the laughing stories we tell our friends
Close the windows, clear up the mess, it's getting
    late
It's dark and closer to the end
And through the tunnel and down to the sea
And on the pebble beach your laces you untie
And arrange your shoes side by side
You wave and wave with wide lovely eyes
Distant waves and waves of distant love
You wave and say goodbye

WATER'S EDGE

They take apart their bodies like toys for the
    local boys
Because they're always there at the edge of the
    water
They come from the capital these city girls
Go way down where the stones meet the sea

And all you young girls, where do you hide?
Down by the water and the restless tide

And the local boys hide on the mound and watch
Reaching for the speech and the word to be heard
And the boys grow hard, hard to be heard
Hard to be heard as they reach for the speech
And search for the word on the water's edge

But you grow old and you grow cold
Yeah you grow old and you grow cold

Entre los mitos y las leyendas que creamos
Y todas las historias divertidas que contamos a
    nuestros amigos
Cierra las ventanas, arregla este desorden,
    se hace tarde
Está oscuro y más cerca del final
Y a través del túnel y bajando hasta el mar
Y en la playa de guijarros te desatas los cordones
Y colocas tus zapatos uno junto al otro
Saludas y saludas con tus anchos y hermosos ojos
Olas distantes y olas de amor distante
Saludas y dices adiós

EL BORDE DEL AGUA

Desmiembran sus cuerpos como juguetes para
    los chicos del pueblo
Porque siempre están ahí al borde del agua
Vienen de la capital estas chicas de ciudad
Bajan hasta donde las piedras se encuentran
    con el mar.

Y todas vosotras, jovencitas, ¿dónde os escondéis?
Junto al agua y la marea inquieta

Y los chicos del pueblo se esconden en el montículo
    y observan
Buscan un lenguaje y una palabra para hacerse oír
Y a los chicos cada vez les cuesta más hacerse oír
Les cuesta hacerse oír mientras buscan un
    lenguaje
Y buscan la palabra al borde del agua

Pero te vuelves viejo y te enfrías
Sí te vuelves viejo y te enfrías

And they would come in their hoards these city girls	*Y venían con sus tesoros estas chicas de ciudad*
With white strings fl owing from their ears	*Con cintas blancas flotando de sus orejas*
As the local boys behind the mound	*Mientras los chicos del pueblo que están detrás del montículo*
Think long and hard about the girls from the capital	*No dejan de pensar en las chicas de la capital*
Who dance at the water's edge shaking their asses	*Que bailan al borde del agua meneando el culo*
And all you young lovers where do you hide?	*Y vosotros, jóvenes amantes, ¿dónde os escondéis?*
Down by the water and the restless tide	*Junto al agua y la marea inquieta*
With a bible of tricks they do with their legs	*Con la biblia de trucos que hacen con sus piernas*
The girls reach for the speech and the speech to be heard	*Las chicas encuentran el lenguaje y el lenguaje se hace oír*
To be hard the local boys teem down the mound	*Lo oyen los chicos del pueblo que abarrotan el pie del montículo*
And seize the girls from the capital	*Y se apoderan de las chicas de la capital*
Who shriek at the edge of the water	*Que chillan al borde del agua*
Shriek to speak and reach for the speech	*Chillan para hablar y encontrar el lenguaje*
Yeah reach for the speech and be heard	*Sí buscan el lenguaje y hacerse oír*
But you grow old and you grow cold	*Pero te haces viejo y te enfrías*
Yeah you grow old and you grow cold	*Sí te haces viejo y te enfrías*
You grow old	*Te haces viejo*
Their legs wide to the world like bibles open	*Abren las piernas al mundo igual que se abren las biblias*
To be speared and taking their bodies apart like toys	*Para que atraviesen sus cuerpos y los desmiembren como juguetes*
They dismantle themselves by the water's edge	*Se desmontan a sí mismas al borde del agua*
And reach for the speech and the wide wide world	*Y busca en el lenguaje y el ancho ancho mundo*
And, God knows, the local boys	*Y, Dios lo sabe, a los chicos del pueblo*
It's the will of love	*Es la voluntad del amor*
It's the thrill of love	*Es el arrebato del amor*
Ah but the chill of love	*Ah pero el arrebato del amor*
Is comin' on	*Ya se acerca*

It's the will of love
It's the thrill of love
Ah but the chill of love
Is comin' on

It's the will of love
It's the thrill of love
Ah but the chill of love
Is comin' down, people

Es la voluntad del amor
Es el arrebato del amor
Ah pero el arrebato del amor
Ya se acerca

Es la voluntad del amor
Es el arrebato del amor
Ah pero el arrebato del amor
Ya se acerca, chicos

————

JUBILEE STREET

On Jubilee Street
There was a girl named Bee
She had a history
But she had no past
When they shut her down
The Russians moved in
I'm too scared, I'm too scared
To even walk on past
She used to say
All those good people
Down on Jubilee Street
They ought to practice what they preach
Yeah they ought to practice what they preach
Those good people
On Jubilee Street

And here I come up the hill
I'm pushing my wheel of love
I got love in my tummy
And a tiny little pain
And a ten ton catastrophe
On a sixty pound chain
And I'm pushing

————

JUBILEE STREET

En Jubilee Street
Vivía una muchacha llamada Bee
Tenía su historia
Pero no pasado
Cuando la encerraron
Los rusos entraron
Estoy tan asustada, tan asustada
Que no puedo ni caminar
Solía decir
A toda esa buena gente
De Jubilee Street
Deberían poner en práctica lo que predican
Sí, deberían poner en práctica lo que predican
Toda esa buena gente
De Jubilee Street

Y ahora subo la colina
Empujo mi rueda de amor
Tengo amor en mi barriguita
Y un poquito de dolor
Y una catástrofe de diez toneladas
De una cadena de treinta kilos
Y empujo

My wheel of love up Jubilee Street
Oh look at me now

The problem was
She had a little black book
And my name was written on every page
Well a girl's got to make ends meet
Even down on Jubilee Street
I was out of place and time
And over the hill
And out of my mind
On Jubilee Street
I ought to practice what I preach

These days I go down town
In my tie and tails
I got a foetus on a leash
I am alone now
I am beyond recriminations
The curtains are shut
The furniture has gone
I am transforming
I am vibrating
I am glowing
I am fl ying
Look at me now
I am fl ying
Look at me now

Mi rueda del amor Jubilee Street arriba
Oh miradme ahora

El problema fue
Que ella tenía un cuadernito negro
Y mi nombre estaba escrito en cada página
Bueno una chica tiene que llegar a fin de mes
Incluso cuando baja por Jubilee Street
No era ese mi lugar ni mi tiempo
Y sobre la colina
Y fuera de mí
En Jubilee Street
Debería poner en práctica lo que predico

Estos días bajo a la ciudad
De frac y corbata
Llevo un feto en una correa
Ahora estoy sola
Me dan igual las recriminaciones
Las cortinas están corridas
Los muebles ya no están
Me estoy transformando
Vibro
Resplandezco
Vuelo
Miradme ahora
Vuelo
Miradme ahora

MERMAIDS

She was a catch
We were a match
I was the match
That would fire up her snatch
But there was a catch
I was no match
I was fired from her crotch
Now I sit around and watch
The mermaids sun themselves
Out on the rocks
They are beyond our touch
I watch and watch
Them wave at me
They wave at me
They wave and slip
Back into the sea

All the ones who come
And all the ones who go
Down to the water

All the ones who come
And all the ones who go
Down to the sea

I believe in God
I believe in mermaids too
I believe in seventy-two virgins
On a chain why not why not
I believe in the rapture
For I've seen your face
On the floor of the ocean
At the bottom of the rain
I do driver alertness course

SIRENAS

Era mi pesca
Éramos tal para cual
Yo era la cerilla
Que encendería su coño
Pero ella era mi pesca
Y yo no estaba a su altura
Y me expulsó de su entrepierna
Ahora me siento y observo
Cómo toman el sol las sirenas
Allá en las rocas
Fuera de nuestro alcance
Observo y observo
Cómo me saludan
Me saludan
Saludan y resbalan
De nuevo hacia el mar

Todas las que vienen
Y todas las que se van
Hacia el mar

Todas las que vienen
Y todas las que se van
Hacia el mar.

Creo en Dios
También creo en las sirenas
Creo en las setenta y dos vírgenes
Que van de una cadena por qué no por qué no
Creo en el éxtasis
Pues he visto tu cara
Sobre el fondo del océano
Al pie de la lluvia
Hago un curso para ser mejor conductor

I do husband alertness course
I do mermaid alertness course
I watch them out on the rocks
They wave at me
They wave at me
They wave and slip
Back into the sea
All the ones who come
And all the ones who go
Down to the water

All the ones who come
And the ones who go
Down to the sea

Hago un curso para ser mejor marido
Hago un curso para conocer a las sirenas
Las observo en las rocas
Me saludan
Me saludan
Me saludan y resbalan
De nuevo hacia el mar
Todas las que vienen
Y todas las que se van
Hacia el mar

Todas las que vienen
Y todas las que se van
Hacia el mar

WE REAL COOL

Who took your measurements
From your toes to the top of your head?
You know
Who bought you clothes and new shoes
And wrote you a book you never read?
Yeah, you know

Who was it?
Yeah, you know we real cool
On the far side of the morning
Who was it?
Yeah, you know we real cool
Ah I hope you're listening
Are you?

Who was it you called the good shepherd
Rounding up the kids for their meal?
Who chased your shadow running out behind?

SOMOS COJONUDOS

¿Quién te tomó las medidas
Desde las puntas de los pies a la cabeza?
¿Sabes
Quién compró tu ropa y los zapatos nuevos
y escribió el libro que nunca leíste?
Sí, lo sabes.

¿Quién fue?
Sí, ya sabes que somos cojonudos
En la cara oculta de la mañana
¿Quién fue?
Sí, ya sabes que somos cojonudos
Ah, espero que estés escuchando
¿Lo estás?

¿A quién llamaste el buen pastor
y reunió a los niños para que comieran?
¿Quién persiguió tu sombra corriendo?

Clinging to your high flying heels
Your high flying, high flying, high flying heels

Who was it?
Yeah, you know we real cool
On the far side of the morning
Who was it?
Yeah, you know we real cool
And I hope you're listening
Are you?

Who measured the distance from the planets
Right down to your big blue spinning world?
In heartbeats and tears and nervous laughter
Spilling down all over you, girl

Who was it?
Yeah, you know we real cool
And the world keeps on turning
Who was it?
Yeah, you know we real cool
And I hope you're listening
Are you?

Sirius is eight-point-six light years away
Arcturus is thirty-seven
The past is the past
And it's here to stay
Wikipedia is heaven
When you don't want to remember no more
On the far side of the morning
Who was it?

Yeah, you know we real cool
I hope you hear me
And you'll call

Agarrado al vuelo del tacones altos
Al vuelo de tus tacones altos, altos, altos

¿Quién fue?
Sí, ya sabes que somos cojonudos
En la cara oculta de la mañana
¿Quién fue?
Sí, ya sabes que somos cojonudos
Ah, espero que estés escuchando
¿Lo estás?

¿Quién midió la distancia de los planetas
hasta tu gran mundo azul rotatorio?
En pulsaciones y lágrimas y risa nerviosa
Todo derramándose sobre ti, nena

¿Quién fue?
Sí, ya sabes que somos cojonudos
En la cara oculta de la mañana
¿Quién fue?
Sí, ya sabes que somos cojonudos
Ah, espero que estés escuchando
¿Lo estás?

Sirio se encuentra a ocho coma seis años luz
Arturo a treinta y siete
El pasado es el pasado
Y está aquí para quedarse
La Wikipedia es el cielo
Cuando ya no quieres recordar
En la cara oculta de la mañana
¿Quién fue?

Sí, ya sabes que somos cojonudos
Espero que me oigas
Y que llames

FINISHING JUBILEE STREET

I just fi nished writing Jubilee Street
I lay down on my bed and fell into a deep sleep
And when I awoke I believed
I had taken a bride called Mary Stanford
And I fl ew into a frenzy searching high and low
Because in my dream the girl was very young

I said 'hey little girl, where do you hide?'
You draw lightning from the sky

All of this in her dark hair
All of this in her dark hair oh Lord

See that girl comin' on down
See that girl comin' on down

Last night your shadow scampered up the wall it fly
And leaped like a black spider between your legs
And cried
My children! My children!
They are lost to us

All of this in her dark hair
All of this in her dark hair oh Lord

See that girl comin' on down
See that girl comin' on down

AL ACABAR JUBILEE STREET

Nada más acabar Jubilee Street
Me eché en la cama y caí en un profundo sueño
Y cuando desperté creí
Que había desposado a una tal Mary Stanford
Y me puse a buscar como loco por todas partes
Porque en mi sueño la chica era muy joven

Dije «Eh, niña, ¿dónde te escondes?»
Atraes los relámpagos del cielo

Todo esto en su pelo oscuro
Todo esto en su pelo oscuro oh Señor

Mira esa joven que baja
Mira esa joven que baja

Ayer noche tu sombra subió por la tapia, voló
Y saltó como una araña negra entre tus piernas
Y gritó
¡Mis niños! ¡Mis niños!
Ya no los recuperaremos

Todo esto en su pelo oscuro
Todo esto en su pelo oscuro oh Señor

Mira esa joven que baja
Mira esa joven que baja

HIGGS BOSON BLUES

Can't remember anything at all
Flame trees lined the streets
Can't remember anything at all
But I'm driving my car down to Geneva

I've been sitting in my basement patio
It was hot
Up above the girls walk past
Their roses all in bloom

Have you ever heard about the Higgs Boson Blues?
I'm going down to Geneva baby
Gonna teach it to you

Who cares?
Who cares what the future brings?

Black road long and I drove and drove
Came upon a crossroad
The night was hot and black
I see Robert Johnson
With a ten dollar guitar
Strapped to his back
Looking for a tune
Ah, well here comes Lucifer with his canon law
And a hundred black babies running from his
    genocidal jaw
He got the real killer groove
Robert Johnson and the devil, man
Don't know who's gonna rip off who

Driving my car
Flame trees on fi re
Sitting and singing
The Higgs Boson Blues

EL BLUES DEL BOSÓN DE HIGGS

Ya no recuerdo nada
Árboles de fuego flanqueaban las calles
Ya no recuerdo nada
Pero voy en coche a Ginebra

Estaba sentado en el patio de mi sótano
Hacía calor
Arriba caminaban las chicas
Sus rosas todas en flor

¿No has oído hablar del Blues del Bosón de Higgs?
Me voy a Ginebra nena
Te lo voy a enseñar

¿A quién le importa?
¿A quién le importa lo que trae el futuro?

Conduje sin parar por una carretera larga y negra
Llegué a un cruce
La noche era cálida y negra
Veo a Robert Johnson
Con una guitarra de diez dólares
A la espalda
Buscando una melodía
Ah, y ahí viene Lucifer con su derecho canónico
Y cien chavalas negras salen de sus fauces
    genocidas
Y el auténtico ritmo salvaje
Robert Johnson y el diablo, tío
No sabes quién va a plagiar a quién

Voy en mi coche
Árboles de fuego en llamas
Sentado y cantando
El Blues del Bosón de Higgs

I'm tired, I'm looking for a spot to drop
All the clocks have stopped in Memphis
And the Lorraine Motel is hot
It's hot, that's why they call it the hot spot
I take a room with a view
Hear a man preaching in a language that's
    completely new
Making the hot cots in the fl op house bleed
While the cleaning ladies sob into their mops
And the bellhop hops and bops
As a shot rings out to a spiritual groove
Everybody bleeding
To the Higgs Boson Blues

And if I die tonight
Bury me in my favourite yellow patent leather shoes
And with a mummifi ed cat
And a cone-like hat
That the Caliphate forced on the Jews

Can you feel my heart beat?
Can you feel my heart beat?

Hannah Montana does the African Savannah
As the simulated rainy season begins
She curses the queue at the zoo loos
And moves on to Amazonia
Cries with the dolphins
The Mai-Mai eat the pigmy, the pigmy eat the
    monkey
The monkey has a gift that he is sending back to you
Look! Here come the missionary

Estoy cansado, busco un lugar donde dejarme caer
Todos los relojes se han parado en Menfis
Y en el Motel Lorraine hace calor
Hace calor, es lo que llaman una zona caliente
Ocupo una habitación con vistas
Oigo predicar a un hombre en una lengua
    completamente nueva
Que hace sangrar los catres calientes del albergue
    para indigentes
Mientras las mujeres de la limpieza sollozan en
    sus fregonas
Y el botones bota y bota
Y suena un disparo y es un ritmo espiritual
Todo el mundo sangra
En el Blues del Bosón de Higgs

Y si muero esta noche
Enterradme con mis zapatos favoritos de ante
    amarillo
Y con un gato momificado
Y un sombrero en forma de cono
Que el Califato impuso a los judíos

¿Sientes latir mi corazón?
¿Sientes latir mi corazón?

Hannah Montana recorre la Sabana Africana
Cuando comienza la simulada estación de las
    lluvias
Maldice la cola que hay en los lavabos del zoo
Y se desplaza a la Amazonia
Grita con los delfines
Los Mai-Mai se comen a los pigmeos, los pigmeos
    se comen a los monos
Los monos poseen un don que te devuelven
¡Mira! Aquí llega el misionero

With his smallpox and flu
Saving them savages with his Higgs Boson Blues
I'm driving my car down to Geneva
I'm driving my car down to Geneva

Oh let the damn day break
Rainy days always make me sad
Miley Cyrus floats in a swimming pool in Taluca Lake
And you're the best girl I ever had

Can't remember anything at all

PUSH THE SKY AWAY

I was riding, I was riding
The sun was rising up from the fields

I got a feeling I just can't shake
I got a feeling that just won't go away

You've gotta just keep on pushing
And keep on pushing
Push the sky away

And if your friends think that you should do it different
And if they think that you should do it the same

You've gotta just keep on pushing
And keep on pushing
Push the sky away
And if you feel you got everything you came for
If you got everything and you don't want no more

Con su viruela y su gripe
Manteniéndolos salvajes con su Blues del Bosón de Higgs
Conduzco hasta Ginebra
Conduzco hasta Ginebra

Oh que rompa la maldita alba
Los días de lluvia me entristecen
Miley Cyrus flota en una piscina del Lago Taluca
Y tú eres la mejor chica que he tenido

Ya no recuerdo nada

APARTA EL CIELO

Cabalgaba, cabalgaba
El sol salía tras los campos

Tuve una sensación que no me puedo sacudir
Tuve una sensación que no se me va

Solo tienes que seguir empujando
Y seguir empujando
Aparta el cielo

Y si tus amigos creen que deberías hacer otra cosa
Y si creen que deberías hacer lo mismo

Solo tienes que seguir empujando
Y seguir empujando
Aparta el cielo

Y si crees que tienes todo lo que buscabas
Y si tienes todo y no quieres más

You've gotta just keep on pushing
And keep on pushing
Push the sky away

And some people say it's just rock and roll
Oh but it gets you right down to your soul
You've gotta just keep on pushing
And keep on pushing
Push the sky away

You've gotta just keep on pushing
And keep on pushing
Push the sky away

NEEDLE BOY

At the turn of the century I did many things to
    protect myself
I did many things to protect myself
I made myself a needle boy
And I hid him in the closet
And I made myself a money man
And I hid him underneath a mattress
And I made myself a spider child
And I put him in a matchbox
And I forged myself a golden statuette
And I wrapped him up in a Hello magazine
And I hid him in a wall safe
And fi nally I made myself a spade girl
And I put her in a garden shed
All to protect myself you see
From the demon that was comin' from the east
Or from the west
And then I sat on the rooftop and I waited

Solo tienes que seguir empujando
Y seguir empujando
Aparta el cielo

Y algunos dicen que es solo rock and roll
Oh, pero te llega al alma
Solo tienes que seguir empujando
Y seguir empujando
Aparta el cielo

Solo tienes que seguir empujando
Y seguir empujando
Aparta el cielo

CHICO AGUJA

En el cambio de siglo hice muchas cosas para
    protegerme
Hice muchas cosas para protegerme
Me construí un chico aguja
Y lo escondí en el armario
Y me construí un hombre dinero
Y lo escondí bajo un colchón
Y me construí un niño araña
Y lo metí en una caja de cerillas
Y me forjé una estatuilla dorada
Y la envolví con la revista Hola
Y la escondí en una caja fuerte
Y al final me construí una chica pala
Y la puse en el cobertizo del jardín
Todo para protegerme ya ves
Del demonio que venía del este
O del oeste
Y luego me senté en el tejado y esperé

And when at last the demon came
From the east or from the west
And awoke me from my sleep
And awake me to a particular point of view
And the needle boy stuck him in the eye
And the money man chocked him with coins
The spider child bit him on the ankle
And the statuette crashed down upon his head
And the spade girl buried him underneath the house
And I danced on the rooftops
And I danced on the rooftops
And I danced to the western world
And I danced to the western world

Y cuando por fin vino el demonio
Del este o del oeste
Y me despertó de mi sueño
Y me hizo ver un punto de vista concreto
Y el chico aguja se le clavó en el ojo
Y el hombre dinero lo ahogó con sus monedas
Y el niño araña lo mordió en el tobillo
Y la estatuilla se aplastó sobre su cabeza
Y la chica pala lo enterró bajo la casa
Y yo bailé sobre los tejados
Y yo bailé sobre los tejados
Y bailé al son del mundo occidental
Y bailé al son de mundo occidental

LIGHTNING BOLTS

Two lightning bolts were delivered to my room
They were gifts from Zeus
I rock the bolts in a bassinet of pine
People ask me how I am
I say I'm alright, I'm fi ne

I push the lightning bolts in a pram
Till the sun goes down and it gets dark
And the girls from Jubilee Street hang out their
windows
And they wave and ask me how I am tonight
I say I'm good, I'm alright

In Athens all the youths are crying from the gas
I'm by the hotel pool, working on a tan
People come up and ask me who I am
I say if you don't know, don't ask
Zeus laughs, but it's the gas
And he asks me how I am
I say Zeus, don't ask

RAYOS

Dos rayos fueron conducidos a mi habitación
Los dos regalos de Zeus
Mezo los rayos en un moisés de pino
La gente me pregunta cómo estoy
Digo que estoy bien, de primera

Llevo los rayos en un cochecito de niño
Hasta que el sol se pone y oscurece
Y las chicas de Jubilee Street se asoman a la
ventana
Y me saludan y me preguntan cómo estoy esta noche
Y digo que estoy bien, de primera

En Atenas todos los jóvenes lloran por culpa del gas
Estoy al lado de la piscina del hotel, bronceándome
La gente se me acerca y me pregunta quién soy
Y yo digo que si no lo sabes, no preguntes
Zeus se ríe, pero es el gas
Y me pregunta cómo estoy
Y le digo Zeus, no preguntes

My lightning bolts are jolts of joy
They are joy boys from Zeus
I feed them porridge in their booster seats of
    knowledge
And in the cradle of democracy
The pigeons are wearing gas masks

My lightning bolts play in the elevators
They slide down the hotel banister
And Zeus throws a gas canister
And it spins around the pool
As pigeons wearing respirators steal the lightning
    bolts

Zeus wants them back
Oh my bolts of joy
Oh my darling little boys
They are lost to us

Young people, they are never coming back
At night I watch them sleep
And cry years of tears
But it's not the gas
People ask me how we are
We are, I say, mostly lost

Mis rayos son sacudidas de alegría
Son maricas que me envía Zeus
Los alimento con gachas en sus sillas
    del conocimiento
Y en la cuna de la democracia
Las palomas llevan máscara antigás

Mis rayos juegan en los ascensores
Se deslizan por la barandilla del hotel
Y Zeus arroja una lata de gas
Que da vueltas por la piscina
Mientras las palomas con sus máscaras roban
    los rayos

Zeus quiere que se las devuelvan
Oh mis rayos de dicha
Oh mis queridos niñitos
Ya no los podemos recuperar

Jóvenes, ya no van a volver
De noche observo cómo duermen
Y lloro años de lágrimas
Pero no es el gas
La gente me pregunta cómo estamos
Estamos, digo, más bien perdidos

THE SICK BAG SONG

CANCIÓN DE BOLSA PARA EL MAREO (CANCIONES)

(2015)

SQUANTO'S GRIEF/
KING-SIZED NICK CAVE BLUES/
THE BEEKEEPER'S WIFE

EL DUELO DE SQUANTO/
BLUES DE NICK CAVE DE TAMAÑO
COLOSAL/
LA ESPOSA DEL APICULTOR

SQUANTO'S GRIEF

You are the statuesque bison standing in the prairie
of my leave.
You are Squanto's grief upon returning home.
You are the tear spilt on the rawhide sleeve.
Pick up the phone
Pick up the phone
I am the skinned hump that paints the prairie red.
I am the guy with the flies. I am the one that dies.
I am the man that goes on tour and hides.
I am the one that wed and fled.
Pick up the phone
Pick up the phone
I am the dead.

EL DUELO DE SQUANTO

Eres el escultural bisonte que de pie asoma
a la pradera de mi retiro
Eres el dolor de Squanto al regresar a casa
Eres la lágrima derramada en la manga de cuero
crudo
Toma la llamada
Toma la llamada
Soy la joroba desollada que de rojo pinta
la pradera
Soy el chico de las moscas. Yo soy el que muere
Soy el hombre que sale de gira y se esconde
Soy el que se casó y huyó
Toma la llamada
Toma la llamada
Yo soy el difunto

KING-SIZED NICK CAVE BLUES

I was born in a puddle of blood wanting everything.
The blood was my own, pumping from my infant
heart.
I weighed myself and found myself wanting,
wanting everything.
Wanting everything is the thing that eventually
tears you apart.

I spend my days pushing Elvis Presley's belly
up a series of steep hills.
Wanting everything is the everything that
eventually kills.
In the morning I attach my king-sized shadow
to my heels.
Without my shadow I don't know how the
other half feels.

I'm standing in the dressing room with a
mushroom cloud for a head.
My cock sticks out like a sore thumb. I long
for my hotel bed.
I say, I wonder who I have to blow around here
to get ahead?
Wanting everything is the everything that
eventually kills you dead.

These king-sized tears do not come from me
but beyond me,
Drowning my eyes with floods of unexpected
memory,
Of a time of wanting, wanting it all, wanting
everything.
Stop now! Let it go! You are completely enough!

BLUES DE NICK CAVE DE TAMAÑO COLOSAL

Nací en un charco de sangre queriéndolo todo.
La sangre era mía, bombeando desde mi
corazón de crío.
Me pesé y me encontré queriendo,
queriéndolo todo.
Quererlo todo es lo que, al fin y al cabo,
te destroza.

Me paso los días empujando el vientre de Elvis
Presley por una serie de empinadas colinas.
Quererlo todo es lo que, al fin y al cabo,
te destroza.
Por la mañana adhiero mi colosal sombra
a mis talones.
Sin mi sombra no sé cómo se siente la
otra mitad.

Estoy de pie en el vestuario con una nube
de hongo por cabeza.
Mi polla sobresale como un pulgar dolorido.
Añoro la cama de mi hotel.
Digo, me pregunto a quién tengo que soplársela
por aquí para salir adelante.
Quererlo todo es el todo que, al fin y al cabo,
te mata.

Estas lágrimas colosales no vienen de mí sino
más allá de mí,
Ahogando mis ojos con inundaciones de
inesperados recuerdos,
De un tiempo de querer, quererlo todo, querer
cada cosa.
¡Parad ahora! ¡Dejadlo ir! ¡Eres más que
suficiente!

THE BEEKEEPER'S WIFE

My brain is a bee
My head is a hive
I unfold like a flower
The beekeeper's wife

The flower is a gigantic
Oozing sump of pollen
My head-hive splits open
My bee-brain is swollen

My bee-brain is swarming
Getting wiser than wise
A busy bee gorging on
Other beekeeper's hives

Buzz! Screams the bee!
The wide world roars!
Beekeeper is spent
Stinger withdraws

LA ESPOSA DEL APICULTOR

Mi cerebro es una abeja
Mi cabeza una colmena
Me despliego como una flor
La esposa del apicultor

La flor es un gigantesco
Sumidero de polen
Se abre mi colmena craneal
Mi cerebro de abeja está hinchado

Mi cerebro de abeja está pululando
Cada vez más sabio que por sabio
Una abeja ocupada atiborrándose
en colmenas ajenas

¡Bzzzz! ¡Grita la abeja!
¡El mundo entero ruge!
El apicultor cae exhausto
El aguijón depone su arma

SKELETON TREE (2016)

JESUS ALONE/
RINGS OF SATURN/
GIRL IN AMBER/
MAGNETO/
ANTHROCENE/
I NEED YOU/
DISTANT SKY/
SKELETON TREE

JESÚS SOLO/
ANILLOS DE SATURNO/
CHICA EN ÁMBAR/
MAGNETO/
ANTROCENO/
TE NECESITO/
CIELO DISTANTE/
ÁRBOL DEL ESQUELETO

JESUS ALONE

You fell from the sky, crash-landed in a field near
    the River Adur
Flowers spring from the ground, lambs burst from
    the wombs of their mothers

In a hole beneath the bridge you convalesced, you
    fashioned masks of twigs and clay
You cried beneath the dripping trees; you're a ghost
    song lodged in the throat of a mermaid

With my voice I am calling you

You are a young man waking covered in blood that
    is not yours
You are a woman in a yellow dress surrounded by
    a charm of hummingbirds

You are a young girl full of forbidden energy,
    flickering in the gloom
You are a drug addict lying on your back in a
    Tijuana hotel room

With my voice I am calling you
With my voice I am calling you

You are an African doctor harvesting tear ducts
You believe in God but you get no special
    dispensation for this belief

You are an old man sitting by the fire; you are
    the mist rolling off the sea

JESÚS SOLO

Caíste del cielo, aterrizaste estrellándote en un
    campo cerca del río Adur
Flores que brotan del suelo, corderos que emergen
    de las matrices de sus madres.

En un agujero bajo el puente convaleciste,
    formaste máscaras de ramas y arcilla
Lloraste bajo los árboles que goteaban; eres una
    canción de fantasma alojada en la garganta
    de una sirena

Con mi voz te llamo

Eres un joven que despierta cubierto de sangre
    que no es tuya
Eres una mujer con vestido amarillo coronada
    por colibríes

Eres una chica joven llena de energía prohibida,
    parpadeando en la penumbra
Eres un drogadicto acostado boca arriba en la
    habitación de un hotel en Tijuana

Con mi voz te llamo
Con mi voz te llamo

Eres un médico africano que recolecta conductos
    lagrimales
Crees en Dios pero no obtienes favor alguno por
    tal creencia.

Eres un viejo sentado junto al fuego; eres la
    bruma que sale del mar

You are a distant memory in the mind of your
    creator; don't you see

With my voice I am calling you
With my voice I am calling you

Let us sit together until the moment comes
With my voice I am calling you
With my voice I am calling you
With my voice I am calling you
With my voice I am calling you

―――――――

RINGS OF SATURN

Upside down and inside out and on all eights like a
funnel web, like a black fly on the ceiling, skinny
white haunches high and skyward and her black
oily gash, crawling backwards across the carpet
to smash all over everything her wet, black fur
against the sun going down over the shops and the
cars and the crowds and the town.

And this is the moment this is exactly what she
    is born to be
This is what she does and this is what she is.
And this is the moment this is exactly what she
    is born to be
This is what she does and this is what she is.

Her eyes that look at me through her rainy hair are
two round holes where the air buckles and rush-
es in, her body moon-blue as a jellyfish, and I'm
breathing deep and I'm there and I'm also not there
and spurting ink over the sheets but she

Eres un recuerdo lejano en la mente de tu creador;
    ¿no lo ves?

Con mi voz te llamo
Con mi voz te llamo

Sentémonos juntos hasta que llegue el momento
Con mi voz te llamo
Con mi voz te llamo
Con mi voz te llamo
Con mi voz te llamo

―――――――

ANILLOS DE SATURNO

Al revés y de adentro hacia afuera y en todos los
ochos como la red de embudo, como una mosca
negra en el techo, delgadas nalgas blancas en lo
alto y hacia el cielo y su aceitosa herida negra,
replegándose a través de la alfombra para abatirlo
todo sobre su piel mojada y negra contra el sol de
poniente sobre las tiendas y los autos y las multi-
tudes y la ciudad.

Y este es el momento, esto es exactamente lo que
    ella nació para ser
Esto es lo que hace y esto es lo que es.
Y este es el momento, esto es exactamente lo que
    ella nació para ser
Esto es lo que hace y esto es lo que es.

Sus ojos que me miran a través de su cabello
lluvioso son dos agujeros redondos por los que
el aire se dobla y se precipita, su cuerpo es azul
como una medusa, y respiro profundamente y estoy allí y tampoco estoy allí y chorrea tinta sobre

remains, completely unexplained or maybe I'm just too tongue-tied to drink it up and swallow back the pain. I thought slavery had been abolished, how come it's gone and reared its ugly head again.

And this is the moment this is exactly what she
    is born to be
This is what she does and this is what she is.
And this is the moment this is exactly what she
    is born to be
This is what she is and this is what she does.

This is the moment this is exactly what she is
    born to be
And this is what she does and this is what she is.
And this is the moment this is exactly what she is
    born to be
This is what she does and this is what she is.

And now she's jumping up with her leaping brain, stepping over heaps of sleeping children, disappearing and further up and spinning out again, up and further up she goes, up and out of the bed, up and out of the bed and down the hall where she stops for a moment and turns and says "Are you still here?" and then reaches high and dangles herself like a child's dream from the ring of Saturn.

las sábanas pero ella permanece, del todo inexplicable o tal vez esté demasiado atorado para beberlo y sorber el dolor. Pensé que la esclavitud había sido abolida, cómo pudo desaparecer y alzar de nuevo su horrenda efigie.

Y este es el momento, esto es exactamente lo que
    ella nació para ser
Esto es lo que hace y esto es lo que es.
Y este es el momento, esto es exactamente lo que
    ella nació para ser
Esto es lo que hace y esto es lo que es.

Este es el momento, esto es exactamente lo que
    ella nació para ser
Esto es lo que hace y esto es lo que es.
Y este es el momento, esto es exactamente lo que
    ella nació para ser
Esto es lo que hace y esto es lo que es.

Y ahora está brincando con su cerebro saltarín, pasando por encima de montones de niños durmientes, desapareciendo y más arriba y revolviéndose de nuevo, arriba y más arriba va, se levanta y sale de la cama, se levanta y sale de la cama y baja por el recibidor donde se detiene por un instante y se da la vuelta y dice «¿Todavía estás aquí?» y luego llega a lo más alto y se cuelga, como el sueño de un niño, del anillo de Saturno.

GIRL IN AMBER

Some go on, some stay behind, some never move
    at all
Girl in amber, trapped forever, spinning down
    the hall
Let no part of her go unremembered, clothes
    across the floor
Girl in amber, long does slumber, shuts the
    bathroom door
The phone, the phone, the phone, it rings, it rings,
    it rings no more
The song, the song, the song, it spins since 1984
The phone, the phone, the phone, it rings, the
    phone it rings no more
The song, the song, its been spinning now since
    1984

If you want to bleed, just bleed
If you want to bleed, just bleed
If you want to bleed, don't breathe
A word, just step away
And let the world spinning now

You turn, you turn, you kneel lace up his shoes
    your little blue-eyed boy
Take him by his hand, go moving spinning down
    the hall
I get lucky I get lucky cause I tried again
I knew the world it would stop spinning now since
    you've been gone
I used to think that when you died you kind of
    wandered the world
In a slumber until you crumbled, were absorbed
    into the earth

CHICA EN ÁMBAR

Algunos continúan, otros se quedan atrás,
    los hay que jamás se mueven
Chica de ámbar, atrapada para siempre,
    retorciéndose por el vestíbulo
No dejéis que ninguna parte de ella quede sin
    evocar, la ropa esparcida por el suelo
Chica de ámbar, largo tiempo duerme, cierra
    la puerta del baño
El teléfono, el teléfono, el teléfono, suena, suena,
    ya no suena
La canción, la canción, la canción, gira
    desde 1984
El teléfono, el teléfono, el teléfono, suena,
    el teléfono ya no suena
La canción, la canción, ha estado girando
    desde 1984

Si quieres sangrar, solo sangra
Si quieres sangrar, solo sangra
Si quieres sangrar, no respires
Una palabra, aléjate tan solo
Y deja al mundo bailando ahora

Giras, giras, te arrodillas para atar los cordones
    de los zapatos a tu pequeño de ojos azules
Tómalo de la mano, muévete revolviéndote por
    el pasillo
Tengo suerte, tengo suerte porque lo intenté de
    nuevo
Sabía que el mundo dejaría de rotar desde que
    te fuiste
Solía pensar que cuando morías deambulabas
    por el mundo

Well I don't think that anymore, the phone it rings
    no more
The song the song it spins it spins now since 1984
The song the song the song it spins its been
    spinning now
And if you hold me I will tell you that you know that

If you want to leave, don't breathe
If you want to leave, don't breathe
If you want to leave, don't breathe
A word, and let the world turn

The song the song it spins the song it spins it spins
    no more
The phone it rings it rings and you won't stay

Don't touch me
Don't touch me
Don't touch me
Don't touch me

MAGNETO

Oh, mostly I never knew which way was out
Once it was on, it was on, and that was that
The umbilicus was a faucet that fountained rabid
    blood
And I spun on my wheel like a laboratory rat

En sueños hasta que te desmoronabas, eras
    absorbido por la tierra
Bueno, ya no lo creo, el teléfono ya no suena
La canción, la canción que gira, gira ahora
    desde 1984
La canción, la canción, la canción que gira,
    ha estado girando ahora
Y si me abrazas te diré que ya lo sabes

Si quieres irte, no respires
Si quieres irte, no respires
Si quieres irte, no respires
Una palabra, y deja que el mundo gire

La canción, la canción que gira, la canción que
    gira, ya no gira
El teléfono suena, suena y no te quedarás

No me toques
No me toques
No me toques
No me toques

MAGNETO

Oh, a decir verdad nunca supe qué camino
    conducía al exterior
Una vez estaba encendido, estaba encendido,
    y así era la cosa.
El ombligo era un grifo del que brotaba la sangre
    enfurecida.
Y giraba sin pausa en mi rueda cual rata de
    laboratorio

I was an electrical storm on the bathroom floor,
   clutching the bowl
My blood was full of gags and other people's
   diseases
And my monstrous little memory had swallowed
   me whole
Oh, it was the year I officially became the Bride
   of Jesus

In love in love in love you laugh in love
You move I move and one more time with feeling
I love you love I laugh you laugh, I saw you in half
And the stars are splashed across the ceiling

Oh, the urge to kill somebody was basically
   overwhelming
I had such hard blues down there in the
   supermarket queues
I had a sudden urge to become someone, someone
   like you
Who had started out with less than anyone I ever
   knew

In love in love I love you love I laugh you laugh
I move you move and one more time with feeling
I love you love I laugh you laugh, I'm sawn in half
And all the stars are splashed across the ceiling

And oh, you come shyly. And softly to the hole
   to drink
Come as far as the edge of my blood and then swim
And in the bathroom mirror I see me vomit in
   the sink

Yo era una tormenta eléctrica en el suelo del
   baño, agarrando el tazón
Mi sangre borboteaba con reflejos nauseosos y
   enfermedades ajenas.
Y mi monstruoso recuerdo se me había tragado
   entero
Oh, fue el año en que oficialmente me convertí
   en la Prometida de Jesús

En el amor en el amor en el amor te ríes en el amor
Te mueves me muevo y una vez más con
   sentimiento
Te amo, amor, me río, te ríes, te vi por la mitad
Y las estrellas salpican el techo

Oh, la necesidad de matar a alguien era
   básicamente abrumadora
Albergaba tanta tristeza allí en las colas de los
   supermercados
Tuve una repentina necesidad de convertirme
   en alguien, alguien como tú
que empezó con menos que nadie a quien haya
   conocido antes

En el amor en el amor te amo amor me río te ríes
Me muevo, te mueves y una vez más con
   sentimiento
Te amo, amor, me río, tú te ríes, estoy serrado
   por la mitad
Y todas las estrellas salpican el techo

Y oh, vienes con timidez. Y con suavidad al
   agujero para beber
Ven hasta el borde de mi sangre y luego nada
Y en el espejo del baño me veo vomitando en el
   lavabo

And all through the house we hear the hyena's
    hymns
Of love I love you love I love you love I laugh you
    laugh
I move you move you move and one more time
    with feeling
I love you love I laugh you laugh we saw each other
    in half
And all the stars are splashed and splattered across
    the ceiling

ANTHROCENE

Oh the fine wind is gone
And this sweet world is so much older
The animals pull the night around their shoulders
The flowers fall to their naked knees
Here I come now! Here I come!
I hear you've been out there looking for something
    to love
There's a dark force that shifts at the edge of the
    trees
It's all right! It's all right!
Well, you've turned so long and lovely it's hard to
    believe
That we're falling now in the name of the Anthro-
cene
O the things we love we love we love, we lose
It's our bodies that fall when we're trying to rise
I hear you've been out looking for something to
love
Sit down beside me and I'll name it for you
Behold! Behold the heaven-bound seas!
The wind casts its shadow and it moves through
    the trees

Y por toda la casa escuchamos los himnos de la
    hiena
De amor te amo amor te amo amor me rio te ríes
Me muevo, te mueves, te mueves y una vez más
    con sentimiento
Te amo, amor, me río, te ríes, nos vimos por
    la mitad
Y todas las estrellas salpican y rocían el techo

ANTROCENO

Oh, el buen viento se fue
Y este dulce mundo es mucho más viejo
Los animales se llevan la noche al hombro
Las flores caen de rodillas desnudas
¡Allá voy ahora! ¡Allá voy!
Supe que has estado buscando algo a lo que amar
Hay una fuerza oscura que se mueve al borde de
    los árboles.
¡Todo está bien! ¡Todo está bien!
Bueno, te has vuelto tan duradero y encantador
que cuesta creer
Que estamos cayendo ahora en el nombre del
    Antroceno
Oh, las cosas que amamos, amamos, amamos,
    perdemos
Son nuestros cuerpos los que caen cuando
    intentamos alzarnos
Supe que has estado buscando algo a lo que amar
Siéntate a mi lado y lo mentaré por ti
¡Observad! ¡Observad los mares celestiales!
El viento proyecta su sombra y se mueve entre
    los árboles.

Behold the animals and the birds and the sky entire
I hear you've been out there looking for something
    to set on fire
The head-bowed children fall to their knees
Humbled in the age of the Anthrocene
Here they come now! Here they come, pulling
    you away
There are powers at play more forceful than we
Come over here and sit down and say a short prayer
A prayer to the air! To the air that we breathe!
And the astonishing rise of the Anthrocene
Come on now! Come on now!
Hold your breath while you say
It's a long way back and I'm begging you please
To come home now. Come home now
I heard you've been out looking for something to love
Close your eyes, little world, and brace yourself.

He aquí los animales, los pájaros y el cielo entero.
Supe que has estado buscando algo a lo que
    prender fuego
Los niños con la cabeza gacha caen de rodillas
Humillados en la era del Antroceno
¡Aquí vienen ahora! ¡Aquí vienen, alejándote
Hay poderes en juego más persuasivos que
    nosotros
Ven aquí, siéntate y reza una breve oración.
¡Una oración al viento! ¡Al aire que respiramos!
Y al asombroso ascenso del Antroceno
¡Ven ahora! ¡Ven ahora!
Aguanta la respiración mientras dices
Es un largo camino de regreso y te lo ruego por favor
Vuelvas a casa ahora. Ven a casa ahora
Supe que has estado buscando algo a lo que amar
Cierra los ojos, pequeño mundo, y prepárate.

I NEED YOU

When you're feeling like a lover
Nothing really matters anymore
I saw you standing there
In the supermarket
With your red dress falling
And your eyes to the ground
Nothing really matters
Nothing really matters
When the one you love is gone
It's still in me
Baby I need you
In my heart
I need you
Cause nothing really matters
I'm standing in the doorway

TE NECESITO

Cuando te sientes como un amante
Ya nada importa
Te vi parada ahí
En el supermercado
Con tu vestido rojo cayendo
Y tus ojos en el suelo
Nada realmente importa
Nada realmente importa
Cuando aquel al que amas se ha ido
Aún está en mí
Querida te necesito
En mi corazón
Te necesito
Porque nada realmente importa
Estoy parado en la puerta

You're walking round to my place	*Estás caminando hacia mi casa*
In your red dress	*Con tu vestido rojo*
Hair hanging down	*Con el cabello colgando*
With your eyes on the one	*Con tus ojos en él*
We love the ones we can	*Amamos a los que podemos*
Cause nothing really matters	*Porque nada realmente importa*
When you're standing	*Cuando estás parado*
Standing	*En pie*
I need you	*Te necesito*
Cause nothing really matters	*Porque nada realmente importa*
We followed the lines	*Seguimos las líneas*
In the palms of our hands	*En las palmas de nuestras manos*
You're standing in the supermarket	*Estás parada en el supermercado*
Holding hands	*Dando la mano*
In you red dress falling	*En tu vestido rojo cayendo*
Falling in	*Desplomándote*
Falling in	*Desplomándote*
And the long black cars waiting round	*Y los largos autos negros esperando alrededor*
I will miss you when you're gone	*Te extrañaré cuando te hayas ido*
I'll miss you when you're gone	*Te extrañaré cuando te hayas ido*
Away forever	*Lejos para siempre*
Cause nothing really matters	*Porque nada realmente importa*
I thought I knew better. So much better	*Pensé que sabía lo que hacía. Que sabía*
And I need you	*Y te necesito*
I need you	*Te necesito*
Cause nothing really matters	*Porque nada realmente importa*
O that night we wrecked like a train	*Oh, esa noche naufragamos como un tren*
Purring cars	*Autos ronroneando*
In the pouring rain	*Bajo la lluvia*
Never felt right about it	*Nunca me sentí a gusto así*
Never again	*Nunca más*
Cause nothing really matters	*Porque nada realmente importa*
Cause nothing really matters anymore	*Porque ya nada importa realmente*
Not even today	*Ni siquiera hoy*
No matter how hard I try	*No importa cuánto me esfuerce*
When you're standing in the aisle	*Cuando estás parado en el pasillo*

And baby
Nothing
Nothing
Nothing
I need
I need
I need you
I need you
I need you
Just breathe
Just breathe
I need you

Y querida
Nada
Nada
Nada
Necesito
Necesito
Te necesito
Te necesito
Te necesito
Sólo respira
Sólo respira
Te necesito

DISTANT SKY

Let us go now
My one true love
Call the gasman
Cut the power off
We can set out
We can set out
For the distant skies
Watch the sun
Watch it rising
In your eyes

Let us go now
My darling companion
Set out for the distant skies
See the sun
See it rising
See it rising
Rising in your eyes

CIELO DISTANTE

Vayámonos ahora
Mi único amor verdadero
Llama al mancebo
Corta la electricidad
Podemos poner rumbo
Podemos poner rumbo
a los cielos lejanos
Mira el sol
Mira cómo asciende
En tus ojos

Vayámonos ahora
Mi querida compañera
Pongamos rumbo a los cielos lejanos
Ver el sol
Verlo ascender
Verlo ascender
Elevándose en tus ojos

They told us our gods would outlive us
They told us our dreams would outlive us
They told us our gods would outlive us
But they lied

Let us go now
My only companion
Set out for the distant sky
Soon the children
Will be rising
Will be rising
This is not for our eyes

SKELETON TREE

Sunday morning
Skeleton tree
Well nothing is for free
In the window
A candle
Well maybe you can see
Falling leaves
Thrown
Across the sky
A jittery TV
Glowing white like fire
Nothing is for free
I call out I call out

Right across the sea
But the echo comes back empty
Nothing is for free
Sunday morning
Skeleton tree
Pressed against the sky

Nos dijeron que nuestros dioses nos sobrevivirían
Nos dijeron que nuestros sueños nos sobrevivirían
Nos dijeron que nuestros dioses nos sobrevivirían
Pero mintieron

Vayámonos ahora
Mi única compañera
Pongamos rumbo al lejano cielo
Pronto los niños
Ascenderán
Ascenderán
No nos debe ser dado presenciarlo

ÁRBOL DEL ESQUELETO

Domingo por la mañana
Árbol esquelético
Pues nada es gratis
En la ventana
Una vela
Bueno, tal vez puedas ver
Hojas cayendo
Lanzadas
A través del cielo
Un televisor nervioso
De blanco brillo como el fuego
Nada es gratis
Yo grito, y grito

Justo al otro lado del mar
Pero el eco vuelve vacío
Nada es gratis
Domingo por la mañana
Árbol esquelético
Presionado contra el cielo

A jittery TV	*Un televisor nervioso*
Glowing white	*Blanco brillante*
Like fire	*Como el fuego*
I call out I call out	*Grito, grito*
Right across the sea	*Justo al otro lado del mar*
I call out I call out	*Grito, grito*
Nothing is for free	*Nada es gratis*
And it's all right now	*Y todo está bien ya*
And it's all right now	*Y todo está bien ya*
And it's all right now	*Y todo está bien ya*

THE RED
HAND FILES
(2019)

INCINERATOR MAN/
KISS OF THE SPIDER WOMAN

HOMBRE INCINERADOR/
BESO DE LA MUJER ARAÑA

INCINERATOR MAN
(for David)

The moon holds itself in the dark with its glow
The monster moves through the garden
And waits beneath the window
I take the monster for a walk and plough on into
    town
My monster has a chimney sticking out of its back
I try to find a single story I can bring home
That won't give you a flat-out heart attack

To be honest I'm not allowed back in the house
It's Bethlehem there with its cribs and moping
    beasts
I'm either underneath the school desk braced
Or commuting between Auschwitz and outer space
I'm thinking of drinking something truly horrible
I'm a slow moving monster with a giant chimney
Sticking out of my back. Look out!
I'm coming now just like I came before!
I'm all over the place. I'm the same but more.
There never ever was any turning back
I'm coming now! I'm a full on heart attack.

HOMBRE INCINERADOR
(para David)

La luna se agazapa en la oscuridad con su brillo
El monstruo se mueve por el jardín
Y aguarda bajo la ventana
Saco a pasear al monstruo y me adentro en la
    ciudad
Mi monstruo tiene una chimenea que porta en
    su espalda
Trato de encontrar una sola historia que pueda
    llevar a casa
Y no te provoque un infarto sin remedio

Para ser sincero, no se me permite volver a casa
Es el Belén con sus cunas y apáticas bestias.
Estoy o agazapado bajo el pupitre de la escuela
O a caballo entre Auschwitz y el espacio sideral
Estoy pensando en beberme algo realmente horrible
Soy un monstruo de movimiento lento con una
    chimenea gigante
Sobresaliendo de mi espalda ¡Estad atentos!
¡Voy ahora como vine antes!
Estoy en todas partes. Soy el mismo pero más
Nunca hubo vuelta atrás
¡Estoy viniendo ahora en este momento! Soy un
    ataque al corazón del copón.

KISS OF THE SPIDER WOMAN
(For Ray)

I awake to a voice calling from the other side of
the wall
I am alone and tangled in a web of backward
thought
The Mexican girl with the luminous skin
Sponged my face that had fallen on the dosshouse
floor

The Mexican girl with the web on her elbow
Had eyes like windows and legs like a door

I lay there three days dying, three days or maybe
more
We couldn't close the windows and we sure couldn't
open the door

I love women, but I always loved drugs more
Even when I was in 'em, I was halfway out the door
to score

I kissed the Spider Woman and she spun me deep
inside her silk
Hung me from the door frame, rubbed me in argan
oil and milk

How many blue skies were lost there, how many
missed opportunities?
How many knocked doors unanswered, how many
phones left to ring?

BESO DE LA MUJER ARAÑA
(Para Ray)

*Despierto con una voz que llama desde el otro
lado de la pared*
*Estoy solo y enredado en una telaraña de
pensamientos regresivos*
La chica mexicana con la piel luminosa
*Me enjuagué la cara tras darme de bruces en el
suelo de la pensión*

La chica mexicana con la telaraña en el codo.
*Tenía ojos como ventanas y piernas como
puertas*

*Me quedé allí tres días muriendo, tres días o tal
vez más*
*No pudimos cerrar las ventanas y, desde luego,
no pudimos abrir la puerta*

*Amo a las mujeres, pero siempre amé más a
las drogas*
*Incluso cuando estaba entre sus piernas, tenía
un pie fuera para ir a pillar.*

*Besé a la Mujer Araña y ella me hizo enredó en
lo más hondo de su seda*
*Me colgó del marco de la puerta, me bañó con
aceite de argán y leche.*

*¿Cuántos cielos azules se perdieron allí, cuántas
oportunidades perdidas?*
*¿Cuántas puertas golpeadas sin respuesta,
cuántos teléfonos por sonar?*

432

How many days lived in the centre of the web,
    alone and scared?
How often did I call along the threads, only to find
    nobody there?

I am alone and tangled in a web of backward
    thought
I am the voice calling from the other side of the wall

*¿Cuántos días en el centro de la telaraña, solo
    y asustado?*
*¿Cuántas veces bramé por sus hilos sin respuesta
    alguna?*

*Estoy solo y enredado en una telaraña de
    pensamientos regresivos*
Soy la voz que llama desde el otro lado de la pared

GHOSTEEN (2019)

SPINNING SONG/
BRIGHT HORSES/
WAITING FOR YOU/
NIGHT RAID/
SUN FOREST/
GALLEON SHIP/
GHOSTEEN SPEAKS/
LEVIATHAN/

GHOSTEEN/
FIREFLIES/
HOLLYWOOD

CANTO A LA ROTACIÓN/
CABALLOS BRILLANTES/
ESPERÁNDOTE/
INCURSIÓN NOCTURNA/
BOSQUE DE SOL/
GALEÓN/
HABLA EL ESPÍRITU DEL
ADOLESCENTE/
LEVIATÁN/

ESPÍRITU ADOLESCENTE/
LUCIÉRNAGAS/
HOLLYWOOD

SPINNING SONG

Once there was a song
The song yearned to be sung
It was a spinning song
About the king of rock 'n' roll

The king was first a young prince
The prince was the best
With his black jelly hair
He crashed onto a stage in Vegas

The king had a queen
The queen's hair was a stairway
She tended the castle garden
And in the garden planted a tree

The garden tree was a stairway
It was sixteen branches high
On the top branch was a nest
Sing the high cloudy nest

In the nest there was a bird
The bird had a wing
The wing had a feather
Spin the feather and sing the wind

The king in time died
The queen's heart broke like a vow
And the tree returned to the earth
With the nest and the bird

But the feather spun upward
Upward and upward
Spinning all the weather vanes

CANTO A LA ROTACIÓN

Hubo una vez una canción
Canción que anhelaba ser cantada
Era una canción giratoria
Sobre el rey del rock 'n' roll

El rey fue primero un joven príncipe
El príncipe era el mejor
Con su cabello negro engominado
Se estrelló en un escenario en Las Vegas

El rey tenía una reina
El cabello de la reina era una escalera
Cuidaba del jardín del castillo
Y en el jardín plantó un árbol

El árbol del jardín era una escalera.
Dieciseis ramas tenía de alto
En la rama superior había un nido
Canta el nido alto y nublado

En el nido había un pájaro
El pájaro tenía un ala
El ala tenía una pluma
Gira la pluma y canta el viento

El rey con el tiempo murió
El corazón de la reina se quebrantó como un voto
Y el árbol volvió a la tierra
Con el nido y el pájaro

Pero la pluma giró hacia arriba
Hacia arriba y hacia arriba
Revolviendo todas las veletas

And you're sitting at the kitchen table
Listening to the radio

And I love you
And I love you
And I love you
And I love you
And I love you
And I love you
And I love you

Peace will come
Peace will come
Peace will come in time

A time will come
A time will come
A time will come for us

Peace will come
Peace will come
Peace will come in time

A time will come
A time will come
A time will come for us

BRIGHT HORSES

The bright horses have broken free from the fields
They are horses of love, their manes full of fire
They are parting the cities, those bright burning
    horses
And everyone is hiding, no one makes a sound

Y tú estás sentado a la mesa de la cocina
Escuchando la radio

Y te amo
Y te amo
Y te amo
Y te amo
Y te amo
Y te amo
Y te amo

La paz vendrá
La paz vendrá
La paz llegará con el tiempo

Llegará un tiempo
Llegará un tiempo
Un tiempo vendrá a por nosotros

La paz llegará
La paz llegará
La paz llegará con el tiempo

Llegará un tiempo
Llegará un tiempo
Un tiempo vendrá a por nosotros

CABALLOS BRILLANTES

Los caballos brillantes han huido de los
    campos
Son caballos del amor, arden en llamas sus crines
Están separando las ciudades, esos brillantes
    caballos ardientes
Y todos se esconden, nadie hace ruido

And I'm by your side and I'm holding your hand
Bright horses of wonder springing from your
  burning hand

And everyone has a heart and it's calling for
  something
And we are all so sick and tired of seeing things
  as they are
Horses are just horses and their manes aren't full
  of fire
And the fields are just fields and there ain't no Lord
And everyone is hidden and everyone is cruel
And there is no shortage of tyrants and no shortage
  of fools
And the little white shape dancing at the end of
  the hall
Is just a wish that time can't dissolve at all

This world is plain to see
It don't mean we can't believe
In something and anyway
My baby's coming back now
On the next train
I can hear the whistle blowing
I can hear the mighty roar
I can hear the horses prancing
In the pastures of the Lord
Oh the train is coming
And I'm standing here to see
And it's bringing my baby
Right back to me
Well there are some things
That are hard to explain
But my baby's coming home now
On the 5.30 train

Y estoy a tu lado y tomo tu mano
Brillantes caballos de ensueño brotando de tu
  mano ardiente

Y todos tienen corazón y está pidiendo algo
Y todos estamos tan hartos y cansados de ver
  las cosas como son
Los caballos son solo caballos y sus crines no
  arden en llamas
Y los campos son solo campos y no hay Señor
Y todos están escondidos y todos son crueles
Y no hay escasez de tiranos ni escasez de tontos
Y la pequeña forma blanca bailando al final del
  pasillo
Es solo un deseo que el tiempo no puede disolver

Este mundo es fácil verlo venir
No significa que no podamos creer
En algo y de todos modos
Mi bebé regresará ahora
En el próximo tren
Puedo escuchar el silbato sonando
Puedo escuchar el poderoso rugido
Puedo escuchar los caballos brincando
En los pastos del Señor
Oh el tren viene
Y estoy parado aquí para ver
Y está trayendo a mi bebé
De vuelta a mí
Bueno hay algunas cosas
Que és difíciles compartir
Pero mi bebé ya viene a casa
En el tren de las 5:30

WAITING FOR YOU

All through the night we drove
And the wind caught her hair
And we parked on the beach
In the cool evening air
Well, sometimes it's better not to say anything at all

Your body is an anchor
Never asked to be free
Just want to stay in the business
Of making you happy
Well, I'm just waiting for you
Waiting for you
Waiting for you
Waiting for you
Waiting for you
Waiting for you

A priest runs through the chapel
All the calendars are turning
A Jesus freak on the street
Says He is returning
Well, sometimes a little bit of faith
Can go a long, long way

Your soul is my anchor
I never asked to be freed
Well, sleep now, sleep now
Take as long as you need

Cause I'm just waiting for you
Waiting for you
Waiting for you
Waiting for you
Waiting for you

ESPERÁNDOTE

Durante toda la noche manejamos
Y el viento meció su melena
Y aparcamos en la playa
En el aire fresco de la tarde
Bueno, a veces es mejor no decir nada

Tu cuerpo es un ancla
Nunca pedí ser libre
Solo quiero dedicarme
A hacerte feliz
Bueno, solo estoy esperándote
Esperándote
Esperándote
Esperándote
Esperándote
Esperándote

Un sacerdote corre por la capilla
Todos los calendarios pasan página
Un Jesús monstruoso en la calle
Dice que está regresando
Bueno, a veces una brizna de fe
Puede recorrer un largo camino

Tu alma es mi ancla
Nunca pedí ser liberado
Bueno, duerme ahora, duerme
Tómate el tiempo que necesites

Porque solo estoy esperándote
Esperándote
Esperándote
Esperándote
Esperándote

Waiting for you
To return
To return
To return

NIGHT RAID

There's a picture of Jesus lying in his mother's
 arms
Shuttered windows, cars humming on the street
 below
The fountain throbbed in the lobby of the Grand
 Hotel
We checked into room thirty-three well, well

You were a runaway flake of snow
You were skinny and white as a wafer, yeah
 I know
Sitting on the edge of the bed clicking your
 shoes
I slid my little songs out from under you

And we all rose from our wonder
We would never admit defeat
And we leaned out of the window
As the rain fell on the street
On the street

They were just a sigh released from a dying star
They were runaway flakes of snow, yeah I know
They annexed your insides in a late night raid
We sent down for drinks and something to eat
The cars humming in the rain on the street below

Esperando
A que regreses
A que regreses
A que regreses

INCURSIÓN NOCTURNA

Hay una imagen de Jesús acostado en los brazos
 de su madre
Ventanas cerradas, autos zumbando en la calle
 de abajo
La fuente palpitaba en el vestíbulo del Grand Hotel
Nos hospedamos en la habitación treinta y tres
 bien, bien

Eras un copo de nieve desbocado
Eras flaco y blanco como una oblea, sí, lo sé
Sentado en el borde de la cama al compás del
 chasquido de tus zapatos
Rescaté mis pequeñas canciones que bajo tu
 cuerpo yacían

Y todos despertamos de nuestras ensoñaciones
Nunca admitiríamos la derrota
Y nos asomamos por la ventana
Mientras la lluvia caía en la calle
En la calle

No eran más que el eco de un suspiro de una
 estrella moribunda
Eran copos de nieve desbocados, sí, lo sé
Se anexionaron tus entrañas en una incursión
 nocturna
Mandamos a por bebidas y algo de comer
Los autos zumban bajo la lluvia en la calle de abajo

A fountain throbs in the lobby of the Grand Hotel
The spurting font of creativity, yeah I know
Your head in a pool of your own streaming hair
And Jesus lying in his mother's arms, just so
Up on the wall, just so

And we all rose up from our wonder
We will never admit defeat
And we leaned out of the window
And watched the horses in the street

———

SUN FOREST

I lay in the forest amongst the butterflies and
the fireflies and the burning horses and the
flaming trees, as a spiral of children climb up to the
sun, waving goodbye to you and goodbye to
me as the past pulls away and the future begins,
I say goodbye to all that as the future rolls in, like
a wave, like a wave, and the past with its savage
undertow, lets go

Come on everyone, come on everyone
A spiral of children climbs up to the sun
To the sun, to the sun, and on each golden rung
A spiral of children climbs up to the sun

And a man called Jesus, he promised he would
leave us with a word that would light up the night,
oh the night, but the stars hang from threads and
blink off one by one and it isn't any fun no it isn't
any fun to be standing here alone with nowhere
to be with a man mad with grief and on each side
a thief and everybody hanging from a tree, from a
tree, and everybody hanging from a tree.

———

Una fuente palpita en el vestíbulo del Grand Hotel
La fuente de la creatividad que brota, sí, lo sé
Tu cabeza en una piscina de tu propio cabello
Y Jesús acostado en los brazos de su madre, así
Arriba en la pared, solo así

Y todos nos despertamos de nuestra ensoñación
Nunca admitiremos la derrota
Y nos asomamos por la ventana
Y observaba a los caballos en la calle

BOSQUE DE SOL

Me acosté en el bosque entre mariposas y
luciérnagas y caballos ardientes y árboles en
llamas, como un espiral de niños trepando hacia
el sol, despidiéndose de ti y de mí mientras
el pasado tira con fuerza y comienza el futuro,
me despido de todo eso mientras el futuro nos
alcanza, como una ola, como una ola, y el pasado
con su resaca salvaje, vámonos

Vamos todos, vamos
Un espiral de niños trepa hacia el sol
Al sol, al sol y en cada peldaño dorado
Un espiral de niños trepa hacia el sol

Y un hombre llamado Jesús, prometió que nos
traería la palabra que iluminaría la noche,
oh la noche, pero las estrellas cuelgan de hilos y
parpadean una a una y no es divertido no, no
es divertido estar parado aquí solo sin ningún
lugar donde estar con un hombre loco de pena y
a cada lado un ladrón y todos colgando de un
árbol, de un árbol, y todos colgando de un árbol

Come on everyone, come on everyone
A spiral of children climbs up to the sun
To the sun, to the sun, taking everyone
A spiral of children climbs up to the sun

There is nothing more valuable than beauty,
they say, there is nothing more valuable than love
and I lie amongst the leaves and the burning trees
and the fields of smoke and the black butterflies
and the screaming horses and your bright green
eyes so beautiful, your bright green eyes, so
beautiful.

*

I am here
Beside you
Look for me
In the sun
I am beside you
I am within
In the sunshine
In the sun

Vamos todos, vamos todos
Un espiral de niños trepa hacia el sol
Al sol, al sol, llevándonos a todos
Un espiral de niños trepa hacia el sol

Nada hay más valioso que la belleza, dicen:
nada hay más valioso que el amor y retozo
entre las hojas y los árboles en llamas y los
campos de humo y las mariposas negras y los
caballos relinchando y tus brillantes ojos verdes
tan hermosos, tus brillantes ojos verdes, tan
hermosos.

*

Estoy aquí
A tu lado
Búscame
En el sol
estoy a tu lado
Estoy dentro
En la luz del sol
En el sol

GALLEON SHIP

If I could sail a galleon ship
Long lonely rider cross the sky
Seek out mysteries while you sleep
And treasures money cannot buy
For you know I see you everywhere
A servant girl, an empress
My galleon ship will fly and fall
Fall and fly and fly and fall
Deep into your loveliness
And if we rise, my love
Before the daylight comes
A thousand galleon ships would sail
Ghostly around the morning sun

As the city rises up
As the city rises up
As the city rises up
As the city rises up

For we are not alone it seems
So many riders in the sky
The winds of longing in their sails
Searching for the other side

And if we rise, my love
Oh my darling precious one
We'll stand and watch the galleon ships
Circle around the morning sun

GALEÓN

Si un galeón pilotar pudiera
Cual jinete solitario a través del cielo
En busca de misterios mientras duermes
Y tesoros que el dinero no puede comprar
Porque sabes que te veo por doquier
Una joven criada, una emperatriz
Mi galeón volará y caerá
Caer y volar y volar y caer
En lo más hondo de tu belleza
Y si nos levantamos, mi amor
Antes de que amanezca
Mil galeones navegarían
Como espectros alrededor del sol de la mañana

Mientras la ciudad se levanta
Mientras la ciudad se levanta
Mientras la ciudad se levanta
Mientras la ciudad se levanta

Pues diríase que no estamos solos
Tantos jinetes en el cielo
Los vientos del anhelo en sus velas
Buscando el otro confín

Y si nos levantamos, mi amor
Oh mi querida preciosidad
Haremos un alto y veremos los galeones
Danzando alrededor del sol de la mañana.

GHOSTEEN SPEAKS

I am beside you
I am beside you
I am beside you
I am beside you
Look for me
Look for me
I am beside you
Look for me
I try to forget
To remember
That nothing is something
Where something is meant to be
I am beside you
I am beside you
Look for me
Look for me
Well, I think they've gathered here for me
I am within you
You are within me
I am beside you
You are beside me
I think they're singing to be free
I think they're singing to be free
I think my friends have gathered here for me
I think they've gathered here for me
To be beside me
Look for me
Look for me
I am beside you
You are beside me
You are beside me
Look for me

HABLA EL ESPÍRITU DEL ADOLESCENTE

Estoy a tu lado
Estoy a tu lado
Estoy a tu lado
Estoy a tu lado
Búscame
Búscame
Estoy a tu lado
Búscame
Trato de olvidar
Recordar
Que nada es algo
Donde ese algo debe ser
Estoy a tu lado
Estoy a tu lado
Búscame
Búscame
Bueno, creo que se han reunido aquí por mí
Estoy dentro de ti
Estas dentro de mí
Estoy a tu lado
Estas a mi lado
Creo que cantan para ser libres
Creo que cantan para ser libres
Creo que mis amigos se han reunido aquí por mí
Creo que se han reunido aquí por mí
Estar a mi lado
Búscame
Búscame
Estoy a tu lado
Estás a mi lado
Estás a mi lado
Búscame

LEVIATHAN

Oh my oh my oh my
I love my baby and my baby loves me
Oh my oh my oh my
I love my baby and my baby loves me

We talked it round and round again
Then drove the car down to the sea
We sat in the car park for an hour or two
I love my baby and my baby loves me

I love my baby and my baby loves me
It's vast and wild and it's deep as the sea
And as the sun sinks into the water
I love my baby and my baby loves me

Oh my oh my oh my
Oh my oh my oh my
I love my baby and my baby loves me
Oh my oh my oh my
Oh my oh my oh my
I love my baby and my baby loves me

GHOSTEEN

This world is beautiful
Held within its stars
I keep it in my heart
The stars are your eyes
I loved them right from the start
A world so beautiful
And I keep it
In my heart

LEVIATÁN

Oh mi oh mi oh mi
Amo a mi bebé y mi bebé me ama
Oh mi oh mi oh mi
Amo a mi bebé y mi bebé me ama

Lo hablamos una y otra vez
Luego condujo el auto hasta el mar
Nos sentamos en el estacionamiento por una
    o dos horas
Amo a mi bebé y mi bebé me ama

Amo a mi bebé y mi bebé me ama
Es vasto y salvaje y profundo como el mar.
Y mientras el sol se hunde en el agua
Amo a mi bebé y mi bebé me ama

Oh mi oh mi oh mi
Oh mi oh mi oh mi
Amo a mi bebé y mi bebé me ama
Oh mi oh mi oh mi
Oh mi oh mi oh mi
Amo a mi bebé y mi bebé me ama

ESPÍRITU ADOLESCENTE

Este mundo es hermoso
Atrapado en sus estrellas
Lo guardo en mi corazón
Las estrellas son tus ojos
Los amé desde el principio
Un mundo tan hermoso
Y lo guardo
En mi corazón

A ghosteen dances in my hand
Slowly twirling, twirling, all around
Glowing circle in my hand
Dancing, dancing, dancing, all around

A ghosteen dances in my hand
Slowly twirling, twirling, all around
A ghosteen dances in my hand
Dancing, dancing, dancing, all around

There goes the moonlit man
Got a suitcase in his hand
He's moving on down the road
Things tend to fall apart
Starting with his heart
He kisses you lightly and he leaves
Leaves your sleeping body
Curled and dreaming around your smile
Around your smile

The three bears watch the TV
They age a lifetime, O Lord
Mama Bear holds the remote
Papa Bear he just floats
And Baby Bear he has gone
Gone to the moon in a boat
Oh in a boat

I'm speaking about love now
How the lights of love go down
You're in the back room washing his clothes
Love's like that you know
It's like a tidal flow
And the past with its fierce undertow
Won't ever let us go
Won't ever let you go

Un espíritu adolescente baila en mi mano
Lentamente girando, girando, a mi alrededor
Círculo brillante en mano
Bailando, bailando, bailando, a mi alrededor

Un espíritu adolescente baila en mi mano
Lentamente girando, girando, a mi alrededor
Un espíritu adolescente baila en mi mano
Bailando, bailando, bailando, a mi alrededor

Por ahí va el hombre iluminado por la luna
Lleva una maleta en la mano
Avanza por el camino
Las cosas tienden a desmoronarse
Empezando por su corazón
Te besa suavemente y se va
Deja tu cuerpo dormido
Acurrucado y soñando alrededor de tu sonrisa
Alrededor de tu sonrisa

Los tres osos ven la tele
Tienen toda una vida, oh Señor
Mamá oso sostiene el control remoto
Papa oso solo flota
Y Pequeño Oso se ha ido
Ido a la luna en un bote
Oh en un bote

Estoy hablando de amor ahora
Cómo se apagan las luces del amor
Estás en el cuarto de atrás lavando su ropa
El amor es así, sabes
Es como un flujo de marea
Y el pasado con su feroz resaca
Nunca nos dejará ir
Nunca te dejaré ir

If I could move the night I would
And I would turn the world around if I could
There is nothing wrong with loving something
You can't hold in your hand
You're sitting on the edge of the bed
Smoking and shaking your head
Well there's nothing wrong with loving things
That cannot even stand

Well, there goes your moony man
With his suitcase in his hand
Every road is lined with animals
That rise from their blood and walk
Well the moon won't get a wink of sleep
If I stay all night and talk
If I stay all night and talk

_____

FIREFLIES

Jesus lying in his mother's arms
Is a photon released from a dying star
We move through the forest at night
The sky is full of momentary light
Everything we need is just too far
We are photons released from a dying star
We are fireflies a child has trapped in a jar
And everything is as distant as the stars
I am here and you are where you are

We have lived a long time here in the forest
We lie beneath the heaps of leaves
We are partial to this partial light
We cannot sleep and fear our dreams
There is no order here, nothing can be planned

Si pudiera mover la noche lo haría
Y cambiaría el mundo si pudiera
No hay nada malo en amar algo
No puedes sostenerlo en tu mano
Estás sentado al borde de la cama
Fumando y sacudiendo tu cabeza
Bueno, no hay nada malo en amar las cosas
Eso no resiste argumento alguno

Bueno, ahí va tu hombre lunático
Maleta en mano
Cada camino está lleno de alimañas
Que se levantan de su sangre y caminan
Bueno, la luna no dormirá nada
Si me quedo toda la noche y hablo
Si me quedo toda la noche y hablo

_____

LUCIÉRNAGAS

Jesús yaciendo en los brazos de su madre
Es un fotón liberado por una estrella moribunda
Nos movemos por el bosque de noche
El cielo está lleno de luz momentánea
Todo lo que necesitamos está demasiado lejos
Somos fotones liberados por una estrella moribunda
Somos luciérnagas que un niño ha atrapado en
    un frasco
Y todo es tan distante como las estrellas
Estoy aquí y tú estás donde estás

Hemos vivido mucho tiempo aquí en el bosque
Nos acostamos bajo montones de hojas
Somos parciales ante esta luz parcial
No podemos dormir y temer a nuestros sueños
No hay orden aquí, no se puede planear nada

We are fireflies trapped in a little boy's hand
And everything is as distant as the stars
I am here and you are where you are

We lie among our atoms and I speak to you of things
And hope sometimes that maybe you will
    understand
There is no order here and there is no middle
    ground
Nothing can be predicted and nothing can be
    planned
A star is just the memory of a star
We are fireflies pulsing dimly in the dark
We are here and you are where you are

HOLLYWOOD

The fires continued through the night
The kid with a bat face appeared at the window
Then disappeared into the headlights

I was halfway to the Pacific Coast
I had left you in your longing
In your yearning like a ghost

There is little room for wonder, now
And little room for wildness too
We crawl into our wounds
I'm nearly all the way to Malibu

I'm gonna buy me a house up in the hills
With a tear-shaped pool and a gun that kills
Cause they say there is a cougar that roams these
    parts

Somos luciérnagas atrapadas en la mano de
    un niño pequeño
Y todo es tan distante como las estrellas
Estoy aquí y tú estás donde estás

Nos acostamos entre nuestros átomos y os
    hablamos de cosas
Y a veces esperamos a que tal vez entendáis
No hay orden aquí ni término medio
Nada se puede predecir ni nada puede planificarse
Una estrella es solo el recuerdo de una estrella
Somos luciérnagas palpitando débilmente en la
    oscuridad
Estamos aquí y tú estás donde estás

HOLLYWOOD

Los fuegos continuaron durante toda la noche.
El niño con cara de murciélago apareció en la
    ventana.
Luego desapareció entre los faros

Estaba a medio camino de la costa del Pacífico
Te había dejado sumido en tu pena
En tu condena como un fantasma

Poco espacio hay para maravillarse, ahora
Y poco espacio para lo salvaje también
Reptamos por las entrañas de nuestras heridas
Estoy ya muy cerca de Malibú

Voy a comprarme una casa en las colinas
Con una piscina en forma de lágrima y una
    pistola que mate
Porque dicen que hay un puma que deambula por
    estos predios

447

With a terrible engine of wrath for a heart
That she is white and rare and full of all kinds of harm
And stalks the perimeter all day long
But at night lays trembling in my arms

And I'm just waiting now for my time to come
And I'm just waiting now for my time to come
And I'm just waiting now for my place in the sun
And I'm just waiting now for peace to come

And I'm just waiting now for my time to come
And I'm just waiting now for my time to come
And we hide in our wounds
And I'm nearly all the way to Malibu
And I know my time will come one day soon
I'm waiting for peace to come
I'm nearly all the way to Malibu
Oh babe, we're on the run, we're on the run
Half down the Pacific Coast
Well I left you sleeping like a ghost
In your wounds

Darling your dreams are your greatest part
I carry them with me in my heart
Darling your dreams were your greatest part
I carry them with me in my heart
Somewhere, don't know

Now I'm standing on the shore
All the animals roam the beaches
And sea creatures rise out of the sea
And I'm standing on the shore
Everyone begins to run
The kid drops his bucket and spade
And climbs into the sun

Con un motor terrible repleto de ira por corazón
Es blanca, rara y llena de toda suerte de males
Y rastrea el perímetro todo el día
Pero por la noche yace temblando en mis brazos

Y solo estoy esperando que llegue mi hora
Y solo estoy esperando que llegue mi hora
Y solo estoy esperando mi lugar en el sol
Y solo estoy esperando que llegue la paz

Y solo estoy esperando que llegue mi hora
Y solo estoy esperando que llegue mi hora
Y nos escondemos en nuestras heridas
Y estoy ya muy cerca de Malibú
Y sé que mi tiempo llegará pronto algún día
Estoy esperando que llegue la paz
Estoy ya muy cerca de Malibú
Oh nena, estamos huyendo, estamos huyendo
Ya a mitad de la carretera de la costa del Pacífico
Bueno, te dejé durmiendo como un fantasma.
En tus heridas

Cariño, tus sueños son tu mejor parte
Los llevo conmigo en mi corazón
Cariño, tus sueños fueron tu mejor parte
Los llevo conmigo en mi corazón
En algún lugar, no lo sé

Ahora estoy quieto en la orilla
Todos los animales deambulan por las playas.
Y criaturas marinas surgen del mar
Y estoy quieto en la orilla
Todos comienzan a correr
El niño deja caer su cubo y su pala
Y trepa hacia el sol

Kisa had a baby but the baby died
Goes to the villagers says my baby's sick
Villagers shake their heads and say to her
Better bury your baby in the forest quick

It's a long way to find peace of mind, peace of mind
It's a long way to find peace of mind, peace of mind

Kisa went to the mountain and asked the Buddha
My baby's sick! Buddha said, don't cry
Go to each house and collect a mustard seed
But only from a house where no one's died

Kisa went to each house in the village
My baby's getting sicker, poor Kisa cried
But Kisa never collected one mustard seed
Because in every house someone had died

Kisa sat down in the old village square
She hugged her baby and cried and cried

She said everybody is always losing somebody
Then walked into the forest and buried her child

Everybody's losing someone
Everybody's losing someone
It's a long way to find peace of mind, peace of mind
It's a long way to find peace of mind, peace of mind
And I'm just waiting now for my time to come
And I'm just waiting now for peace to come
For peace to come

Kisa tuvo un bebé pero el bebé murió
Va a los aldeanos y dice que mi bebé está enfermo
Los aldeanos sacuden la cabeza y le dicen
Mejor entierra a tu bebé en el bosque y rápido

Largo tiempo lleva encontrar la paz, la paz
Largo tiempo lleva encontrar la paz, la paz

Kisa fue a la montaña y le preguntó al Buda.
¡Mi bebé está enfermo! Buda dijo, no llores
Ve a cada casa y hazte con una semilla de mostaza
Pero solo de una casa donde nadie haya muerto

Kisa fue a cada casa en el pueblo
Mi bebé está enfermando, la pobre Kisa lloró
Pero Kisa no consiguió una sola semilla de mostaza
Porque en cada casa alguien había muerto

Kisa se sentó en la vieja plaza del pueblo
Ella abrazó a su bebé y lloró y lloró
Dijo que todo el mundo siempre está perdiendo a alguien
Luego caminó hacia el bosque y enterró a su hijo

Todos pierden a sus seres queridos
Todos pierden a sus seres queridos
Largo tiempo lleva encontrar la paz, la paz
Largo tiempo lleva encontrar la paz, la paz
Y solo estoy esperando que llegue mi hora
Y solo estoy esperando que llegue la paz
A que llegue la paz

EXTRA GHOSTEEN LYRICS (2019)

DAPHNE'S FIELD/
ADAM AND EVE GO TO L.A./
MY SONGS ARE WAVING GOODBYE/
WIFE WITH EYES CLOSED

CAMPO DE DAFNE/
ADÁN Y EVA VAN A L. A./
MIS CANCIONES SE DESPIDEN/
ESPOSA CON OJOS CERRADOS

DAPHNE'S FIELD

The first thing you learn
Is that sanity ain't deep
As I talk to you nightly
When the house is asleep
Well, my eyes are open
And your lips are sealed
And the snowdrops are out
In Daphne's Field

I talk to you about the things
I did through the day
I tell you about all
The plans that we've made
I talk and I talk
Till my heart is stilled
Mud on my shoes
From Daphne's Field

One day in time
My Lord will come
And a column of children
Will climb up to the sun
And the sun it will roll
Like a great burning wheel
A fury, a glory
In Daphne's Field

CAMPO DE DAFNE

Lo primero que aprendes
Es que la cordura no es profunda
Mientras te hablo todas las noches
Cuando la casa está dormida
Y mis ojos están abiertos
Y tus labios están sellados
Y los copos de nieve fuera
En el campo de Dafne

Te hablo de las cosas
Que hice durante el día
Te cuento todos
Los planes que hemos hecho
Hablo y hablo
Hasta que mi corazón se apacigua
Fango en mis zapatos
Del campo de Dafne

Con el tiempo, un día
Mi Señor vendrá
Y una columna de niños
Ascenderá al sol
Y el sol rodará
Como una gran rueda en llamas
Una furia, una gloria
En el campo de Dafne

ADAM AND EVE GO TO L.A.

Adam watched his little Eve
Sleeping in a grief of snow
And not knowing what to do
Or where to go
Packed his bags for the big city
Or else what? Leave her lying there
In the wrathful coffin of her dreams
Where serpents sink inside her with their fangs
And bite her deep, so deep she loved it
Oh Adam, she said, Oh Adam, please stop!
She said make it stop! Oh! Oh! Oh! Oh!
He said no we cannot stay
Like apples we will drop
And they stepped from the garden into L. A.

In the end it is your heart that kills you
Sometimes it happens practically every day
In the end it is your heart that kills you
And I know you won't be coming back this way

Who knows when it's the last time?
That we come here, that we sit here, that we speak
Who knows when it's the last time?
That I carry you up the stairs, half asleep
In the end it is your heart that kills you
In a million little pieces, day by day

In the end it is your heart that kills you
It's all wrong, but it's all right in a funny kind
    of way
We are beginning our descent
Said the Tannoy on the way to L. A.
Adam leaned across to little Eve

ADÁN Y EVA VAN A L. A.

Adam observó a su pequeña Eva
Durmiendo un níveo duelo
Y sin saber qué hacer
O adónde ir
Preparó su equipaje para la gran ciudad
¿O si no qué? Dejarla yaciendo allí
En el colérico ataúd de sus sueños
Donde las serpientes se sumergen en ella con
    sus colmillos
Y mordisquean sus profundas entrañas, tanto
    que le encantaba
Oh Adam, ella dijo, ¡Oh Adam, por favor, detente!
Ella dijo ¡Haz que pare! Oh! Oh! Oh! Oh!
Él dijo que no, no podemos quedarnos
Caeremos como manzanas
Y dejaron del jardín rumbo a L.A.

Al final es tu corazón el que te mata
A veces sucede prácticamente a diario
Al final es tu corazón el que te mata
Y sé que no volverás por aquí

¿Quién sabe cuándo será la última vez?
Que venimos aquí, reposamos aquí, que hablamos
¿Quién sabe cuándo será la última vez?
Que te llevo escaleras arriba, adormilada
Al final es tu corazón el que te mata
En un millón de pedacitos, día a día

Al final es tu corazón el que te mata
Está todo mal, pero no extrañamente del todo
Estamos iniciando nuestro descenso
Sonó por megafonía camino de L.A.
Adam se inclinó hacia la pequeña Eva.

And explained what that meant
And handed her the oxygen mask
And she looked out the window
And watched the babies riding in the clouds
Turn into clouds and clouds and clouds
And said oh no no no no please stop!
Oh Adam please stop! Oh make it stop!
As the tin can tilted down and like an apple
    dropped
Into old and angry age

In the end it is your heart that kills you
I know that you're a long time gone
In the end it is your heart that kills you
Oh I'm here, baby, still clinging on

MY SONGS ARE WAVING GOODBYE

All my songs are waving goodbye
They are trailing behind them a smear of rage
I am thinking with the mind of someone twice
    my age
I'm an all-singing, all-dancing thing that died
Who wanted to write up but could only write down
(You should always write up if you possibly can)

With my hunter dogs I walk round town
I am swallowed by the city and lose my way
And pass by a lighted window
And glance to see a woman naked in the window
I did not plant her in the window!
It was not my crime to get lost in the city!
And as she shrieked in accusation I reared up like
    a stag

Y le explicó lo que eso significaba
Y le entregó la máscara de oxígeno
Y ella miró por la ventana
Y vio a los bebés cabalgando en las nubes
Convirtiéndose en nubes y nubes y nubes
Y dijo ¡Oh, no, no, no, no, por favor, basta!
¡Oh, Adam, por favor, detente! ¡Oh, haz que pare!
Mientras la lata se inclinó hacia abajo y cayó
    cual manzana
En la edad de la vejez y de la ira

Al final es tu corazón el que te mata
Sé que hace mucho que te fuiste
Al final es tu corazón el que te mata
Oh, estoy aquí, querida, aferrado aún a ti

MIS CANCIONES SE DESPIDEN

Todas mis canciones se despiden
Dejando a su paso una mancha de ira
Pienso con la mente de alguien que me dobla
    en edad
Soy una cosa, que todo lo canta y baila, que murió
Que quería componer pero apenas podía anotar
(Siempre que sea posible deberías componer)

Con mis perros cazadores camino por la ciudad
La urbe me traga y pierdo el rumbo
Y paso por una ventana iluminada
Y me asomo para ver a una mujer desnuda en
    la ventana
¡No la planté en la ventana!
¡No fue mi crimen perderme en la ciudad!
Y mientras ella gritaba acusándome, retrocedí
    como un ciervo

With rack of horns and hideous animal braying
Suddenly alive and half my age
An all-singing, all-dancing horror on stage
My dogs devoured me to a hash-tag of gore
I wanted to write less but could only write more
(It's safer to write less if you possibly can)
This song is waving to you with its busted crutch
I am lost and tired and completely out of touch

WIFE WITH EYES CLOSED

She sleeps and dreams to be before
She seems to go there more and more
She turns her back but not with any malice

She says she dreams of beasts run wild
That circle around a rainbow child
Cavorting through a many-roomed palace

And sometimes a black witch flies by
With a wrath that blackens the entire sky
The beasts all watch through a special telescope

And in time I leave her there and go
To the world clawing against the window
Hey, I'm not saying there isn't any hope

For I can see a moment in between
The waking horror and the sleeping dream
Where the world and she are breathless beautiful
Where the world and she are breathless beautiful

Oponiendo la cornamenta y horrísonos bramidos
De repente coleando y con la mitad de mi edad
Un horror que todo lo canta y baila en escena
Mis perros me devoraron reduciéndome a una
*   almohadilla de sangre*
Quería escribir menos pero solo podía escribir más
(Siempre que sea posible es más seguro escribir
*   menos)*
Esta canción te está saludando con su muleta rota
Estoy perdido y cansado y aislado

ESPOSA CON OJOS CERRADOS

Ella duerme y sueña estar antes
Ella parece ir allí cada vez más
Ella da la espalda pero sin malicia alguna

Ella dice que sueña con bestias salvajes
Ese círculo alrededor de un niño arcoíris
Fornicando por un palacio de muchas habitaciones

Y a veces vuela por allí una bruja negra
Con una ira que ennegrece todo el cielo
Las bestias la ven a través de un telescopio especial

Y con el tiempo la dejo allí y me lanzo
Hacia el mundo arañando la ventana
Oye, no digo que no haya esperanza

Pues alcanzo a divisar un instante entre
El horror del despertar y el sueño durmiente
Donde la belleza del mundo y la suya te dejan
*   sin aliento*
Donde la belleza del mundo y la suya te dejan
*   sin aliento*

ÍNDICE DE CANCIONES

TÍTULOS PUBLICADOS
KULTRUM

REACCIONES PSICÓTICAS
Y MIERDA DE CARBURADOR
Lester Bangs

VÍCTIMA DE MI HECHIZO
Memorias de Nina Simone

HÍPSTERS EMINENTES
Memorias de Donald Fagen

CON BILLIE HOLIDAY
Julia Blackburn

CASH:
LA AUTOBIOGRAFÍA
DE JOHNNY CASH
Johnny Cash

MI HISTORIA:
MEMORIAS DEL FUNDADOR DE
THE WHO
Roger Daltrey

SEMILLA DEL SON
Crónica de un hechizo
Santiago Auserón

CON LAS HORAS CANTADAS
Memorias de Gil Scott-Heron

KEITH JARRETT: UNA BIOGRAFÍA
Wolfgang Sandner

THE CLASH:
AUTOBIOGRAFÍA GRUPAL
The Clash

EN PREPARACIÓN
KULTRUM

EN PREPARACIÓN
CULT ROOM

ARETHA FRANKLIN
ELOGIO Y DISECCIÓN
DE LA REINA DEL SOUL
David Ritz

LET LOVE RULE
MEMORIAS DE LENNY KRAVITZ
Lenny Kravitz con David Ritz

Q
LA AUTOBIOGRAFÍA
DE QUINCY JONES
Quincy Delight Jones

I · ME · MINE
MEMORIAS, CANCIONERO,
FOTOGRAFÍA Y ANECDOTARIO
George Harrison

REMAIN IN LOVE:
MEMORIAS DE CHRIS FRANTZ
LA VERDADERA HISTORIA
DE LOS TALKING HEADS...
Chris Frantz

ENTREVISTAS DE ULTRATUMBA
CONVERSACIONES IMAGINARIAS
ENTRE CELEBRIDADES ANDANTES
Y AÑORADAS LUMINARIAS...
Dan Crowe

BREVÍSIMO DICCIONARIO
DE PATOLOGÍAS LITERARIAS
Marco Rossari

LEONARDO SCIASCIA:
ESCRITOR Y EDITOR
EL PLACER DE HACER LIBROS
Leonardo Sciascia

W
O
M